全球视野下的陶行知研究

周洪宇　丛书主编

刘来兵　本卷主编

◎第一卷

北京师范大学出版集团
BEIJING NORMAL UNIVERSITY PUBLISHING GROUP
北京师范大学出版社

总序：找寻指引教育走向美好未来的明灯

随着全球化进程的迅猛推进，新一轮科技革命与产业变革的发展，尤其是互联网信息技术的广泛应用，国与国之间的相互渗透已经达到了全新的广度和高度。政治、经济、文化领域不再处于相对封闭、单一的状态，人们被联系在一起并组织成一个有机的、密不可分的整体，同时，全球化也促使世界文化进一步开放、交流和融合。在全球化背景下，文化交流被刻上了"一体化"的印记，原有的以一个民族国家为范式背景的研究受到了冲击。无论是国内还是国外的学术界，都需要打破本土研究的单一窠臼，力图找寻一套既适合国内学术发展需求，又具有全球视野的研究路径，这都离不开广泛而深入的国际学术交流。

在全球化发展走向下，也应当看到全球学术"多元化"的存在。对于同一个问题的理解，不同话语环境下的学者有着多元的研究方法和研究结论。从教育研究来看，不但要立足现实，还要回顾历史，发掘优秀的教育资源，更要展望未来，思考教育改革发展的长久战略。教育是一个民族文化的"神经系统"，是该民族传统与未来发展的最集中体现。我们需要把优秀的教育思想精华融入世界文化的大潮中，同时又需要从全球学术研究中得以更新和重生，力求民族性与世界性的统一。一方面，虽然每个国家都具有各自的意识形态特点和民族性，但是人类在教育问题上的需要却是共通的。陶行知教育思想与实践的价值近百年来受到众多国内外学者的关注和发掘，成为全民族乃至全世界的宝贵教育遗产，从这一点上看，陶行知的教育思想和实践打破了本土区域性界限而走向世界。另一方面，研究中国的教育学术也应当有全球视野。陶行知的研究定位应当是多向度的，既要用国际化的眼光去审视陶行知研究，又要保持本土化的对陶行知的解读。只有在文化交流中，我们才能更好地认识本土生成的宝贵教育资源，注重开放性，加强国际交流，立足中国，面向世界。

陶行知(1891—1946)是我国伟大的人民教育家、杰出的民主战士和大众诗人，也是我国近现代原创力最强、真正形成自己的教育学说体系、富有世界影响的大教育家。毛泽东称其为"伟大的人民教育家",宋庆龄誉之为"万世师表",郭沫若尊之为"陶子",将他与孔子相提并论,日本知名教育史学家、前中国研究所所长斋藤秋男曾经指出"陶行知不仅是属于中国的,也是属于世界的"。2007 年,美国知名学者、哥伦比亚大学教育学院哲学、教育学教授戴维德·汉森(David T. Hansen)在其主编出版的《教育的伦理视野——实践中的教育哲学》一书中,介绍了最具世界影响力的十大教育思想家。其中,唯一的一位中国教育思想家就是陶行知,与美国的杜威、意大利的蒙台梭利等世界著名教育思想家并列,足见陶行知在国际学术界的巨大影响以及被国际人士的高度认可。陶行知开展的生活教育运动和教育改革,不仅是半殖民地半封建中国人民大众反帝反封建、争取自由平等的教育运动,而且是 19 世纪末 20 世纪初勃然而兴的以改造传统教育为鹄的的世界教育革新运动的重要组成部分。20 世纪上半期,陶行知在反传统教育和反洋化教育的斗争中,在长期的教育实践过程中,通过批判地吸收古今中外各种教育思想精华和总结自己的教育实践经验,创立了具有中国特色、以教育哲学原理为基础、各类教育主张为内容的一套完整的教育学说。他的教育学说是半殖民地半封建社会历史条件下中国人民争取自由、民主、平等、富强的教育理论,也是既符合中国国情又适应现代社会发展和世界教育潮流的现代教育思想,成为新中国教育思想体系的重要理论来源之一,是当今与未来世界教育思想发展的一个重要学说。

虽经历复杂的变迁,陶行知研究至今依然是国际学术界一个重要的研究领域。他的教育思想和实践对中国以及世界上其他国家(尤其是第三世界国家)的教育改革与发展,曾经产生并且还在继续产生不同程度的影响,因而陶行知教育思想和实践的研究及其历史地位的评价,不仅是我们一个国家和民族的问题,还是一个世人关注的国际性问题。长期以来,他的生平事迹和思想遗产,不仅得到中国内地学术界的重视和研究,而且也吸引了不少港澳台地区以及海外学者的注目。海内外许多知名学者都著文从不同角度探讨了陶行知的人生经历、事业、思想和人格。

陶行知研究从 20 世纪 20 年代开始至今已有近百年时间,陶行知的影响及其研究几乎遍布全球。当前全球的陶行知研究正进入一个新的时期。随着研究的深入和中外教育交流的加强,陶行知研究更加注重从整体的、历史的、人性化的角度看待陶行知,研究取向更为独立、客观、多元。

　　一个世纪时间的冲刷没有使陶行知光芒黯淡，反而在一代又一代研究者们的激情中凸显了陶行知的人格魅力及其丰厚的教育遗产。这一庞大的研究群体如同夜空中璀璨的星光，不断有新的成果涌现，他们的努力使陶行知的主体形象越来越丰满。这些丰硕的研究成果长期以来散落在世界的不同角落，他们做出的贡献少为人知，需要有更多的人看到他们的努力及贡献，以便将陶行知的教育遗产灵活地运用到今后的教育实践中去。

　　编撰这套《全球视野下的陶行知研究》丛书主要基于如下考虑：从学术发展的角度，尤其是深化陶行知研究的角度看，这套丛书的编撰不仅有助于加深和拓展陶行知研究，帮助人们了解一个世纪以来中国内地、港澳台地区以及海外陶行知研究的有关情况，加强海内外学术界的交流，而且可以使人们全面认识到陶行知在国际上享有的崇高声誉和占有的重要地位，从而增强民族的自豪感和凝聚力，坚定弘扬民族文化优秀传统、创立具有中国特色的社会主义教育理论体系的信心和决心。

　　从社会发展和教育改革的角度看，当今的中国教育正处于一个前所未有的发展机遇期和矛盾凸显期，教育发展与改革的任务空前繁重。未来10年是我国实施现代化建设"三步走"战略的关键阶段。实施《国家中长期教育改革和发展规划纲要（2010—2020年）》，在新的历史起点上加快推进教育改革和发展，对于建设人力资源强国、满足人民群众接受良好教育的需求，全面建成惠及十几亿人口的小康社会具有重大战略意义。在新的时期、新的形势下，如何从中国国情和现实需要出发，借鉴、运用一切先进的教育思想（包括陶行知教育思想和实践），来推动中国的教育改革与发展，已成为教育工作者的一项十分迫切的任务。2014年9月9日，习近平总书记在教师节前夕与北京师范大学师生代表座谈时做了题为"做党和人民满意的好老师"重要讲话，从理想信念、道德情操、扎实学识和仁爱之心四个方面提出明确要求。值得注意的是，几乎在每个方面，他都引用了陶行知的名言。如在理想信念上，"陶行知先生说，教师是'千教万教，教人求真'，学生是'千学万学，学做真人'。老师肩负着培养下一代的重要责任"。在道德情操上，好老师要有陶行知先生'"捧着一颗心来，不带半根草去'的奉献精神"。在扎实学识上，"陶行知先生说：'出世便是破蒙，进棺材才算毕业'。这就要求老师始终处于学习状态，站在知识发展前沿，刻苦钻研，严谨笃学，不断充实、拓展、提高自己"。在仁爱之心上，"爱是教育的灵魂，没有爱就没有教育"。习总书记此处虽然没有明引陶行知的名言，但与陶行知"爱满天下"的精神是相通的。这也足以说明，了解、学习与研究陶行知，刻不容缓，迫在眉睫。通过这套《全球视野下的陶行知研究》丛书，人们可以全面地了解不同国家不同地区陶行知研究的进展，并从陶行知富有创造性的教育思想和实践中汲取改革现实教育的精神力量，进而找到指引教育走向美好未来的明灯。

笔者所读教育学硕士、历史学博士均是以陶行知研究为论文选题。三十余年来，虽然重点从事教育史和教育政策研究，但陶行知研究一直是自己坚守的主阵地。在资料占有和研究动态的把握方面都有一定的积累，也有心组织力量编撰一套汇聚各国各地区陶行知研究代表性成果的丛书以飨读者。这次有幸得到北京师范大学出版集团杨耕董事长（现北师大副校长）的盛邀，遂使编撰《全球视野下的陶行知研究》丛书的宏大设想成为可能。

可能囿于海外资料难寻，或许是因为年代跨度之大、资料筛选之难，自1991年笔者编辑出版《陶行知研究在海外》以来，至今尚未有学者从全球化的视角关注陶行知研究的整个历程，且缺乏一套全面的、系统的、具有前沿性的研究成果总汇。这套《全球视野下的陶行知研究》丛书是对陶行知在中国以及海外的流传、影响较大研究成果的总汇集。它根据陶行知研究的历史性、系统性、多元性，汇集整理了中外学者有关陶行知研究的主要成果，融资料性、工具性和前沿性为一体。空间范围涵盖中国内地、港澳台地区以及海外的研究成果，时间上纵贯20世纪20年代至今。既包括原始性的一手资料，又囊括了近年来国际上陶行知研究的新成果。

由于社会文化背景的差异，书中一些作者的立场、观点和方法与我们不尽一致，但他们大多是以比较严谨的学术态度来探讨问题的，所搜集的资料也颇为丰富。因此，尽管我们未必完全赞同他们的观点，但对于我们了解有关情况，开阔视野，拓宽思路，改进方法，深化研究，大有裨益。收入本丛书的文章，所选篇目基本上按原文译出，其中个别文章删去了与主题无关的段落。从若干专著中选译的有关内容，根据其中心思想酌拟了标题。原文中的引文凡有中文版的，尽可能按中文版译出。原文引文未注明出处的，均采用原文形式。原文中与史实有出入的，未作修改或说明，以保持其原貌，尚祈读者自行鉴别。

这套丛书根据重要性、典型性、全面性等原则，在设计编排上按照研究者及其成果所属的国度和地区分为八卷，每卷既包括陶行知的思想理论研究，又含有实践改革探讨；既有宏观的论述，也有中观、微观的分析；既有抽象的研究，也有具体的考察，选材丰富，内容充实，史料翔实。恪守"客观、中立"的学术原则，以"名人、名作"为选取对象，在每位作者的篇章前面，附有关于作者及收录著作和文章的简介，以方便读者阅读。丛书的目录，以人物的姓氏音序先后顺序为排列标准，收录的研究成果按先著作再文章的顺序进行编排。

第一至三卷（中国卷）是这套丛书的重要组成部分。第一卷收录的是曾经在陶行知身边一起共事、生活过的朋友、同事、学生以及家人有关陶行知的著述。这一群体与陶行知有过直接的交往，对陶行知研究有着天然的优先话语权，他们有关陶行知的一切著述均是陶行知研究的有力参考。在这个群体的写作中，第一种是写实体，是陶行知与学生和同事共同完成的著述，《晓庄丛书》《工学团丛书》是最早记录陶行知生活教育思想与实践的著述。如李楚材的《破晓》被陶行知本人称为"是楚材在晓庄摸黑路之自述"，"是楚材和他的伙伴在晓庄所过生活之写真"。第二种是纪念体，多为陶行知逝世与诞辰周年纪念之作。这类作品主要有两种类型：一种是纯粹回忆日常生活的怀念文章，并没有铺陈陶行知的教育思想与实践，只是叙述其生活与活动，以细节复原为人友、为人师、为人父的陶行知；另一种是回忆教育交往的怀念文章，重在追忆不同时期陶行知的教育活动，以活动勾勒陶行知的思想肖像。第三种是理论体，多为陶行知学生所作。这类作品也有两种类型：一种是晓庄学校和山海工学团时期与陶行知亦师亦友的学生所作，他们是最早的一批陶行知研究者，更多的是陶行知思想的解读者与实践者，新中国成立前其实践还只止于陶行知创办的各类学校，而经历一段时期的疯狂压抑至改革开放后迅速在全国范围内突起，使得陶行知研究成为一个时代的标签；另一种是育才学校与社会大学时期与陶行知有师生之名而无过深交往的学生所作，由于当时年纪幼小，他们留存记忆中的陶行知形象可能是疏离的、陌生的，抑或是高大的、威严的。第二、三卷主要收集了致力于陶行知研究的学者的研究成果，包含70多位国内陶行知研究界代表人物的著作和文章。在编选第一至三卷时，编者从全国近3000位陶行知研究者中，选出最重要的、最有影响的陶研成果，基本反映了陶行知研究在各个阶段的真实状况，其中既有赞颂其学说的，也有批判其学说的；既有对其教育思想的研究，也有对陶行知研究的研究；既有学院式研究，也有实践式研究。在陶行知研究的成果中，以编者目前掌握的资料来看，最早可以追溯到 1920 年北京大学缪金源的《读陶知行先生的"学生自治问题之研究"》。屈指算来，陶行知研究迄今已近百年。

海外陶行知研究最早可以追溯到 20 世纪 30 年代初至 40 年代中叶的日本。日本的革新派长期学习引用德国、美国教育理论的模式，而保守派则固守日本精神。第二次世界大战后的日本教育一直浸透着杜威的教育理论，却没有实现欧美教育理论的日本化。在这种情况下，先驱者们将注意力转而投向邻邦中国的教育动向，发现陶行知在中国已经将杜威的教育理论结合本土加以改造，适用于解决中国本土的教育问题，由此他们着力以研究陶行知的思想和教育改造作为教育革新的借鉴。日本学者对于陶行知的研究始终与日本国内的教育变革相联系，早期对于陶行知教育思想和实践的研究有着工具性的特征，关注的是有效性研究，更多的是以引介的形式，从价值论的角度和功用方面汲取营养，主要代表人物有牧泽伊平、户冢廉、村田孜郎、国分一太郎、海后宗臣等。从总体上看，虽然这一时期日本教育界、新闻界、出版界对于陶行知教育理论和实践做了不少介绍和宣传，但这些文字大多属于一般性的叙述，尚未出现具有理论深度的研究成果，离真正的学术研究相距甚远。从某种意义上说，这一时期是日本陶行知研究的准备期。当然，我们也应看到，如果没有这一时期日本教育界、新闻界乃至出版界许多有识之士的积极介绍和宣传，为后来的研究工作铺平了道路，那么，战后日本陶行知研究的迅速发展是不可能的。战后日本对陶行知研究更加重视，斋藤秋男开创了陶行知研究的基本框架：以陶行知教育理论和实践为研究中心，以三个相互关联的研究课题为主攻方向，以"民族土壤的回归"为核心命题，将陶行知视为"杜威的学生"，把他的思想发展作为"跟老师杜威的学说、理论的格斗过程"来把握，认为在陶行知的思想里，对杜威理论的接受与克服不是毫无媒介地直接相连起来，而是以"民族土壤"这种中国行知的东西为媒介相连起来。可以看出，斋藤秋男的陶行知研究，思路新颖，见解独到，具有比较浓厚的理论色彩，确已形成一个"斋藤模式"。20 世纪 80 年代初至今是第三个阶段。这一时期的日本社会与战后那种满目疮痍、百废待兴的情形相比，显然已发生了天翻地覆的巨变。一批优秀的中青年研究者脱颖而出，牧野笃便是其中的佼佼者之一。此外，20 世纪 90 年代以来还有活跃在日本学术界的中野光、世良正浩、长谷川和华人学者张国生、李燕等人，他们在陶行知研究方面也取得了不少成果。在东亚除了日本之外，韩国的学者在陶行知研究领域也取得了一定的成果。韩国的陶行知研究最早开始于 1975 年，李炳柱首次在韩国发表了《陶行知博士与中共的教育理念》一文，这是中韩关系正常化之前韩国人研究陶行知的第一篇论文。20 世纪 90 年代以来，韩国也进入了陶行知研究的新时期。这个时期研究成果最为突出者是金贵声，他先后对陶行知的"儿童教育""劳作教育"、知行观以及陶行知"生活教育"的思想来源与时代背景进行了专门研究。金玟志、李庚子等也分别从陶行知的生活教育学说和韩国陶行知研究现状方面进行了分析研究。总之，目前在日、韩的陶行知研究界，无论是老一代的学者，还是年轻学者，大家都齐心协力，相互合作，共同为开拓陶行知研究的新局面、建立民族的新教育而努力。

欧美是东亚之外海外陶行知研究的又一重要地区。由于陶行知抗战期间曾遍游欧美等 28 个国家和地区，宣传中国人民的抗日主张，介绍其独创的"小先生制"，特别是由于陶行知早年曾先后留学美国伊利诺伊大学和哥伦比亚大学，师从杜威、孟禄、克伯屈、斯特雷耶等人，与进步主义教育结下不解之缘，回国后又曾大力引进和传播杜威的实用主义教育学说，成为 20 世纪 20 年代新教育运动的主要领导人之一。因此，陶行知研究在欧美，尤其是在美国学术界历来颇受学人重视，其中不乏蜚声世界的知名学者，如克伯屈、文幼章、费正清、孔斐力等人。知名学者的积极参与，无疑在客观上为陶行知跻身于欧美中国学术研究领域创造了有利条件，同时也为今后的发展展示了良好前景。从内容上看，欧美的陶行知研究主要可以分为四种类型：一是作为陶行知生前有过深入接触的国际友人，他们在与陶行知的交往过程中深为陶的精神人格特别是其为教育事业献身的精神所感动，纷纷著文以追忆的形式悼念陶行知，寄托哀思。代表人物有毕莱士、傅里曼、贤明大将军、维尔莫特、文幼章、詹生等。美国援华会总干事毕莱士曾说："我觉得陶博士不仅仅是属于中国的，而且是属于全世界的。"二是早期以引介为主的陶行知研究，主要是发现陶行知教育思想与实践的价值，扩大了陶行知的国际影响力。如著名学者费正清、克伯屈、司徒雷登、林顿、包华德等。1946 年，在陶行知病逝不久，受杜威和费正清的影响，一些美国中国学家在 20 世纪 50 年代也开始研究陶行知。费正清在其著作中称："虽然晏阳初和定县一直很有名，然而，杜威博士的最有创造力的学生却是陶行知。"三是把陶行知作为一个专门的研究对象，系统地探究陶行知思想形成及其影响因素，与杜威、王阳明等人做对比研究，如巴雷·基南、孔斐力、休伯特·布朗、苏智欣、朱宕潜、姚渝生、黄冬、鲍列夫斯卡娅、内克曼等。这是海外陶行知研究的中坚群体，这个群体中前辈的研究成果往往深刻影响着后继者，而年轻的研究者们也愈发站在巨人的肩膀上继往开来地提出新观点。孔斐力的研究体现了"西方冲击—中国反应"的研究模式；巴雷·基南则质疑资本主义现代化理论的普适性；布朗指出杜威对陶行知的影响微不足道或无法辨清；姚渝生发现前人研究的局限，重新定位拓展新的思路。这些学术发展态势赋予了陶行知研究以新的活力，源源不断，永不枯竭。四是在探讨中国近现代教育问题及其他教育家时将陶行知的介绍对比作为一项重点内容的，如艾恺、苏珊娜·佩珀、余英时、玛丽安·巴斯蒂。需要说明的是，这种分类是根据文本的大致内容倾向，其中也不乏有内容与写作方式的交叉。从写作形式上看，除了以学术论文形式呈现的研究成果外，也有关于陶行知研究的博士论文及相关专著。另外，在第七卷(美加卷)部分，还首次公开了收藏于哥伦比亚大学教育学院图书馆、记载了大量与陶行知、蒋梦麟、胡适、张伯苓等中国教育家密切交往史实的克伯屈日记，笔者曾于 2000 年 12 月至 2001 年 6 月在该校访问研究期间，逐日阅读了克伯屈翔实厚重富有丰富史料价值的 47 册日记，并在该院多位师生的大力支持和协助下，将有关内容打印成册带回中国。第八卷(欧洲卷)部分由于时代和研究者的局限，在资料方面略显单薄，但编者已竭尽所能。欧美学者对陶行知的研究，尽管涉猎的范围很广，但早期主要集中在两个相互联系的问题上，即陶行知与杜威以及进步主义教育的关系、陶行知与王阳明以及中国传统文化的关系，近期已开始注意将陶行知与本国教育家进行比较研究，这显示出欧美学者的研究重点有所不同，但在研究难度上，两者实在难分轩轾，各有千秋。特别是 20 世纪 90 年代以来，美国也不乏从新视角去研究陶行知的研究成果。由此，我们可以预料，随着各种主客观条件的成熟，欧美陶行知研究的队伍还将继续扩大，成果还将不断增多，陶行知研究将在欧美中国学领域中占有重要的一席之地。可以肯定的是，没有早期以引介为主的推广者，陶行知不会有如此大的海外影响力。正是他们看到了陶行知研究的价值，才影响到后来研究者以陶行知为主要研究对象，研究陶行知继而研究中国教育和当今中国发展的现实问题。

港澳台地区是中国的一部分，尽管两地的学者在研究陶行知的主观条件方面不存在任何障碍，但无论是就其研究队伍，还是就其研究成果来说，均不及日本和欧美学者，这里面的原因颇为复杂。但有一点可以肯定，即都深受政治气候的影响。当然，平心而论，几十年来陶行知研究在港台地区还是取得了不俗的成绩。1946 年 7 月 25 日陶行知去世后，香港地区报刊曾刊登他的一些留港学生写的回忆文章，这些回忆性文字只是提供了研究素材，还不是真正的学术探讨。1966 年以后，阮雁鸣、卢玮銮等人的研究开始走上学术研究的轨道。近十年来，周佳荣、何荣汉、甘颖轩、区显锋、文兆坚等学者的研究文章角度新，成果多，标志着香港地区的陶行知研究进入了学术研究的新阶段，与内地的陶行知研究开始相互推动，相互影响。与香港地区相比较，台湾地区学者对陶行知教育思想和实践的研究显然要重视得多。1969 年，陈启天在《近代中国教育史》一书中对陶行知思想部分的介绍，打开了"纯学术性"研究陶行知的局面。20 世纪 70 年代以后，程本海、郑世兴、周邦道、吴鼎、吴俊升、简淑勤、周永珍、曹常仁等学者的研究逐渐将台湾地区的陶行知研究推向专题、走向深入。由此可见，港台地区的陶行知研究已经达到相当水准，且形成了自己的特色和优长。随着香港地区与内地关系的进一步加强，海峡两岸关系的逐渐改善，港台地区与中国内地文教界的交往日益增多，港台地区陶行知研究的特色和优长必将更加充分地发挥出来，成为陶行知研究的一支重要力量。

纵观海外和港台地区的陶行知研究，我们可以发现有这样几个特点：第一，海外陶行知研究的发展情况是很不平衡的。有的早已开展，有的刚刚起步，有的尚未着手；即使是在那些已有开展的国家和地区，进展有快有慢，不尽一致。但总的趋势是，研究陶行知的国家和地区越来越多，研究队伍越来越大，研究成果越来越丰硕，这表明陶行知研究正日益受到国际学术界的重视；第二，研究的重心正逐渐移向对象主体，移向主体赖以生存和发展的文化土壤，移向主体深层的文化心理结构，这与近年来国际学术思潮的走向是大体一致的；第三，研究的问题更为具体深入，研究者不再满足于过去那种一般性的介绍，而是试图从理论的高度来加以阐发；第四，研究方法日趋多元化，不仅采用常见的历史方法和比较方法，还运用了系统方法、结构方法、传播学方法和解释学方法等新方法，力求根据不同的研究需要选择不同的研究方法。所有这些都对国内的陶行知研究富有参考意义和借鉴价值。当然，对于海外陶行知研究者的各种学术观点，我们也应善加甄别，不必盲目赞同。

这套丛书的编辑工作由我任总主编，负责撰写总序、拟定框架、选定篇目、审定各卷内容以及修改定稿，各卷编者都是我曾经指导过的博士，现在国内各大高校任教的中青年骨干教师，也是教育史学界的后起之秀与希望所在。各卷分工分别是：第一卷，刘来兵(华中师范大学)；第二、三卷，鲍成中(华中师范大学)；第四、五卷，刘大伟(南京晓庄学院)；第六卷，宋俊骥(江西外语外贸职业学院)；第七卷，于洋(湖北大学)；第八卷，于洋(湖北大学)、王莹(华中师范大学)。

我们在编写过程中汲取了许多国内外专家学者的研究成果，对原作者和译者付出的辛劳，在此一并致谢。中国陶行知研究会和各地陶行知研究会为丛书编辑提供了积极支持和大力协助。杨耕副校长及北京师范大学出版社策划编辑陈红艳、郭兴举等老师为本书的出版给予了极大的支持和帮助，在此谨表示衷心感谢。由于时间、精力及学识方面的原因，本书还存在不少缺点，诚恳各位专家、同仁批评指正，以期再版时修改和完善。

周洪宇

2015 年 7 月于武汉华中师范大学教育学院

(序言作者系国务院学位委员会教育学学科评议组成员、中国陶行知研究会副会长兼中国陶行知研究院院长、华中师范大学教育学院教授、博士生导师)

目　录

操震球

操震球(1902—1995)，谱名操建环，字震球，安徽怀宁人。1925年考入清华大学教育心理学系。1927年从清华大学退学，考入南京晓庄师范学校。1928年任湘湖师范首任校长。1930年晓庄师范停办后，回家乡创办莲花庵小学。1932年任山海工学团指导。1935年任池州师范教务主任兼附小校长。1941年任教于重庆育才中学。1949年任安庆高级中学校长，1951年出任安庆市副市长，1952年出任安徽省教育厅副厅长。20世纪70年代末积极推进陶行知研究，曾出任安徽省陶行知研究会会长、中国陶行知研究会顾问。

操震球对于陶行知研究的著述并不丰富，但并不影响他是陶行知的坚定追随者的身份，他是晓庄学校首期13名学生之一。从他早期从事的事业以及与陶行知的书信来往中，可见他更多的是陶行知思想的实践者。在陶行知生前，他积极协助陶行知践行生活教育理念。新中国成立后，他对陶行知思想在安徽省的传播与研究作出了重要贡献。

本卷收录操震球对陶行知的两篇纪念性文章。《高山仰止悼陶师》写于陶行知逝世后不久，作者尚未从陶行知遽然逝世的悲痛中走出来，从二十年前与师门的一次有关灵魂是否存在的谈话入手，因为恩师的辞世，从不信灵魂存在的作者倒是希望恩师灵魂能永存。作者讴歌了陶行知在国家危难时代坚持教育救国理想的风度与精神，作为自己继承恩师之志继续前行的动力与支持。同时告诉世人恩师的体质本来极好却英年早逝，实为在国民党频繁暗杀进步民主人士的高压之下过分透支身体之故。《和陶行知先生在一起的日子里》是为陶行知诞辰九十周年的纪念文章，作者以纪实性的文字回放了他所知晓的陶行知在安庆、南京、上海、桂林、重庆等地的过往，尤其是对陶行知在实践生活教育过程中的事迹作了重点介绍，对研究陶行知具有重要的史料价值。

高山仰止悼陶师 *

从来不信灵魂在，但愿而今师有知。

异日九泉重聚首，座谈欢笑犹生时。

这是二十年前的事了：一个月白风清的秋夜，陶师和我们几位同学，围坐在晓庄犁宫的门前，像往日一样纵情的谈笑着。我们是无所不问，他是无所不答。偶然，我们谈到灵魂存在不存在的问题上了。出乎我的意外，他竟认为灵魂是可能存在的。我当时固执着自己的意见，哓哓不休，直到深夜。最后，他问我："迷信鬼神固然是要不得，如果一位亲人离我们而逝世，我们认为他的灵魂常在，依然和我们朝夕一起，那不是一件好事吗？"我当时虽是无话可答，却始终不能了然释然。

二十年来，我也经历了父母的弃养，师友的永诀，我才逐渐领悟到陶师的灵魂常在的假设，既无违于科学，又深合于人情。从这一观点展开，我才逐渐理解到他的思想感情的豁达精深，超尘绝俗，无拘无碍，决非平常人所可比拟。因此，我以后每次见到他，或是想到他，总觉得自己渺小拘泥。拿自己和他比较起来，正如一片瓦砾，依傍着一座巍峨壮伟的高山。而这座山真是深林大壑，蕴藏无尽，夕晖朝霭，气象万千。

陶师这种潇洒豁达，透澈晶莹的风度，不只是从他的谈吐中可以欣赏得到。贯穿着他的为人民大众而创造的事情，我们也可以看出他那超尘绝俗的胸襟，和那生龙活虎的精神来。

一九二七年春季，北伐军尚未达到南京，他领导着我们十三位同学，正在赤手空拳地创设晓庄师范。他摒弃了世俗所谓"荣华富贵"的一切招引，亲自站在农民大众中间来，终日短衣箬帽，赤脚草鞋，睡着泥地，吃着豆芽，和我们同生活，共甘苦。他不避风雨，不论星期日，为学校筹经

* 选自江苏省陶行知教育思想研究会编：《纪念陶行知》，长沙，湖南教育出版社，1984 年版。

费，为同学答问题，为儿童设小学，为成人开夜班。他总是那么忙碌着，谈论着，欢笑着。每日黎明即起，午夜始睡，从不知道疲倦。有时，我们笑着向他说："陶先生，您真要算发愤忘食，乐以忘忧，不知老之将至"了。

同年秋末，陶师忽然接到冯焕章先生一封电报，听说是冯先生约他到河南去协助教育行政工作的。我们得了这个消息，有的马上去问他是否要到河南任教育厅长去。他的答复是："晓庄事业，我要用整个的身子干下去。"后来，冯先生一再电邀，他答应到河南去走一趟，帮助冯先生计划计划。他临走那一天，在朝会中自动和我们约期回校，决不过期。他随身行李，只有一个小小的铺盖卷。我们送了他一程，真是依依不舍。他到了下关，马上寄给我们一封信，附有如下的一首词：

> 无语泪汪汪，
> 涌出愁肠，
> 千珠万滴付长江。
> 谁在矶头汲去了，
> 挑到晓庄？
> 洗手作羹汤，
> 无限思量。
> 此中滋味不寻常。
> 寄语愁人吃不得，
> 要断人肠。

后来，他果然是如期返校，说到做到。

又一次（大约是一九二八年的春天了），他从城里回来，和我们作饭后闲谈。他谈起晓庄董事长蔡孑民先生问他愿否参加国民党。他当时婉言答复道："我这时如果参加国民党，显见得是投机。"

也正因为他的透澈晶莹，豁达不羁的态度，以后也就引起各色各样的误解和毁谤。有人认为他有官不做，有福不享，跑下乡来和农民青年在一起，要创造新教育，要创造新社会，一定是别有野心。对于这些人，只要看一看陶师当时办公室里挂的一幅严子陵先生像，和他亲笔所题的一首诗，就足够答复了。诗是：

> 垂竿古渡头，无饵亦无钩。

> 鱼亦爱知己，群来竿下游。

他这种信任自然忘怀得失的人生境界，在那些勾心斗角、利欲熏心的人，也许始终不能理解罢。

可是，我们也不要误会：陶师的胸怀旷达，亮节高风，虽然和子陵先生相类似的，但他的热心济世、舍己为人的另一面性格，就和子陵先生截然不同了。

子陵先生的高蹈远引，遗世绝俗，亮节高风，固然是千古景仰。但他的行动，究竟是消极的。陶师的为人，不但如子陵先生五柳先生的旷达，他更有中山先生、列宁先生这样的救人救世的热肠。他的思想是积极的。他的感情是热烈的。这种特征，在他的历史中，随手都可举出例子来。

民国十三年，他写了一首自勉并勉同志的诗，便可以见到他的积极做事的精神。诗为：

> 人生天地间，各自有秉赋；
>
> 为一大事来，做一大事去。
>
> 多少白发翁，蹉跎悔歧路。
>
> 寄语少年人，莫将少年误。

在晓庄的时候，他提倡"教学做合一"，又赞美宝山师范改为"做学教合一"更为彻底。这时他已由"知行合一"的思想，已经进到"行先知后"的境地了。他常常给友人写联语："行是知之始，学非问不明。"后来更明白告诉我们："行动是老子，知识是儿子，创造是孙子。"连他自己的名字，也由知行改为行知了。

陶师积极的、入世的精神，从他一生为大众忘我工作，每个人都是可以看得到，本来不用我来说明。我本来所要说的是：他抱着出世的精神，做入世的事业；更正确的说，他是抱着旷达不拘的胸怀，来执行救人救世的事情。正因为如此，所以他能够坚持着为人民大众的立场，始终如一，富贵不能淫，贫贱不能移，威武不能屈，美人不能动。正因为如此，他才能够无所畏忌，打破一切传统的束缚，推陈出新，继续不断地创造新的事业，新的理论来。

我所感到最不幸的，是以陶师的豁达胸怀，乐观的态度，再加上他那结实而端庄的体格，我总以为他活到七八十岁是毫无疑问的。所以，我有许多事没有向他请教，有许多意见没有赶快提出。连今年四月间他动身赴沪，我也差了一小时没赶到重庆送别。我万想不到七月二十六日报上突然传来他逝世的噩耗。那一方带黑边的新闻，在我真无异是晴天霹雳，震骇得不知所措。从此以后，我纵是有泪如泉，有话满车，又何处向吾师申诉呢？

朋友们平日常常谈起：以陶师的热忱、智慧、踏实精神，倘若在一个有轨道的国家里，他的成就当更加伟大。我今天是另有一种感想：以他的乐观态度，旷达胸怀，倘若在一个稍好的社会环境里，他决不会这么早便离开人世的。

1946 年 9 月 10 日

和陶行知先生在一起的日子里[*]

今年十月十八日是陶行知先生诞辰九十周年，各地陶行知教育思想研究会都将举行纪念会，以示不忘这位伟大的人民教育家对人民作出的贡献。我从一九二七年开始，到晓庄师范接受他的教育，以后根据他的指导，在各地从事教育工作，先后达二十年。一九四六年，他在国民党反动派的迫害下突然逝世，使我感到很悲痛。那时，我曾写过一篇纪念文章《高山仰止悼陶师》，表示我的哀思。时光如逝水，至今不觉三十五年。回首往事，心绪起伏，往往夜不成眠。我也已七十九岁了，趁我尚能执笔的时候，再谈谈我的一些回忆，以补述当年未尽之意。

一、相见不相认

我与陶先生初次见面，时在一九二一年夏天。当时他为了支援安徽学生争取教育经费独立运动，到安庆作学术讲演。当时他是南京高等师范学校的教务长。年龄不过三十来岁，中等身材，净白面庞，头成五角形，俗称"五岳朝天"。他讲演的题目是"民权初步"，用意是在于宣传民主思想，反对军阀暴政。我当时对他讲话并不十分重视，我所注意的倒是他这样的年轻，当了高等师范教务长，令我羡慕之至。我那时已有十九岁，从农村高小考进安庆师范学校，刚刚两年。旧社会有句老话："富中学，穷师范，教书为了吃口饭。"我很不满意自己的处境，一心想转中学，上大学，成为一个有学问、有名望的大人物。我真没有想到：站在我眼前的这位名流，思想上恰恰同我相反。他不愿当高师的教务长，而开始推行他所主张的"平民教育"。第二年他就离开了南京高师，到北京就任中华教育改进社总干事，要在旧社会这块教育荒地里，找到一线光明出路。

二、犁宫内外　朝朝暮暮

时隔六年，一九二七年三月，我在南京神策门（现为中央门）外的燕子

---

[*]　选自江苏省陶行知教育思想研究会编：《纪念陶行知》，长沙，湖南教育出版社，1984 年版。

矶小学，又见到陶先生。这次见面，我们事先是通过信的。他当时在中华教育改进社主办的新教育评论杂志上发表了一系列论文和计划，要创办晓庄师范，试验他的"生活教育"主张。他主张"生活即教育"，"社会即学校"，"教学做合一"。我对这些原则，深表赞同，因此给他写了一封信，表示愿意到晓庄学习。他回了我一封信，以其优美的文笔，诚挚的态度，说明晓庄生活是十分艰苦而又十分有意义的，并把这封信发表在时事新报上。这件事引起了同学们的惊异，也坚定了我去晓庄的决心。

到了燕子矶小学，陶先生热情地接待我。但他穿的已经不是西装，而是长袍，面色也显得黝黑。最引人注意的是小学会客室里挂着陶先生亲笔写的一张条幅"好军人不与儿童争地盘！"和一张横幅"见义勇为"，说明战争的气氛已经很紧张。

三月十五号，晓庄学校在一片荒地上举行了开学典礼，也搭起了临时帐篷。同学十三人，和一部分辅导员都住在帐篷里，大家志同道合，精神愉快。有一天，陶先生以"十三"为题，讲了一个故事。他说，耶稣有十三个门徒，其中有一个犹大。这个学生后来出卖了耶稣，致使耶稣上了十字架。人们都痛恨犹大，牵连到"十三"这个数目字，西俗就不肯用"十三"来记数。所以在西洋，旅馆里找不到十三号，户口牌上也没有十三号。陶先生当时是不是有什么预感，我没有问过他。

晓庄的教师，不称为老师，而都称为辅导员。有一位辅导员朱葆初先生，是一位著名的林园建筑工程师，为人很有趣，晓庄学校的全部建筑都是由他设计和监督建造起来的。这年端午节前，建筑工人要领款过节，陶先生当时筹款也很难。朱先生剪了一节麻绳，请赵叔愚院长夫人交给陶，并转达口信说："如果节前没有钱来，就请看这根绳子。"赵夫人真的把这根绳子转给了陶先生。陶先生看了，写了两首诗，一是："以人眼观之：绳子一根，性命一条，呜呼哀哉，不了也了。"二是："以佛眼观之：绳子一根，性命一条，业报相乘，了也不了。"就是这位辅导员，在褚玉璞部队败退时，他为了关心晓庄校舍建筑，借用红十字会服装，下乡工作，给城门口守军发觉了，几乎送掉了性命。后来，由安徽公学校长作了证明，才幸免于难。朱先生同陶先生一样，为事业而献身的精神，我一直敬佩。现在年已八十余，还经常与晓庄师生通信。

六月间，在晓庄劳山脚下建立起一座茅屋土阶而又辉煌灿烂的大礼堂——犁宫。大门柱上，飞金红底，由陶先生亲笔写了一幅对联："和马牛羊鸡犬豕做朋友，对稻粱黍麦菽稷下功夫。"引起国内外不少参观人士的赞美和传诵。

从此，全校师生生活起居都以犁宫为中心。每天天明，大家都集中在宫前举行寅会(取意于"一日之计在于寅")。开会时间，定为十五分钟，由师生轮流主持，内容多为前一日的学习体会或当日的工作安排。最受欢迎的是陶先生的讲话，他不断阐明生活教育的理论和方法，言词精辟，意义新颖，使人为之神往。这些言论，以后大多收在《中国教育改造》一书中。辅导员中有生物学家秉农山先生，也定期来此讲学。犁宫右侧辟一间房子作为生物标本陈列室和制作室。秉先生原系清末举人，专心学问，在美国学习生物学八年，回国后在南京主持生物研究所。他热心支持陶先生的事业，不但用自己的部分工资，从经济上予以支持，而且带领他的学生曲仲湘先生，到校指导学生学习(曲先生现任云南大学生物系主任，从晓庄到重庆育才，他都赞助陶的事业)。陈鹤琴先生(今年已九十岁了)在主持鼓楼幼儿园的同时，主动担任晓庄第二院(女生部)主任，为乡村幼儿教育培养新人才。赵叔愚先生最早与陶先生共同创办晓庄师范，任第一院长，一九二八年改任无锡民众教育学院院长，不幸因病逝世。许士骐先生经常由上海来晓庄指导艺术组的同学学习绘画。另一些专职辅导员如吕镜楼、邵仲香、丁柱中、于振声，都是勤勤恳恳在艰苦的环境中担负学校工作，令人永远不能忘记。全校只有一位工友高祥发，山东人，年约三十多岁，为人爽直、乐观，负责担水、做饭。陶先生很喜欢他，但他也有缺点，不大听话。陶先生在这年赴河南时，在下关码头填写一首词寄给同学和老高，表明他对工友和同学的系念。词为："无语泪汪汪，涌出愁肠，千珠万滴赴长江。谁在矶头(燕子矶)汲去了，挑到晓庄？洗手作羹汤，无限思量。……"同时还写了一封信给老高，劝他服从学校纪律，听大家的劝告。足见陶先生对全校师生工友的团结十分重视，思想工作也是很细致的。

在犁宫，我们还接待不少中外知名的教育家。在我印象中最深刻的是蔡元培先生。一九二七年，国民政府成立后，他任大学院院长。按照法国的大学区制，院长兼教育部长。蔡先生一向积极支持陶先生的事业，担任晓庄师范学校董事长。挂满犁宫礼堂墙壁的都是蔡先生亲手楷书的陶先生编著的十八条教育信条。全文计有两百六十多字，要全部用六寸见方的楷书写出来，该费多少心力？当时的蔡先生也有五十多岁了，没有极大的热情是不易办到的。我还认为，蔡先生的为人不仅为陶先生所景仰；蔡先生办学方针也为陶先生所奉信。蔡先生在北大时，对陈独秀、胡适之，兼容并包，任其各抒己见。陶先生在对晓庄的辅导员和学生，不问其政治色彩如何，只要是热心教育，学有专长，认真学习的，都是来者不拒。

陶先生创办晓庄师范，在人缘方面，主要是依靠以蔡元培、蒋梦麟为主干的欧美留学生。他们都是中华教育改进社的主要成员，也是当时教育界的实际指导者。不过在一九二七年以后，中华教育改进社许多重要人员都已成了教育部、教育厅的长官，但与陶先生的关系也还保持着。听说，国民政府成立后，蔡元培曾劝陶参加国民党，陶拒绝了。他说："我过去没有参加，现在来参加，不显然是投机吗？"事实上，在晓庄创建初期，陶先生并不反对国民党，也没有反对蒋介石，相反，他对孙中山先生的三民主义还是信服的，对蒋介石的政权也还抱有一些幻想。记得一九二八年，南京召开第一次全国教育会议，陶先生在会上提出一个议案，要求教育部建立一个实验区，让有志于教育改革的人试验自己的主张，开辟教育的新天地。这一建议，没有得到通过，但陶先生的希望是很明显的反映在这个文件之中。

陶先生提倡生活教育，给我思想上震动最大的是他那种反对"书呆子"的坚决态度。他讽刺这些书呆子是读死书，死读书，读书死。又常常告诫同学们，书呆子读书如同吸鸦片的人一样，久之便上瘾，不吸就打呵欠，流眼泪，遍身难受。他主张"读书如用刀，不快便须磨，磨刀不切菜，何以见婆婆？"本意是在教人，读书为了用书，而不是为了应付考试，考一张文凭，求得一官半职，做个人上人。其次，是他那种敢想敢说、敢作敢为精神。在教育上奉行他所倡导的十八条，其中如"教育应当培植生活力，使学生向上长"，"教师必须学而不厌，才能诲人不倦"，"教师应当运用困难，以发展思想及奋斗精神"，"教师应当做人民的朋友"，"教师应当以身作则"，"教师应当用最少的经费，办最好的教育"。我认为这些信念，目前还是可取的。他在晓庄真的打赤脚、穿草鞋，与学生一起种菜、施肥。在太阳底下，面孔晒得黝黑，使人辨不出谁是陶校长，谁是老农民。他的工作日程是排得很紧的，没有一刻空闲。他在校时，每天四五点钟起床，在煤油灯下写文稿，复来信。天亮后参加寅会与体育活动，上下午忙于指导学生教学做，接待来宾，参与会议，晚上还在犁宫灯下与同学谈思想、总结生活经验，开展辩论，有时为了一个问题争论到深夜。他常常引用柏拉图的名言"吾爱吾师，吾尤爱真理"鼓励同学敞开思想，敢于坚持真理，开展辩论。这是我在晓庄生活中感到最受益的地方。

这样的学校刚满三年，就给蒋介石政府用武力封闭了。学生被杀害，陶先生也遭到通缉。这完全由于蒋介石的法西斯统治，害怕真理，害怕人民，采取野蛮手段，把晓庄师范扼杀在摇篮之中。

晓庄师范驻军之后，我到上海找到陶先生。我们先住在英租界孟渊旅社，以后又搬到暨南大学宿舍。由于陶先生失去了自由，经济上没有来源，生活十分艰苦，我们有时只能到小饭店喝两碗绿豆粥，或者吃两个"蟹壳黄"（沪语，指烧饼），但陶先生态度很坚定，诗兴也很高。那时，他写过一首诗："三个蟹壳黄，两碗绿豆粥，吃到肚子里，同享无量福。"这段时间里，我们经常讨论前路如何走。他勉励我们不要怕磨折，他说，"人家说我们自寻烦恼，自找麻烦，我认为天下本有事，何能自安之。"七、八月间，晓庄的同学，有些人受到监视。南京卫戍司令部的特务，也追踪到上海来。我因患有咯血病，便回老家农村里疗养。回忆这些往事，我认识到陶先生无论在政治上和生活上对我的教益都是很大的。他不肯向反动派屈服，经得起磨折、穷困，依然向着光明的前景踏探前进。他在实际生活中给我们教育，对我在抗日战争中所遇到的困苦、危难，经受住考验，我是终生不忘的。

三、在上海市与宝山县之间

晓庄学校被封闭以后，蒋介石在国内受到舆论的谴责，在国际也遭到爱因斯坦、杜威、罗格、桑代克等知名人士的抗议。同时他也可能知道，把"勾结叛逆、阴谋不轨"的罪名加在陶行知头上，是站不住脚的，因而对这次通缉的事也就不谈了。

一九三一年，陶行知由日本回到上海。一九三二年，在上海市与宝山县之间创建山海工学团，提出工以养生，学以明生，团以保生，把生活教育的组织形式由学校班级制扩大到社团活动形式的社会教育领域中去，这就更有利于结合生产，便于工农就学，便于筹措经费，有利于生活教育的推行。他除了在农村建立棉花工学团、养鱼工学团等等外，还在市内工人生活区建立卖报儿童工学团、劳工托儿所、女工识字班。在普及教育中，又提倡小先生制，运用即知即传人的办法，用年长的学生教年幼的学生，儿童教家长，小孩教大人。他在内地各省宣传这一主张，取得成功。所到之处，群众热烈欢迎。记得在宝山县的一次讲演中，县教育局长冯国华先生，动员大批教师来参加，室内室外挤得水泄不通。从此冯先生在县内大力实行小先生制，这就引起国民党政府的注意。结果，冯被撤了职（冯先生在抗日战争中参加沪郊游击队牺牲）。事情还不是就此为止，国民党上海市党部进一步诬称山海工学团团长马侣贤同志为中共华东区宣教委员会的负责人，加以逮捕，投入监狱。在审讯中，特务分子猛击马的面颊，几乎打破耳膜。在狱关了半年多，陶先生多方营救，向国民党的人说："如果马侣贤是中国共产党，我陶行知愿用脑壳来担保。"以后由中国银行经理张公权先生出面保释出狱。在创办山海工学团的同时，陶先生在民族资产阶级史量才先生的支持下，还创办过上海自然学团，成立儿童科学通讯学校。后来由于史量才不肯将申报馆交给蒋介石，遭到特务暗杀，儿童科学下嫁运动也就停顿了。

虽然遭到国民党的不断破坏、恐吓，陶先生争取一切可能机会，用各样的笔名在《申报·自由谈》连续发表《斋夫谈荟》，署名为"不除庭草斋夫"（以后印单行本，书名为《斋夫自由谈》）。一九三四年他用"何日平"的笔名，在中华教育界发表了《中华民国之出路与中国教育之出路》，论及教育与救国的关系，引起了尚仲衣先生（署名"子钵"）在天津大公报上发表《陶行知的教育是中国的出路吗？》长篇评论文章。在上海的地下党员，生活教育社的部分同志同陶先生、尚仲衣先生一起讨论了这一问题，彼此加深了了解，统一了认识，认为教育不能脱离政治，而是受政治的制约，为政治服务的。要使教育能为广大劳动人民服务，就必须有为劳苦大众谋利益的政党为领导，才能实现这种愿望。经过"九·一八"、"一·二八"事件，陶先生对蒋介石的对内实行法西斯统治，对日本采取不抵抗政策，已经是彻底看清，深恶痛绝。"八一宣言"和"一二·九"运动，使陶先生认识到只有接受共产党的领导，把生活教育的生命，寄托在中华民族之生命之中，才有光明的出路。从此，他全力以赴，组织国难教育社，与沈衡山先生发起上海文化界救国联合会，签署"团结御侮"宣言，参加抗日救亡运动。以后又担任国民外交使节，奔走二十六个国家，促进华侨团结，呼吁国际支援，为抗日救亡作出很大贡献。

陶先生这一时期思想上的进步，行动上的坚决，对我个人也起了很大的教育作用。我于一九三五年暑期随着晓庄七位同学回到安徽，他们参加了省教育厅普及教育辅导团，我到池州乡村师范任教务主任，主要是与当时山海工学团团长张劲夫同志作联系。他那时是中共党员，从上海不断寄来马列书籍如《家庭、私有制和国家的起源》、《反杜林论》以及新出版的杂志如《生活周刊》、《大众生活》、《新生》、《永生》杂志等给我。这年寒假，我又回到上海，参加救国会在法租界一个中学里由陶先生主持的讲习会，听到邹韬奋同志对苏联情况介绍。他从下午三点钟谈起，直到傍晚七时还不能散会，因为他既讲了他的观感，又为听众解答他们提出的问题。我才了解他不但文笔犀利生动，而且口齿伶俐，语言动人。我有了这些新鲜资料，在学校不断向学生作宣传，颇受到一部分学生的欢迎。第二学期，我又约程今吾同志到校任教，这就引起了学校军事教官的注意，怂恿参加蓝衣社的部分同学向我施加压力，要我离校。有一部分学生受到进步刊物的影响，对日抗战后，有的参加了抗日救亡组织，如李廷宏，也有一些后来参加了新四军或投身到延安去，如何心皙(杰之)、易贞庠等。以后由王洞若同志介绍到桂林干校任教，在杨东莼同志和当时的地下党员对我的帮助下，我从此走上了革命的道路。

四、管家巷与临江楼

一九四一年，皖南事变发生后，广西的政治形势日趋恶化。负责生活教育社的刘季平同志离开了桂林，留下一信，要我兼顾生活教育社的工作。一天，有人向我说，生活教育社的招牌给中山纪念学校的校长摘了下来，送到贮藏室里去了。我不大相信，因为这位校长是晓庄师范的同学，又是生活教育社的常务理事，怎么会在这个时候一声不响把招牌摘下来？但又不得不亲自去看一下。果然，学校照常，这块招牌没有了！当时只有新旅团长汪达之同志和晓庄指导员陆静山以及生活教育社社员高景之(女)尚在桂林。我找达之同志商量，由我以清华同学的名义去找广西民政厅长邱昌渭，因为这是他管辖范围的事。约好时间，我见到了他，他的答复是"招牌已下了，就不必再挂了！"这才认识到，校长取招牌是经过厅长同意的。我与达之同志联名，把这件事写信报告陶先生。过了一些时候，陶先生来信要我去找当时广西行营主任李济深先生。我找到李，他说这件事是广西省府的事，他不知道。我们再写信给陶先生，将生教社移到重庆去。

陶先生交游广阔、胸怀宽广，但在晓庄被封闭时，一位特约小学校长与晓庄叛徒在一起作证杀害共产党员，后来升为河南鸡公山林园管理处的处长。在上海普及教育促成会时期，陶先生辛辛苦苦募集来的经费，被一位叫张绍麟的拆白党拐款潜逃。这次又遇到这样的一位门徒，实在令他痛心，后来我由桂林到重庆，听到马侣贤同志说，陶先生对此很恼火，并说我过于软弱，斗争性不强。我把这一教训永远记在心头，终身引以为戒。

一九四五年四五月间，我全家由桂林撤到了重庆，在管家巷会见了阔别十余年的陶先生。他面黄肌瘦，身体大不如前，而且显得很苍老。他住的一间房子只能放下一张床，一张书桌，四角还放了一些未发出去的《民主周刊》。一见面，他就拿出一份打印的《两个中国之命运》给我看，要我利用休息时间仔细读读。这说明他对我从政治上关怀，也说明当时的斗争很尖锐。以后，我们商量好，把家属留在育才学校，我自己去外机关找工作，这年暑假中，我就到了清华中学任语文教师兼班主任。这时，育才学校既受政治上的压迫，又受经济上的封锁，许多地下党员为了安全起见，经组织安排，离开学校到解放区去了。也还有不少党员在坚持工作，每日师生同样是两顿稀饭一碟胡豆作菜。

这年八月十四日，日本政府宣布无条件投降，八年抗战终得到胜利。重庆人民，爆竹连天，欢声动地，表示喜悦的心情。九月间一天下午，陶先生约定周总理到管家巷廿八号作时事报告，我得到通知，由清中进城来听讲。时间大约从四点钟开始，一直讲到晚间七点多。总理分析了当时政治形势，指出要争取和平民主，其中有一段话，我至今未忘。他说，当前形势如同我们坐在汽车上，车子正在大转弯，必须提高警惕，防止意外，一不小心，就会从车子上跌下来。我当时认为日本既已投降，和平必然可得，没有想到蒋介石在和平谈判的幌子下，得到美帝国主义支持，调兵遣将，准备着打内战，要消灭中国共产党，继续他的卖国独裁统治。现在回忆起来，总理的这些话，可能是向我们敲警钟，不要受国民党的欺骗。散会时，有位晓庄同学请周总理谈谈解放区的教育情况，总理立即指着陶先生说："问问他就可以了。"陶先生还带着我和马侣贤同志到楼上接待室里，见了总理和张晓梅同志。总理鼓励我们要坚持工作，帮助陶先生把育才学校办好。时间已晚，总理就告辞了。这些情景虽然已相隔廿多年，总理和陶先生的音容笑貌犹历历如在目前。

我到重庆后，通过地下党员徐荇和力扬同志的介绍，到新华日报社，找到朱语今同志。以后我在清中和其他地方的活动，都直接向朱汇报，争取他的指导和帮助。在中共代表团撤退时，我依据力扬同志的建议，介绍地下党员戚云同志带着两个小孩到清华中学教一个时期的英语，以后才转到苏北去。

我在重庆，由于陶先生和沈衡老的关系，参加了中国民主同盟和中华人民救国会。参加一些政治活动后，我感到在重庆与国民党的斗争，比上海更困难，更复杂得多。较场口事件发生后，特务们打伤了郭沫若、李公朴和施复亮，而当时领导打人的特务刘野樵，会后反而倒打一耙，向法院控告陶先生，说他带领育才学生破坏会场，打伤了人。陶先生为此曾召集方与严、马侣贤和我在民生路民盟办事处开过一次会，大家都赞成出席审判庭揭露特务们的无耻行为，向社会宣布他们的罪恶。以后听说在史良、林亨元同志的帮助下，迫使法院停止审判。

我遇到的第二件事是育才学校在北碚临江楼设立了自然学园，培养科学儿童。一天，离北碚不远的澄江镇上，有一个属于国民党的中央陆军测量学校，突然派遣武装士兵在自然学园大门口站起岗来，声称要我们搬出去，把房子让给他们。陶先生听说了，邀我到临江的一家小茶馆商量。他还像平时一样，从容不迫，面带笑容向我说："这么几只小老鼠，偷偷摸摸干这样的事，算不了什么！"以后他用秀丽的字迹写了一封信交给国民党陈诚部长，口气十分严肃，质问他们：我们的小孩都是抗日战争中失去父母的孤儿，正在安心学习。为什么校舍被你们突然派武装侵占，守住大门，荷枪实弹，如临大敌，如果发生意外，谁应负责？此信发出之后得不到答复，经过多次催促，武装部队还是悄悄撤走了。陶先生为此事，以《打胜战的秘诀》为题写了一首诗，诗是："没有做，莫说做不通！做得不够，莫说做不通！九十九次失败了，第一百次会成功！"从这次事件中，我深深体会到陶先生"贫贱不能移，富贵不能淫，威武不能屈"的精神，在他的一生中，贯彻到底，始终如一。

听起来有些奇怪，事实上并不奇怪，在陶先生办学最困难的时刻，一些稍有正义感、关心教育事业的人往往会出人意外地出来支持。如在重庆育才学校的对岸澄江镇上驻有陈诚嫡系的十八军十八师，有一天接到陶先生借用区长卢子英的名义，请师部负责人吃饭。副师长接到请帖，自己不肯去，要参谋长去作代表。饭后，陶先生陪同客人过江参观育才学校，这位参谋长看到学校办得好，环境很整洁，学生成绩也很好，加上陶先生态度和蔼、学识渊博，很钦佩陶先生的为人。陶先生为培育学生有抗日的技能，写信向十八师借五十支旧枪作为师生训练之用。参谋长应允了。不料这件事由于副师长密告到蒋介石侍从室，说育才学校师生多是共产党，把枪支借给这班人很危险！事有凑巧，收到这封密信的正是参谋长的老熟人，他当即用电话告知参谋长，要他立即到重庆去见面，说明了事实真相，那位熟人建议他回去赶快把枪收回来，他自己把密信压下去，不向上级汇报。以后这位参谋长起义到解放军服务，现在年老退休住安庆老干部休养所，但还担任安徽省政协常务委员。从这里，我认为陶先生的爱国主义、民主主义的思想，加上他广博的学识，干练的才能，对于具有公平正直，有优良品德的人是有很强的感染力的。许多与陶先生交往的人，可能都感觉到这一点。

结束语

陶行知先生，出生在一个贫苦的农民家庭。幼年与农民子女共学，少年依靠母亲帮工，进教会学校"崇一学堂"就读。他在学校墙壁上曾写过"我是中国人，应当爱中国。"后入金陵大学，留学美国，接受西方资产阶级教育。回国后，他抱着爱国热情，一心要在半封建半殖民地的旧中国，探索一条适合国情，有利于人民的新教育道路。他历尽艰辛，坚强不屈，两次遭反动政府通缉。日军侵华，中国共产党发表了"八一宣言"，北平学生发动"一二·九"运动，陶先生深切认识到，中国共产党是全心全意为人民服务的政党。他接受了中共的领导，把教育救国的理想，寄托在革命斗争之中。这时，他写诗赞颂延安"延安一片弹丸地，全国人心之所寄"。后来，他所主持的育才学校，时人称为"小延安"。抗日胜利，蒋介石为了发动内战，暗杀了民主人士李公朴、闻一多，竟将陶先生列入黑名单。他闻讯时，正气浩然地宣称："我等着第三枪！"不久患脑溢血逝世。周总理电告党中央，称为"一个无保留追随党的党外布尔什维克"。一九四六年，延安各界举行追悼大会，毛主席的悼词是"痛悼伟大的人民教育家陶行知先生千古"。他的教育思想，在解放区得到广泛的传播与实施。

1981 年 9 月 5 日于黄山疗养院

陈鹤琴

　　陈鹤琴(1892—1982)，浙江上虞人。1911 年考入上海圣约翰大学，同年秋转入清华学堂高等科。1914 年赴美留学，1917 年获霍普金斯大学文学学士学位，1919 年获哥伦比亚大学师范学院教育硕士学位。1919 年 8 月回国任南京高等师范学校教授。1923 年任东南大学教务长，并创办南京鼓楼幼稚园。1927 年协助陶行知筹办南京晓庄乡村师范学校，兼任第二院(幼稚师范)院长。1928—1939 年任上海工部局华人教育处处长，相继创办 8 所小学，1 所女中。1940 年在江西建立省立幼稚师范学校。1945 年任上海市教育局主任督学，再建上海市立幼稚师范。1949—1959 年任南京大学师范学院、南京师范学院院长。1979 年被选为中国教育学会名誉会长、全国幼儿教育研究会名誉理事长等。重要著述收录于《陈鹤琴教育文集》《陈鹤琴全集》。

　　陈鹤琴视陶行知为"挚友与同志"。陶行知去世后，陈鹤琴在自己主持的上海幼师为陶行知举行了追悼会，并担任追悼会执行主席，可见情谊之深。同时，陈鹤琴还在自己主办的杂志《活教育》专设一个"人民教育家陶行知"专栏，刊载多篇纪念陶行知的文章。本卷收录的《近百年的大教育家》初写于1947 年陶行知逝世后不久，以一次讨论重新提出这个问题，那就是陶行知是否称得上近百年的大教育家。而作为陶行知的学生，尚仲衣一直对陶行知的思想持批判态度，陈鹤琴在与尚仲衣的这次谈话中，称陶行知是一位即知即行、能知能行、思想特异、口才雄辩、文章独创的人，其教育思想与教育实践均借鉴欧美却能在中国教育实际中再创造，故而能称得上是近百年来的大教育家。

近百年的大教育家 *

40 年前，我同尚仲衣先生谈论到近百年来的中外教育家。我说，陶先生要算伟大的教育家中的一个，尚先生听了愕然说："你们这个话不会过分吗?"我说："你不相信，我们就来讨论讨论看。"那时候，我便举出了很多事例来跟他讨论。时过数十年，如今，陶先生和尚仲衣先生都已与我们长辞了！"盖棺论定"，今天我更可肯定地说："陶行知先生是近百年来一个伟大的教育家。"

这并非我个人说的感情话，这完全是根据陶先生本身的特点而得出来的结论。

陶先生是一个即知即行、能知能行的实践教育家。他很少空谈理论，总是老老实实地硬干，只要我们看看他办晓庄师范的精神，就可以知道他的个性喜实干，是其他教育家所不及的。晓庄师范经费少、条件差，陶先生除了独力支持之外，还要使她不断地发展起来，艰难困苦的情况，谁堪忍受！

陶先生具有特异的思想，"小先生制""教学做合一""学校与社会打成一片"……所有这一切，没有一样不表现出他的伟大创造力与特异的思想。记得在晓庄时，因为水井太少，用的人太多，以致水供应不上。陶先生看到了这种情形，便想出了一个解决的办法，他的办法，就是召集一个民众大会来讨论水的问题。大会推选了一位 12 岁的女孩子(小学生)做主席，有一位老太婆开始发言，她说："种田的人要有休息，做工的人要有休息，所以，水井也应该休息。"于是大会便通过了汲水的时间，不在规定的时间内，任何人不准到井里去汲水，水井也该有休息的机会。这样，水源就不再断绝了，水的问题也就解决了。在几十年前，陶先生就运用了民主讨论

* 选自《陈鹤琴全集》第 6 卷，南京，江苏教育出版社，2008 年版。

的方式来解决大众的困难问题,这不能不叫人佩服。

记得民国16年(1927),陶先生的试验乡村师范学校招生广告中,末了有这样一行:"学费免,膳宿杂费详简章,小名士、书呆子、文凭迷,最好不要来!"像这样的思想风格,的确只有他才能想得出来。陶先生思想力的特异,真有举不尽的例子。

我还记得,晓庄开学那一天的情形,几百个学生、上千个乡下男女老百姓在一个空旷的黄泥地上,举行开学典礼。陶先生指着蔚蓝的青天作为学校的天花板,踏着金黄色的泥土作为学校的地板,向着同学、老百姓报告筹备经过、办学宗旨、教学方式、将来计划,我听了几乎被感动得流下泪来。陶先生坚苦卓绝的精神、创造力的伟大、思想的前进,确是空前的。

陶先生自己独创风格的文章与雄辩动听的口才,他的通俗易懂的儿童诗歌和故事,都是不朽的文学创作。跟作文章一样,他在讲演的时候,也喜欢背上几首诗,使他的演讲更加有声有色。

陶先生不仅有特异的思想和独创的文笔,而且,他的热情与纯爱,凡跟他接近过的人都感觉得到的。他热爱儿童,热爱大众,热爱一切弱者。这种伟大的爱人民的精神,使他成为艰苦奋斗、公而忘私的勇士。为了追求真理,他从来没有休息过一天。

在教育理论方面,陶先生虽然是接受过杜威的影响,但杜威所提倡的还只是"教育即生活"与"学校即社会",而陶先生却更进一步地提出"生活即教育""社会即学校"的主张。在表面上"教育即生活"与"生活即教育"或"学校即社会"与"社会即学校"只不过是先后次序不同而已,但实际上,陶先生的主张,正是现代最前进的生活教育理论,与杜威学说有本质的不同。

在教育实践方面,陶先生的贡献非常宝贵。最初,他把欧美的教育介绍到中国来,但是重要的还是他后来的不断创造,在中国教育史上展开了三大教育运动:

第一,教育下乡运动,创办乡村师范学校。

第二,普及教育运动,提出小先生制与工学团制,创立山海工学团。

第三,人才教育实验,创办育才学校,成为全国多灾多难的保姆。

接着,陶先生还发动了社会大学与民主教育的运动,然而,陶先生还不及看到自己事业的全部成功，不及看到大众教育的自由解放，竟突然与世长辞了。这位近百年来的伟大教育家——陶先生的死，实是中国苦难人民不可补偿的损失，也是全世界善良人民的重大损失。行知先生的死，不仅全国教育工作者在哭，全国人民在哭，就是全世界的人民，也都为这巨星的殒落而挥泪！

如何完成陶行知先生的未竟的事业，正是我们哀悼陶先生的意义。

陈家康

陈家康(1913—1970)，原名陈宽、陈有容，湖北广济人。1926 年入读汉口辅仁中学，1929 年入武汉大学预科学习，1931 年攻读武汉大学经济系本科，1933 年肄业回乡。1934 年加入左翼社会学科者联盟。1935 年与人创办《人民评论》周刊。1938 年任周恩来秘书兼英文翻译。1951 年历任外交部亚洲司副司长、代司长、司长。1955 年任外交部部长助理。1965 年任外交部副部长。

陈家康作为周恩来的秘书，与陶行知不乏众多交往的机会。1946 年 4 月，陶行知来到上海从事维护民主的活动。国民党特务相继暗杀李公朴和闻一多后，将陶行知列为第三号暗杀对象。陈家康受周恩来委派前往陶行知身边报警，告知提防特务的无声手枪。陶行知当即表示："我等着第三枪!"不幸，陶行知因突发脑溢血而逝世。

本文选取陈家康《陶行知的思想路线》一文。文章在开篇即提出陶行知一生所开辟并坚持的为人民服务的思想路线是一条崭新的思想路线，是当前中国思想革命的方针。作者认为，陶行知用二十年的时间经过平民教育、晓庄师范、工学团、国难教育、育才学校、民主教育六个阶段，开辟了人民的思想路线，而平民教育阶段即已表现出来，并在随后的不同阶段将此思想不断发展而走向成熟。陶行知所开辟的路线始终以人民为中心，无论是教育活动，还是民主活动，都是为人民服务。作者甚至认为，"陶行知是新中国思想界的圣人。他带着我们拜人民做老师，学习人民的思想，学习人民的感情。他带着我们建立了作为整个人类文化之一部分的中国新文化。"

陶行知的思想路线 [*]

今天中国有一条崭新的思想路线，叫做人民的思想路线。用陶行知的话来说："我们要跟老百姓学习，学习人民的语言，人民的情感，人民的美德，努力发现老百姓的问题，困苦，和他们心中所希望达到的目的，并认识他们就是中华民国真正的主人，要他们告诉我们怎样为他们服务才算满意。"（见一九四六年五月十日出版《教师生活》所载陶著《小学教师与民主运动》）这条人民的思想路线是一条崭新的思想路线，也就是今天中国思想革命的方针。

我深信，陶行知走上甚至可以说是开辟这条人民的思想，曾经用了二十多年的工夫。在这二十多年中，陶行知的思想大体上经过了平民教育、晓庄师范、工学团、国难教育、育才学校、民主教育六个阶段。然而，陶行知思想的特点，远在他的平民教育时代就已经表现出来了。

五四前后，中国的思想界出现了东方文化与西方文化之争。仔细研究起来，主张东方文化的有一条思想路线，主张西方文化的又一条思想路线。这两条路线都不是人民的思想路线。

在这个思想运动中，有两个安徽人起了极大的作用。一个是家学渊源的绩溪的胡适，一个是家境清寒而由教会学校出身的歙县的陶行知（陶先生系歙县耶稣教堂内地会所设立之崇一学校毕业）。这两个人都在美国进过学校，都受"实验主义"的影响，又都在大学教过书。然而，到后来，这两个人的思想路线完全不同。胡适虽然脱离不了中国的士大夫气，他的思想路线，却始终是西方文化的路线。陶行知对于东方文化的渊源不及胡适那样密切；对于西方文化的研究不及胡适那样精深；就一般人所称学术造诣而言，陶行知也不及胡适那样宏博。然而，在思想路线上，胡适不能与

* 选自陶行知先生纪念委员会编：《陶行知先生纪念集》，1946 年版。

陶行知比拟，胡适因袭了所谓的西方文化。陶行知却在西方文化与东方文化之外，开辟了一条人民文化的思想路线。陶行知是新中国思想家的圣人。

十八岁时流落苏州，和表兄一道，要靠把衣服当得三百文过一日的陶行知，与长期饥寒交迫的中国人民，有一层血肉的关系。因此，当他干平民教育时，便带着千字课和那些在文化上遭受奴役的人民亲近。他说："在最近一星期里，我脚迹所到的地方就是平民教育所到的地方。店里、家里、旅馆里、饭馆里、学堂里、私塾里甚至是和尚庙里，我都去办过平民教育，并且很有效验，很有乐趣。我过几天还要到军队里、工厂里、清节堂里、监狱里、济良所里去推广平民教育。"(见一九二二年秋给文渼的信)就在同一时期，他倡导平民教育下乡，主张用土话进行平民教育。

这年冬天(一九二三年)，他买"一个棉袄，一双布棉套裤，一顶西瓜皮帽，穿在身上，戴在头顶，觉得完全是一个中国人了，并且觉得与一般人民相近得很多。"他说："我本来是一个中国的平民，无奈十几年的学校生活渐渐的把我向外国的贵族的方向转移。学校生活对于我的修养固有不可磨灭的益处，但是这种外国的贵族的风尚却是很大的缺点。好在我的中国性、平民性是很丰富的；我的同事都说我是一个'最中国的'留学生。经过一番觉悟，我就像黄河决了堤，向那中国的平民的路上奔流回来了。"(俱见一九二三年十一月十二日给文渼的信)在这里，陶行知把外国的贵族和中国的平民相对立起来。他像黄河决堤一样的向中国的平民的路上奔流回来。这条中国的，人民的路线，就是我们今天新文化的路线。

陶行知思想的成熟时代，应当说是晓庄时代(一九二七年至一九三〇年)。他在这时期中所形成的主要理论是："生活即教育"，"社会即学校"，"教学做合一"。生活即教育不能误解成教育即生活，社会即学校不能误解成学校即社会。教学做合一不能误解成教学做三者平列，而忘记了以做为中心，做上教，做上学。这一套理论已经不是以学校与学生为对象，而是以整个中国社会，全体中国人民为对象。用陶行知的话来说："生活教育与生俱来，与生同去，出世便是破蒙，进棺才算毕业。"(见一九三五年陶著《普及现代生活教育之路》)在这里，必须指出，教学做是为人民服务唯一的、最好的办法。

然而，陶行知改造中国社会的思想，直到工学团学说出现之后，才算达到了最高峰。不幸，这一工学团的学说，还不及小先生制度受人重视。他说："什么叫工学团？工是工作，学是科学，团是团体。""工学团可大可小，从几个人的家庭，店铺，几十个人的学校，庙宇，几百个人的村庄，监狱，几千人的工厂，几万人几十万人的军队，建设工程队（例如导淮筑路的民夫）可以造成一个富有意义的工学团。"我们甚至可以说，连政府机关，整个社会也可以造成一个富有意义的工学团。然而，工学团不是一个机关。他也说过："团不是一个机关，不是一个工学的机关。假使它只是一个工学的机关，那便成了一个半工半读的改良学校而不是工学团。团是团体，是力的凝合，力的集中，力的共同发挥。"（引文俱见《普及现代生活教育之路》）陶行知是一个革命的理想主义者。

陶行知的思想和感情是奔放的。其所以能够如此奔放，乃是由于他拜人民为老师，以人民的思想为思想，以人民的感情为感情。他打破了一切八股：他打破了洋八股，也打破了土八股；打破了文八股，也打破了武八股。他要"攻破先生关"，"攻破娘子关"，"攻破买卖关"，"攻破衰老关"，"攻破饭碗关"，"攻破孤鸦关"，"攻破瓜分关"，"攻破课本关"，"攻破纸笔关"，"攻破灯油关"，"攻破调查关"，"攻破学校关"，"攻破文字关"，"攻破残废关"，"攻破拉夫关"，"攻破大菜关"，"攻破实验关"，"攻破城乡关"，"攻破划一关"，"攻破会考关"，"攻破偏枯关"，"攻破多生关"，"攻破守旧关"，"攻破自由关"，"攻破不平关"，"攻破天命关"（俱见《普及现代生活教育之路》）。总之，他攻破了一切关。他全心全力为了人民的利益，走人民的思想路线。任何碍手绊脚的东西都无拘束缚他。

在研究陶行知思想时，我想特别推荐他的诗。他的诗是他的思想的宝藏。从诗人的眼光中看来，陶行知的诗不是诗，只能算是歌谣。然而陶行知作诗的目的在于为人民服务，歌谣式的诗是陶行知联系人民大众最重要的武器。如果我们忽视今天中国人民最喜欢的作品仍然是歌谣式的作品，那就当然不会了解陶行知。举一首陶诗来说吧："人生两个宝，双手与大脑。用脑不用手，快要被打倒。用手不用脑，饭也吃不饱。手脑都会用，才算是开天辟地的大好佬。"陶行知的诗用陶行知的话来评论："它不是摩登女郎之金刚钻戒指，而是冰天雪地下的穷人的窝窝头和破棉袄。"

最重要的是陶行知在他的诗中把人民也诗化了。这也是由于陶行知有一种诗化的本领。他这样说过："在晓庄一切诗化：困难诗化，所以有趣；

痛苦诗化，所以可乐；危险诗化，所以心安；生死关头诗化，所以无畏。"
(见《破晓》序)我们可以根据陶行知的精神补充一句说：人民诗化，所以可
爱。除非我们真能从劳动人民的粗皮肤笨手脚中看出壮美，真能从劳动人
民毛发浸汗的身上，闻出特别的香味，要想跟着陶行知，走上人民的思想
路线，那是办不到的。

陶行知是新中国思想界的圣人。他带着我们拜人民做老师，学习人民
的思想，学习人民的感情。他带着我们建立了作为整个人类文化之一部分
的中国新文化。

戴伯韬

　　戴伯韬(1907—1981)，曾用笔名白韬、白桃、许字实，江苏丹阳人。1927年考入南京晓庄师范学校，次年毕业。曾在无锡民众教育学院、惠山实验小学任教。1931年到上海，参加抗战救国及教育运动。曾编辑《儿童》《师范》《生活教育》杂志和《儿童科学丛书》。1937年将《生活教育》迁至武汉，并改名《战时教育》，参与发起成立抗战教育研究会、全国战时教育协会。1941年到苏北抗日革命根据地从事革命活动。1948年任山东省人民政府教育厅厅长。新中国成立后，任华东文化教育委员会委员、上海市教育局局长。1954年任人民教育出版社副社长兼总编辑。1980年当选为中国教育学会副会长。

　　其论著辑为《戴伯韬教育文选》。戴伯韬是晓庄学校第一批13位学生之一，服膺生活教育学说，其陶行知研究的主要特色在于以马克思历史唯物主义的观点评价陶行知及其生活教育学说。本卷收录的《陶行知的生平及其学说》《生活教育发展史纲》便是戴伯韬陶行知研究的重要代表成果。《陶行知的生平及其学说》完成于1947年，是陶行知逝世之后教育界第一部全面回顾陶行知一生及其学说的著作，在该书中，作者主要从生活史的视角，分三个时期、57个部分再现了1927—1946年间陶行知的主要活动。作者主张"从他一生的历史发展中去观察，必须从整个历史环境及其演进中考察，而且还必须从他的实践中和实践的效果上去考察"陶行知，因而全书没有理论的陈述，只是就一些重要的人生片段做散点式的叙述，以此来凸显事件在陶行知一生中的作用，提供了研究陶行知生平最感性的材料。通过陶行知思想与实践之间的变换，也可以视为同时代"中国文人思想转变的写照"。《生活教育发展史纲》是戴伯韬1940年3月发表在其主编的《战时教育》上的一篇文章，该文是国内较早的以马克思主义来解释陶行知生活教育学说的论文，作者首先以历史的态度梳理了生活教育的发展史，还将陶行知的生活教育学说与杜威的实用主义学说做了比较，直言生活教育的哲学基础更多接近马克思主义中的"实践"学说，而非杜威所提倡的"经验"学说，因而"生活教育实在和杜威的实用主义教育是截然不同的。生活教育是杜威教育学说更高一级的发展。"

《陶行知的生平及其学说》(节选)[*]

一、写他在晓庄时代

（一）初见

我一想起陶行知先生，脑海里就浮起二十多年以前的情景：那时正值五卅运动前后，英、美、日等帝国主义，疯狂的剥削和屠杀中国人民，他们的血手从南方的广东一直伸展到北方，从东方的上海一路深入到西部内地。帝国主义像一支全身武装了的恶兽，在中国大陆上爬行着，吞噬着善良的老百姓。在这一群恶兽前面，耀武扬威的奔逐着大批走狗——那些大小军阀，成年的互相厮杀。

由于帝国主义的侵略和军阀内战的不断扩大，各省苛捐杂税，层出不穷，兵差拉夫，人为荒灾，以及地租和高利贷的加重，使得农民进一步破产，流离失所，于是农民运动用各种形态兴起来了，南方开始了农民协会，北方农民则用原始的斗争形式——红枪会，更发展了。产业工人在残酷的压迫剥削之下，生活更恶化，但有了新的觉悟。

就在这情形之下，爆发了五卅惨案，反帝浪潮首先由上海日本纱厂的工人用血来展开了，这个浪潮很快就席卷了全国，帝国主义的大炮和卖国军阀的枪刺，抵挡不住中国人民的怒吼，全国各大都市的商人都罢了市，学生都罢了课。

我们那时候组织了学生自治会，检查日货，募捐救济工人，乘着不买票的火车，到乡村和工厂去宣传。有一天，恽代英到我们校里来演说反帝运动，在他的鼓动教育之下，人人都想投奔革命。军阀们的逮捕屠杀，并不能遏止青年人的革命热情。

孙中山先生死后在全国举行追悼会，更激发了革命情绪。我们打听到

---

* 选自戴伯韬：《陶行知的生平及其学说》，北京，生活·读书·新知三联书店，2012年版。

广东革命军，仍在积极准备北伐。但南去的道路很远，没有去成。忽然有一天，有一位同学拿了一份乡教丛讯月刊来，说起陶行知先生想办乡村教育，来改造中国。他过去热心改造中国教育，后来又办过平民教育促进会，最着重贫苦人民的教育。现在想办试验乡村师范，培养新教师，来建立一百万所乡村小学，改造一百万个乡村，达到改造中国，使中国富强的目的。我听了很高兴。

大约是一九二六年的十二月，我怀着一颗景慕的心去会这位革命的教育家，在南京和平门外燕子矶一所乡村小学里，我们见面了。他说，好极了，你来参加，我们竭诚欢迎，我们试办这所学校，是要来试试改造中国的道路。说话笑嘻嘻的，穿着蓝色绸长袍，黑马褂，围着皮围脖，头上戴一顶呢礼帽，手里提一根文明棍，那一副金边眼镜，格外显出他的尊贵。虽不是西装革履，仍不脱大学教授派头，他和我们一同吃了饭，就乘着人力车回城去了。

心里想，这位从美国哥伦比亚大学留学回来的绅士派教授，居然能放下架子，到乡下来办学校改造乡村么？可是，对他的理想和试验精神，对他那种自由的很和蔼的态度，感到一种愉快，觉得这种试验是有光明前途的。他似乎有一种力量能吸引住青年人的心，仿佛有一个奇迹，在他导演下，就要在我们眼前出现了。

(二)奇怪的考试

春天的阳光照耀着幕府山下一溜儿的树木，发出青灰色的光彩，空气显得特别新鲜，虽然是三月天气，晓风依然刺人肌肤。我们的队伍一共不过十来人，大家脱下长衫大袍，穿上草鞋，踏着薄冰向劳山下的晓庄进发，今天开始下乡过农人的生活了。

我们到达晓庄时，只见那个村落不过三五家茅棚，是一座荒漠的乡村。陶行知先生早已在那儿等候了。他也穿上草鞋，满面笑容的迎着我们说，你们诸位下乡了，以后要和农民做朋友，为中国三万万四千万农民服务，要改造中国乡村，替中华民国创造一个新生命，今天就要举行一个特别考试，看看是否能吃得起苦。

从农民那里每人借到了一把铁铣，又划了一方荒地。就这样，我们开始在劳山开起荒来。起先，我们把草鞋当套鞋儿穿在鞋子外面，免得把脚刮破，但在翻松了的湿软的初垦泥上，草鞋和鞋子都陷落下去，拔不起来，有人开始索性抛掉鞋袜赤脚。也有人，脚上和手上都起了泡。个个人都满身大汗，累得气吁吁的。陶先生不住的在地上走动着。

"嘻嘻，嘻嘻，"他张开嘴笑着说，"今天的考试，是破天荒第一次，你们的成绩，足足够一百分！"他说着也拿起那笨重得不听使唤的铁铣来，在地上翻动泥块。

(三)奇怪的开学典礼

一九二七年的三月十五日，在劳山脚下一座坟地上，放上一张八仙桌儿，几条长凳，这些都是临时从附近村民那里借来的。太阳从劳山后面升起，照着对面的紫金山射出紫蓝色的光芒，充满生意的嫩草发散出一阵阵清香。村民们三三五五成群的向山麓走来，其中有拖鼻涕的小孩，有梳小发结的老太婆，有拄拐杖的老头，有结实的面庞红勃勃的农村青年男女，他们是来看热闹的，也有的是被邀请来参加的。城里的来宾不多，只有陈鹤琴，江恒源，姚文采等先生。这一簇人拥在山村的旷野里，正在举行着晓庄师范开学典礼。主席是校长陶行知先生，他在光天化日的露天大礼堂上，致生动而有力的开会词，他说：

"今天是我们试验乡村师范开学的日子，我们没有教室，没有礼堂。但我们的学校是世界上最伟大的，我们要以宇宙为学校，奉万物作宗师。蓝色的天是我们的屋顶，灿烂的大地是我们的屋基。我们在这伟大的学校里，可以得着丰富的教育……"

他说话时的语调带着很重的徽州土音，语气是非常肯定的，好像并不是夸大而是要实行的。大家静静的听着，心里在想这位校长的气魄很大，他全身似乎都充沛着创造的精力，不由得不使人感到新奇。接着，他又说了：

"今天到会的农友很多，他们是我们的朋友，以后我们要他们帮助的地方很多，我们需要和大家做亲密的朋友，向他们好好的学习。你们不要以为乡下人无知识，一般大学生念过不少自然科学的书，到了乡下便不认识麦子，说韭菜何其多也！嘻嘻，你们看，乡下人不比我们认得的东西多么？……"

从这一天起，中国的乡村教育运动便在这偏僻的山村里诞生了。陶先生以十分愉快的心情，走到一家农民家里，就在牛栏旁边放下几张八仙桌儿宴请来宾，吃的是青菜豆腐，但大家心里很愉快。

(四)和牛大哥同睡

这时候，陶先生把全副精力都放在筹划学校上，他把教授辞了，安徽中学的校长也辞了，搬到乡下来住，他又号召大家自己动手建筑校舍，他写了一首自立歌勉励大家：

"滴自己的汗，

吃自己的饭。

自己的事，

自己干；

靠人，靠天，靠祖上，

不算是好汉！"

在校舍没有建筑起来以前，大家住帐篷露营，陶先生自己也露过营，借住过老百姓的家。他住在一位陆老头儿家里，三间草房，东首住主人，中间放农具杂物兼会客吃饭，西首拴着一头大水牛，遍地堆积着牛粪。陶先生就借住在西首牛大哥旁边，有一星期左右，他见了人便笑盈盈的说：和牛大哥同睡，只闻牛粪香。后来，这位人民教育家又是人民诗人，曾有"一闻牛粪诗百篇，风花雪月都变节"之句，叙述要做大众诗人，写大众的疾苦甘乐，就得和老百姓共同生活。

他不尽是理论家或事情的发起人，常常喜欢用自己的行动来指引别人干。他在晓庄，提倡"师生共生活，共甘苦，是最好的教育。"他也毫不例外的和大家一起穿草鞋、挑粪、种田、种菜、养鱼，他请唐家注一位出色的庄稼人唐老头教大家耕种的方法，他自己也做了唐老头的学生。他说，三百六十行，行行出状元，行行都有我们的老师。那时候，大家都自己扫地、抹桌、烧饭……所有生活上的事不用听差、伙夫，陶先生也亲与其事。有一次轮到他烧饭，他在烧火，就研究烧火的科学道理，如何节省柴草，如何使火功恰到好处，不致把饭菜烧坏。他写了一首诗，讽刺不会烧饭的人道：

"书呆子烧饭，

一锅烧四样，

生、焦、硬、烂。"

有些所谓学者教授，批评他是许行主义者，有的说他是苦行僧。只有他和他的同志知道，他们是在干一件大事，就是发下宏愿，要改造中国教育，使消费的教育一变而为生利的教育，使亡国的教育一变而为救国的教育。用陶先生的话来说，"他要教农民自立、自治、自卫。他要叫乡村变为西天乐国，村民都变为快乐的活神仙。""一心一德的来为中国一百万个乡村创造一个新生命，叫中国一个个的乡村都有充分的新生命，合起来造成中华民国的新生命"。

(五)向农民学习

他和他的同志，不仅下了决心要替中国三万万四千万农民服务，为他们一心一德创造幸福，不避艰苦的在各方面苦心锻炼自己，而且为了接近群众，了解群众的实际痛苦，以便和他们共同奋斗，一起创造新的社会，很虚心的向群众学习。除掉请农民来校传授经验，共同举行娱乐会，平时互相亲密的交友之外，当时，又提出："会朋友去"这一个活动，不论师生都要到附近村庄上去帮助村民解决困难，而且每一个人都要找一两位最要好的农民做亲密的朋友，便于更进一步了解他，接近他，更好的和农民打成一片。他也是这个活动中的积极分子。

平时，这种活动每星期只有一次，花一整天或一个下午，到了夜晚师生团团坐起来，围着灯，像家庭似的漫谈各人的种种活动情况和总结心得。陶先生经常出席这个会议，报告他的心得，提出许多建议。他有好几个亲密农友，以后找他的人多起来了，女人、老头、青年小伙子，不断的来找他解决疑难问题，他总是很耐心的用心听乡下佬唠唠絮絮的一些琐碎小事，而且眯着眼睛笑嘻嘻的给他们满足的回答。他和农民真是老朋友，替他们办事总是那么认真和热情奔驰。附近几十里的农友都认识他，老远就互相打招呼。

二十年来，我始终看到他是一贯对人民低头甘心为牛不以为苦，而以为乐，不以群众为肮脏无知，而是诚心诚意做他们的忠实朋友，虚心向他们学习的。

他对人民舍得花钱，而自奉非常菲薄，也不以为苦，反以潇洒出之，例如有一次，江宁师范请他去演讲，他天不亮起来，徒步而去，走到镇上饥肠辘辘，便买了油条在街上一面走一面吃，该校徐校长特为派了学生到镇头去迎接，久候不至。迎接的人以为陶先生一定举止阔绰，并不注意路上碰到身穿学生装，一边走一边啃油条的人，回校一看，坐在会客室里的正是方才啃油条的人。他左右的师生也都艰苦朴素，除一小部分外，二十多年来也都坚持不移，他常说："手中一文钱，百姓一身汗，将钱来比汗，花钱容易，流汗难。"所有这一些，后面我还要提到。

生活教育发展史纲*

——为纪念生活教育运动十三周年而作

生活教育是在如下的环境中生长起来的：

一方面国内恶贯满盈的军阀们正在争霸称雄，鱼肉民众，国际的帝国主义者正在踏上第一次经济恐慌，企图在半殖民地的中国取得补偿而加紧剥削和压迫；但在另一方面，革命的怒潮却掀动了欧亚两洲，特别是国民革命军从广东向北方迅速地进展着。这时，晓庄学校在南京诞生了。这是生活教育开始走上教育界。新的姿态参加了战斗的起点。那时，革命的火焰弥漫全国，而南京犹在军阀盘踞中，但青年们抱着一颗改造中国的雄心，从燕、鲁、湘、鄂、川、浙等省来会者，凡十三人。在炮声震天，革命军围攻南京，奉鲁军阀溃退的那天，终于开学了。

我很清楚地记得那是民国十六年三月十五日，接连几天的绵绵春雨之后，晓日忽然冲出云围，发出万道金光，普照大地，大家第一次穿上草鞋，从燕子矶小学出发，有的扛着帐篷，拿着绳索，到了布满小丘陵的晓庄山麓，搭起四座帐幕作来宾休息所，又向农家借了张八仙桌和几张条凳，排在荒坟旁，算是会场，连国旗、校旗也未能挂起。因为战事关系，来宾到者寥寥，只有几个乡下老头儿和孩子女人们，在投着惊奇的眼光，好像看把戏似的注视着我们这一群异乡人。我们的陶校长穿着长袍马褂，戴着皮帽儿站起来演讲了。大意是："本校和别校特异的地方有两点：一无校舍；二无教员……只在空旷的山麓行开学典礼，要知道我们的校舍上面盖着的是青天，下面踏着的是大地，我们的精神要充溢于天地之间。所要造的草屋，不过是避风躲雨之所。本校只有指导员，而无教师，我们深信没有专能教的教师，只有经验较深或学习较好的指导员，所以农夫、村妇、渔人、樵夫，都可以做

* 选自戴伯韬：《戴伯韬教育文选》，北京，人民教育出版社，1985 年版。

我们的指导员。"

这所学校是很特别的。它以一个从未曾有的姿态在人们之前出现了。依照创办人陶行知先生说：它要丢掉外国输入的教育方式，要在中国土壤中产生适合中国向前发展的教育。那时的想法是要提倡创办一百万所学校，改造一百万个乡村，为中华民族创造一个伟大的新生命。这是主要目的，也是当时客观环境所形成的一种主观上的愿望。然而，从外国贩进来的洋化教育是不能给这种愿望以满足的，因为办洋化教育要花很多的钱，在穷的中国无法普及，这是一；其次是洋化教育的内容无补于国计民生。非但不能使人民富庶起来，而且它教人离开乡下向城里跑，它教人吃饭不种稻，穿衣不种棉，做房子不造林。它教人羡慕奢华，看不起务农，它教富的变穷，穷的格外变穷。这种教育既然根本要不得，那末要负起以改造乡村创造新中国为己任的教育又应该怎样办才好呢？据当时的想法，第一要不费钱，易于普及；第二要能在实际生活上产生力量，改造环境。换句话说，就是要建设适合乡村实际生活的活教育，它的具体办法即从乡村实际生活产生活的中心小学，这种学校是和自然生活、社会生活联成一气的。"它的根安在环境里，吸收环境里的肥料、空气、阳光，化作自己的生命"。它能适应环境的生活，也能改造环境的生活。同时，"因为它是本地的土壤里产生出来的，它自能在相类的环境里传播。"所以到中心小学有办法时，再办师范学校。这样一来，自然社会里的生活产生活的中心小学；活的中心小学产生活的师范学校，活的师范学校产生活的教师；活的教师产生有生活力的国民，它是息息相通、互相关联、互相进步着的。所以中心学校随着自然社会生活继续不断地改进，师范学校随着中心学校继续不断地改进，地方学校随着师范学校继续不断地改进，自然社会生活又随着地方学校继续不断地改进。如此改造乡村创造新的中国。晓庄学校就是根据这种理论创办的。这种想法虽是片面的，但他却包含着极大的真理性和进步性。

第一是它肯定了客观现实的存在；第二是它从运动不息的现实环境中去认识现实，把握现实，改革现实；第三是它承认自然生活社会生活产生最高文化——教育，而这种教育又能反过来去改造自然和社会生活。但它有一个很大的缺点，就是把教育孤立起来看了，没有把一切现象都看成一个互相交织、互相存在、互相关联的统一体。它虽然已经看到自然生活社会生活与教育的不可分性，但它刚走进大门便停止住了。所以要一直等到后来，才发现这一方面的缺点,而把它弥补起来。但就上列各点看来,它实在是一个非凡的新教育思想,它已经孕育着后来才被发现的"生活教育"的基本理论了。

原来,生活教育是从方法论开始的,那时候以为要实现上面的活教育,只有用活的方法,活的方法就是教学做合一;教的法子根据学的法子,学的法子根据做的法子。事怎样做,便怎样学,怎样学,便怎样教,它认为过去传统教育之所以于国民福利无补,就是因为教师只教不学,不能教学相长,不能有所发明;就是因为死读书不动手,不能生利,只会分利。同时,它认为人类进步完全靠两只手,手能制造工具,运用工具,创造工具,所以人类才有今天的文明,文明人和野蛮人的分别,也就在这里。因此,教学做合一的"做"是被特别重视,而且做了教学的中心。不久,"做"的意义便被阐发为:"在劳力上劳心。"一方面使知识和技术结合起来,产生更高的知识,一方面认为人类的认识是先有行动,后有知识。小孩子见了火,手触着火之后,才知道火是烫的。因此,没有行动便不会产生知识;没有从行动中得来的知识做基础,便不能接受他人的知识。但如果进一步只有行动,没有思想,又成了蠢动;没有行动,只有思想,又成了妄想。所以只有在"劳力上劳心"所求得的才是真知灼见。因而在认识方面,又有"行是知之始","接知如接枝"的学理的发现。

第三方面是:因为注重做,把"劳力上劳心"作为做的定义,这对中国士大夫们把教育看为神圣,把"劳心者治人,劳力者治于人"视为天经地义,予以有力的打击,它告诉我们"劳心"和"劳力"分家两方面都是要不得的。拿陶行知先生自己的话来说,便是"我们必须把人间的劳心者、劳力者、劳心兼劳力者一齐化为在劳力上劳心的人,然后万物之真理都可一一探获,人间的阶级都可一一化除,而我们理想之极乐世界乃有实现之可能。这个担子是要教师挑的。唯独贯彻在劳力上劳心的教育,才能造就在劳力上劳心的人类;也唯独在劳力上劳心的人类,才能征服自然势力,创造大同社会。"可见得把知识和劳动统一起来的教育观,是一个非常的革命教育观。而它自身就包含着"理论与实践统一"的意义与要求。它之与社会革命思想逐渐接近,是可以预料的。但这是后话,暂且不提。

当时既然这样着重做,那么到哪儿去做呢? 到必有"事"焉上去做。所谓"事",就是社会上的"事",日常生活里的"事"。"事"在什么地方做,就在什么地方学,也就在什么地方去教。比方学游泳一定要到水里去,学种田一定要到田里去。换句话说，活的方法就是要用活的环境，不读死的书本。要教学生在征服自然、改造社会上去运用环境的活势力来培养自己的活本领。到了这里已经把"生活即教育，社会即学校"的基本原则完成了一部分，但仍没有提出"生活教育"这一命题来。那时候，人们正苦于教育与生活脱节，学校与社会隔绝，因而造成所用非所学，所学非所用的怪现象。杜威认为只要把学校和社会，教育和生活两个东西稍微沟通一下就行。因而有"教育即生活，学校即社会"的说法。中国教育界抓住杜威的话实行起来，大喊"教育生活化""学校社会化"。但化来化去，仍旧是一个行不通的口号。陶行知先生至此豁然贯通，认为杜威之错误在没有把教育和生活，学校和社会统一起来。因此没有根，仍站不住脚。于是他把杜威的话翻了半个筋斗！成了"生活即教育"，"社会即学校"。但这个发现却不小，它大大地把教育思潮推入一个新的阶段。而把"生活"和"教育"，"社会"和"学校"统一起来了。这种统一才真正把教育的根，安到自然生活和社会生活的环境里去而孳生发育起来，并反转来改变了自然和社会。当时对生活教育所下的定义为："生活所原有，生活所自营，生活所必需的教育。"认为教育的根本意义是生活的变化，生活无时不变，就是生活无时不含有教育的意义，所以又说社会即学校。从此，跳出了传统教育的圈套，认为过什么生活就是受什么教育，但生活必须在总的方针下有计划地向前进行。

生活教育到了此时，雏形已具。但那时的目的，仍在想用教育来改造乡村，创造新的中国。它不过把"到实际生活和具体社会环境里去，运用教学做合一的方法，来学习改造乡村的本领"这一个根本概念，弄得更具体，更明确，更丰富，要进一步罢了。因此仍不能摆脱片面的改良主义倾向和实验主义的渣滓。当时的师生，不但要亲自下田种地和管理一切生活上的事以及定期去访问农友，而且创办乡村小学，设立乡村医院，中心茶园，中心木匠店，乡村运动场，乡村救火会，乡村武术会，乡村自卫会，民众学校，并组织晓庄剧社，倡导乡村戏剧，提倡修路和合作事业……一面改造乡村，一面学习。我们称这一时期的生活教育运动为乡村教育运动时期。这一时期的成就有如下几点：

1. 开始丢掉输入的洋化教育，寻找适合中国向前发展的新教育；

2. 创立"教学做合一"这一教育法的体系，奠定生活教育在方法论上的基础；

3. 发现"生活即教育，社会即学校"的生活教育理论；

4. 因教学做合一这一方法的形成而有学友制的产生及清除师生间的界限，主张大家共教，共学，共做。

这是一个很重要的时期，生活教育的理论，大致已略具雏形。当然，缺点仍旧是很多的。但它在另一方面的进步性与革命性却推动了它，改造了它自己，而又把它推进到与现实环境无法调和的矛盾中去。以后是晓庄学校被封。

在表面上，这一教育运动暂时静止下来了，但留给教育界的影响很大，不单教学做合一已流传各校，而且掀起了全国的乡村教育运动。这时期的生活教育像一粒种子似的静静地躺在泥土里，一面吸收外来的阳光、空气、养料，充实自己壮大自己，一面又从泥土里生长起来了。先是编辑儿童科学丛书，创办自然学园，设立儿童科学通讯学校，从事科学下嫁运动，想把自然科学普及给一般大众和儿童。当时的想法，以为要改造国家，把中国的农业文明过渡到工业文明上去，非普及自然科学不可。这一新的姿态，在形式上似与前一期的乡村教育运动无关，但仍和"改造国民，创造新中国"的思想一脉相承，因为这一运动的目的，仍不外培养有活力的国民。因此不久便在上海树立起山海工学团的旗帜。什么叫工学团? 据陶行知先生的解释为:

工是工作，学是科学，团是团体。说得清楚些是: 工以养生，学以明生，团以保生。说得更清楚些是: 以大众的工作养活大众的生命，以大众的科学明了大众的生命，以大众的团体的力量保护大众的生命。工学团是一个小工场，一个小学校，一个小社会，在这里面是包含生产的意义，长进的意义，平等互助、自卫卫人的意义。它是将工场、学校、社会打成一片，产生一个富有生活力的细胞。

"工学团可大可小，从几个人的家庭、店铺，几十个人的学校、庙宇; 几百个人的村庄、监狱，几千个人的工厂，几万人的军队，都可造成一个富有意义的工学团。"这时，适当"九·一八"之后，中国已从半殖民地的地位日渐沉沦为殖民地，国亡无日，人人感奋，这时期所提出来的最重要的东西是"科学"与"团结"。主张整个民族必须很快地实施下列六大训练才能挽救国家。

1. 普遍的军事训练; 2. 普遍的生产训练; 3. 普遍的科学训练; 4. 普遍的识字训练; 5. 普遍的民权训练; 6. 普遍的生育训练。

当时，山海工学团设在上海郊外的乡村。有儿童工学团，青年工学团，棉花工学团……主要的意旨是帮助农民来改造他们的村庄，等到他们能独立以后又去创办他村工学团，如此和大众结合起来，以求整个中华民族之出路。于是，从山海工学团为起点，便开始向附近各村普及这种教育。所用的教育方法大部分仍是继承以前晓庄学校的。不过在这里已有了新的发现，除提出"科学"与"团结"以外，更显明地标出不是为个人求出路的个人主义教育，而是为整个民族求出路了。

为了要使这种教育迅速地普及全国，在穷的中国如果用正统派的方法来进行，自然无法达到目的。因此而有小先生理论的发现。恰好那时儿童自动学校已在南京成立。新安儿童旅行团也在没有教师没有任何人带领之下旅行到上海。这更促成了这一思想。其实小先生被发现，不过是师生互教共学共做的一个引伸。等到一经明确地意识到了之后，才大大地提倡和运用起来，顿时风行全国。

普及教育运动以山海工学团为起点，之后就大规模地发动起来了，而有普及教育助成会的组织，又产生即知即传的办法，提倡传递先生，把知识的火苗一传十，十传百地介绍到工人、商人及流浪儿童队伍里去，并在上海出版《生活教育》半月刊，有计划有系统地来鼓吹普及教育运动，提供普及教育办法，宣传小先生制。凡是这一切，都不过是想在中国极困难的农业经济基础上来迅速地普及教育。陶行知先生在这一运动中，曾提出"五千万匹马力的普及教育机器"这一意见——主张把所有的力量都集中到普教上去，而有一条原理，三种力量，六面压力的有力的指示。一条原理是"即知即传"，大人教大人和小孩；小孩教大人和小孩。三种力量是：教育的力量，经济的力量，政治的力量，教人民高兴一面求学；可以一面教人一面求学；不得不一面教人一面求学。六面压力是：一，教师教的学生必须有半数以上教人，才达标准；二，学生不教人，教而没有成绩，不得升学或毕业；三，家庭、店铺、工厂，任何集团中的知识分子对不识字分子不肯教人者罚"守知奴"捐；四，订立妨害进步罚款，使一般长辈，或有权者对于不识字的童工之求学不能阻止；五，城门、车站、码头及其他交通孔道，设立识字警察，检查行人能讲解千字课一课者放行，否则罚愚民捐铜元一枚，并追究其负责人；六，调查户口加入教育程度调查一项，使居留的人民不能逃避。

这一指示曾得到广泛的响应，而且一直到今天仍有其辉煌的意义。我们称这第二时期的生活教育为普及教育运动时期。

生活教育在这一运动中曾作了很大的贡献，而且更丰富了它自己。因为从生活教育的观点看来，社会就是大众的学校，生活就是大众的教育，大众必须承认它来增加自己的知识，增加自己的力量，增加自己的信仰。而许多普及教育的理论与方法，都是从这一观点出发的。它在这里的具体贡献是：一，即知即传，提倡小先生制与传递先生制；二，普及工学团合一的教育，即教一个人做现代人；三，特别提出团结救国，逐渐走上教育必须配合政治要求这一路上来。陶行知先生自己曾说："这十几年来，我有时提倡平民教育，有时提倡乡村教育，有时提倡劳苦大众教育，不知道的人以为我见异思迁，喜欢翻新花样。其实，我心中只有一个中心问题，这问题便是如何使教育普及，如何使没有机会受教育的人可以得到他们需要的教育……那二十年内完成的普及教育计划之所以失败，却是我自己的错误。我写那计划的时候，以为中国既系从农业文明渡到工业文明，便误认每年工业之进展，足以适应教育普及率逐年增高之要求，我们的幼稚工业在进展，足以适应教育普及率逐年增高之要求，我们的幼稚工业在帝国主义高压未曾铲除以前，决不许我们存这种奢望，那时候我对于儿童和大众的力量还没有正确的认识，对于学校式的传统教育，还没有彻底看破……现在我们所发起的普及教育是建筑在极困难的农业经济的基础上，它是一个农业国的普及教育方案。"

生活教育在普及教育运动上逐渐走上与半封建半殖民地的中国社会结构的政治需求相配合不是偶然的。按照"生活即教育，社会即学校"这学理发展，是必然有这种结果的。所以当日寇侵入关内，进一步想鲸吞我华北，北平学生首先举起反抗大纛，因而掀起光荣的"一二·九"运动之后，生活教育者便首先起来响应，组织国难教社，拟定国难教育方案，广泛地在全国推行这一教育运动，开展这一教育运动。至此，已经明确地认定社会的各部门是一个互相存在的统一体，把以前的缺点弥补上了。

从这时起，陶行知先生出国，开始海外工作，介绍小先生即知即传的原则给国际反侵略运动，在印度及欧美各地都得到广泛的响应，特别是被压迫民族。

"八·一三"抗战既起，全国教育混乱失措。过去传统教育之无能，至此暴露无遗。生活教育者认为彻底改革教育配合抗战建国的千载难逢的机会已经到来，立刻提出战时教育运动，主张改革学制，改变课程，革新教育方法，加强政治教育和抗战需要的知能，一面拟定抗战教育方案，出版《战时教育》旬刊，鼓吹战时教育运动。一面在上海及武汉各地大规模地创办抗战知识训练班，以应实际需要。同时联合各地教育界人士共同组织团体推进这一教育运动，如积极参加抗战教育研究会、全国战时教育协会等团体及起草战时教育方案，使得这一运动如火如荼地在全国各地开展起来，对抗战起了相当重要的作用，我们称这第三时期的生活教育运动为战时教育运动。在这时期，生活教育壮大了，它给战时教育作了最有力的支持，它给中国教育输入了新的生活力。它在这时期的贡献有如下几点：

一、集体主义自我教育的理论之发现，它给当时各机关、各部队、各团体以及一切不愿做亡国奴并且随时追求真理力求进步以求战胜敌人的同胞，一个最经济最有效的教育方法。两年多来，这种教育方法已经广泛地被采用。

二、提倡发扬民族精神，增进集体意识，加强组织教育，以建立集体生活的教育，反对自由主义的个人教育。

三、倡导树立教育上的民主精神，提倡启发自觉性，反对教育上的权威主义和注入式的死教育。

四、抗战开始就坚决主张教育必须与抗战建国的需要相配合，因此在教育制度、教学内容和教育方法方面，曾力倡必须彻底改革，实行战时教育，坚决反对那些躲在百年大计的旗帜下实行逃避现实、贻误青年的传统教育。

所有这一切，已经引起世人极大的注意，而且已有一部分被采用了。这一个运动仍在开展着，它有着光辉灿烂的前途，为了加强这一力量，发展这一教育学说到应有的水平，生活教育社已于二十七年在桂林成立，晓庄研究所也已成立，教育之本质的研究及生活教育的系统研究也已开始。而且开办了育才学校，在教育上作更进一步的具体研究。

这十三年来，生活教育从呱呱堕地一直到记者执笔为止，它是无时不在发展着的，环境和它自身都在对它作着不断的改正。它是在中国的土地上生长起来的。据创始人陶行知先生说，他带着杜威的教育学说回国之后，到处碰了壁才产生生活教育理论的。它虽然脱胎于杜威的教育学说，但和前者是两个截然不同的东西，这就犹如马克思把黑格尔的学说翻一个身，完全成了一种新的有力的学说一样，它已经摆脱了杜威的实用主义和纯从生物学法则说明人类自然性的缺陷。第一是它把对立的"生活"与"教育"统一起来了，认为生活的变化，就是教育的变化。所谓生活的变化，就是在一个主导的作用之下，即适应客观生活需要，谋生活向上的主导作用之下，使个体与整体通过生活形态所引起的变化。个体在客观环境中因接触刺激引起反映就发生变化。个体在不断地向前发展生长，也就不断地和环境接触，发生变化。这种不断的变化影响了个体，改变了个体；同时个体也会影响环境。换句话说，就是环境改造了人，同时人又反过来改造了环境，而使生活形态也起了变化。前面所说的变化过程，也就是教育过程。这种变化不是单纯的，也不是自然的或被动的而是有知识思想在起主导作用的。关于这，我们到后面去再说。以上只是说明个体在环境中因接触刺激发生反映，引起变化，因个体不断生长，变化也就不断增长，因此改变了个体，这是一方面。但另一方面因为人不但是动物，而且是社会性的动物。社会的发展有一定的规律，个体的人与整体分不开。个体的发展也就受着社会的极大限制，即人类历史发展规律的限制。人不仅是自然的产物，而且是某一特定社会里的产物呢。

生活教育的另一部分即"社会即学校"这一部分，却补足了这个要求。所以生活教育是根据儿童的生理发展和社会发展通过生活形态把教育实现出来的一种教育。这种实现，就是生活的变化。它之积极参加社会运动，竭力与政治需求相配合，而有乡村教育、普及教育、战时教育等运动之推行，也就在此。

生活教育者是要钻到社会生活里去追求真理。追求哪一种真理呢？合于自然法则的，合于人类历史实践和社会发展规律的。怎样追求法呢？到现实生活中运用"在劳力上劳心"的方法去做。这里认识客观的真理，是以客观的世界的真实，及我们的思想对此客观现实的适应为前提。它不同于实用主义者认为真理就是有效用的东西，不承认有客观的现实和客观真理的存在，这是一。第二是它认为客观现实在人类脑子里重现出来，即反映出来，不是以纯感性的经验或像镜子那样直接的反映，而是许多抽象思考、概念、法则等的形成过程。而且是有理论和思想在起主导作用的。所以要在劳力上去劳心。这是它的认识论，和实用主义者也丝毫没有相同之处。不错，生活教育也着重实践，所谓实践就是做，就是行动。它进一步使我们证验事物的正确性，而认识了事物的本质，正如恩格斯所说："当我们依照我们在事物中所知觉的性质而使用这些事物的时候，当这个时候，我们便是在确切的证验我们感官知觉的正确性或非正确性，如果这些知觉不正确，则我们关于这样的事物的可使性的判断也一定是不正确，而我们要使用它的企图也一定会失败。"
这说明在行动之下，能够判明我们的知觉是否与事物的客观实在一致。这构
成教学做合一中认识论的一部分。

　　综观以上各点，生活教育实在和杜威的实用主义教育局限于实际生活中
有效经验之获得和以片面的生物学法则来作为教育哲学的基础，是截然不同
的。生活教育是杜威教育学说更高一级的发展，它已形成了一种新的有力的
教育学说。我们看了它的发展情形，就可明白一个大概的。

戴自俺

戴自俺(1909—1994)，原名戴治安，曾用名萧竹琳，贵州省长顺县人。1925年考入贵州省立贵阳师范学校。因不满贵州当局严禁青年出省，与同窗孙铭勋潜往南京，于1928年春考入晓庄师范，选修幼儿教育专业。毕业后曾在南京、上海、安徽、北京等地因地制宜地应用生活教育理论从事幼儿和师范教育工作。1930年奉陶行知之名创办迈皋桥幼儿园。1932年在河南百泉乡村师范主讲《幼儿教育》，并创办幼儿园。1933年创办"劳工幼儿团"，后任"北平幼稚师范乡村教育试验区"副主任。1935年被派往贵州青岩社教试验区工作。后任桂林师范学校教务主任、达德中学教务主任。1948年任贵阳师范学院附小校长。新中国成立后历任西南军政委员会文教部初等教育科长、西南师范学院幼教专修班主任、中央教育部民族教育司处长、北京市陶行知研究会副会长、中国陶行知研究会常务理事、陈鹤琴教育思想研究会副理事长。

戴自俺的陶行知研究以幼儿教育为主，曾与孙铭勋一起整理出版一系列陶行知有关儿童教育的论著，如《陶行知幼儿教育的理论与实践》中第一部分编入陶行知有关幼儿教育的论著和书信24篇、诗歌17首；第二部分有孙铭勋、戴自俺合著的《晓庄幼稚教育》《劳工幼儿团》。本卷收录《陶行知的乡村幼儿教育思想》一文，主要总结了陶行知办乡村幼儿教育的经验，从"办学方向明确""满足农工需要""要求中国化、平民化""多方法解决幼教师资"四方面来作具体阐述。

陶行知的乡村幼儿教育思想[*]

> "谁说非学校，就算非学校；
> 彼且为婴儿，与之为婴儿。"

1927年11月，在南京和平门（现为中央门）外，燕子矶麓、大江之滨，出现了一所农村幼儿园。这就是伟大的人民教育家陶行知先生创办南京试验乡村师范（后改名晓庄学校）以后，为了实验他的"生活即教育"的主张而创办的中国第一所农村幼儿园。这所农村幼儿园名叫"燕子矶幼稚园"。这副对联，就是陶先生亲笔所题的门联。活动室里还挂着一幅北平香山慈幼院院长熊希龄先生祝贺该园落成的对联：

> "老吾老以及人之老；
> 幼吾幼以及人之幼。"

这所农村幼儿园，茅舍泥墙，既切实用，又极美观。每年阳春三月，江南草长，春水如蓝之际，燕子矶游客如织，在登矶远眺，饱览滚滚长江之余，这所农村幼儿园便成为游客必定参观的内容之一。天真无邪的农村孩子们唱着：

> "快乐呀，快乐呀！红的花，白的花，你们站在太阳下。没有风吹来，没有雨打来，小鸟飞来同你耍。它跳上，又跳下，同你说的什么话？"接着又唱："快乐呀，快乐呀！小朋友，你好哇！有的打小鼓，有的吹喇叭，风吹雨打都不怕。唱歌吧，跳舞吧，世界多么伟大！"

这所农村幼儿园是怎样办起来的呢？创办人陶行知先生在燕子矶幼稚园举行开学典礼时曾这样说：

"……第一次我觉得乡村里有设立幼稚园之必要，是宋调公君告诉我农忙时往往有母亲一只手抱着小孩子，一只手拿着凳子到学校里来托先生给她

---

　　* 原载《幼教通讯》，1983年第10期。

看管。她只求先生守着小孩子不给她走开,她就感激不尽了。又一次看见母亲在田中做事,对面庭下放一个筐子,里面坐着一个小孩子,这孩子便是她的儿子。又一次我遇见一个小学生,我问他为什么不进学校?他说现在田里很忙,他要帮助妈妈带小妹妹。受了这三次感触,我便创办乡村幼稚园。"从这段话里可以看出,陶行知先生创办农村幼儿园,第一个目的便是要解除劳动妇女的困难,解放广大妇女劳动生产力。作为一个人民教育家,陶先生从来不是为教育而教育。他之注意农村教育,是和他注意农民问题分不开的。

在此之后,他带领一批同志又进行深入调查研究,其所得结果是:"……我们知道,中国原有的建筑在农村的自足自给的经济形态,显然是崩溃了。同时,我们更知道,在中国今日广大的农村里,农村中的妇女,无疑的已做了主要的劳动者了。在这个事实下,有着一个极其严重的问题产生,便是那几千百万田间的劳动者的儿童处置问题。""……我们所能看到的,许多的农村妇女,在她们为着实际生活的追迫,无论怎样也不能对自家的孩子打顾盼的时候,便只好在'残忍'与'不得已'中用尽各种方法来处置他们的小孩。"她们所用的方法大约有:雇人照顾;交人管理;自己携带;置之不理。"认清问题,研究问题,解决问题,办好教育;发明工具,制造工具,运用工具,是真文明。"陶行知先生根据上述事实及他的办学态度,后来又创办了晓庄、和平门、迈皋桥等三个幼儿园。1934年上半年,在他的领导下,又在上海大场、山海工学团内创办了"乡村幼儿团",同时在上海沪西女工区域创办了"劳工幼儿团"。为劳苦大众谋福利,为大多数工农子女探寻教育的新路,这是陶行知先生一直为之奋斗的事业。千千万万的工农子女,在他的润泽下成了今日国家有用之才。他的遍布海内外的桃李亲切地称他为"老夫子"是有深切的意义的。宋庆龄同志曾誉他为"万世师表"是足以当之无愧的。

陶行知先生在教育方面的贡献是很大的。仅就幼儿教育来说,在二十年代初叶,他就做了很多工作,留下了不少宝贵的经验。"明镜可以照人,誊古可以知今"。今天,我们加以回顾是有一定的现实意义的。

经验之一:办学方向明确。陶行知先生的幼儿教育理论中有一条是:"小学教育是建国之根本;幼稚教育尤为根本之根本。小学教育应当普及,幼稚园教育也应当普及。"他曾指出幼儿教育的重要性:"儿童学者告诉我们凡人生所需要之主要习惯、倾向、态度多半可以在六岁以前培养成功。换句话说,六岁以前是人格陶冶最重要的时期。这个时期培养得好,以后只须顺着他继长增高的培养上去,自然成为社会的优良分子,倘使培养得不好,那么，习惯成了不易改，倾向定了不易移，态度决了不易变。这些儿童升到学校里来，教师需费九牛二虎之力来纠正他们已成的坏习惯、坏倾向、坏态度。真可算事倍功半。"这样的办学方向，把幼儿教育的重要性阐述得深切透澈。这在今天，谁能说它已失去时效呢？应该说，这是一个颠扑不破的真理。

经验之二：满足农、工需要。早在 1926 年 9 月，陶行知先生在草拟《中华教育改进社创设乡村幼稚园》计划书时，即指出农村迫切需要幼稚园的理由："村中生活，随农事为转移。农忙之时，村中妇女，或下田工作，或需准备茶饭，无暇照顾幼儿。此时年龄稍长兄姊，为小农经济所逼，亦须襄助农事，不能充分陪伴弟妹。故农忙时，乡村幼儿，实为大紧，父母徒唤奈何。"怎样解决这个问题？他提出："苟校（指小学校）中明了六岁以前，为人格陶冶最重要之时期，物色相当人材，设备相当工具，以应此天然之需要，则其造福儿童，便利农民，岂有限哉？……幼稚园，予农民以便利，其势顺。势逆者难办；势顺者易成。"当然，在今天，我们社会主义的农村和半个世纪以前的农村大不一样了，但是，随着农村生产责任制的贯彻执行，农村劳动力已出现紧张现象。因此，农村需要托儿所、幼儿园的迫切性，也随着农村生产形势的好转而日益增长。陶先生当年的呼吁，今天仍有极大的现实意义。

1934 年春天，陶行知先生又在上海沪西劳勃生路女工区域创办了一所"劳工幼儿团"。他在给孙铭勋、戴自俺的信里指出："……我们必须在这一年里面聚精会神的创造出一个真正工人的幼儿工学团。这事虽由我们发动，但主体是工人，管理权须在一年半载之内转移于工人之手，我们在开办时即须有此认识，从第一天起便须引导工人自己主持。艺友也要在女工的队伍里面物色。这个幼儿工学团要包含寻常托儿所及幼稚园之优点，而肃清它们的流弊。说得更确切些，我们要跳出传统的托儿所及幼稚园的圈套，而创造出一个富有意义的幼儿工学团。"像这样从实际出发，注意满足工人、农民需要，解决农工需要的态度和精神，难道不值得学习吗？

经验之三：要求中国化、平民化。他曾指出："……惟遍观国中之幼稚园，其弊有三：取法外国，不适国情，一也；费用太大，不能普及，二也；所收儿童，多属贵族，三也。"此外，他主张从实际出发，办中国化的幼儿园，平民化的幼儿园。即使设备简陋一些，先办起来再说。所以他说："谁说非学校，就算非学校"。从无到有，从小到大，从简单到充实，凡是要真正为人民办事的人，办任何事业都必须遵循这个原则。中国化，就是按中国国情来办事；平民化，就是不要超过目前一般人民群众力所能及的负担。如果我们过分强调正规化、标准化的幼儿园，势难满足群众需要。目前不少城市出现的私人创办的托儿所、幼儿园，家庭托儿所或幼儿园，农村出现的一些季节性(农忙)托儿所或幼儿园，都是比较简单的。但它能解决群众的实际困难，就为群众所拥护，所接受，就值得重视。邓小平同志号召说："中国的事情要按照中国的情况来办，要依靠中国人自己的力量来办。"面对今天幼儿教育所存在的一些问题，我们只有采取这种态度，才能真正解决问题。

经验之四：注意用多种方法解决师资问题。要把幼儿教育办好，关键问题之一是师资。在南京晓庄，他从幼儿师范办到幼儿师范学院，中心在培养师资。对这个问题，1928年他就提出要"改变训练教师的制度。"他说，"普及教育的最大难关是教师的训练。"怎么解决？ 他认为："幼稚师范是要办的，但幼稚师范必须根本改造才能培养新幼稚园之师资。纵然如此，我们也不能专靠幼稚师范去培养全部的师资。我们现在探得一条新途径，很能使我们乐观。试验乡村师范学校(即晓庄师范)的幼稚师范院在燕子矶设立了一所乡村幼稚园，叫做第二中心幼稚园，开办之初便收了三位徒弟，跟着幼稚教师徐先生学办幼稚园，张宗麟先生任指导。前天他和我谈起，幼稚园的徒弟制似可以推行到小学里去，……并且能促进普及教育之进行。"后来在陈鹤琴先生的大力支持下，首先在鼓楼幼稚园实行这个办法，接着，在燕子矶、晓庄等幼稚园也招收了艺友，用这种切实易行的办法，培养了不少师资。多年以来，各地采用这种艺友制的师范教育办法，解决了不少师资培养问题。从今天的情况来看，幼儿园、托儿所要大发展，在解决师资问题时，试用一下陶行知先生的艺友制，怕是可以考虑的一条捷径。比如，北京现有不少幼儿园办得很有成效，如果一个幼儿园招收5个艺友(即徒弟)，一百所幼儿园就可一次招收500人。学习一年毕业，就可培养出500个幼儿教师。这样就补充了幼儿师范毕业生之不足。在党的十二大路线指引下，各条战线都在进行改革。改革就要破旧创新。赵紫阳总理在六届人大一次会议所作的政府工作报告指出，"要发展幼儿师范教育"，这是一个可喜的消息。但仅靠发展幼师，一下还是有困难的。采用多条腿走路，是不容忽视的。

陶行知先生在幼儿教育方面留给我们的遗产很多，仅以农村幼儿教育方面来看，上述四点经验，如果认真对待，对改进或指导我们当前的工作会有极大的现实意义。

邓初民

邓初民(1889—1981)，曾名希禹，字昌叔，湖北石首人。1913年留学日本，1917年毕业于东京政法大学。曾任暨南大学、中山大学、广西大学、香港达德学院教授。1945年10月，与陶行知在重庆创办《民主》星期刊，任主编。新中国成立后任山西省人民政府副主席、副省长，山西大学校长，中国政治学会名誉会长，全国人大和全国政协常委，民盟中央副主席。著有《中国社会史教程》《政治科学大纲》等。

邓初民是陶行知的好友，1946年，他著文《略论陶行知主义》高度评价陶行知，他提出"人民至上主义"即"陶行知主义"。陶行知逝世后，得到了不同群体的评价，作者认为"这虽然都是在推崇陶先生，但我反对这种办法。一个人时代不同，环境不同，社会属性不同，总是难以相比的。即在同一时代同一环境同一社会层的人，亦各自有其不能强同的特点"。他认为评价陶行知"应该单纯由陶行知的自我表现来说明"，陶行知一生的事业都是为着人民而去的，他的教育理论与实践、演讲与著述都是为着人民而去的，都是为人民服务的。1957年，在陶行知思想受到批判的特殊时期，仍发表《我们必须对陶行知先生以重新评价》，以纪念陶行知逝世十一周年。在本文中，作者指出当前对于电影《武训传》的批判，而后便对陶行知的生活教育展开批判是不妥当的。他主张重新评价陶行知不是出于对陶行知的私交，而是陶行知及其生活教育社在反对日本侵略、反对国民党统治的历史中起到过重要历史作用，其忠于中国人民的历史不容抹杀。作者在文中回忆了与陶行知共事的历史，尤其指出陶行知所主持的一系列教育事业是支持中国共产党的，文章最后还交代了生活教育的特质是"生活的""行动的""大众的""前进的""世界的""有历史联系的"六大特质，是以说明生活教育是一种中国现实需要的、人民大众需要的、中国社会发展需要的教育理论。

略论陶行知主义 *

陶行知主义不是别的，正是"人民至上主义"。他能真正从人民大众的粗皮肤笨手脚中看出壮美，他能真正从人民大众毛下浸汗的身上嗅出特别的香味来。

行知先生逝世后，我曾为文以哭之。此后即想就其生平、思想、学术、事业、文章等撰一长文来纪念他，来教诲人并以自励自勉。然而这非把他的生平行状及其全部著作，加以深入的研究不可。今尚不足以语此。兹仅先来一番提纲式的论述。

这里有两点，首先须加以说明：

第一，自陶行知先生死后到现在，就我所知：有人把他比之鲁迅先生、邹韬奋先生，例如陆定一先生代表中共中央曾这样说："陶先生所走的道路，是正确的，这正是伟大的民族主义者像鲁迅先生、邹韬奋先生等走的同样的道路。"有人把他比之孔仲尼、孙中山，例如郭沫若先生在祭陶先生文里这样说："两千年前的孔仲尼，两千年后的陶行知"，"你是孙中山死后的一位孙中山"。有人把他比之杜威、孔仲尼、武训，例如华岗先生，不过华岗先生曾明明说过陶先生之成就是大大超过杜威博士，陶先生的教育原则（为人民的）是刚刚相反于孔仲尼的教育原则（为统治者的），陶于武训只是在行乞兴学的献身精神一点相似，而陶则更进一步把教育事业变成广大人民自己的事业，变成人民解放事业之一部分（见所著《痛悼陶行知先生》一文）。还有人把他同胡适比了一下，例如陈家康先生说："在这个思想运动中，有两个安徽歙县人，起了极大的作用。一个是家学渊源的胡适，一个是家境清寒而由教会学校出身的陶行知。……然而到后来这两个人的思想路线完全不同，胡适

* 原载《文萃》，1946年第49期。

虽然脱不了中国士大夫气，他的思想路线却始终是西方文化的路线。陶行知对于东方文化的渊源不及胡适那样密切，对于西方文化的研究不及胡适那样精深；就一般人所谓学术造诣而言，陶行知也不及胡适那样宏博，然而在思想路线上，胡适不能与陶行知相比拟，胡适因袭了所谓西方文化，陶行知却在西方文化与东方文化之外，开辟了一条人民文化的思想路线，陶行知是新中国思想界的圣人。"

此外或者还有把陶行知先生拿来跟其他什么人相比的，这虽然都是在推崇陶先生，但我反对这种办法。一个人时代不同，环境不同，社会属性不同，总是难以相比的。即在同一时代同一环境同一社会层的人，亦各自有其不能强同的特点。何况"比喻总是比喻"，"差之毫厘，谬以千里"，倒不如老老实实的陶行知就是陶行知，否则对于所比之人，过之则为誉，不及则为毁，反而失真了。尤其陈家康先生以为"就一般人所谓学术造诣而言，陶行知也不及胡适那样宏博"之说，我根本怀疑。"一般人所谓学术造诣"，正是陶先生认为应与之奋斗的"伪知识"，而且胡适本人，早（已）经脱了他那稀薄的进步性的外衣，滚入反动的泥坑了，何能在陶先生的面前再提起他的名字！

第二，自陶行知死后到现在（也可以说，在生前业已这样）有人把他称为什么褓母、导师、战士、先锋、什么家、什么人等等。例如说他是无数没有了父母家乡的孤儿难童的慈祥的褓母；例如说他是无数为独立、和平、民主事业而奋斗的青年的导师；例如说他是无数革命文化教育的战士的先锋；例如说他是全中国陷于苦难的四万万五千万人民的忠实的朋友。尤其说他，是什么教育家、政治家，什么诗人的极为普遍。

此外还有说他是什么蓝色的（西北军），黑色的（国家主义派），红色的（共产党）等等，这虽然也都是在推尊陶先生（除了极少数污蔑的以外），但我对于这种办法，也认为不能从根本上认识陶先生，不能从头到脚，从左到右，从外表到内容，从形式到精神的各方面来认识陶先生，这仍然脱不了"比喻总是比喻"的限制，也可能"差之毫厘，谬以千里"，倒不如老老实实的陶行知就是陶行知。否则任何称呼对于陶先生，过之则为誉，不及则为毁，反而失真了。尤其是把陶先生说成是什么黑色的国家主义派（今之青年党的前身），这真是岂有此理！

所以我主张陶先生的一切，应该单纯由陶行知的自我表现来说明。这一点他本人就是这样做了的。据说当人们说他是什么蓝色、黑色、红色的时候，他的答复是：我一样也不能否认，我的静脉是蓝的，我的头发是黑的，我的血是红的。他是一贯的"自我体现主义者"，他是把"生来不变色"认为"便是无价宝"的。他早年写了一个童话，叙述百鸟仙子请客，来的都是白鸭、白鹅、白鸡，当中只有一只乌鸦是黑的。乌鸦受了白鸭等的讪笑，心里难过，就想把身上的黑毛变成白毛，费了很多气力，终于变不成功，百鸟仙子对它说：

> 身上一根毛，好比那仙草。
> 生来不变色，便是无价宝。
> 莫学丑姑娘，爱擦雪花膏。
> 黑白不均匀，越搭越糟糕。
> 白的固不坏，黑的也很好。
> 你若爱你黑，自然无烦恼。

（上引自孙铭勋先生《生来不变色》一文）

陶先生的自我体现主义，就在这诗里充分表现出来了。我们根据这一点（不根据什么人的比喻与称呼的形容）来认识陶先生，那就不能忽略他最基本的一个基本点。这是从他的世界观、社会观、人生观等等凝结而成的，从其时代、环境、社会属性等凝结而成的。这一最基本的基本点是什么呢？无以名之，名之曰："陶行知主义"。陶行知主义又是什么呢？无以名之，名之曰"人民至上主义"。我以为"最广大人民的最大利益，即是真理的最高标准，即是我们一切行动的最高标准"这几句话，正是"人民至上主义"的根本精神，正是"陶行知主义"的适切注脚。陶行知主义的成立，很明显的曾经历了一定时期的社会思想意识的转变，这表现在由陶知行到陶行知这一看起来好像很简单的两个字的颠倒上。这一转变是其世界观、社会观、人生观之整个的彻底转变。陶行知主义的成立，也很明显的有其时代、环境、社会属性为其根源。"陶先生是生长在大好山水的安徽歙县，距离城中不到十里的一个衰落的农村里。家庭并不优裕，自幼即熟悉于农人的困苦生活，这影响了他并决定了他一生努力的方向。"（引自方与严著《陶行知先生的道路》一文）陶行知主义，大体上可以说成熟于晓庄时代，他在《晓庄三岁敬告同志书》中说："晓庄是从爱里产生出来的，没有爱便没有晓庄。因为他爱人类，所以他爱人类中最多数最不幸的中华民族，因为他爱中华民族，所以爱中华民族中最多数而最不幸的农人。他爱农人只从农人出发，从最多数最不幸的出发，他的目光没有一刻不注意到中华民族和人类的全体。……有了爱便不得不去找路线，寻方法，造工具，使这爱可以流露出去完成它的使命。流露的时候遇着阻力便不得不奋斗——与土豪劣绅奋斗，与外力压迫奋斗，与传统教育奋斗，与农人封建思想奋斗，与自己带来的伪知识奋斗。"

在这里，晓庄的爱（亦即陶先生的爱），刚刚是倾濡在"中华民族中最多数而最不幸的农夫"身上。农民——正是"农民，这是现阶段中国民主政治的主要基础。中国的民主主义者，如不依靠三万万六千万农民群众的援助，他们就将一事无成"。农民——正是"农民，这是现阶段中国文化运动的主要基础。所谓扫除文盲，所谓普及教育，所谓大众文艺，所谓国民卫生，离开了三万万六千万农民，岂非大半成了空话？"这里农民是主要基础，当然没有忽视其他的占人口九千万的人民在政治经济文化上的重要性。农民在今天的中华民族中是最多数而最不幸的这件事，总是千真万确的。陶行知主义，人民至上主义，正包含了"农民至上主义"。

为着爱农民，也就是爱人民，陶先生说了，就要"去找路线，寻方法，造工具，使这爱可以流露出去完成它的使命"。这也就是说：有了陶行知主义，就要为了实现其主义去找路线，寻方法，造工具，使这主义可以发扬光大去完成它的使命。陶先生的路线是什么呢？毫无疑义的就是与人民血肉相关的人民路线。他要向人民学习，拜人民做老师。陶先生的方法是什么呢？从其重点说来，毫无疑义的是教育，是他的生活教育。方与严先生把生活教育运动的发展，概括起来分作六个阶段：第一是乡村教育运动，第二是普及教育运动，第三是国难教育运动，第四是战时教育运动，第五是全面教育运动，第六是民主教育运动。生活教育的六个阶段，只是表现由于历史的事变，不断给予生活教育以新的内容，并非生活教育的根本精神有六种变化。它的根本精神是什么呢？就是陶先生提出来的"生活即教育"，"社会即学校"，"教学做合一"，"在劳力上劳心"，"以教人者教己"，"即知即传"，"小先生制"等等。而他所立下的宏愿，则为"从野人生活出发，向极乐世界探寻"。这里陶先生所说的野人究竟是何等样人呢？当然就是粗皮肤笨手脚的劳动人民，尤其是最多数而最不幸的农人。因此，生活教育的根本精神，就是为人民服务的教育精神。而陶先生的根本主张，尤在使人民自己为自己办教育，使教育的目的做到人民自己解放自己。

从这种教育精神出发，自然一开头就要使教育与政治紧密的联系在一起。陶先生不仅是不像一般人一样以只办教育不问政治为假清高，而且是一开头就懂得教育只是政治的工具。懂得遇着阻力时，"便不得不奋斗……"。所以教育家的陶行知，同时也就是政治家、革命家的陶行知。固不待其后来加入了人民救国会，加入了中国民主同盟，才开始过他的政治生活。但从其重点说来，则所由实现其主义的方法，乃为教育，乃为其生活教育。

陶先生的工具是什么呢？他的演说天才，他的教育理论与实践，他的文章，他的诗都是，但在这里我要特别强调的是他的诗。然而他作诗的目的是为实现陶行知主义，实现人民至上主义，所以也是为人民服务。为人民服务的诗，起码就要人民懂得。所以他的诗在一般诗人眼光中，或者认为不像诗。然而人民——粗脚大手的农民、工人，乃至三岁小孩、八旬老妪却都懂得，因此，他的诗，便成为他联系人民大众的最重要的最有效的武器。有人说他的诗不是诗，只算是歌谣，有人说他的诗是独创一格，是陶体诗。我以为都不对。闹了很久的所谓为中国人民大众所喜闻乐见的民族形式，却只有陶先生的诗能代表。这就是说：陶先生的诗，正是中国民族形式的代表型。而且陶先生的诗同时是散文，陶先生的散文同时也是诗。他的诗是有韵的，他的散文也是有韵的。你去读他的《创造宣言》，读他的《悼范旭东先生》一文，不就正是一首散文诗吗？我以为他的诗与散文，都不是那"就一般所谓学术造诣而言"，也较陶行知"宏博"的人所能写得出一个字来的。

有了陶行知主义，有了实现其主义的路线、方法、工具，如果没有陶行知的"大无畏之斧，智慧之剑，金刚石之信念与意志"，则主义、路线、方法、工具等等，仍将是无用的。他的《创造宣言》，就充分代表了他的有进无退，坚强不屈，把"创造主未完成之工作，让我们接过来，继续创造"的精神。他在《创造宣言》里面，把一切懒惰者的遁辞，差不多都驳倒了。最后，他说："有人说：山穷水尽，走投无路，陷入绝境，等死而已，不能创造。但是遭遇八十一难的玄奘，毕竟取得佛经；粮水断绝、众叛亲离之哥伦布，毕竟发现了美洲；冻饿病三种压迫下之莫扎尔特，毕竟写出了安魂曲。绝望是懦夫的幻想。歌德说：没有勇气一切都完。是的！生路是要勇气探出来，走出来，造出来的，这只是一半真理。当英雄无用武之地，他除了大无畏之斧，还得有智慧之剑，金刚石之信念与意志，才能开出一条生路。古语说：穷则变，变则通。要有智慧，才知道怎样变得通；要有大无畏之精神及金刚石之信念与意志，才能变得过来。所以处处是创造之地，天天是创造之时，人人是创造之人，让我们至少走两步退一步，向着创造之路迈进吧！"

具备了上述各种条件，陶行知主义成立了，陶行知主义也必然要实现。然而陶行知主义不是别的，正是"人民至上主义"。他能真正从人民大众的粗皮肤笨手脚中看出壮美，他能真正从人民大众毛下浸汗的身上，嗅出特别的香味。因此，陶行知是教育家，但他不是一般所谓教育家，他是陶行知主义的教育家——人民的教育家；陶行知是政治家，但他不是一般所谓政治家，他是陶行知主义的政治家——人民的政治家。陶行知是诗人，但他不是一般所谓诗人，他是陶行知主义的诗人——人民的诗人。因此，他不是鲁迅先生，不是邹韬奋先生，不是杜威，不是武训，不是孔仲尼，不是孙中山，当然更不是什么胡适。

陶行知就是陶行知！

1946 年 9 月 18 日于陪都

我们必须对陶行知先生以重新评价[*]

——纪念陶行知先生逝世十一周年

陶行知先生离开我们到今年七月二十五日已经整整十一年了。可是他并没有死，他还是活在广大中国人民的心中，而且将永远活在广大中国人民的心中，他是不朽的。

但是，当中国文教界群起批判电影《武训传》以后（电影《武训传》是应该批判的），接着又有人批评了陶行知先生的生活教育。从此，人们就好像渐渐把陶行知先生遗忘了。我每每想起这件事，就使我的心中好像展开了一场战斗，使我整夜无法入睡。本年六月一日，我在中国共产党中央统战部情不自禁地提出了要求对陶行知先生给以重新评价的问题，六月二日《人民日报》刊登了我有关陶行知先生的一段话，我就连日接到各处来的电话，各处来的信，还有我朋友亲自到家里来，表示一致同意我的主张。从上海、济南等地来的信中甚至于说，他们是含着眼泪读完我的发言的。这种眼泪，当然是对陶先生的追怀和对我的同情所流出来的同情之泪啊！

这样就充分证明我要求对于陶行知先生给以重新评价，一点也没有包含我个人同陶行知先生的私交和友谊成分。当然，我也毋庸讳言我个人同陶行知先生的私交和友谊。陶先生是我的知己，也是我的老师，特别是在他要离开我们的一个不太长的时期内，我是处处把他当作一个榜样来效法的。

那时，就是中国共产党领导中国人民对日抗战将要结束的时期，或者说，就是抗战结束时期的前后，那时国民党反动派法西斯的血腥统治，愈来愈残酷。在昆明，用卑鄙无耻的手段暗杀了李公朴、闻一多两先生，并且公开地说，在重庆要暗杀我，在上海要暗杀沈钧儒老先生、陶行知先生等人。陶行知先生一闻此讯，就一面与反动派搏斗，一面准备着死，他致死的脑溢

* 原载《人民教育》，1957 年 7 月号。

血症就是从这样产生的。这一点就值得我向他学习。而最重要的，还在于那一个时期，他彻始彻终地忠实于中国共产党，忠实于中国人民的一切表现。

他那时虽是中国民主同盟的成员，但他已明确认识：只有中国共产党才能够领导中国革命到最后胜利，因而竭诚接受中国共产党的领导。在中国革命和中国共产党所经历的许多艰难困苦、狂风暴雨的岁月中，有许多人都动摇过，我从人缝中看到许多不大自然、不大正常的面孔，只有陶先生在任何情况下都面不改色，屹立不动。

不错，他有他自己领导的生活教育社，可是，实质上生活教育社也是服从共产党领导的。在生活教育社和《生活教育》这一个刊物里面，就有许多共产党的同志。例如戴伯韬、刘季平就是那时《生活教育》主要编辑和撰稿人。

不错，他还有他自己所办的学校，那时主要是育才学校和社会大学，可是育才学校和社会大学里面，也有许多共产党的同志。我很清楚地知道：有些地下工作的党的同志，感到要被暴露了，陶先生就主动地把他们掩护到育才学校和社会大学里面去。

还有，他那时曾经是中国民主同盟重庆市支部主任委员，他发行过一个刊物，要我来主编，这个刊物叫做《民主星期刊》。这个刊物当然是受民主同盟领导的，但实质上也同样接受中国共产党的领导。因为我没有主编一个刊物的经验，我和陶先生商量就主动地请胡绳同志来帮我编。《民主星期刊》的撰稿人，也有许多是党的同志，例如张友渔同志就常常以"若愚"的笔名在《民主星期刊》上发表文章。至于发行《民主星期刊》的方针、任务，更是全面地接受中国共产党的领导的。日本投降后，这个刊物还推广发行过上海版和北京版。这都是由陶先生在上海和北京的关系搞出来的。陶先生就有这样一种本领和这样一种威信，在反动统治的严密封锁下，他总能冲破一关又一关。

总之，那时陶先生所领导的生活教育社，所主办的育才学校、社会大学和以民主同盟重庆市支部主任委员的资格发行的《民主星期刊》，无一不竭诚接受中国共产党的领导，也没有一件事、一个时候离开过共产党的领导。这些都是值得我向他学习的榜样，而且是值得我向他学习的具有历史性的无比辉煌的榜样。他是我的老师，我对他是以师礼事之的；同时又是我的知己，我们彼此互相深知，尽管海枯石烂，都不会有那一天肯离开中国共产党。

陶先生是我所尊重的一位老师，一位朋友，同时，他也受到中国广大人民的尊重，受到中国共产党的尊重。广大的中国人民不仅尊重他，而且热爱他，这是由于他也热爱中国人民。在育才学校附近，有一个地主的长工，在农忙中跌坏了手，地主看他残废无用了，就辞退了他的工作。陶先生一听到这个消息，马上派校工把那个长工用"滑竿"抬到学校里来，再送到北碚医院里去医，等到手医好了，陶先生就留他在育才学校工作。在抗战前，陶先生在上海大场办山海工学团，教育民众，免费请老百姓来读书，没有功夫来的，就把小先生送上老百姓的门去教他们；他还买了两部抽水机，轮流借给农民引水灌田，买了一部播种机，轮流借给农民播种，所以农民都把陶先生看做是他们自己的人。他个人的生活非常简朴，终年穿一身蓝布料的学生装和土布鞋，但对地下工作的党的同志和民主朋友的困难、穷苦、饥饿则不时把他等于行乞募捐得来的办育才学校的经费，拿来接济他们；而对于育才学校学生的全部衣、食、书籍、卫生等费用，都由他一肩担负下来，国民党反动派政府还要和他找种种麻烦。学校的经费常常是朝不保夕的，他为着奔走学生的衣食，他常常说：我整天都是在和米赛跑。经费是如此困难，环境是如此恶劣，有朋友劝他说："我看你是抱着石头游泳。"他微笑着说："不！我是在抱着爱人游泳哩！"这样，他就在中国广大人民和他的同志、朋友、学生中间扎下了无比深厚的根。所以陶先生在上海逝世的消息一经传出后，无论识与不识，莫不感慨叹息，热泪盈眶，甚至有放声大哭的，特别是经陶先生医好了手留在育才学校工作的那位长工，打听到了我们在重庆为陶先生开追悼会的日期之后，便星夜赶到重庆，在陶先生的灵位前哭他、祭他，还拿出他血汗的工钱买了一副挽联，要我们给他写上他对陶先生要说的话。劳动人民对陶先生的死去该是如何依恋不舍啊！

此后，每逢陶先生的忌日，他的生前的同志、朋友、学生总要开会纪念他，而这些纪念会可以说都是在中国共产党的领导下开的。特别是1949年，中国共产党领导中国人民在大陆上解放了全中国，1949年的7月25日，便由生活教育社发起，在党的领导下，开了一次更为盛大的纪念会，党的许多领导人都参加了这次纪念会。我记得很清楚，党的老教育家徐老(特立)也参加了这次纪念会，并在这次纪念会上讲了话，中间有一句话我记得特别清楚。他说：我曾经有过一个别号，叫做"师陶"，陶就是陶行知先生。这些过去的事，都一一隐藏在我的心里，有时就不免要回想起来，在今年陶先生的忌日，我写这篇文章来纪念他的时候，更不能不令我回想起来。

照说，过去文教界批评电影《武训传》，应该是与陶行知先生也在一个时期推崇过武训，不能相提并论的。陶先生那时搬出武训，只是在武训行乞兴学这一点上，与他也等于行乞募捐来办教育是相同的。特别是由于他所处的环境，他办教育所要培养的后一代，其旨趣与武训根本不相同，因而受到反动统治的摧残压迫，于是想到把武训搬出来作他的掩护。这种苦心，他是曾经对我讲过的。

照说，批判杜威的生活教育，也不应该与陶先生的生活教育相提并论。杜威的哲学是实用主义的哲学，也就是主观唯心主义的哲学。实用主义和马赫主义是一脉相承的，它们根本否认客观世界的存在，否认客观世界发展的规律性，把资本主义看做是万古长存的，把资产阶级对无产阶级的剥削看做是合理合法的，因而杜威的生活教育完全是为资产阶级服务的。杜威所看到的生活，也只是帝国主义阶段一小撮垄断资本家荒淫无耻的生活，穷途末日的生活，拿这种生活来教育后一代，完全是要来麻痹劳动人民的革命意识，来苟延资产阶级的统治，这种生活教育，是应该反对的。

但这决不能与陶行知先生的生活教育混为一谈，关于这个问题，陶先生在其所著《什么是生活教育》和《生活教育之特质》二文里，有极为透辟的阐述。他在"什么是生活教育"一文里，开头便说：

生活教育这个名词是被误解了。它所以被误解的缘故，是因为有一种似是而非的理论混在里面，令人看不清楚。这理论告诉我们说：学校里的教育太枯燥了，必得把社会里的生活搬一些进来，才有意思。随着这个理论而来的几个口号是："学校社会化"，"教育生活化"，"学校即社会"，"教育即生活"。这好比一个笼子里面囚着几只小鸟，养鸟者顾念鸟儿寂寞，搬一两丫树枝进笼，以便鸟儿跳得好玩，或者再捉几只生物来，给鸟儿做陪伴。小鸟是比较得舒服了，然而鸟笼毕竟还是鸟笼，绝不是鸟的世界。所可怪的是养鸟者偏偏爱说鸟笼是鸟的世界，而对于真正的鸟世界的树林反而一概抹煞，不加承认。假使笼里的鸟，习惯成自然，也随声附和的说，这笼便是我的世界；又假使笼外的鸟都鄙弃树林，而羡慕笼中生活，甚至于以不得其门而入为憾，那末，这些鸟才算是和人一样的荒唐了。

我读了他这段文字以后，深深感到他关于人们对于"生活教育"这个名词的被误解的说明，是异常生动而富于形象化的，他把那时他所看到的一些学校，也就是那时资产阶级和一切反动统治阶级所办的学校，比做鸟笼，而把一般所谓生活教育(也包括杜威的生活教育在内)比做鸟笼教育；陶先生的生活教育则不然，他是主张冲破鸟笼，反对笼中生活，开辟鸟的世界的，开辟真正生活教育的世界的。这就把他的生活教育和杜威的生活教育从本质上区别开来了。他在《生活教育之特质》一文里，更具体地说明了他的"生活教育"的特质。他说：

(一)……生活教育的第一个特点是生活的。传统的学校要收学费，要有闲工夫去学，要有名人阔佬介绍才能进去。有钱，有闲，有面子，才有书念，那末无钱，无闲，无面子的人又怎么办呢？听天由命吗？等待黄金时代从天空落下来吗？不！我们要从生活的斗争里钻出真理来。我们钻进去越深，越觉得生活的变化便是教育的变化。生活与生活一摩擦便立刻起教育的作用。摩擦者与被摩擦者都起了变化，便都受了教育……

(二)……生活与生活摩擦，便包含了行动的主导地位。如果行动不在生活中取得主导的地位，那末，传统教育者就可以拿"读书的生活便是读书的教育"来做他们掩护的盾牌了。行动既是主导的生活，那么，只有"为行动而读书，在行动上读书"才可以说得通。我们还得追本推源的问：书是从哪里来的？书里的真知识是从哪里来的？我们是毫不迟疑的回答：行是知之始，即行即知，书和书中的知识都是著书人从行动中得来的。我要声明著书人和注书人、抄书人是有分别的。人类和个人的知识的妈妈都是行动。行动产生理论，发展理论。行动所产生发展的理论，还是为的要指导行动引着整个生活冲入更高的境界。为了争取生活之满足与存在，这行动必须要有理论、有组织、有计划的战斗的行动。

(三)……少爷小姐有的是钱，大可以为读书而读书，这叫做小众教育。大众只可以在生活里找教育，为生活而教育。当大众没有解放之前，生活斗争是大众唯一的教育。并且孤立地去干生活教育是不可能的。大众要联合起来才有生活可过，即要联合起来，才有教育可受。从真正的生活教育看来，大众都是先生，大众都是同学，大众都是学生。教学做合一，即知即传是大众的生活法，即是大众的教育法。总说一句，生活教育是大众的教育，大众自己办的教育，大众为生活解放而办的教育。

(四)……有人说，生活既是教育，那末，便有生活即有教育，又何必要我们去办教育呢？他这句话，分析是对的，断语是错的。我们承认自古以来便有生活即有教育。但同在一社会，有的人是过着前进的生活，有的人过着落后的生活。我们要用前进的生活来引导落后的生活，要大家一起来过前进的生活，受前进的教育。前进的意识要通过生活才算是教人真正的向前去。

（五）……课堂里既不许生活进去，又收不下广大的大众，又不许人动一动，又只许人向后退不许人向前进，那末，我们只好承认社会是我们唯一的学校了。马路、弄堂、乡村、工厂、店铺、监牢、战场，凡是生活场所，都是我们教育自己的场所，那么，我们失掉的是鸟笼，而所得的倒是伟大无比的森林了。为着要过有意义的生活，我们的生活力是必然的冲开校门，冲开村门，冲开城门，冲开国门，冲开无论什么自私自利的人所造的铁门。所以整个中华民国和整个世界，才是我们真正的学校唡。

最后，他还把生活教育看做是有历史联系的。他说："……人类从几千年生活斗争中所得到而留下来的宝贵的历史教训，我们必须用选择的态度来接受。但……是历史教训必须通过现实生活，从现实生活中滤下来，才有指导生活的作用。……中国已经到了生死关头，争取大众解放的生活教育，自有它应负的历史使命。为着要争取大众解放……必须教育大众联合起来解决国难。因此，推进大众文化以保卫中华民国领土主权完整，而争取中华民族之自由平等，便成了每一个生活教育同志当前所不可推卸的天职了。"

总结起来说，陶先生的生活教育的特点，首先是生活的，依次下来，就是：行动的、大众的、前进的、世界的、有历史联系的。可见在那一个时候，他就以被压迫的人民大众的权利的保护者自任了。他企图用生活教育来争取人民大众的解放，争取中华民族的解放。问题只在于他那时还只是向全体人民大众呼吁，而不是向全体人民大众中最革命的阶级——无产阶级呼吁。同时，他的教育理论，还只是对新生一代传授科学知识、技能和技巧，指导他们的认识和创造活动，而没有把教育理论上升到是培养新生一代共产主义世界观和人生观的一种有组织、有目的的过程。

但这完全是由于那时历史背景和社会条件的局限性所致，其责任不应该由陶先生来负，如果还有时间，让陶先生继续生活下来，我相信陶先生是一定能够冲破那种历史背景和社会条件的局限性。而且他已经是在为冲破那种历史背景和社会条件拼死搏斗了，他的生命也就是在这种激烈的搏斗中完结的。

因此，他的生活教育理论，容或还有许多值得商量的地方，但在那时已经达到中国教育史上的顶峰。我们必须对陶行知先生给以重新评价。

董纯才

　　董纯才(1905—1990)，湖北大冶人。20 世纪 20 年代先后就读于南方大学、国民大学和光华大学教育系。1928 年进入晓庄师范学校学习并做教务工作，后被陶行知派往浙江湘湖师范和崂山中学担任生活指导工作。1931 年参加陶行知科学下嫁运动，从事科普创作。1932 年与陶行知创办"儿童科学通讯学校"。1938 年后奔赴延安，在陕甘宁边区教育厅工作。1945 年担任东北行政委员会教育委员会副主任兼教材编审委员会主任。1948 年担任东北人民政府教育部副部长，兼任东北教育行政学院院长。1951 年任东北教育学院(今沈阳师范大学)院长。1953 年，调任中央教育部党组书记、常务副部长，兼任中央教育行政学院院长。"文革"后，历任教育部副部长、中央教育科学研究所所长、中国教育学会会长，并担任全国政协常委及教育组组长、民进中央常委、中国文字改革委员会主任、中国儿童保育委员会副主席、中国科协常务理事等职。

　　董纯才以光华大学教育系本科毕业生的身份进入晓庄师范学校学习，深受陶行知的器重，是"科学下嫁运动"的主力干将，转入延安后，仍时刻关注陶行知的教育实践。本卷收录的《一个人民教育家所走的道路》一文，是董纯才在陶行知逝世一周年时所写的纪念文章。文章概括性地回顾了陶行知为教育事业、民主事业奋斗不息的历程，将生活教育运动和中国人民的民族民主革命运动结合起来，并服务于民族解放和人民解放的革命斗争。

一个人民教育家所走的道路 *

这是前年七月，为纪念生活教育运动二十周年和陶行知先生逝世一周年所写的一篇文章。由于自己感到文中还有必须补充说明的地方，就一直没有送出发表。此次东北教育索稿，本拟修改和补充一下，也因时间不允许而作罢。发表出来，希望得到大家的指正，然后再作修改。

——作者

伟大的人民教育家陶行知先生，献身于人民教育事业，近三十年。陶先生所创导的生活教育运动，从晓庄创校算起，也整整二十二年了。陶先生创立了生活教育的理论和实际，培养了大批革命干部，特别是教育干部，散布全国各地。陶先生和他的门生们，在蒋介石国民党的迫害下，抛头颅，洒热血，受尽折磨苦难，艰苦奋斗，忠贞不屈，为人民教育事业和民族民主革命运动立下了不朽功绩。从他所说"摸黑路"中，终于摸上了一条光明正确的道路——新民主主义革命的道路，跟着毛泽东的旗帜前进。

陶先生是一个民主主义者，受过"五四"运动的洗礼，服膺民主和科学。在中国教育界，他是第一个注意到农民问题的人。他关心农民疾苦，并把农民当作自己服务的对象。早在一九二六年，陶先生就把他领导的中华教育改进社的工作重心放在乡村教育上。他在该社《改造全国乡村教育宣言书》里，明确提出该社"主要使命之一，即在厉行乡村教育政策为我们三万万四千万农民服务"。在他草拟《我们的信条》里，又宣誓似的说："我们要向着农民'烧心香'。我们心里要充满那农民的痛苦，常常念着他们所想得的幸福。我们必须有一个'农民甘苦化的心'，才配为农民服务。"这是一种朴素的为人民服务的思想。比起其他同时代的教育家来，这是陶先生的伟大过人处。

由于具有这种朴素为人民服务的思想，陶先生曾经立下一个宏愿，"要筹募一百万元基金，征集一百万位同志，提倡一百万所学校，改造一百万个

* 原载《东北教育》，1949 年第 4 期。

乡村，使中国乡村一个个都变成'天堂'，都变成'乐园'。"虽说这是一种改良主义的思想，但要承认这是一个善良的宏愿。

陶先生是个实行家，他说到就做到。在发表上述宣言后，一九二七年三月十五日，他就在南京晓庄，创办晓庄乡村师范学校，着手培养乡村教师，推广乡村教育，开乡村教育运动之先河。在晓庄的积极宣传和倡导之下，后来就有浙江、江西等省，向他要去干部，开办乡村师范。

晓庄学校，除了师范部之外，还在周围乡村，办了好几所小学和民众学校、民众茶园、晓庄剧社，以及乡村医院，来开展乡村群众文化运动和卫生运动。后来还组织了农民武装，实行联村自卫。

这样就不免引起了蒋介石的注意。蒋贼曾经到晓庄"参观""游览"，而晓庄师生对这位"大人物"并未特别表示欢迎，只是以普通来宾而招待之。

晓庄和陶行知的威信和影响逐渐增高，逐渐扩展到了全国。晓庄学生不仅仅限于乡村教育活动，并且还进一步参加和赞助工人运动。对晓庄学生的这种革命行动，陶先生不是压制禁止，而是歌颂赞扬。

当然独夫蒋介石是不容许这样一个进步学校存在的。终于用"赤化"名义，武装封闭和占领了晓庄，并捕杀了十四名晓庄学生，先后两次下令通缉陶先生。事前曾威胁陶先生，要他开除所谓"赤化"学生，他坚决严正地拒绝了。

陶先生所倡导的乡村教育运动，至此就告一段落。

陶先生原是企图用教育来改造中国农村社会，把农村变成"西天乐园"的。晓庄的创办，这本是一种改良主义的办法，只不过是他的这个理想的开端。但独夫蒋介石一见到这样发端有利于人民，就用刺刀来捣毁了他的宏愿，并逼着陶先生本人逃亡了；还一下子就取去了十四个青年革命者——他的门徒的头颅。

陶先生当初本是走的和平改良道路，何曾想到还会流血呢！这是一个血的教训。

这个血的教训说明了一个真理：就是在地主买办阶级的统治之下，是不允许任何人作任何进步事业的，哪怕是你走和平改良的道路也不行。地主买办阶级只许你作他的奴才，决不许你为人民做一点好事，更不用谈什么"西天乐园"了。

晓庄虽被封闭了，陶先生一点也不悲观失望，仍然继续奋斗，寻求中国教育的出路。翌年，就由乡村教育运动，转向普及教育运动。

作为普及教育运动的序曲的，是科学下嫁运动，即科学大众化的运动。晓庄被封后，一九三〇年，陶先生曾逃亡日本。因见日本工业发达，感到要使中国由农业文明过渡到工业文明，必须发展自然科学。一九三一年夏从日本回国，秘密活动，创办自然学园，编辑儿童科学丛书，设立儿童科学函授学校，提倡科学下嫁运动，企图使自然科学走出象牙塔，下嫁给人民大众。无奈人民大众连饭都吃不饱，哪有福气来娶自然科学小姐执箕帚、做茶饭？结果，科学下嫁运动就被地主买办阶级的魔手所窒息而夭折了。

在倡导科学下嫁运动之后不久，又进一步着手以劳苦大众为对象，提倡"即知即传人"，倡导用小先生制，传递先生制，从事普及教育运动。一面在上海附近大场等地，创办乡村工学团，继续开展乡村教育；一面在城市里开始面向工厂，推行工人教育，面向城市贫民，组织贫民教育。

这时期，在中国共产党所领导的革命运动与文化运动的影响之下，陶先生的心目中，除了农民之外，又加上了工人。开始提出大众教育的口号，其对象为劳苦大众。因此他就把他所作的锄头歌，增加一段："光棍锄头不中用，联合机器来革命！"唱出了工农联合的呼声。

这就是说，生活教育运动，从乡村教育发展到普及教育，范围是扩大了，由农民扩展了到工人。

一方面，由于接受了过去的痛苦教训，体验到在地主买办阶级的反动统治下，人民教育事业，是得不到发展的。由于受到"九·一八"国民党不抵抗召来了严重的民族危机，激起高度的民族义愤和爱国思想。另一方面，又由于受中国革命的影响和苏联社会主义建设成功的启示，陶先生在"九·一八"以后，是逐渐摆脱改良主义思想的影响而倾向革命了，首先是要求抗日救国，争取民族解放。

因此，在伟大的"一二·九"爱国运动爆发之后，陶先生就和沈钧儒、邹韬奋等先后发起组织上海文化界救国会、上海各界救国会，开展抗日救国运动，成为救国会的领袖之一，变成了一个坚强的民族战士。

一九三六年七月，陶先生响应中共"停止内战，一致抗日"的号召，和沈钧儒、邹韬奋等发表《团结御侮的几个基本条件和最低要求》。主张国民党应与红军议和，释放政治犯，双方停止内战，建立统一抗敌之政权。

同年春，陶先生提出国难教育口号，团结文化教育界人士，组织国难教育社，主编《大众教育》，开展国难教育运动。

这时期，在无产阶级的革命思想的影响下，陶先生对于生活教育的理论，就有了很多重要的新的发挥。他肯定的说："生活教育是大众的教育。"又说："为什么要大众教育？中国遇着空前的国难，这严重的国难，小众已经解决不了，大众必得起来担负救国的责任，而中国才可以有救。……"

"大众教育是什么？大众教育是大众自己的教育，是大众自己办的教育，是为大众谋福利除痛苦的教育。……大众教育只有一门大功课,这门大功课里是争取中华民族大众之解放。"(见陶著《中国大众教育问题》)

他又明白指出:"国难教育的目标,是推进大众文化,争取中华民族的自由平等,保卫中华民国领土与主权的完整。国难教育的组织,是成立各界大众救国会及各界大众救国会联合会,以实施大众之国难教育。"(同上文)

你看!此时陶先生不是把教育运动和救国运动合而为一了吗?不是把教育人民大众与解放人民大众斗争结合在一起了吗?

是的,生活教育运动,发展到了国难教育,就和抗日救国运动合流了,就变成了中华民族解放运动的一个组成部分,这是它的一个飞跃的进步。

正因为如此,陶先生又触怒了制定不抵抗主义政策的蒋介石,在救国会七君子未被捕入狱前,早已遭到第二次的通缉。他不得不流亡海外,到美国和欧洲,到处宣传鼓动抗日救国。

"七七"抗战后,国难教育跟着民族解放运动的发展而发展为抗战教育。生活教育社出版《战时教育》杂志,鼓吹抗战教育,并且还向群众进行抗战教育。

不久,陶先生从海外回国,参加抗战运动,蒋介石曾经邀请陶先生加入国民党,意欲叫他担任三民主义青年团的一个高级职位,陶先生干脆而坚决地拒绝了蒋贼的邀请。

武汉失守后,生活教育社迁到四川,陶先生就在那儿创办育才学校,设立晓庄研究所。同时又积极参加国民党统治区的民主运动,并加入民主同盟,成为该盟的领袖之一,变成了一个坚强的民主战士。

在蒋介石的不承认政策之下,育才学校的经费是没有着落的。几百个孩子嗷嗷待哺,逼得陶先生不得不学武训,化缘办学,逼得他不得不为两顿稀饭而奋斗。

陶先生这位伟大的民主战士,相信真理,服膺唯物主义,并表示愿意接受唯物主义的思想领导。因此,尽管处在反动派的高压之下,当一九四四年陕甘宁边区的文教大会的决议和毛主席在该会上的讲话传到重庆后,陶先生就遵照毛主席和文教大会的方针,组织好几千群众,开展群众文教运动。

抗战胜利后,陶先生就创办社会大学,并努力从事民主运动,以至于死。

这都说明,由于"认识了文化是政治经济斗争的武器"(见陶著《中国大众教育问题》),在"九·一八"以后,特别是在"一二·九"运动后,陶先生就把他所创导的生活教育运动和中国人民的民族民主革命运动结合起来了,并服务于民族解放和人民解放的革命斗争。

　　总起来说，陶行知先生献身于人民教育事业、民族解放运动与民主运动，是发扬了中国人民的富贵不淫、贫贱不移、威武不屈的优良传统精神，再接再厉，奋斗不懈，鞠躬尽瘁，死而后已。他是一位伟大的人民教育家、坚强不屈的民族战士和民主战士。他从亲身体验中，认识了中国共产党和人民领袖毛泽东是中国人民的救星和领导者，因此自从晓庄被封以后，特别是在"一二·九"以后，他不畏强暴，不顾一切诬蔑和迫害，和共产党携手奋斗，变成了共产党的一位共患难的亲密战友。开始他在"摸黑路"，走了一段改良道路。"九·一八"以后，他接受了过去的经验教训和革命运动的影响，逐渐倾向革命。到"一二·九"运动以后，就大踏脚步地走上了革命道路——新民主主义革命的道路，跟着毛泽东的旗帜前进。

方　明

　　方明(1917—2008)，原名方友竹，江苏无锡人。曾就读于无锡玉祁中学。1933 年夏，在上海参加陶行知主持的中国普及教育助成会，成为该会的工读生，师从陶行知。1935 年春，参加中国青年反帝大同盟，以山海工学团为活动基地。在陶行知指导下，主办流浪儿童工学团、亭子间工学团，在难童中推行普及教育。1936 年春在上海成都路小学任教，下半年到余日章第二义务小学任职，其间与陶行知联系频繁。1938 年担任上海小学教师同仁进修会理事兼学术部副部长。1946 年陶行知在上海参加民主斗争时，受共产党委派与陶行知保持紧密联系，并协助陶行知工作，直至陶行知去世。1950 年任上海市教育工会第一任主席、中国教育工会副主席。1979 年任中国教育工会主席。1985 年中国陶行知研究会成立后，先后担任常务副会长兼秘书长、会长等职。

　　方明与陶行知相识于中国普及教育助成会，作为一名工读生，在陶行知的指导下，他以工学团为形式从事普及教育活动，为其后来从事教育工会的组织工作奠定了基础。在陶行知生前的最后一段时间里，方明有机会陪在其身边协助工作，得以进一步了解陶行知的思想与行动，也加深了师生之间的感情。《陶行知研究工作正在迅速发展》是中国陶行知研究会、中国陶行知研究基金会成立一年后，中国陶行知研究的发展情况总结，文章肯定了"两会"成立后对于陶行知研究的积极推动作用，转变了人们对陶行知本人及其教育思想、实践活动以及陶行知研究的认识，陶行知研究队伍得以壮大，涌现出大批的陶研成果，对于新时期中国教育发展起到了指导与推动作用。《"生活教育"在改革开放中的新发展》一文着重叙述改革开放十余年来，在陶研工作者的理论研究与实践探索下，生活教育理论在新时期获得新的发展，表现在十个方面：提出创业教育、改革师范教育、拓宽农村教育、兴办职业教育、创办企业教育、转轨素质教育、开展"四小"儿童教育活动、开辟活动课程、组织社区文化生活、进行"六大解放"实验。

陶行知研究工作正在迅速发展 [*]

中国陶行知研究会、基金会自去年九月五日成立以来，历时已一年多了。"两会"的成立，又一次为陶行知先生正名平反。胡乔木同志在成立大会上说的"近代中国伟大的教育家、教育思想家，伟大的民主主义战士、共产主义战士，伟大的爱国者，陶行知先生是完全当之无愧的。"这是对陶行知先生及其一生为中国民族民主革命和人民教育事业而献身的精神的全面的、正确的评价。这对于改正"左"的看法，重新认识陶行知先生，从政治上、组织上、思想上指导全国陶行知研究工作有极其重要的影响和作用。

"两会"的成立，促进了陶行知研究工作由个别少数地区、学校自下而上的群众性研究，发展成为全国性的，有组织、有计划、深入持久的研究，初步展现出这项工作对于有效地改革和发展我国的社会主义教育事业的强大生命力，全国陶行知研究工作发生了令人鼓舞的好势头，好形势。

一、转变和提高了对陶行知先生及陶行知研究工作的认识

对陶行知先生及其在政治的、教育的、文艺的等方面的观点、理论持有不同认识和态度是不足为奇的，原因是多方面的、复杂的。经过长期艰巨细致的斗争和工作，在几个主要问题的认识上开始有了深刻的变化，这些转变是：转变了对陶行知先生是"改良主义"的认识，肯定了他是一位伟大的共产主义者；转变了对陶行知先生的生活教育理论是"实用主义"的认识，肯定了他在革命教育事业中所作的伟大贡献，由他创立的生活教育理论，是进步的科学的教育理论；转变了对陶行知研究工作"已经过时"的认识，肯定了陶行知研究工作对于建立具有中国特色的社会主义新教育和建设社会主义精神文明的现实意义和重大作用。这些认识上的深刻变化是进一步开展陶行知研究工作的前提和基础。

---

* 原载《教工月刊》，1986 年第 1 期。

二、全国陶研组织不断发展，陶研队伍不断壮大，陶研成果不断丰富

"两会"成立后，浙江、吉林两省又正式成立了陶研会。连同以前成立的，全国已有省、市级陶研会十八个。不少省、市陶研会经过改选，健全了组织，加强了领导，根据"五湖四海"和"老中青三结合"的原则，扩大了队伍，充实了力量。省(市)辖的市、区、县和学校纷纷建立陶研组织的越来越多，边远省份和少数民族地区如新疆、内蒙、黑龙江等地也有了热心陶研工作的"种子"和开拓者。陶研组织的建立反映了陶行知研究工作已出现了有普及全国的趋势。这是陶研工作具有强大生命力的真实反映。

全国各地陶研工作的历史、基础和条件是各不相同的，取得的初步成果也是各具特色的。安徽省陶研会经过了七年努力和探索，组成了由省委、省政府、省人大常委会直接关心和领导，并由省陶研会、教育学会、教育工会、共青团、妇联等团体组织的整体统一活动，出现了由个别少数学校的试验，发展到地区性(徽州地区)实验和全省性"教书育人，为人师表"、学习陶行知的新局面。由他们编辑出版的《人民教育家陶行知》画册、《陶行知教育思想十二讲》、《安徽省陶行知纪念馆开馆典礼暨学术年会专辑》、《人民教师的典范——陶行知》图片集、《行知研究》等书刊，扩大了宣传，受到了广大读者的欢迎。肥西、天长、徽州等中等师范学校的实验，已在招生制度、课程设置、教学方法、考试制度、见习实习、学生管理等方面作了较大的改革，正在影响和促进全省中等师范的改革。北京市陶研会在筹建"两会"成立和支持、配合"两会"召开常务理事(委员)会、"两会"理事(委员)会作了大量的工作，在拟定重大决策方面承担了重大责任，取得了各地陶研会的信赖和赞赏。江苏省较早地成立了陶研会，恢复了陶行知纪念馆，出版了《陶行知文集》，以晓庄师范为基地，开展理论研究和实践试点，开办自然教学研究班和"大改"班等，连同江浦五里小学、南京育才职业大学的试点，南京市开展"以陶为师、为人师表"等方面，给各地陶研会新的开拓性启示，现在全省陶研工作已逐步扩大到师范院校和各级各类学校，行知路上后来人不断壮大。四川省陶研会在各方支持下组织力量，筹集资金拍摄了电视片《最后一百天》、《烛光曲》，在扩大宣传、教育等方面起了很好的作用。在陶行知先生生前活动不多的广东省，省陶研会也着力于通过报刊、电视、讲学等方式向社会广泛宣传，并且较早地把陶研工作引进高等师范学院。这对于改革师范教育，培养师生献身于教育事业的精神，提高教育质量具有深远的意义，给全国陶研工作做出了榜样。由此，安徽师范大学、东北师范大学、吉林师范学院等也先后建立陶研组织，开展陶研工作。上海市陶研会在创办各种类型学校，摸索和积累了初步经验，在收集、整理陶研资料，支持各地开展陶研工作作出了无私的支援，给各地陶研会留下了深刻的印象。华中师大的陶研会和湖南教育出版社负责编辑的《陶行知全集》，为全国陶研工作提供了全面丰富的资料，在香港举办的"中国书展"和北京举办的"全国书展"中得到了广大国内外读者、出版界的重视和好评。中国陶行知研究会也组织人力编辑出版了《陶行知教育思想、理论和实践》、《陶行知教育思想研究文集》、《中国陶行知研究会、中国陶行知基金会成立大会纪念文集》等书，"两会"编的《会讯》，起到了交流陶研信息，推动陶研工作的作用。江苏、安徽的陶行知纪念馆，以及淮安新安小学的陈列馆，都接待了数以万计的国内外参观者，最近建成的上海市陶行知纪念馆都将成为宣传陶行知教育思想，传播社会主义精神文明的窗口，受到了广大参观者热情赞扬和高度评价。福建省陶研会出版的《陶研通讯》季刊，强调宣传陶行知教育思想是一门先进的教育科学，并创办行知学校进行试验。在厦门特区也成立了陶研会，开拓国际交流的渠道。浙江省陶研会在积极配合教育行政，努力办好湘湖师范和美术电视函授教育，在陶行知教育理论的研究方面取得了可喜的进展。吉林、陕西、太原钢铁公司教育处等的陶研会也在宣传、研究、实验等方面作了不同程度的探索和努力。在这里，还要特别提出的，全国陶行知研究工作的发展，始终得到直接受过陶行知先生教育的老同志、陶行知先生的亲属和日本友人斋藤秋男等的热切关心和帮助。这种关心和帮助是真诚无私的，是出于高度事业责任感的，因此是极为宝贵的。还有，热心支持"两会"工作，筹集和资助基金的许多同志、社会知名人士、港澳同胞、国外侨胞和单位，截至1986年10月已募集基金人民币三十余万元，美金一千元，港币十万元。在此，让我代表"两会"向他(她)们表示崇高的敬意和真诚的谢意。

近年来，各地同志在学习研究的基础上，撰写和发表了大量学术论文，整理了大量文史资料，举办了学术论文报告会和讨论会。这些论文和资料，从理论和实践的结合上看，质量比过去有了普遍的提高。

三、全国各地陶行知研究工作的现实情况和已经取得的初步成果，在教育界和社会上产生了积极的影响

很多同志从不了解陶行知先生到自觉学习、研究、宣传陶行知先生的生平和学说，实践陶行知先生"捧着一颗心来，不带半根草去"的献身精神，"千教万教教人求真，千学万学学做真人"，"生活即教育"、"社会即学校"、"教学做合一"的教育理论和方法，受到了广大教育工作者的拥护，社会各界人士的关注，各级党委和政府的重视。有了这三个方面的密切结合，构成有领导，讲团结、能协作的工作班子，正是顺利开展陶研工作的一条重要经验和一项根本保证。各地陶研会一定要认真学习和努力做到这一条。

总结全国陶行知研究工作的现状，应该说方向是对的，势头是好的，是有生命力的，是大有希望的。但在具体工作中，困难和阻力还是很多的。这些困难和阻力，有的是历史原因造成的。1951 年批了《武训传》电影，株连了陶行知先生，有的是认识上的原因，更多的是一代年轻的教师、干部和领导同志，他们不了解陶行知，更难要求他们去研究、宣传、实践陶行知的思想和理论，这就要做艰巨细致的工作。党的十一届三中全会的召开，为开展陶行知研究工作提供了充分有利的条件。在这之后，党和国家先后颁布了《中共中央关于经济体制改革的决定》、《中共中央关于教育体制改革的决定》、《中华人民共和国义务教育法》，党的十二届六中全会又通过了《中共中央关于社会主义精神文明建设指导方针的决议》，这些重大决策，对于推动我国物质文明建设和精神文明建设，促进全面改革和对外开放，建设具有中国特色的社会主义，必将产生巨大而深远的影响。这些重大决定和决策，为"两会"工作指明了方向，确定了任务，陶行知研究工作要为社会主义四化建设培养人才，要为实施义务教育法做出贡献，要为实现社会主义精神文明建设做出贡献。

"生活教育"在改革开放中的新发展 *

　　陶行知的生活教育学说,是从中国国情出发,立足于人类社会的历史发展,为解放劳苦大众,为全国人民谋幸福的教育学说。生活教育是以人生的需要为出发点,通过人的创造性劳动,达到提高人的物质生活和精神生活的目的。它着眼于全体人民的利益、全社会的健康发展,是一种大教育观,不同于狭小的学校教育观。它要把学校教育和社会需要相沟通,使学校教育和社会教育、家庭教育连成一片,使整个人生处在不断接受教育之中,最后形成人的终身教育。终身教育,是人类社会发展的必然趋势,每一个人要生活得有意义、生活不空虚,就得不断地学习,不断地接受教育。

　　生活教育学说,在旧中国经历了平民教育、乡村教育、普及教育、国难教育、全面抗战教育、民主教育六个时期,对中国教育改革起到了奠基作用。可是,在新中国刚刚建立一年多,陶行知却受到了不公正的批判,生活教育学说被打入"冷宫",以至新中国的教育改革,在理论上缺乏明确有力的指导。

　　在建设有中国特色的社会主义新时期,生活教育理论是否过时? 能否试办既能适合人民生活需要又能引导人民走上现代化道路的新型学校? 这是研究生活教育理论和实践的重要课题。我国各地陶研工作者,为此作了认真的研讨和实验。十年来,中国陶行知研究会组织了8次学术研讨会,对生活教育的历史地位、现实作用和发展前途,取得了共识;对生活教育的理论体系和哲学范畴,也有了共同的理解;对以社会生活为中心的现代教育必然要接替以书本为中心的传统教育的发展趋势,深信不疑。各地陶行知研究会,经过十多年的研讨和实验证明:生活教育理论正处在向前发展时期,仍具有强

---

　　* 选自上海市教育委员会、陶行知研究协会编:《弘扬行知思想　深化教育改革——1995年全国陶行知研讨会文集》,1996年版。

大的生命力，并在许多地方取得了可喜的成果。

一、提出创业教育

创业教育是胡晓风同志根据生活教育原理和当前社会需要提出来的。它是生活教育在社会主义时期的行动口号，具有时代特色。它针对极端个人主义、拜金主义、享乐主义的腐朽人生观，提出了"人生志在创业，创业充实人生"的革命人生观，这是抵制资产阶级意识形态和生活方式的一种新思维，它和民主教育、全民教育相衔接，共同开创社会主义教育的伟大事业。创业教育是以培养合理的人生为宗旨，培养学生的生活能力、职业能力，能选择前进的生活道路，使生存力、生活力、职业技术能力结合起来，构建一个合理的人生。教育学生从小立志，为社会主义经济建设创业，为提高人民生活水平创业。要建设有中国特色的社会主义教育体系，就需要有开辟精神和创新思想，需要突破传统的小众教育，突破教育自教育、经济自经济的旧观念，使教育和经济相联系，和人民生活相融合。创业教育有利于旧教育观念的更新、新教育模式的试验、工农劳动群众素质的提高。创业教育是以德育为本，创业为用。德育是根本，智育、体育是基础，创业是功能，三者结合起来开辟新天地，创造新事业。创业教育是学问与职业一贯，一般基础与特殊基础的统一，普通教育与职业技术教育结合，从小培养职业意识，学以致用，尽力摆脱读死书、轻视劳动、读书为做官等习惯势力的影响。创业教育思想对职业技术教育的发展和创新有着十分重要的指导作用。

创业教育符合中共中央、国务院《关于教育体制改革的决定》的要求，也符合《中国教育改革和发展纲要》的要求。《决定》和《纲要》是在社会主义经济建设时期，对教育改革的原则要求和行动纲领。创业教育则是实施《决定》和《纲要》的办学指导思想，是培养什么样人的具体要求。它有利于教育方针的贯彻和落实。

二、改革师范教育

陶行知认为，师范教育是关系国家前途盛衰的大事。他说："师范教育可以兴邦，也可以促国之亡。"他创办的乡村师范，曾经为我国培养了许多优秀教师和革命工作者，直到现在还有很好的影响。可是，建国后的师范院校，没能把陶行知的师范教育思想继承下来，缺少奉献精神，爱国主义教育思想淡薄，以至建国 40 多年，农村小学教育的师资队伍仍不理想和稳定。80 年代初期，安徽和江苏的陶研工作者首先对师范教育的改革进行试验。

1988 年 1 月，中国陶研会在广州召开了改革师范教育的学术研讨会，有 18 个省市、自治区的陶研工作者参加、28 所师范院校提供了典型经验。国家教委师范教育司副司长孟吉平到会并讲了话。会议总结的主要经验是：坚持办学的方向性，师范教育要面向社会主义现代化建设；突出师范性、改革师范院校的课程、教学内容和教学方法，体现师范教育的特点，树立师范生的专业思想，忠诚人民教育事业；加强实践性，增加师范生见习、实习的次数和时间，建立分班组的实习基地；提倡办广义性的师范教育，办多类型、多功能的师范教育，需要什么人才，就培养什么样的人才。安徽的肥西师范、徽州师范、金寨师范；江苏的晓庄师范、泰州师范；浙江的湘湖师范、义乌师范；四川的绵阳师范、合川师范；山西的太谷师范、长治师范；山东的济南师范；陕西的凤翔师范；广西的南宁师范，以及华中师大、华南师大、上海师大、安徽师大、陕西师大，南京师大、邢台师专、吉林师专、克山师专、南平师专等改革都取得显著成绩。实践证明，教师是办好学校的主力军。师范院校是培养教师的基地。以陶为师，是办好师范教育的最佳途径。办好师范院校，以陶行知为楷模，这是中华民族的光荣传统，也是新中国教育的特色。

三、拓宽农村教育

新中国成立以后，对农民教育是比较重视的，提倡学校向工农开门，创办工农速成中学、农业中学、耕读小学，还有识字组、牧民小学、巡回教学等。这对提高农民的文化水平和思想觉悟，起了很好的作用。"文革"以后，教育得到恢复和发展，农村教育在集资建校和提高入学率方面有了进步和发展。但是。办学形式和课程内容仍存在着脱离农村生活实际的弊端，以致辍学现象严重，不断产生新的文盲和半文盲。

安徽省徽州地区的陶研同志在"教育与农业携手"的启发下，1986 年在休宁县的溪口职业中学搞起了"农科教多位一体"的综合改革实验。他们把学校实验成功的项目和技术，通过学生扩散到各家各户，为农民提供了致富门路。实验的成果启发了人们"大教育"观念的形成，加强了乡镇企业对职工的培训，促进了当地经济的发展。休宁县的改革经验，得到了省委领导的肯定，现已向全省推广。1990 年，中央五个部、委联合召开了部分省市农科教结合座谈会，充分肯定了这一经验。中国陶研会、中华职业教育社、全国教育工会在会上提出建议，把"科技兴农"改为"科教兴农"，并把此建议呈报国务院。现在，国务院提出"科教兴国"，山西省提出"科教兴村"，说明科技和教育关系的密切，教育不仅是科技的基础，还可以把科学技术传播到千家万户。教育改造乡村，有三个村的试点经验可供参考。

1. 前元庄实验学校：山西吕梁地区刘辉汉根据当地农村的实际情况，借鉴陶行知生活教育理论和老解放区的办学经验，于1987年提出了"村校一体"的办学模式，在柳林县前元庄进行试验。"村校一体"的前元庄实验学校，是基础教育与职业教育、成人教育相结合，办学与发展农村经济相结合，村的党政领导与学校领导统一起来，村主任参与学校领导，校长参与村领导，村里的生产和教育统一规划，统一实施。经过三年实验，不仅学生学习成绩大有提高，还学会了一些基本农业生产技术，发展了庭院经济，全村人均年收入增加了300多元，于是在吕梁地区13个县1100多所学校推广前元庄实验学校的经验。到1994年，"村校一体"的办学模式已推广到2872所学校。前元庄人均年收入达1100元。他们编了一本《陶花烂漫吕梁山》，在12个省、市、区农村中小学和师范学校素质教育研讨会上交流，对吕梁山摆脱贫困迈向富裕道路，起到了积极推动作用。

2. 东古小学"整体教育"：随着农村经济日益发展对人才的需求，山西屯留县东古小学从1991年开始承担职工教育和职前培训任务。后来受到陶行知大教育观念的启发，吸取了前元庄实验学校的经验，形成了"整体教育"模式。村里设立了教育委员会，由支部书记任教委主任，村长、校长任副主任，校长同时兼任副支书。"整体教育"较好地解决了劳动者素质与经济生产需要不相适应的矛盾。它的特点是：(1)幼教、小教、职教、成人教育四合一；(2)学校教育与社会教育融为一体；(3)在校学习与生活、生产相结合。五年来，在校学生的素质和企业职工的素质都得到了提高，工农业总产值1994年达到2240万元。目前，村投资120万元新建四教合一的教学楼已建成，东古小学已改为东古行知学校，全村学科技、学文化的风气浓厚，家庭和睦，邻里相亲，少有所学，老有所养，物质文明和精神文明都在健康地发展。

3. 江浦县五里行知小学：1981年毕业于南京晓庄师范的杨瑞清、李亮受陶行知"捧着一颗心来，不带半根草去"精神的感召，来到江浦县五里村小学，在一年级"行知实验班"实践陶行知教育思想。1985年，县教育局把五里小学改为行知小学，实行不留级制度，开展"主体教育"实验，1990年，获中陶会学陶成果一等奖，1993 年，被评为省模范小学。他俩在教改实践中，着眼于培养新一代农民的素质，教给他们既能改造农村又能为农民谋取幸福的本领。后来行知小学逐步拓宽教育的范围，先后开办了幼儿园和扫盲班、文化技术学习班、家长学习班，还办了提高职工素质的夜高中班。这样，由小学教育延伸到幼儿教育、农民教育、家长教育、职工教育，到 1993 年初步形成了"村级大教育"格局。90 年代初，他们有了校办产业，为"村级大教育"提供了物质基础。校办产业，不仅使学校有了自我造血功能，也为村民就业打开了门路，增加了村民人均收入的份额。在校办产业内部，倡导手脑并用、工学相长的新风，工人除了完成生产任务，还要完成学习任务。

办好"村级大教育"的关键在于人才，行知小学除了校长和副校长外，还有近 10 名青年教师，他们都是受过晓庄师范的熏陶，与领导共同探索办学新路。这批平均年龄不足 28 岁的青年教师，不仅要教好学生，还要办好成人教育和校办产业。正因为他们有改变农村面貌的决心，"村级大教育"的模式才得初步形成。杨瑞清在纪念江浦县行知小学命名十周年的座谈会上，提出了对"村级大教育"今后十年的设想：(a)开展城乡联合办学，进一步把"南京市中小学行知农村科技实验基地"办好，把"娃娃农科院"办好；(b)把小学、幼儿园、农民学校、校办工厂、农村科技实验基地组合起来，建立江浦县五里村行知学校，向全民教育发展；(c)成立五里村教育协会，统筹管理"村级大教育"，促进村里两个文明建设；(d)积极参与策划"21 世纪行知工程"任务。

上面三个村的试验证明，通过教育改造乡村是可行的，陶行知改造一百万个乡村的设想，在社会主义中国是能够实现的。

四、兴办职业教育

浙江衢州市行知女子职业学校：女青年干部王建华，眼见一些初中毕业的女学生升不了学，整天在外闲逛，有的还学坏了，心里很不平静。她学习了陶行知的无私奉献精神，毅然辞去公职，决心以陶为师，于 1989 年秋季办起了行知女子职业学校，开设了公关、服装、电脑、秘书、市场营销五个专业。考虑到学生家庭困难，学费收得很低，每人一学期只收 200 元。她把自己和父母的积蓄数万元都拿出来，又向银行贷款，坚持办学。新生入学首先向学生介绍陶行知的生平事迹，使他们受到熏陶，立志做一个"四有"新人。除文化基础课以外，学校开设了国情教育课、社交礼仪课、口才学、市场学、公关学、商业心理学、购销技巧等课。英语课以口语为重点，体育课侧重形体训练，音乐课由每班学生自行教学。根据"教学做合一"原理，不但要让学生学会，还要让学生会学。考核，除笔试以外，还进行能力考核，公关、市场营销专业毕业前，由学生自行设计，组织一次活动，考核她们走向社会的能力。她们设计了一次学雷锋活动：夏日酷暑，到火车站为乘客送开水。借用不锈钢器皿厂生产的茶壶，使送水和产品宣传联系起来。活动这天，学生身披绶带，前面标校名，后面标厂名，手拿茶壶、扫把，到火车站为民服务。这次活动，提高了学校和厂家产品的知名度。由于学生为社会做好事，受到好评。毕业时虽然没有国家的分配名额，但各单位都争着要该校毕业生。1992年300名毕业生，个个找到了合适的岗位。学生廖雪梅，因是农村户口，过去招工没人要，现在却出任了衢州市四方实业公司副经理。到1994年，已有三届毕业生，普遍受到社会欢迎，家长也很满意。

广州白云行知职业中专：1979年前是普通中学，当地经济发展了，需要技术工人，学校在1984年，和广州市白云农工商联合办起了白云行知职业中学。两家合一，扬长避短，多出人才，快出人才。企业能按自己的需要确定专业设置、招生人数和培养目标，学校能得到企业提供的办学经费、实习基地和专业课，教师也由企业帮助解决。十年来，学校为企业先后招收了制药、机械、财经管理、家用电器、电工电器、汽车修理等37个职业高中班，培养了1000多名合格的毕业生。在教改方面，学校提出四个坚持：坚持走联合办学道路，坚持为当地经济发展服务，坚持以陶行知教育思想为指导，坚持全面发展的育人方针。在教学上，经科教紧密结合，教学做和谐统一。通过各种教学活动和生产实习，不断增强学生的职业意识、经济意识和动手能力。学生毕业后很快能适应企业生产的需要。10年中许多人已成了技术骨干，有的已担任厂领导、车间主任。公司的年产值由1983年二亿五千万元上升到1992年的四十亿元。学校也有发展，现有13个实验室、5座校办工厂，实现了义务教育、职业教育、成人教育三教并举。

南京中华育才学校：该市延安精神研究会会长朱刚，于1992年创办的一所"抗大"式的中等职业学校。他在开学典礼上说："我就是要打中华牌，为振兴中华、造福人类培养人才。培养出来的学生要姓'华'，热爱中华；要姓'马'，信仰马列主义。要用延安'抗大'育人铸魂的方式办学，借鉴陶行知'生活教育'理论，探索一条为发展社会主义市场经济，传播社会主义精神文明的新路子。"学校在开设专业技术课的同时，把《马克思主义概论》《中国革命史》《共产党宣言》《时事政策》等列为必修课，经常组织学生到农村、工厂、公司进行社会实践，尽快让学生成熟起来。他们开设了房地产、国际商务、计算机运用、现代经贸等专业，注重学生整体素质的提高，采取学生自己管理自己的方式，培养学生自学、自立、自强的能力。"抗大"式的教育方式，吸引了众多的家长和学生，1993 年的学生比 1992 年猛增三倍。以上只介绍了 3 所职业学校，还有北京行知职业学校、福建安溪职业中专、浙江金华行知职业高中、江苏铜山县张集职业高中、四川宣汉毛坝职业高中、陕西蒲城龙阳职中，都办得各有特色，生活气息很浓，学生整体素质较高。

五、创办企业教育

山西太原钢铁公司陶行知研究会，按照企业的特点和发展生产的需要，把教育"源于生活，通过生活，提高生活"的原理，运用到企业教育中。他们结合太钢的实际，先在两所行知小学成立"陶李中队"，引导青少年学习陶行知，学习治渣山劳模李双良，提高学生的思想品德。以后又在全公司各厂矿开展"师陶学李"活动，几年来，对加强企业两个文明建设，提高职工素质，促进生产发展，起到了积极作用。太钢所属大关山矿，进行了"矿校一体"的试验。大关山矿原是一个有 3000 多职工的亏损矿，新矿长杨森林到任以后，感到矿山亏损主要是人的思想和才能问题，而思想和才能又不是天生的，需要培养和教育。于是他率先开办了大关山学校，真正做到了"尊师重教"。以前矿山职工子女上学要走很远的路，如今在院内就能上学，职工们省心多了，上班生产比较安心。矿里还吸收职工家属做临时工，以增加职工的家庭收入。在陶行知的大教育观的启发下，大关山学校既有小学和幼儿园，又有初中，以后又办了专业班和成人班，使未上岗的学生能学到技术，在岗的职工也能学到技术。职工们的技术逐年提高，矿山的生产也就扭亏为盈，连年上升。矿山离城市较远，职工们的工伤、疾病难以得到及时治疗，有一名工人因延误治疗而死亡，杨矿长非常痛心。为此他下了决心，征得党委书记傅海的同意，在矿里办起了大关山医院，解除了职工对工伤、疾病的忧虑。全矿职工的工作、学习、生活、医疗都有了保障，精神振奋，斗志昂扬，生产蒸蒸日上。杨矿长说："一座矿山，就是一个大家庭，管家的要把职工们的困难与合理的要求放在心上，想办法给以解决，他们就会专心一意地搞生产，就会努力学习、上进。"他还认为，"矿的主要任务，是搞好生产和办好学校，也就是两个文明一起抓。"所以大关山学校是"矿校一体"的学校，矿办学校培养人，人成长起来投入矿山建设。这是生产和学校教育相结合的一种好模式，是新形势下的一种矿山"工学团"，它体现了有中国特色的社会主义企业的优越性。

六、转轨素质教育

如何把应试教育转向素质教育？这是教改中的一个大难题。几千年的封建教育思想和近百年的半殖民地教育影响，使一般人只注意小众教育，忽视大众教育，只重视书本知识，轻视实践知识。习惯的传统意识禁锢了人们的头脑。改革开放后，人们的思想开始解放，江苏省从 1989 年起，就有一批学校进行"由应试教育向素质教育转变"的试验，到 1993 年取得了明显的效果。如江阴县华士中心小学，遵循陶行知"创造的儿童教育，首先要为儿童争取时间之解放"的教育思想，提出了"把时间还给学生"的自主性教育模式的试验。学校根据不同学科、不同课型的特点，探索出自学辅导式、小组教学式、集体活动式、合作学习式、班级表演式等多向交往的教学方式，形成了积极的创造性的课堂探讨空气，提高了教学效果，使不同层次的学生都得到充分发展。学校实施"个性化"的课外活动，有 27 个班级兴趣小组，23 个校级兴趣小组，另外还有年级的课外活动。通过这些活动，使学生既学会学习，也学会生活，智力因素和非智力因素都得到发展，为他人服务的思想和能力也得到提高，体现出"自主性教育"的优越性。经过三年多的实验，成果比较显著，该校学生参加全国数学、作文、围棋比赛，分别获得二、三等奖，在无锡市和江阴市参加篮球、田径、羽毛球、象棋比赛以及科技活动，也都获得一、二等奖。该校在提高学生素质方面能取得好成绩，主要是由于有一个好校长，一个全身心地热爱学生、团结协作、努力向上的教师集体。

七、开展"四小"儿童教育活动

棚州小学教育长期受着"应试教育"的干扰，迷失了教育为振兴农业的办学方向。21 世纪现代化农业对劳动者素质的要求，绝不是今天应试教育所能适应的。马克思认为，人的素质应是体力和精神力的总和。陶行知主张办适合乡村实际生活的活教育，使教育与社会生活沟通、与生产劳动相联系。

江苏省金湖县的陶研工作者，学习了马克思关于人的全面发展的学说和陶行知的生活教育理论，立足于当地农村生活的需要，决心把儿童从应试教育中解放出来，使他们能在广阔的空间里生活、学习，提出了"四小"儿童教育活动的实验。"四小"就是：做课堂的小主人，教师以学生为主体，使教学做结合起来，引导学生主动地学习，做学习的小主人；做课外活动的小能手，每个学生参加一项兴趣小组活动，发展自己的爱好、特长；做家庭的小帮手，学生除在实验基地劳动外，回家要做家长劳动的小帮手；做村组的小广播，把农业科学技术和文明生活常识传播给家家户户。自1990年开始，他们在8所农村小学进行实验，到1992年发展到42所，1993年发展到100所。1994年在全县农村小学推广。"四小"儿童教育活动，不仅培养了学生学习的主动性，提高了学习成绩，发展了学生的个性和特长，还增加了村民的物质财富，提高了农村社会的文明程度，"使分利的教育变成了生利的教育"。例如淮武小学，小广播传播农业科技信息，学生到田头指导村民管理棉田的办法，到渔塘边会诊鱼病，1991年使村民减少损失11.7万元。马塘小学"小先生"组织起来，向村民宣传赌博的害处，劝说家长和邻里不搞封建迷信活动，村民们受到感动，村里的社会风气大为好转，马塘村被评为文明村。

八、开辟活动课程

活动课程是伴随着全面提高学生素质的要求而出现的一种新课程。从生活教育的观点来说，教育要通过人们的生活（行动）才能发生效应，才是活的教育。如果脱离人的生活需要去读书，那就会成为什么事也不会做的书呆子。《中国教育改革和发展纲要》提出，学校教育要"由应试教育向素质教育转轨"，这是针对当前学校教育的弊端，肯定素质教育实验的成果，指出了教育改革的方向。"知行合一"这个辩证思想，是我国古代和近现代哲学家所公认的，而在教育界却置若罔闻，常是先知后行，或者是只知不行，因而产生了一些"高分低能"和"只会坐而言，不会起而行"的毕业生，影响了我国国民素质的提高。全面发展的教育方针，这是大家公认的，可是执行起来却变了样，往往是以智盖全，以分数代替方针。南京夫子庙小学有鉴于此，1988年开始了改革考试制度的研究，将过去"一锤定音"的卷面考试，改为平时随堂分散性考查，并且对学生的思想品德、基础知识、基本能力、行为习惯进行多样性考查，以减轻学生心理压力，优化学生心理素质。实践证明，这有利于学生主动精神的发挥，有利于学校从应试教育向素质教育的转轨。在改革试验成果的基础上，1989年学校提出了发展学生"五自能力"的实验，培养学生自主学习能力、自我教育能力、自我管理能力、自我服务能力、自我锻炼能力，以体现人对自身的审视，对自我发展，自我创造的基本要求。要发展学生的"五自能力"，就需要对课程进行改革，因而设置了学科课程、活动课程、环境课程三类课程，互相联系，互相渗透，全面提高学生的素质。活动课程是指体育、艺术、科普、文娱、兴趣、社会实践、班队等活动。学校安排了活动课程表，建立了班、年级、学校三级活动课程网络。教师在组织各项活动课中发挥指导作用，引导学生自己设计，自行投入，自动发挥动脑、动手、动口能力，使学有创见的学生大批涌现。丰富多彩的各种活动课，有利于激发学生求知兴趣，培养学生自主意识和服务能力，发展个性特长。1990 年，江苏省教委制定了《江苏省小学生素质基本要求》，在 95 所实验小学进行课程改革实验。他们认为，素质教育的课程，应该是学科课程、活动课程、环境课程三者并举，才能使德、智、体、美、劳真正落到实处。经过三年实验，学生的课业负担减轻了，成绩提高了，并且发展了他们文艺、体育、科技、制作等方面的才能。南京、江阴、昆山、金湖、徐州、盐城等地的实验小学和中心小学，不仅开设了这三类课程，还都取得了各有自己特色的经验。1991 年，中国陶行知研究会编了一本农村教育改革的书《农村教育的出路》，在序言中提出了"把应试教育变为素质教育"。以后又考察了江苏的经验，于 1993 年在江阴市召开了有六个省、市陶研工作者参加的小学素质教育研讨会，促进了素质教育的推广，使活动课程为更多的人所理解。活动课程，是全面提高学生素质的行动基础，是培养 21 世纪创造型人才的必要前提，它既符合"三个面向"精神，又为培养"四有"新人开辟了一条新的途径。从教育理论上说，它是"生活即教育"、"社会即学校"深入到教学领域进行改革的一种新成果。

九、组织社区文化生活

农村人民生产、生活、学习的聚居点是村、乡、镇；城市人民生产、生活、学习的聚居点是社区。人们聚居在一个社区内，虽然工作岗位不同，文化层次不同，信仰不同，但他们朝夕相见，文化、体育等活动常有交往，各种类型的学习有时在一起，社会治安和环境卫生利害相同。因此，组织引导大家过健康向上的文化生活，对个人、集体、国家都有很大的好处。如何组织社区的文化生活？这是当前城市社会生活中的一个新课题。

太钢耐火材料公司：太钢借鉴陶行知"社会即学校"的大教育观，根据"两个文明一起抓"的精神，从 1989 年以来，把社区文化建设当作战略任务来抓。公司所在社区有职工、学生、居民 5000 余人，每天劳动、学习、开会、看电影、文体活动等，都在这个社区内进行。为了让职工、学生、居民都能过健康向上的生活，社区成立了系统教育协调委员会，负责组织社区文化生活。公司拿出 1000 多万元，兴建了俱乐部、体育馆、供热中心、培训中心、耐火材料研究中心，改建了学校的教学楼。这样，不仅改善了生产和生活环境，丰富了职工、学生、居民的精神生活，还大大提高了企业的凝聚力。根据国家的法令，制定了具有相当约束性的行为规则，使人们的文明行为和精神境界逐步提高。社区文化生活立足于育人，因此，在职工培训和学校教育中组织马列主义基础理论学习，进行道德、法制等教育，适时地开展形势教育、革命传统教育以及学雷锋、学李双良等活动。针对人们劳动、学习和生活的特点，在社区内开展了一些群众性的有益活动：党内是"两优两先"活动，学校是"三好学生"，企业是"四有职工"，宿舍是"五好家庭"，基层是"六好班组"等。通过这一系列鼓舞人心的活动，有效地提高了社区人员的素质，先进人物频频出现。正像陶行知所说"生活即教育"、"社会即学校"，社区的文化生活确实达到了生活育人的目的。两年中，涌现出优秀党支部 20 个，优秀党员 300 余人，三好学生 1500 余人次，四有职工达 9096 人以上，五好家庭 1500 余户次，六好班组 80 个。社区内治安、卫生发生了很大变化，犯罪率大大下降，生产的产量、产值年年增加，安全工作在全国行业中评为第一名。社区文化生活的出发点是关心人、爱人、扶助人、教育人，使大家和谐愉快地生活在健康向上的人群之中，共同创造物质文明和精神文明。这是中国社会主义社会的教育特色，也是生活特色，也是当前"生活教育"的一种新模式。

十、进行"六大解放"实验

在改革开放、解放思想的社会环境中，全国各地有不少小学和幼儿园学习生活教育学说，进行"六大解放"实验。如上海和田路小学、东安二小；北京香厂路小学；江苏扬中实验小学、姜堰洪林中心小学、徐州民主路小学、南京北京东路小学、游府西街小学、第一幼儿园；安徽歙县行知小学、黄潭源行知小学、蚌埠龙湖幼儿园；浙江余杭实验小学，上虞实验小学、淳安实验小学、鉴湖中心小学、杭州行知小学、行知幼儿园、萧山行知幼儿园；山西潞城北村小学、壶关集店小学、屯留东古小学、太钢七校、九校；福建惠安前型小学、福州台江第五中心小学；辽宁沈阳沈河区团结二校、大四路第三小学；山东临沂童星实验学校；四川合川钱塘镇小学；内蒙通辽明仁小学等，都取得了明显的效果。

五四时期的科学与民主思想，在教育上时常受到封建思想和半殖民地思想的干扰，对少年儿童教育不是管得过死，就是放任自流。陶行知针对我国国情，在50年前就主张把小学生从鸟笼里解放出来，对他们实行"六大解放"。当时，中国共产党领导的解放区，也很重视解放儿童的教育，把儿童们组织起来，教他们唱歌识字、站岗、放哨、查路条，出现了许多可歌可泣的少年英雄。全国解放以后，对解放区切合实际生活的教育思想和教改经验没有进行科学总结，因而应试教育思想仍然占据主导地位。可喜的是现在党中央和国务院提出：基础教育要由应试教育向素质教育转轨。80年代和90年代初的教育实践证明，应试教育阻碍了国民素质的提高，它很难适应21世纪对人才的要求。陶行知倡导的"六大解放"思想在今天仍有巨大的生命力，因为它揭示了人本身发展的普遍规律。以杭州行知小学为例，他们为了培养跨世纪的接班人，以"三自"(自学、自强、自治)为目标，培养学生做学习的小主人、做社会的小主人、做大自然的小主人。他们有个"自主教育"实验班，做到"班级的人，人人有事做；班级的事，事事有人管"。学校每年举办为期5天的夏令营，先后以"我是小海军"、"我是大自然的小主人"、"到大海中去锻炼"、"神秘的动物王国"、"我爱你，雁荡山"为主题，已办了5期，每期90人。还在四年级学生中建立少年军校培训制度，在6期少年军校中已有500人毕业。丰富多彩的夏令营生活和严格有序的军校生活，既解放了孩子们的头脑、双手、眼睛、嘴、时间和空间，又磨炼了他们坚强的意志和吃苦耐劳的精神。由于学生们的感性知识增多了，各科学习的成绩也更好了，学得更活了，全面发展的教育方针在他们身上真正得到了体现。

上面十个方面的教育思想和办学模式，是在改革开放、解放思想的社会环境中出现的先进经验，是各地陶研工作者研究、实验的成果，是生活教育在改革开放中的新发展。

方与严

　　方与严（1888—1968），原名方昌，字禹言，又字竹因，歙县王充人。1910年安徽紫阳师范毕业，后任教于乡村小学17年。1927年考入南京晓庄师范，并让其子女二人同入晓庄师范读书。1928年任湘湖师范学校校长。1929年秋回晓庄任教务主任。1932年协同陶行知创办山海工学团，任主任。1935年到广西工作，曾任中共南宁市委委员、宣传部长，负责出版《国民教育基础》《新动向》《新大众》等进步刊物，后回山海工学团任教。1938年任香港地区"中华业余补习学校"副校长。1940年到重庆育才学校任教务主任。1948年进入中宣部教育组工作。新中国成立后，曾任初等教育司副司长、民族司副司长。

　　方与严是陶行知的优秀学生和得力助手，不仅参与、主持陶行知创办的各种学校，还勤于以生活教育理论指导研究教育全面、系统、创造性地发展生活教育的理论与实践。出版有《乡村教育》《新教育史》《晓庄之一页》《今日的教育》《人民教育家与人民诗人》《生活教育简述》《陶行知的教育事业和教育思想》等，论著辑为《方与严教育文集》（上、下册）。

　　本卷收录的《陶行知的教育事业与教育思想》一文，发表于1958年，是陶行知遭到批判之后的一篇有系统、有深度的陶行知研究论文，该文从实践活动与思想两个层面全面研究了陶行知的教育，不仅对陶行知所开创的主要事业如晓庄学校、生活教育社、山海工学团、新安小学、新安旅行团和孩子剧团、育才学校、重庆社会大学、中华业余学校均有历史的叙述，还注重挖掘了陶行知教育思想与爱国主义、统一战线、劳动创造、集体主义等社会主义精神具有密切的内在关联，维护陶行知及其教育学说的历史地位及价值，以"防止有人摘引片言只字来有意贬低陶行知教育学说的价值，以抬高自己"。

《陶行知的教育事业与教育思想》(节选)*

　　本文是由于编者一再催促而写成的。为了说明问题、多摆事实和还陶行知的教育学说思想本来面目，而多引用一些原文，有两个用意：(一)防止有人摘引片言只字来有意地贬低陶行知教育学说的价值，以抬高自己；(二)是更要严防右派分子借重新估价陶行知教育学说的机会，想趁机替杜威的"实验主义"借尸在中国还魂。其实陶行知的教育学说早于 30 年前，已从杜威的教育学说分离出来，向着进步方向奔流。更重要的是陶行知愈到晚年，愈加靠近共产党，投身于人民解放事业和保卫和平事业的斗争洪流里。杜威愈到晚年，愈加成为将要灭亡的资产阶级的代言人和走卒。这是他们两人不同的分水岭。本文材料多和分析不够，有待于教育工作者同志们的进一步指教。

——作者

一、陶行知的时代背景

　　陶行知是 20 世纪 30 年代至 50 年代我国一位杰出的人民教育家和民主运动战士。

　　他距离世界伟大思想家马克思的《资本论》和达尔文的《物种起源》出版后 32 年，距离林肯解放黑奴后 27 年；又距离祖国鸦片战争开始后 50 年，距离太平天国革命失败后 26 年。在甲午中日战争前 3 年的大动乱时代的年月里，于 1891 年 10 月 18 日(旧历九月十六日)生于安徽省歙县一个衰败的农村——王墩源的贫寒家庭里。他亲身经历于两次世界大战，资本主义世界日益没落、社会主义世界日益兴盛和保卫世界和平日益扩大的国际关系中，他更加切身生活于"列强瓜分"中国，军阀混战，外侮日炽，日本军阀独占侵略中国的国土，国民党蒋介石反动集团蓄谋发动内战的阴谋已经暴露和中国共产党

* 原载《安徽史学》，1958 年第 3 期。

领导的人民解放战争即将开始的前夕，全国人民日夜煎熬于灾难重重的旧中国的国家里，只要是一个有良心有正义感的人，都会与国际脉搏共呼吸和与国家存亡同命运，而成为一个有正义感的爱国者和爱人类进步的和平运动者。陶行知正是生活于国际国内这种大时代脉搏跳动岁月中感应灵敏的感受者和想着有作为的人。他自己衡量了自己，他有可能在教育事业上做出一点成绩，做出一点有益于人民的事情。他就这样选择了和决定了他一生努力的方向，终身从事教育工作乐而忘倦了。

二、陶行知的教育事业

陶行知的教育事业，是从他放弃城市的优裕生活，亲自下到农村与农民同甘苦、同劳动、同长进，共同创办晓庄学校(原名南京市试验乡村师范学校)，倡导乡村教育开始的。因此，我们要叙述陶行知的教育事业和教育思想，都必须从晓庄学校开始，用他亲身的经历和他自己的语言来说明，就更加真实和亲切。

我在这里先介绍他的教育事业，然后批判到他的教育思想。

(一)晓庄学校

陶行知创办晓庄学校的原意，是由于极端不满于旧中国的旧传统教育走错了路，而试图从根本上改造它。他当时这样说：

> 中国乡村教育走错了路！他教人离开乡村向城里跑。他教人吃饭不种稻，穿衣不种棉，住房子不造林。他教人羡慕奢华，看不起务农。他教人分利不生利。他教农夫子弟变成书呆子。他教富的变穷，穷的变得格外穷；他教强的变弱，弱的变得格外弱。前面是万丈悬崖，同志们务须把马勒住，另找生路。
>
> 生路是甚么？就是建设适合乡村实际生活的活教育！我们要从乡村实际生活产生活的中心学校；从活的中心学校产生活的乡村师范；从活的乡村师范产生活的教师；从活的教师产生活的学生，活的国民。[①]

晓庄学校是在 1927 年 3 月 15 日，创校于南京和平门外至燕子矶之间的晓庄(原名小庄)，劳山(原名老山)之前，一块青草地上，一无所有中，开始

---

① 原载《安徽史学》，1958 年第 3 期。

生活，师生与当地农民做朋友，共同建立起来的。它有它的目的和方向，他们就在一面建校，一面创造教育理论，用穷办法多办学校，为农民的子女和农村青年多争取入学的机会。仅仅只有三年光景，就在南京北固乡40里周围内，创办了晓庄、和平门、太平门、万寿庵、三元庵、吉祥庵、黑墨营等7所中心小学；一所劳山中心中学；晓庄、燕子矶、和平门、迈皋桥等4所中心幼儿园，以贯彻"从活的中心学校产生活的乡村师范，从活的乡村师范产生活的教师"的主张。在教育理论上，建立起"生活即教育""社会即学校""教学做合一""行是知之始""在劳力上劳心""以教人者教己"等理论。

可是，这个产生活力的学校，不久便产生了活力，要管理起国家大事和天下大事来了！在1930年春季里，因坚决主张武力抗日和援助下关英商和记工厂工人罢工，举行游行示威，集体由乡下涌进南京城，在刺刀封锁下冲出兴中门，冲到下关，表示中国人民的义愤，驱逐停留在南京城下长江中的日本接济蒋介石反动政权发动蒋冯内战的七艘军舰事件，和援助慰问和记工厂工人罢工事件，引起蒋介石的绝大的愤恨，下令通缉陶行知校长，封闭晓庄学校！并陆续逮捕杀害了石俊、叶刚、胡尚志、袁咨桐、姚蔼兰、郭凤韶、汤藻、马名驹、谢维棨等十几位同志。当时陶行知在他亲笔起草的"晓庄学校护校宣言"里写道："停办晓庄学校！远因、近因，虽多；总归起来说，只是我们不肯拿人民之公器，做少数人的工具。不肯做'文刽子手'去摧现代青年之革命性。"晓庄学校就是在这样反法西斯独裁和反对勾结外敌致遭到血腥的迫害而作出有意义的告一段落的。但是蒋帮只能封闭有形的晓庄学校和杀害晓庄同志于一时，而决不能杀绝晓庄同志从事乡村教育活动和爱国运动的决心。果然，晓庄同志即散布到全国，随着历史的发展，展开了乡村教育活动和爱国活动。

(二)生活教育社

生活教育社是在1932年陶行知主编《生活教育》半月刊而得名，并以晓庄同志为核心而建立起来的民间研究生活教育的理论和实践的团体。它的主要目的是促进："自觉性之启发，创造力之培养。教育之普及，生活之提高。"①

后来，因时局的演进，社员觉悟性的提高，跟着时代的需要，而改变和

---

① 见《生活教育章程》的《总则》。

充实着它的活动内容；在日寇侵占东北华北时期的国难教育社，并以生活教育社名义加入全国救国联合会为团体会员，与全国进步团体和全国人民一道，号召全国人民共赴国难；在"八·一三"全民抗战发动后的战时教育社、抗战教育社，出版《战时教育》旬刊或月刊，与全国进步团体和全国人民一道，主张全民抗战；在法西斯独裁激起全国民主运动汹涌的时期的民主教育社，出版《民主教育》月刊和《民主》星期刊，与全国进步团体和全国人民一道，共同把民主运动推向前进。虽然在三个时期的名称不同，而实际是以生活教育社同志为核心力量，组织和扩大以适应时代的需要，与全国进步团体和全国人民共同努力，共同作出号召全国人民共赴国难，主张全民抗战，推动民主运动前进等三个不同阶段的工作任务，汇集在三个大时代的洪流中的一点一滴力量的众源之一。因此，生活教育社同志常为反动派所厌恶所嫉恨，时时遭到反动政府的压迫和杀害。

陶行知开头是以创办晓庄学校，培养乡村教师为核心力量，推广乡村教育；生活教育社成立之后，即以社为广泛团结可能团结的力量的枢纽，以扩大生活教育的影响，即他自己亲自所办的教育事业，也都是以社的名义举办的，对于他自己的教育主张便于试验，对于爱国民主运动也便于进行。因此，陶行知的教育事业便和生活教育社的教育事业合而为一了。

与生活教育社同时，陶行知还领导创办了中国普及教育助成会，是更为广泛的组织，专为"即知即传""即传即联"的省钱的普及教育方法作宣传鼓动和助成开展普及教育工作，也收到了一定的效果。

(三)山海工学团

山海工学团，是陶行知于晓庄学校遭到封闭以后的新产儿，也是由乡村教育跃进与工人教育接近的新阶段。工学团教育的目的是：

> 工学团教育是计划生活，组织生活，计划劳动，组织劳动，力的凝结，力的集中，力的共同发挥，解决现实生活需要的教育。
> 工学团教育要做到：工以养生，学以明生，团以保生。
> 乡村工学团是一个小工场，一个小学校，一个小社会。这里包着生产的意义，长进的意义，平等互助自卫卫人的意义。它是将工场、学校、社会打成一片，产生一个改造乡村的富有生活力的新细胞。
> 乡村工学团由儿童组成的，称为乡村儿童工学团；由青年组成的，

称为乡村青年工学团。青年的定义，不根据年龄而根据求学的态度。老年人而有青年求学精神者，得入乡村青年工学团。①

山海工学团，是在 1932 年 10 月 1 日，创立于上海、宝山两县交界处的孟家木桥。在东西长约 20 里、南北宽约 10 里地带内，先后创设有孟家木桥、萧场、红庙、沈家楼、赵泾巷、大桥头、盛家角、郭家桥、晨更等 9 个儿童工学团；棉花、养鱼、织布、妇女等 7 所青年工学团。"小先生"普及教育方法的发现，也就在山海工学团创立的年月里。

山海工学团，创办于"一·二八"淞沪抗战之后，结束于"八·一三"全民抗战开始之初，因为它在两次抗日战争时都处在火线里。

与山海工学团同时，陶行知还分出力量领导部分同志在上海创设自然学园和儿童科学通讯学校，编辑《儿童科学丛书》《儿童科学活页指导》和《大众科学丛书》，用儿童化、大众化的通俗浅显的方法，介绍自然科学给儿童和人民大众。又编辑《晓庄丛书》《生活教育丛书》，主编《生活教育》半月刊等以扩大生活教育的影响。为着适应小先生普及教育，陶行知自己编辑《老少通》千字课；并用不除庭草斋夫笔名在《申报》的"自由谈"上，连续发表《不除庭草斋夫谈荟》《古庙敲钟录》，用散文诗一样的笔调，引人入胜地引起国人注意国家大事。在这一段年月里，陶行知和他共事的同志们的工作是紧张而振奋的。

"八·一三"全民抗战开始后，所有生活教育社同人都和全上海全国人民一道，罢平时之课，上战时之课，在上海的同志组织战时教育社，出版《战时教育》旬刊宣传抗日教育主张；组织上海市战时教育服务团，办难民教育和多种多样的补习教育，并举办短期训练班，训练各种为战争服务的工作人员，送往各个战场为抗日战争服务。有的同志到了武汉，组织抗战教育社，展开抗战教育工作。有的同志进入了各个革命根据地，投入坚决抗日的革命的洪炉里锻炼得更加坚强。

(四)新安小学

新安小学，是于 1929 年 6 月 6 日，创校于大江以北的淮安县河下镇，为农民和城市劳动人民子女争取教育机会的学校。它是旅行三万五千里的新安

---

① 见方与严：《乡村教育》内载有陶行知著《乡村工学团初步计划说明书》一文，上海，大华书局，1935 年版。

旅行团产生的学校，为中国穷孩子创造新出路的学校。抗日战争起后，为日寇所破坏。1943 年，为我盐阜行署所恢复。1945 年，我人民解放军解放淮安，迁回原址。1946 年，又被反革命军队所毁坏。全国解放，人民政府把这个学校作为人民教育的新细胞来培植和管理。

(五)新安旅行团和孩子剧团

新安旅行团和孩子剧团，是在生活教育的影响下，在国难的忧患中和抗日的烈火中锻炼成长、培养起来的姐妹的儿童艺术组织。

新安旅行团，于 1932 年由新安小学 7 个穷孩子学生发起的。起初开始旅行时，是由江北下到江南，在沪宁、沪杭铁路线上宣传救国，卖艺自给，并在沪江大学等校卖讲，曾引起当时教授、大学生和社会人士的注意。陶行知曾作诗以歌颂他们：

(一)

一群小光棍，数数是七根。小的十二岁，大的未结婚。

(二)

没有父母带，先生也不在。谁说小孩小？划分新时代。①

"九·一八"后，"新旅"北上宣传抗日救国，到处对抗日将士作慰问演出，鼓励士气很大。在参加革命奋斗过程中，他们足迹几乎走遍了半个中国的国土。他们写有《我们的旅行记》，以记载他们三万五千里旅行的壮举。

孩子剧团，是在"八·一三"全民抗战爆发后，由上海难民收容所里一些有艺术才能的孩子们发起，得到生活教育社的扶植组织起来的。他们和"新旅"同样在抗日战争时期走遍了半个中国国土，同样发生了抗日救国的力量。

后来，这两个儿童艺术团体，在当时抗日中心的武汉会师了，接着一同转到当时抗日大后方的重庆。他们到处吸引住有爱国热血的儿童，像滚雪球一样，越滚越大，到了重庆，都各自由 10 多人而发展为 100 人左右的团体了。他们因为多演出抗日的歌舞和戏剧，并演出"秃秃大王"以讽刺蒋光头，

① 见陶行知：《行知诗歌集》中《新安小学儿童自动旅行团小影》一诗，上海，大孚出版公司，1947 年版。

遭到政府的嫉恨而被解散。所幸当时这些有志气的孩子已长成为有志的青年，而分别投入人民解放斗争的洪流里，为人民解放事业献出他们的力量或生命。

(六)育才学校

陶行知自 1936 年，接受全国救国联合会之命，担任"国民外交使节"，遍游欧美 28 国，宣传中国人民抗日救国主张，以正世人视听；并发动华侨援助祖国抗日。1938 年回国，立志要做三件大事：(1)选拔难童创办一个试验培养"人才幼苗"的学校；(2)创办晓庄学院培养高级人才；(3)在香港创办一个职工业余补习学校。

育才学校，是陶行知要办的三件大事中第一件大事。创校于 1939 年 7 月 20 日，开学于重庆北碚北温泉，继迁于合川县草街子古圣寺。它的主要目的是：

我们在普及教育运动实践中，常常发现老百姓中有许多穷苦的孩子有特殊才能，因为没有得到培养的机会而枯萎了。这是一件非常可惜的事情，这个民族的损失，人类的憾事，时时在我心中，提醒我中国有这样一个缺陷要补足。

我们要引导学生们团起来做追求真理的小学生；团起来做自觉觉人的小先生；团起来做手脑双挥的小工人；团结起来做反抗侵略的小战士。①

育才学校的教育基础为集体生活，在集体生活中，参加分子相师共学，力求进步，探讨真理，服务社会。②

我们要虚心、虚心、虚心：承认我们一无所知，一无所能。
我们要学习、学习、学习：达到人所不知，人所不能。
我们要贡献、贡献、贡献：实现文化为公，天下为公。③

---

① 见《战时教育》月刊第 6 卷第 1 期内，陶行知著《育才学校创办旨趣》一文。
② 见《战时教育》月刊第 6 卷第 1 期内，《育才学校公约草案》一文。
③ 见陶行知：《行知诗歌集》内《育才学校歌》一歌，上海，大孚出版公司，1949 年版。

它所要培养的"人才幼苗"的方向,是如此明确和伟大。它的培养方法是:

> 创办育才的主要意思在于培养人才幼苗,使得有特殊才能者的幼苗不致枯萎,而且能够发展,就必须给与适当的阳光、空气、水分和养料,并扫除害虫。我们爱护和培养他们正如园丁一样,日夜辛勤的工作着,希望他们一天天的生长繁荣。
>
> 我们的学生要过这样的集体生活,在集体生活中按照他的特殊才能,给予某种特殊教育,如音乐、戏剧、文学、绘画、社会、自然等。以上均各设组以进行教育,但是小朋友确有聪明,而一时不能发现的特长,或是各方面都有才能的,我们将来要设普通组以教育之。①

育才学校在儿童艺术宣传方面,在抗日大后方的重庆,起了一定的影响,引起特务的注意,时时追迹跟踪。陶行知在这时期里,一面办理育才,一面搞民主运动,更引起反动政府的怀恨,限制育才的发展,同时遭遇到通货的恶性膨胀,物价是几倍、几十倍、几百倍的飞涨,陶行知日困于经费筹划之中;他达观而又自己解嘲地说着:"我是什么博士啊?我已经成为筹款博士了。日日夜夜在与米价赛跑,与物价飞涨赛跑!"我们和他同事的人,是会体会得出他的这种辛酸而幽默的滋味。抗日战争结束,陶行知回到上海因民主运动和迁校事宜,积劳成疾,以脑溢血症逝世。育才学校大部分员生被迫迁到上海,小部分仍留在重庆。

(七)社会大学

社会大学,是在野大学②,是在业青年补习高等教育性质的夜大学,是培养民主、促进民主的夜大学。陶行知在他的《社会大学颂》一诗里,写出它的主张:

> 大学之道,在明民德,在亲民,在止于人民之幸福;
> 是我们创造之新主张。

---

① 见《战时教育》月刊第 6 卷第 1 期内,陶行知:《育才学校创办旨趣》一文。

② 社会大学成立时,反动政府不准立案,有人讥笑它为野鸡大学。陶行知就幽默而有力地改叫它为野大学,以示别于当时所谓"在朝大学"。

什么是民德?

要目有四项:

觉悟,联合,解放,

还有创造——要捣碎痛苦的地狱,

创造人间的天堂,

教人民做主人,

不让公仆造反,

为老百姓造福,

不靠高调歌得响。①

它要培养和大众共同做事的人才,如果它也免不了要培养领导人才的话,它是要培养愿意接受大众领导而又领导大众的人才,说得正确些,它是培养大众做大事。

新大学是大众大学,新大学是茅棚大学。②

社会大学是茅棚大学,但是它的教授和教师都是共产党员和民主进步人士,所以它教出来的学生,绝大多数成了民主运动的促进者。

(八)晓庄研究所

晓庄研究所,是陶行知回国要做的第二件大事缩小活动范围而成立的。陶行知原拟设立的晓庄学院,因反动政府不给批准就不能公开招生,而只好成立由少数人筹款和约集少数研究人员组成的私人研究机构。1938 年冬成立,开始研究教育本质、生活教育理论体系,教学做合一理论体系,地球运动原理,小型炼钢炉和内燃机改造等专题。不久,因陶行知逝世而中断研究。

(九)中华业余学校

中华业余学校,是陶行知回国要做的三件大事之一。1938 年 11 月创校于香港的九龙山东道。它是用业余教育方式,运用战时教育方法,以"主人教育"口号为号召办理的夜大学。它的学生成分,自工人、店员、教师,以至银行行员和海关关员;它的课程和分科以适合各行业和配合抗日救国运动

① 见陶行知:《行知诗歌集》内,《社会大学颂》一诗。

② 见《生活教育》半月刊第 3 卷第 7 期内,陶行知:《新大学》一文。

的需要，而分设政治经济、文学、音乐、戏剧、绘画、英文、俄文、会计、教育等九部。香港虽是一块殖民地，但爱国人同此心，心同此理。一经"主人教育"的号召，纷起响应，加上当时抗日救国人士多从香港转入抗日大后方和解放区，只要有可能，都到中华业余学校来宣传演讲抗日救国的道理，更加鼓足学生的救国热情，各自回到本工作岗位上和组织参加多种多样的爱国团体，进行宣传鼓动，在抗日救国上起着一定的作用。办了两期，由于客观环境而停办。第二次世界大战结束后，中业校友纷纷回港，积极筹备，于1948 年 8 月 10 日复校，改名中业学院。

陶行知一生的努力，是在于想尽方法，要为劳苦人民大众和他们的孩子争取受教育机会和致力于争取民主上，所以他的教育事业是带有人民性的。因为它在各个阶段都与我党发生或多或少的联系，晚年更靠近我党和接受党的领导，所以他的教育事业是有进步性的，因而影响全国起了一定的进步作用。因此，在解放后，他的教育事业在重庆的，由重庆市人民政府接办了；在南京的，由南京市人民政府接办了；在上海的，由上海市人民政府接办了，并把育才学校改名为上海市行知中学，以纪念这位人民教育家和民主战士。

生活教育社和中国普及教育助成会，都以完成一定的历史任务，而宣告了有意义的结束。

高士其

　　高士其（1905—1988），原名高仕锴，福建福州人。1925年清华学校毕业后，进入美国威斯康辛大学，攻读无机化学专业。1926年被芝加哥大学录取，转入芝加哥大学化学和细菌学系四年级学习，1927年被选入芝加哥大学医学院攻读医学博士课程。在研究过程中，感染脑炎过滤性病毒，留下后遗症。1930年回国，进入南京中央医院工作，任检验科主任，后因院方腐败愤而辞职。后经李公朴介绍，结识陶行知，参与"科学大众化运动"，受邀参与编写《儿童科学丛书》，主持编写《儿童卫生读本》。1938年赴延安，1939年由于病毒发作导致全身瘫痪。1950年被选为中华全国科学普及协会全国委员会委员。1951年被任命为中央文化部科学普及局顾问。1952—1958年担任中华全国科学普及协会顾问，出版专著20几种。1979年被选为科普创作协会名誉主席。主要作品收入《高士其科普创作选集》《高士其科学小品文集》。

　　高士其的渊博学识与坚毅精神深得陶行知赏识，二人结下了深厚友谊。陶行知逝世后，高士其曾撰文《陶行知先生对我的鼓励和帮助》《我和陶行知先生在北碚》纪念陶行知。在《陶行知先生对我的鼓励和帮助》一文中，高士其非常细致地叙述了与陶行知交往的点点滴滴，其中也包括与陶行知在北碚生活的一些事迹。在高士其的叙述中，陶行知不仅是一位有思想、有行动力的教育家、思想家和社会活动家，在生活中他更是一位乐于助人、待人真诚、急人所需的人。

陶行知先生对我的鼓励和帮助*

1931年，当我还在南京的时候，有一次李公朴先生约我同往晓庄去。

晓庄在南京郊外。那时候，晓庄师范已被封闭，陶行知先生正被国民党政府通缉，逃亡在上海。晓庄师范是陶行知先生创办的一所新型学校，没有校舍，只有帐篷，师生都下地劳动，种庄稼，养鸡、养猪，所有书籍、纸笔、桌椅、黑板都靠劳动所得购置，尽量做到自食其力。

陶先生提出了："生活即教育"、"社会即学校"、"教学做合一"等口号。这种新的教学方法，在普及教育、国难教育、抗战教育中起了很好的作用。

这一天，我们还到五柳村陶先生住处，探望先生的家属。

1932年，我到上海，在萨坡赛路李公朴先生家里，又遇到陶先生。

同年，我因失业，走投无路，公朴就介绍我给陶先生。

那天傍晚，在蒙蒙细雨中，陶先生接我到西摩路自然学园里去。

自然学园是一所三层楼的洋房，我和戴白韬、董纯才三人住在二层楼上，丁柱中、方与严、陶宏三人住在楼下，陶先生白天来晚上回去。

三层楼上住的是一对巴基斯坦夫妇和他们的儿女。

楼上有晒台，我们三人每天起床后，就坐在晒台上晒太阳。上午，我们看报、看书、看资料。

午饭后，开始写作。我写儿童卫生讲稿，丁柱中写"巴斯德传"，陶宏是搞化学的，他有一套玻璃仪器；方与严是陶先生的助理和秘书，一切杂务工作，是我们大家分管的。

自然学园里，有一架很精密的显微镜，我来后主要是供我使用，我用牛肉汤作细菌的培养基，这里还有其他实验用的设备和仪器。

---

* 选自四川省纪念陶行知先生诞辰九十周年大会筹备组编：《陶行知纪念文集》，成都，四川人民出版社，1982年版。

到了晚上，全体自然学园的同人们，由陶先生率领，到前面一处空地上观看满天星斗，陶先生给我们指出：那是北斗星，那儿是牛郎织女，那儿是天河。他又亲自编写了《天文学活页指导》。

在自然学园里，除伙食不用花钱以外，每月每人还有生活补助费10元。

自然学园，也是自由学园，在那儿我们无拘束，过着写作生活。

我们还创办一所儿童科学通讯学校，这是陶先生一生的杰作之一。学校就在西摩路，与自然学园在一起，对外联系设在爱文义路小沙渡永裕邨。那儿是管报名和收发文件的办事处。

儿童科学通讯学校的宗旨，是在造就科学的儿童与科学的民众，使中华民族成为科学的民族，以适应科学的世界。

这是个伟大的号召，这个号召感动了我，是我走上科普创作道路的动力之一。

陶先生热衷于科学教育事业，奔走呼吁筹募基金，领导一批科学人才，写作儿童科学读物。陶先生常对我们说："写文章就是写话，要用口语才好。"到今天，我还牢牢地记着这些话。

那时，我写了一篇给小朋友看的通俗科学作品叫做《两个小水鬼底写真》，我指的是伤寒、霍乱两大病菌。后来，接到一位小读者的来信，给我提意见说："鬼字有些近乎迷信。"这对我启发很大，以后写作就注意这点了。这篇作品也是活页指导的一部分。

陶先生又叫我写"微生物大观"，给我20元钱，买了一套两本的参考书，叫做 Toplov Wilson 的《细菌学》，是英国伦敦出版的。我花了一个月的功夫，写成了交给陶先生。

陶先生还同我一起，到史量才先生公馆。史量才先生是当时申报馆的负责人。他创办申报流动图书馆和量才妇女补习学校。他的家，是一所大花园，亭台楼阁，十分豪华，房间里陈设非常精致，都是红木家具。

陶先生向史先生介绍我的生平说："他在试验室受了脑炎病毒感染，得了脑炎后遗症，在南京中央医院任细菌检验科主任。由于看不惯院长的贪污腐败，愤而辞职，现在流浪到上海，过着亭子间的生活，贫病交迫。公朴先生介绍给我，我把他安置在自然学园里。像他这样一个为科学而献身的人，我们应当使他学有所用。"

量才先生问我能做些什么工作？我把我学细菌学的经过源源本本地告诉

了他，他答应给我想办法。

后来，经过几次商量，由于多方面的原因没有得到解决。史量才先生是热心的，他对于陶先生的思想和事业是支持的。

后来自然学园搬到沪西近郊的一个庙里，我到那里去过一次，住了一夜。夏天蚊子很多，又没有蚊帐，我只得把被单盖在身上和头上而睡，天气又热，汗流浃背。在那儿，董纯才同志正忙着翻译伊林的作品《十万个为什么》、《黑白》、《几点钟》、《五年计划的故事》等，他拿他的译作给我看，我很欣赏伊林的写作方法，我愿意向伊林学习。

我也曾到过陶先生的家里，陶先生共有四个儿子，大的叫陶宏、二的叫小桃（晓光），三的叫三桃（陶刚）、四的叫蜜桃（陶城），他们殷勤地招待我，用一杯清茶，一串葡萄。

陶先生身材魁梧，在夏天，常穿着一件蓝布长衫，赤着脚，穿一双布鞋，到新光电影院去看电影。

七君子被捕时，陶先生正在国外，在 28 个国家，宣传中国人民抗日救亡的斗争，揭露日本帝国主义的侵略罪行，争取海外同胞和各国人民支持。不然也会遭到国民党反动派的暗算。就这样，还是遭到了蒋介石第二次通缉。

抗战爆发后，我从上海奔赴延安，又从延安到了重庆。在北碚，有一天正值初夏，陶先生抱着一个大西瓜来看我，我们畅叙了别后情景，他劝我到香港去疗养。我告诉陶先生，我在离开延安的时候，组织上就有送我到香港疗养的指示。

第二天，我和汪伦同志坐滑竿到北碚区长卢子英办公处，陶先生也应约来了。子英留我们吃便饭，桌上摆着 36 件小菜，量都不多，但非常可口。席间我们谈起抗战形势，大家都很乐观，国共合作，日寇必败，日本鬼子不可怕。陶先生提起为我募捐一事，子英认捐一笔。

从子英处出来，我远远地瞥见一辆黑色轿车，风驰电掣而来，原来是董必武同志和他的随行人员，从重庆红岩村来北碚视察。我能在这里会见他老人家，喜出望外。我们寒暄了一阵，各奔前程。

是晚，我宿在陶先生家，这是一所二层楼的小洋房（即陶先生初到北碚时暂住的清凉亭，后搬住碉堡），环境清幽宁静，我睡在楼下客厅里，陶先生还请了一位青年陪我，他是育才学校的同学。

在我和汪伦同志告别之前，还和他一起到吴玉章同志处，向他告别。

吴老住在嘉陵江北岸，倚山傍水，形势险峻。在那儿，我们还见到叶剑英同志，我们四人组成临时党小组。那天上午，天气晴朗，从窗口俯视，江水滔滔，此景我不能忘怀。我们谈了一上午，我向吴老、叶老汇报陶先生提议我去香港治疗，并为我募捐 1000 元。他们问长问短，都很关心我的病情，我征得了党小组的同意。

在临行时，吴老还把他老友曾育隽先生从香港送给他的牛奶罐头 4 瓶转赠给我。

1939 年 9 月的一个早上，我们三人——陶先生、一个青年和我——天一亮就起来了，盥洗后，吃了早点，就从陶先生家里出发，坐滑竿到码头去，登上汽船，不消一个小时，就到达重庆。

9 月中旬的一天，由八路军办事处派来汽车，接我们到青年会暂时住下，陶先生给我安排了房间和伙食，留下那个青年陪伴我，照顾我的饮食起居，并学会扶我走路。

次日，陶先生又来话别，祝我一路平安，叮嘱到香港后写信给他，并且说，他已把我的近况向八路军办事处汇报了。

过了一天，叶剑英同志和钱之光同志在百忙之中赶来看我，还给我一张 50 元港币和一封介绍信，是给当时我党在港的负责人廖承志和杨琳（即秦邦宪——博古之弟）二人的。他们说："党和毛主席、周副主席都非常关怀你的健康，千叮嘱万嘱咐，要你保重身体，在港安心养病，积极治疗。你还年轻，为祖国为人民为革命服务的日子还长着呢！"我回答说："你们这样关心爱护我，我要和病魔及一切困难作斗争，把一切献给党，献给壮丽的革命事业，以迎接共产主义的黎明。"

那时候，重庆自五四大轰炸以来，天天有空袭警报，日本飞机肆无忌惮地在市区投弹，使得人心惶惶。我们在青年会，每日都遇到警报。有时，我们在防空洞、地下室里躲避两三个钟头。在那儿，我遇到几个清华同学，其中有一人叫做李忍涛，是××部队的司令官。在 9 月中旬一个早上，天微微亮，我到这位将军的房间里闲聊，并赠给他一本我的科学小品集《抗战与防疫》。他很欣赏我的作品，特别是《贪牛与疯狗的被控》，我揭露了南京中央医院院长刘瑞恒的贪污罪行，把他比作危害人类的贪牛，引起李将军的共鸣。

9月下旬的一个早上，天微微亮，我坐上由八路军办事处派来的汽车，李将军亲自送我到飞机场。告别时，他给我一张他自己的名片，并且说他已打电报给他在昆明的弟弟和弟妹，叫他们到昆明飞机场迎候我。

这样，由于党的爱护与支持，由于陶先生的同情和捐助旅费，由于清华同学的掩护和送行，我香港之行实现了。

由昆明而河内，海防，经过广州湾，我于1939年腊冬，安抵港埠。

在玛丽医院住了四个多月以后，转移到九龙雅前郎道一间三层楼的洋房定居，由地下党派谢燕辉同志和她的姐妹三人照顾我。

有一天，我正在书桌旁阅报时，邮递员给我一封从遥远的重庆寄来的信，是陶先生写的，是陶先生珍贵的手迹，信上用热情洋溢的语言，赞扬我在上海所写的科学小品。我的四本科学小品集——《我们的抗敌英雄》、《细菌与人》、《抗战与防疫》、《细菌大菜馆》，他都看过，他认为这些作品，正合乎他的心意。他还鼓励我多写这类作品。读完这封信，我加强了对科普创作的信心。

在九龙，我遇到重庆来的客人，带来陶先生给我的问候，一位是新安旅行团的团长汪达之，他的胡须很长，两鬓花白；一位是新安旅行团的团员，名叫童常，这个同志后来还和我住在一起。在太子道一间朝南的屋子三层楼上，他每天还帮助我写作，我在香港《青年知识》杂志上发表的两篇文章：《自然辩证法大纲》和《什么是古典科学》，就是由我口述，他笔录的。

在那吃不饱、饿不死的关头，陶先生不但自己关心帮助我，还动员许多朋友来关怀和帮助我。如我在香港治病期间，他给在香港的老朋友许世英等人拍了多次电报，代我向他们求援。唯恐电报有错，以致误事，又将电文抄一份，飞函寄去。这件事，是我永志不忘的。

1945年冬，我在广州兄弟图书公司四楼住，消息传来，重庆发生了校场口事件，李公朴、郭沫若等人，陶先生也在其内，遭到在重庆国民党反动派特务打手的毒打，负伤流血，我气愤极了。我写了一首《给流血的朋友》的诗，发表在《现代生活》半月刊创刊号上。

抗战胜利后，我从广州坐一条货船回到上海，住在胶州路平民医院里。《文汇报》发表一篇报道，题为《卧病十六年的科学家》。陶先生见报后，赶来平民医院看望我，我们畅叙别后情景。

第二天，陶先生又来了，带了小桃一块来，赠给我许多罐头食品，有番茄汁、番茄酱之类。又令小桃把我在桂林写的两首诗——《我们还在彷徨》和《别了，黄姚》——抄走了。这是我和陶先生的最后一次见面。

1946 年 7 月 25 日早晨，陶先生终因受迫害及劳累过度，患脑溢血逝世。我也曾到静安寺去参加为李、闻、陶三位民主烈士举行的家祭。

陶先生，您是我们时代的伟大教育家、思想家、诗人，您是人类灵魂的工程师。我们永远怀念您！

龚思雪

龚思雪，原陶行知所办育才学校（上海）教育主任，中国陶行知研究会常务理事、四川省陶行知研究会副会长。长期致力于陶行知教育思想的研究与推行工作。在陶行知研究方面，成果丰富。特别是他的论文《正确评价陶行知的教育思想》，是改革开放后，重新认识陶行知教育思想的重要的、有影响力的文章，为陶行知教育思想的发展作出了积极贡献。龚思雪与戴自俺合著的《陶行知幼儿教育的理论与实践》一书（四川教育出版社 1987 年 8 月出版）是研究陶行知幼儿教育思想的经典著作。

本书收录龚思雪《正确评价陶行知的教育思想》一文。在文章中，作者认为，在对陶行知的研究上，不要把早期的陶行知和后期的陶行知对立起来；不要把政治上的陶行知和教育上的陶行知对立起来；不要把陶行知在历史上所起的作用和当前社会主义条件下所能起的作用对立起来。这三个问题解决好了，对陶行知的教育思想研究工作，就能健康发展。作者提出：为了正确地、科学地、全面地评价陶行知和他的教育思想，我们对陶行知和他的教育思想，必须遵循实践是检验真理的唯一标准，以辩证唯物主义和历史唯物主义为指导，尊重历史事实，恢复其本来面目。这篇文章是陶研史上一篇重要的具有影响力的文章之一，标志着一个新时代的到来。

正确评价陶行知的教育思想[*]

　　十一届三中全会以来，我们党遵循实事求是的思想路线，大胆地、坚决地拨乱反正，妥善地处理了许多历史上遗留的问题。陆定一同志在全国政协五届五次会议小组会上谈到知识分子问题时说，1935年"上海党从中央局到支部完全被破坏。这时，出现了以宋庆龄、何香凝、鲁迅、沈钧儒、邹韬奋、陶行知为代表的非党的共产主义者，宣传共产党的主张，宣传共产主义世界观。他们对中国革命是立了大功的"。1983年4月15日，陆定一同志在另一次座谈会上，又进一步指出：当我们党最困难的时候，做共产主义宣传，宣传共产党的主张，宣传共产主义世界观的工作，我们做了，但做得最多的还是这些人。这是对陶行知等人的公正的实事求是的评价。

　　当前怎样正确评价陶行知，给予陶行知教育思想在中国现代教育史上应有的地位，仍然存在着各种混乱看法。如有的人提出：陶行知"后期，在我们党的争取和教育下，积极参加抗战，参加反对国民党反动派法西斯独裁、反对内战的人民民主运动，对人民解放事业作出了贡献。但是，他长久坚持的教育观点和整个教育实践，占主导地位的始终是'教育救国论'和实用主义的'生活教育'思想"。承认陶行知在革命历史上所起的积极作用，但对陶行知教育思想的现实意义则不很重视。

　　又如，1983年5月出版的《中国现代教育史》，这是一所师范大学的教育系和研究系编写的，共九章。在第一章"'五四'时期新民主主义教育的萌芽"里，把陶行知列入了以晏阳初为代表的资产阶级右翼知识分子的行列。接着的七章都毫不涉及陶行知，好像陶行知和中国现代教育史没有任何关系。书的最后一章是"抗日战争和解放战争时期，国民党统治区的反动教育和沦陷

---

* 选自江苏省陶行知教育思想研究会编：《陶行知研究》，长沙，湖南教育出版社，1984年版。

区奴化教育的批判"，在这样的章目下，写了一节《陶行知的教育思想》，看后使人不解。陶行知的教育思想，究竟是反动教育还是奴化教育？还是对两者的批判？从该书的内容看，两者兼而有之。其内容暂且不去管它。但是，这样对待陶行知有什么科学依据？这只能说明在当前我们研究工作中，正确地、科学地、全面地评价陶行知，仍然是一个重要的课题。

针对以上问题，我们认为，在对陶行知的研究上，不要把早期的陶行知和后期的陶行知对立起来；不要把政治上的陶行知和教育上的陶行知对立起来；不要把陶行知在历史上所起的作用和当前社会主义条件下所能起的作用对立起来。这三个问题解决好了，对陶行知的教育思想研究工作，就能健康发展。

我的粗浅体会是：为了正确地、科学地、全面地评价陶行知和他的教育思想，我们对陶行知和他的教育思想，必须遵循实践是检验真理的唯一标准，以辩证唯物主义和历史唯物主义为指导，尊重历史事实，恢复其本来面目。

第一，不要把陶行知的早期和后期对立起来。

他之所以成长为一个党外共产主义者，是从早期的萌芽因素逐渐发展起来趋于成熟的。陶行知出生于农村，穷苦的生活锻炼了他，他勤奋学习，经常接触人民，人民意识很早就在他脑子里生了根，并逐步形成他为人民服务的思想。1917年他怀着要使全国人民都有受教育的机会这个宏愿回国。回国后，他历任南京高等师范学校教授、教务长，东南大学教育科主任。他怀着拯救中华的理想，致力于我国教育改革事业，在一些报刊上发表论文，提出了许多革新教育的主张。1919年，陶行知组织南京教育界联合会，被推选为会长，领导各校师生开展进步活动。"五四"运动的消息一传到南京，他就召集各校师生在小营演武厅开会，痛斥卖国贼，要求取消"二十一条"卖国条约，坚决反对帝国主义，反对封建军阀。

十月革命一声炮响，使中国许多有正义感的爱国知识分子头脑清醒了，开始认识到只有用革命的手段，推翻旧的社会制度，中国才有出路。作为中国新教育开拓者之一的陶行知，也开始认识到旧的教育制度不改革，新的教育制度便建立不起来。于是他在1919年4月21日上海《时报》副刊《世界教育新思潮》上发表《第一流的教育家》一文，批判了当时三种教育家：一种是只会运动、把持、说官话的"政客的教育家"；一种是只会读书、教书、做文章的"书生教育家";一种是只会盲行盲动、闷起头来办学的"经验教育家"。他认为:"今日的教育家,必须具备两种因素":一是"敢探未发明的新理",一是"敢入未开化的边疆"。他在文章的最后说:"敢探未发明的新理,即是创造精神;敢入未开化的边疆,即是开辟精神。创造时,目光要深;开辟时,目光要远。总起来说,创造开辟都要有胆量。在教育界有胆量创造的人即是创造的教育家,有胆量开辟的人即是开辟的教育家。都是第一流人物"。

1921年,陶行知参与成立了中华教育改进社,为改革旧的学制,反对帝国主义的文化侵略而斗争。1922年,他接着提出要"制成独创的学制","应当用科学的方法、态度,考察社会个人之需要能力,和各种生活事业必不可少之基础设备,修正出一个适用的学制"。①

1923年到1926年,陶行知从事平民教育运动,但他的指导思想同晏阳初之流的资产阶级教育家完全不同。他所倡导和实行的平民教育具有爱国、反帝、反封建的性质。1924年1月,他写给武昌模范小学工友祥阶的信中,在宣传平民教育的同时,对帝国主义在中国的暴行表示了极大的愤慨。② 他严于解剖自己,在致陶文渼的信中说:"我本来是一个中国的平民。无奈十几年的学校生活渐渐的把我向外国的贵族的方向转移。学校生活对于我的修养固有不可磨灭的益处,但是这种外国的贵族的风尚却是很大的缺点。好在我的中国性、平民性是很丰富的;我的同事都说我是一个'最中国的'留学生。经过一番觉悟,我就像黄河决了堤,向那中国的平民的路上奔流回来了。"③陶行知深入工农群众,为把社会变成一个大学校,积极开展平民教育运动。正如他所说:"我脚迹所到的地方就是平民教育所到的地方。"他在推行识字扫盲的平民教育工作中,认为中国以农立国,农民众多,农村经济和文化都很落后,平民教育应该下乡。他说:"现在办教育的人,总是要在城里热闹,那冷静的乡村,实在没有人过问。但中国以农立国,一百个人中尚有八十五人住在乡村里。平民教育是到民间去的运动,也就是到乡间去的运动。"④而晏阳初办的是什么样的平民教育呢? 他在《平民教育的真义》一书中说:"平民教育既不是贫民教育,也不是社会教育、义务教育或成人补习教

---

① 陶行知:《我们对于新学制草案应持之态度》。
② 陶行知:《行知书信集》,合肥,安徽人民出版社,1981年版,第36页。
③ 陶行知:《行知书信集》,合肥,安徽人民出版社,1981年版,第28页。
④ 陶行知:《行知书信集》,合肥,安徽人民出版社,1981年版,第22页。

育，它不是与贵族教育相对立的，是一种精神和态度教育"。他的这种精神和态度教育，正是为国民党反动统治服务的教育。所以晏阳初所办的河北定县平民教育实验区，很受国民党政府的赏识。所以，把陶行知视为改良主义者，列入资产阶级右翼分子的行列，就不妥当了。

从 1919 年到 1926 年这期间，可以说是陶行知从爱国主义发展到激进民主主义的思想转变时期。

陶行知是中国教育界第一个认识到农民问题，满腔热情地到农村去做乡村教师的人。他认识到中国贫穷落后，农村比城市严重，就提出"教育必须下乡，知识必须给予农民"的口号，积极推行普及农民教育运动。要求乡村教师具有"农夫的身手，科学的头脑，改造社会的精神"。这标志着陶行知在教育思想上起了根本变化。他开始以一个革命家的形象，引人注目地活跃在教育革命战线上。1927 年 3 月 15 日，他放弃大学教授地位，辞武昌高等师范（武汉大学前身）校长不就，脱下西装革履，穿上布衣草鞋，在南京劳山脚下创办乡村试验师范学校（即著名的晓庄学校），是中国乡村师范教育的创举。这所新型的学校，适应我国农村特点，实施教育与农业生产劳动相结合，教育与社会生活相结合的教育。陶行知带着学生一边学习，一边劳动，培养了一批为中国大众教育开路的先锋。他反对当时那种"叫人离开乡下向城里跑，叫人吃饭不种稻，叫人穿衣不种棉，叫人住房子不造林"的教育。农友们说："假使中国有一万个陶行知，农家子弟幸福真无穷。"周恩来同志曾经在一个报告中谈到："那时陶行知先生提倡乡村运动。恽代英同志给毛主席写信说：我们也可以学习陶行知，到乡村里搞一搞"。①

"四·一二"反革命大屠杀，震惊了中外，也震惊了全国知识分子，这从反面促使陶行知向着革命的道路迅跑。在北伐军进南京时，晓庄师范的师生就参加了蓬勃兴起的农民运动。陶行知在当时的一封信里说：本校既已参加了农民协会，当为乡村组织教学做之实际，就是开始与土豪劣绅短兵相接了。我们必须有百折不回的精神，才能达到我们的目标。

陶行知在教育实践中，逐步形成了一整套人民大众的反帝反封建的生活教育理论。他说得最明白不过了："大众只可以在生活里找教育，为生活而教育。当大众没有解放之前，生活斗争是大众唯一的教育。……总说一句，

---

① 周恩来：《学习毛泽东》，载《中国青年报》，一九七八年十月七日。

生活教育是大众的教育，大众自己办的教育，大众为生活解放而自己办的教育。"①在半封建半殖民地的旧中国，军阀混战，灾荒连年，国难深重，人民大众在水深火热中挣扎，陶行知提出"生活即教育"，"社会即学校"，完全是站在人民大众的立场上，为人民大众争取受教育和办教育的权利，同时从人民大众的实际生活需要出发办教育，从而改善提高他们的生活，让他们自己解放自己。恩格斯说："人们首先必须吃、喝、住、穿，然后才能从事政治、科学、艺术、宗教等等。"②教育与生活的关系，是这样明摆着的。教育作为一种社会活动，它始终是和人民大众的生产、生活联系，从其中产生并为它服务的。陶行知还把生活教育的内容归纳为五大目标：即，1. 健全的体魄；2. 劳动的身手；3. 科学的头脑；4. 艺术的兴趣；5. 改造社会的精神。这和我们贯彻执行的党的全面发展的教育方针，在实际上是一致的。

陶行知不同于杜威。陶行知是杜威的学生，他曾经介绍过杜威的学说，但陶行知把杜威的教育思想"翻了半个筋斗"，变"教育即生活"、"学校即社会"为"生活即教育"、"社会即学校"，更重要的是把教育的内容和学校的作用进行根本的改造，超越了杜威实用主义的教育思想范畴。他把杜威的实用主义教育思想反动杂质扬弃了，仅仅是吸取了他的合理方面，这怎么能给陶行知的生活教育理论扣上"实用主义"的帽子呢？

当晓庄师范地下党领导的进步师生，积极支持1930年"四五"运动南京反帝示威游行，反对日本帝国主义的军舰开进长江侵略我国罪行，国民党反动派要陶行知交出共产党员名单时，陶行知断然拒绝。蒋介石下令封闭晓庄学校，不少共产党员和进步学生被捕，有十四个（其中绝大多数是共产党员）被杀害在南京的雨花台。陶行知曾写下晓庄护校宣言。在严重的白色恐怖下，陶行知也以"勾结叛逆"的罪名遭到通缉，被迫逃亡日本避难。晓庄事件对陶行知震动很大。他在总结这一教训时说："教育不过是达到农民解放的一个工具，这个工具是主要的，但最重要的还是武器……列宁革命所以成功，就靠他有一支劲旅，所以打败敌人！"这时，他开始懂得了在反动派的统治下，只靠教育救不了国，教育本身也难以自救。只有民族解放的实际行动，才是救国的教育。

---

① 陶行知：《生活教育之性质》。
② 中共中央马克思恩格斯列宁斯大林著作编译局：《马克思恩格斯选集》(三)，北京，人民出版社，1995年版，第574页。

陶行知早年主张教育救国。他为救国而办教育，在民族民主革命的斗争实践中去办教育；他主张教育救国，并在救国的事业中去改革教育。这和当时主张教育是救国的唯一途径，用办教育来转移政治斗争视线的教育救国论者是根本不同的。正如邓颖超所说的：陶行知是半封建半殖民地的旧中国爱国知识分子从教育救国走上民族民主革命道路的一个典范。

1931年春天，陶行知从日本秘密回国。"九·一八"事变后，国难深重，他积极主张抗日，反对蒋介石的投降卖国政策。1932年10月，他创办了山海工学团。参加工学团的有农民、工人和城市贫民。这时，陶行知依靠上海地下党组织和党的同路人来办教育，再三拒绝国民党反动派派人来办教育。1935年，他目睹了日本帝国主义进一步侵略我国，蒋介石腐败无能，采取"不抗抵主义"。中国共产党发表了《八一宣言》，深得人心，他坚决响应建立抗日民族统一战线的号召，积极开展抗日救国活动。以后，他和沈钧儒、邹韬奋、章乃器等发起组织救国会，发表团结御侮宣言。他在政治思想上发生了一个飞跃的转变，自觉地接受党的领导，跟着党的正确路线走，终于成为"一个无保留追随党的党外布尔什维克"。他把他的教育活动和民族解放、民主革命运动有机地结合起来，在马克思主义指导下，真正成为民族的、民主的、科学的、大众的教育。

第二，不要把陶行知的政治思想和教育思想对立起来。

他作为一个伟大的人民教育家，在政治思想和教育思想上是统一的。他政治上的成就，包括了他在人民教育事业上的成就。在极端复杂、极端困难的历史条件下，他要审时度势，善于独立思考问题，作出正确的估计和判断，独立作战，是不容易的。他能自觉地按照党的路线、方针、政策办事，善于同一切爱国者和进步人士合作。他的主张和言行，是符合党在各个时期的奋斗目标的，起到了共产党员不能起到的特殊的作用。陶行知曾冲破国民党反动统治的重重障碍，于1936年7月赴伦敦参加世界教育会议。中国共产党通过全国各界救国联合会，委托他以国民外交使节的身份开展广泛的国民外交活动。在海外二年多，周游亚、非、欧、美二十六个国家和两个地区，参加很多国际人民团体的会议，开展对侨胞和世界人民的广泛访问、演讲、募捐等活动，宣传中国人民抗日救国主张，为动员广大侨胞和世界人民支援中国人民的抗日战争，作出了巨大贡献。陶行知应甘地的要求在印度发表的英文著作《中国大众教育运动》，受到甘地的重视，认为"这篇富有启发意义的文章，对我们印度必然是大有裨益的"。在陶行知宣传抗日主张的影响下，美国著名教育家杜威也支持中国的抗日战争、民主革命斗争，并联合爱因斯坦、罗素、罗曼·罗兰、甘地等世界著名学者致电国民党政府，援救中国救国会的"七君子"出狱，发表宣言，谴责日本侵略中国。

陶行知还发起组织"中华经济研究社"，调查出日本从美国输入的军需材料，竟占它侵略中国全部军需材料的54.5%。这个调查报告被列入美国国会公报，成为美国对日禁运的主要依据。陶行知并带领我国留美学生，在纽约码头上对码头工人演讲宣传，激起码头工人举行大规模罢工，拒绝搬运美国军火商卖给日本的军火。陶行知还把在美国和加拿大演讲所得的钱，用来购买医药器材，运回国内，通过宋庆龄同志，支持白求恩医疗队。在美国、加拿大和墨西哥，陶行知还做了大量工作，增强华侨的团结，发动华侨为支援祖国的抗日救亡正义事业而踊跃捐献。陶行知卓有成效的努力，使日本帝国主义在美国等国家的反动宣传遭到失败。

陶行知为改造旧中国的教育，实现他的教育主张，在国民党统治区受到百般阻挠和迫害。但在共产党所领导的革命根据地、解放区却得到实现并发展了。吴玉章、徐特立等老一辈革命教育家曾对陶行知的教育主张给以很高评价，满腔热情地加以介绍并予以推行。以徐特立为理事长的延安新教育学会，1942年3月10日在所编的《行知教育论文选集》序中曾指出："近几十年来，中国兴办教育，不是东抄袭日本，就是西仿效欧美，很少根据本国情况来创办教育事业的。但近一二十年来，陶行知先生从事教育事业，却一反积习，不但继承了五四运动的精神，反对'老八股'，并进而反对'洋八股'，反对教育事业上的'仪型他国'，积极主张要根据本国国情来改造中国教育。他提倡'教学做合一，认为'生活即教育，'社会即学校'，创立了生活教育的理论与实际。陶行知先生这种教育学说，含有不少的唯物主义因素，在中国教育思想上起了很大的革命作用，对于破坏半殖民地半封建的中国旧教育与奴化教育，发生了很大的力量，同时也就是对中国新教育放下了一块奠基石。……"徐特立、范文澜在延安新教育学会给陶行知的祝贺信中还说："先生的教育主张及十五年来所辛苦经营的事业，在中国教育史上，实占了光辉的一页。这不仅是对摧毁中国传统教育起了很大的革命作用，同时也为新中国教育树立了一块基石。我们恳切的希望先生和生活教育社诸先生，本着晓庄精神，本着生活教育精神，团结全国教育界人士，为中国新教育而进一步努力。"①

任何一个人的思想，都有他的发展过程，都不可能一下子就尽善尽美，都有许多不完善的地方，甚至还有这样或那样的缺点错误。问题在于是否坚持真理，修正错误，是否不断发展，不断前进。对陶行知和他的思想，必须从他的总体、主流和客观效果上，去评价他的功过。不能只从一个片断、一个阶段、一件事情、一篇文章，甚至从只言片语中，去论断全面。不能把主流与支流混搅在一起，以支流代替主流。不仅要分析言论，更主要的是要看实践和实际效果。

第三，不要把陶行知历史上对改革教育的作用和当前社会主义条件下所能起的作用对立起来。

陶行知的教育思想和任何人的思想一样，虽然都会有一定的局限性，但他有许多正确的东西，不仅过去能起作用，现在我们仍可以学习、借鉴和运用，可以为开创社会主义教育事业新局面服务。

为人民大众着想，为人民大众服务，这是陶行知从事教育活动的基本指导思想。早在1923年，他就提出了"为人民"、"代人民服务"的教育思想。他亲自到商店、居民家里、旅馆、学堂、私塾、和尚庙去推行平民教育。陶行知的教育思想，不是只限于以学校和学生为对象，而是以整个中国社会、全体中国人民为对象。他主张人人受教育，终身受教育。"整个社会的活动，就是我们教育的范围。"②"活到老，做到老，学到老，教到老。"③他倡导生活教育、开展科学下嫁运动、推行小先生制的目的，全在于把当时处于无权受教育、无钱进学校的广大人民，特别是几亿农民，用革命思想和科学文化知识武装起来，共同担负起改造旧社会、建设新中国的历史使命。他念念不忘"我心中只有一个问题，这问题便是如何使教育普及，如何使没有机会受教育的人可以得到他们所需要的教育。"④他深切地认识到人民大众迫切需要教育："空气是人人需要，人人不可少。教育也是人人需要，人人不可缺少的。"应当把文化知识"普遍的广泛于大众……，增加大众以新的生命活力。"⑤在教育的目的上，旧教育只培养为少数人效命的人，他主张培养为大众服务

① 延安《解放日报》，一九四二年三月十五日。
② 陶行知：《生活即教育》。
③ 陶行知：《宝山县观澜义务教育急成方案》。
④ 陶行知：《普及教育运动小史》。
⑤ 陶行知：《小先生与民众教育》。

的人。陶行知一心为教育，一心为人民，他经常对育才学校师生说：对任何事业，一定要做到"迷"、"悟"、"爱"。迷，就是对自己从事的事业达到了难舍难分的程度；悟，就是研究出这一事业的道理，通过怎样的途径达到目的，尽善尽美地完成这一事业；爱，就是不半途而废，要持之以恒，一直对自己的事业，怀有强烈的感情，至死不变。陶行知对人民教育事业确实做到了这一点。他为中华民族的崛起，无私无畏，不折不挠，献出毕生的精力，真是"捧着一颗心来，不带半根草去"，鞠躬尽瘁，死而后已。这种全心全意为人民服务，为人民教育事业献身的崇高精神，永远值得我们学习、继承和发扬。

陶行知的教育思想还体现在他注重调查研究、注重试验、注重实践方面。

早在 1923 年 7 月，陶行知为了集中精力从事中华教育改进社的工作，辞去东南大学教育科主任职务，全力投入教育实况的调查研究工作。同年底，他在对南京、上海、济南、山西、河南、安徽、南昌等地的教育状况进行考察后，为出席世界万国教育会议用英文撰写了《民国十三年中国教育状况》一文，首次提出了"只有透彻地研究自己的需要和问题，才能确有把握地制定出一条真正适合中国国情并为中国服务的教育制度来"的正确理论。在此文中，他一针见血地指出了当时教育的弊病是："在 1919 年以前，中国教育还处在模仿外国的十字路口，时而模仿日本制度，时而模仿德国制度，时而模仿美国制度，这种从外国搬来的教育制度，不论它们在本国多么富有成效，经这样移植（生搬）过来，是不会结出成功之果的。"他设想了这种新教育制度应该是"吸收了旧的和新的、国内的和国外的办学精华，因而，也是非常适合于新中国的需要的。"他指出，对于外国教育理论、经验"应该明辨择善，决不可舍己从人，轻于吸取"；对于一切新理论、新方法"去与取，只问适与不适，不问新与旧"；"不是生搬硬套，而是先存疑、考察、实验，然后才加以选择"，吸取"旧的和新的、国内的和国外的办学精华。"他还认为："我们应该用显微镜看中国教育不振兴的微生虫在什么地方，也应该用千里镜看中国教育不发达的原因在什么地方，所以第一种手续就是调查。"陶行知关于建立新教育制度的这些真知灼见，这种求实精神和科学态度，对于我们在新的历史时期进行教育改革，建设有中国特色的社会主义教育体系，是很有现实意义的，值得我们学习、研究。

陶行知也是走过弯路的。他才从美国回来，搬过洋人的东西到中国来，八年的经验教训告诉他"此路不通"。由此他立志"不乞灵古人，不仿效外国"，主张学校要培养"有生活力的国民"，使学生"做一个现代人"，学到现代的知识和技能。使他们能抵御病痛，战胜困难，摆脱落后，赶上时代，去开发现代文明的宝库。陶行知一生试验了许多教育方法。除晓庄乡村试验师范学校，还有山海工学团、育才学校、社会大学等。他的试验范围是很广泛的。现在，我们也很需要这种试验精神。许多问题的探索，都迫切需要试验。每个学校都可以遵循党的教育方针，根据具体条件来进行试验，取得民主办校的有益经验。当前，农村实行生产责任制后，广大农民逐渐富裕了，他们迫切需要文化科学知识，难道我们不能向陶行知学习，大力办好师范教育，建设一支稳定、合格的教师队伍，面向农村，面向边远地区，发动群众办学，有计划有步骤地搞好普及初等教育工作吗？

陶行知在早年曾相信王阳明的"知是行之始，行是知之成"学说。后来经过十多年的教育实践，领悟到阳明学说的"不对"，提出了他自己的"行是知之始，知是行之成"的行知学说。他在《行是知之始》一文中，列举了许多科学家的科学发明来论证了"行是知之始，知是行之成"的创造发明原理，并指出在政治经济生活中，从"行"中得来的"知"，是"取得近代政治经济问题的钥匙"。

陶行知注重理论与实际结合，注重实践，他的教育实践是很丰富的。他从幼儿园到大学都办过。他倡导多轨道、多层次、多形式的办学道路。开办了乡村小学、儿童科学通讯学校、儿童工学团、劳工幼儿团、女工学组、各类师范学校、普通中学、职业学校、民众学校、工人识字班、农学团、工学团、自然乐园、教育研究所等等。这为我们当前大力发展教育事业、普及教育，提供了多种雏型，对我们运用各种适当办法，提高全民族的科学文化水平，是可以借鉴的。

陶行知非常重视创造。他发奋要创造中国自己的教育，适合中国国情的教育。他把培养人的创造精神和创造能力作为教育宗旨，有着深刻的理论认识根源。他把人生的真谛看作创造，他歌颂创造的活力，在艰难困苦向前创造的精神。他在他的教育诗《创造宣言》中写着："教育者不是造神，不是造石像，不是造爱人。他们所要创造的是真善美的活人。真善美的活人是我们的神，是我们的石像，是我们的爱人。教师的成功是创造出值得自己崇拜的人。先生之最大的快乐，是创造出值得自己崇拜的学生。说得正确些，先生创造学生，学生也创造先生。学生先生合作而创造出值得彼此崇拜的活人。"教育者要创造值得自己崇拜之创造理论和创造技术，他认为："只要有一滴汗、一滴血、一滴热情，便是创造之神所爱住的行宫，就能开创造之花，结创造之果，繁殖创造之森林。""处处是创造之地，天天是创造之时，人人是创造之人，让我们至少走两步，退一步，向着创造之路迈进吧!"这种创造精神，必须在儿童时期开始培养。"儿童是新时代的创造者，不是旧时代的继承者。"①

陶行知创办的育才学校，是他生前十年的伟大创造。他在现实生活中，深感人才幼苗必须从小培育，因材施教，才不致枯萎，而能够发展，真正为人民大众，为革命，为新中国培养出有用的人才。他提出："只要有特殊才能，我们都应加以特殊的培养。"如果家庭里、学校里、铺子里的孩子，在小的时候，已被发现有特殊的才干，那么，立刻就应给他以适当之肥料、水分、阳光，使他欣欣向荣。因此，育才学校培养出一批批投身革命斗争和建设社会主义的各方面的人才。陶行知关于发现人才、培养人才幼苗的教育思想至今仍有着积极的意义，闪耀着光辉，值得我们学习。著名音乐家、上海音乐学院院长、原育才学校音乐组主任贺绿汀在四川省纪念陶行知诞生九十周年大会上发言时，语重心长地说："音乐人才必须从儿童开始培养。陶先生创办的育才学校音乐组，是我国最早正确培养音乐家的教育机构……那些孩子是从流浪儿童中选出来的，他们中许多人已成为北京、上海音乐学院的主要教师、音乐界的有名作曲家、演奏家。……可惜至今还没有陶先生当时的远见，应该值得人们深思。"

陶行知善于从中国的实际出发，富有创造性，为创办具有中国特色的教育做出了不可磨灭的贡献。他把视野扩大到整个工农群众中去，相信群众和密切联系群众，相信人民的力量和智慧，主张人民为自己办教育，把教育建立在生活上，使生活与教育、社会与学校紧密联系起来。他虚心向人民大众学习，向自己的教育对象学习。他注重理论与实际结合，实行"教学做合一"，深恶痛绝旧教育脱离实际，脱离社会，脱离劳动，倡导在劳力上劳心，使劳力与劳心结合，竭力反对把学生培养成"人上之人"。他要求学生成为改

---

① 陶行知：《怎样选书》。

造社会、建设社会的实干家。他在学前教育、儿童教育、扫盲教育、普及教育、师范教育、职业教育、专业教育、人才教育等方面都有精辟的论述，积累了丰富的经验。所以，我们要历史地、辩证地对待陶行知的教育思想和方法，并作为我们今天办社会主义教育的借鉴。那种把二者对立起来的观点是不可取的。

当今世界有二十多个国家的专家学者研究陶行知的教育思想——"陶学"。日本专修大学教授、研究陶行知专家斋藤秋男说："陶先生留下的宝贵遗产，不仅是中国的，而且也是全世界人民的，我是作为世界的一员来研究陶行知的。"在开创社会主义教育事业新局面的今天，我们更要珍惜中国新教育开拓者树立的基石。

何其芳

何其芳（1912—1977），四川万县人。1935 年毕业于北京大学哲学系，1938 年任教于延安鲁迅艺术学院。1944—1947 年随周恩来在重庆从事文化工作，先后任中共四川省委委员、宣传部副部长、《新华日报》副社长等职。新中国成立后，曾任中国文学艺术界联合会委员、中国作家协会理事和书记处书记、中国社会科学院文学研究所所长等职，当选为第一、二、三届全国政协委员、第三届全国人大代表。主要作品有《汉园集》《星火集》《西苑集》等多部诗歌、散文。

何其芳曾在陶行知创办的育才学校、社会大学担任教职，二人私交甚笃。陶行知去世后，国内各民主党派、各地各界人民团体和教育界人士，相继举行大规模悼念活动。当时的重庆《新华日报》、延安《解放日报》、南京《联合晚报》、上海《申报》等均长篇报道各地的悼念活动。何其芳也发表了《陶行知先生的教育学说》的纪念文章，刊登在《新华日报》上。文章认为陶行知的生活教育学说不是封建教育的遗留，也不是外来教育的简单移植，而是从中国的土壤中生长起来的教育学说，是真正适合中国国情的教育体系。生活教育学说主张生活即教育、社会即学校，打破了教条主义的旧教育制度，在教育史上具有革命意义。文章讴歌了陶行知的教育学说是为人民服务的，是为劳苦大众服务的，而不是为少爷小姐们的少数派服务的，这是生活教育的基本立场。

陶行知先生的教育学说[*]

陶行知先生的教育学说是旧中国的土壤所能产生的天才的学说。

自从清末废科举兴学校以来，中国的一般教育总逃不出日本和欧美的资产阶级教育的圈子。这种教育比起科举制度的封建教育来诚然是新的。然而，这样地把资本主义国家的教育移植到中国来，假若说开头还有一些革新作用，越到后来则越暴露出来了它的根本弱点：充满了洋教条洋八股的气味，并不适合中国人民的需要。一般上学的人，浪费了很多的时间，浪费了大批的金钱，但他们所获得的却并不是最必要的知识与能力，而大半是一大堆无用的小东西。当他们从学校走到社会，马上就感到了严重的所学与所用脱节。除此以外，这种教育还有一个更根本的限制，就是只有少数有钱人家的子弟才能够上学校，广大的贫苦人民及其子女还是和在封建社会里差不多，照样地被关在教育的门外。

陶行知先生的教育学说就是在这样的土壤生长起来的。他突破了这种限制。他感到了这些问题，而又解决了这些问题。如大家所知道的，他所提倡的教育，名叫生活教育。这就是说，他的教育学说首先有着这样一个特点：他打破了各种与实际脱节的教育上的教条主义，而从根本上建立起生活即教育、社会即学校的理论。他发现了这样一个真理，而这个真理就从思想上动摇了整个旧中国的教育制度。从这出发，他反对鸟笼式的学校，反对装饰品式的教育，反对拉车夫式的教员。他有一首诗写得很好，他说："分明是教员，爱做拉车夫。拉来一车洋八股，谁愿受骗谁呜呼。"从这出发，他对于教育内容与教育方法就有了根本改造的主张。生活与社会对于我们的教育是怎样进行的呢？主要是靠实践。因此陶先生在教育方法上就主张教学做合一，在做上教，在做上学。而生活与社会教育我们的课程，亦即人类实践的内

---

[*]　原载《新华日报》，1946 年 9 月 22 日。

容，又是些什么呢？概括起来，不外乎这样两个方面，一是自然斗争，一是社会斗争。因此陶先生在教育内容上就强调征服自然与改造社会，他嘲笑不事劳动的人："个子那么大，拿不动扫帚！"他描写书呆子烧饭："一锅烧四样：生、焦、硬、烂。"他提倡手脑联盟："天赋两个宝，双手与大脑。宁做农与工，联合辟荒岛。"这种把劳动本来的价值与光荣恢复起来的思想，贯穿在他的著作和行动当中的，是他的改进社会的精神。所以他不但是一个伟大的教育家，同时又是一个伟大的政治家。就是他的教育活动方面，也一直与政治分不开，在不同时期有不同的教育运动。

对于陶先生的生活教育理论，也许有人有这样一个质疑：既然生活本身就是教育，社会本身就是学校，陶先生又为什么还要办晓庄，办山海工学团，办育才，办社会大学呢？关于这，陶先生是有过回答的。他说："我们承认自古以来便有生活即有教育。但在同一个社会，有的人是过着前进的生活，有的过着落后生活。我们要用前进的生活来引导落后的生活，要大家一起来过前进的生活，受前进的教育。"假若这还需要增加几句解释的话，则可以更明确地说，还是因为学校以及其他有组织形式的教育虽然远不如生活与社会的教育那样丰富，那样生动，但它们也有一种不可废弃的优点，可以更集中，更有计划地用生活与社会中的知识、经验以及技能来教育人，培养人。而旧社会办学校的人却忘记了知识的源泉，教育的目的，把学校和社会割裂开来，成为鸟笼，成为装饰品。陶先生把生活即教育，社会即学校这一本来如此的真理发现出来，并根据这来改造整个旧教育，就自然有着很大的革命意义了。

我们还应该更进一步来说明：陶先生对于生活教育理论的发现与主张是有一个出发点的，就是他的为人民服务的思想。这就是说，他的教育学说还有着这样一个更根本的特点：他否定了一切为少数人服务的旧教育，而创造了为广大人民服务的新教育的理论与一套办法。他说："从大众的立场上看，社会是大众唯一的学校，生活是大众唯一的教育。"他又说："少爷小姐有的是钱，大可以为读书而读书……大众只可以在生活里找教育，为生活而教育。"这说明陶先生对于生活即教育，社会即学校的这一真理的发现并非偶然的，简单的，而却是由于他有着为大众的观点，为大众的心。因此，他对于生活教育的解释，不仅只是"生活教育是生活所原有，生活所自营，生活所必需的教育"。还要加上这样的重要的补充，"生活教育是大众的教育，大众自己办的教育，大众为生活解放而办的教育"。更重要的是：陶先生的为大众的教育主张并不是停止在理论上，而是坚决地实践，并从实践当中创造了即知即传、小先生的办法来解决师资的缺乏。他创造了工学团、社会大学等形式来补救正式学校的不足。他主张人人都可以当先生，也可以当学生。他相信人民的力量，人民的智慧，他们可以自己解放自己，也可以自己为自己办教育。他认定中国是个穷国，必须用一套穷办法来普及穷人所需要的教育。因此，他反对"圈它几千亩地，花它几百万块钱，盖它几座皇宫式的学校"的贵族大学。他反对一般幼稚园所害的三种大病："外国病"，"花钱病"，"富贵病"。他说，三字经活用起来也能做普及现代教育的工具，一张发票，一张诗笺，和都市里用来包东西揩屁股的旧杂志旧书报，都可以当作教科书。他有一次路过成渝公路上的来凤驿，他就用"中华餐馆"和"民国饭店"这样两块招牌来教一群苦孩子认字，并用指头代笔，用手掌和桌子代纸，来教他们写字。这是唯有以大众的心为心的人才会感到陶先生的这些主张与做法是如何伟大，如何感动人的。

然而，正因为陶先生的教育学说与教育实践是这样适合中国人民的需要，是这样充满了革命的精神，他的思想与其手创的事业才得不到旧社会统治者的欢迎与批准，而总是遭到限制与压迫。连陶先生本人也竟因为黑暗的政治逆流的袭击而早死。只有在人民已经起来做了主人的地方，在解放区，他的志愿和学说才能得到实现，并且将得到发扬光大。

当然，这决不是说在旧中国的地区，我们就可以放松对于陶先生的学说的传播，放松对于陶先生的事业的坚持。刚刚相反，我们除了努力争取整个民主中国的到来，使他的学说可以普遍实现而外，同时应该加强对于他的遗著的研究，发扬他的学说的精髓所在，在艰难困苦的情形下也能根据他的学说的基本精神创造出一些新的形式，新的办法来。这样来使他遗留下来的事业更加巩固，更加发展。这样来使更多的人了解他，学习他。

胡晓风

　　胡晓风(1924—2012)，原名胡学芬，湖北武汉人。1934年就读于武昌日知小学，1935年入华中大学附中读书。自1937年先后担任青年团儿童先锋队、重庆儿童演剧队、青年会少年部养成团负责人。1941年开始从事教育工作。1942年参加生活教育社。曾在重庆育才学校由中共南方局办的农村工作干部见习班学习。新中国成立后担任中共涪陵地委青委书记、宣传部副部长。1952年调共青团西南工委，任学校工作部和宣传部部长、西南团校教务长。1957年任成都体育学院党委书记兼副院长。1978年后曾任四川省文教办公室副主任、中共四川省委宣传部副部长。曾任中国陶行知研究会副会长、四川生活教育社社长、四川省陶行知研究会、四川省教育学会、四川省创造学会名誉会长。曾出版专著《大体育观》《教育研究文集》《创业教育—教育整体改革的新构思》《创业教育论集》，与金成林共同主编《生活教育研究资料丛书》《陶行知全集》(12卷，四川教育出版社出版)，与金成林、张行可、吴琴南合著《陶行知教育文集》等。

　　胡晓风自1978年起开始研究陶行知，一直延续到2012年去世，笔耕不辍，留存有数百万字的陶行知研究成果，是我国研究陶行知教育思想的权威人士之一。本卷收录《陶行知与现代教育》一文，文章指出陶行知生活教育在新时期应成为社会主义现代化教育的一个组成部分，他首先指出生活具有"突出的中国化""教育要现代化"两个显著特点，其次论述了生活教育与现代教育之间的关系，结合列宁有关现代教育的论述，作者认为社会主义现代教育有五个必不可少的特点，而陶行知就是结合这些特点根据中国的实际"去谋适合、谋创造的"。

陶行知与现代教育[*]

"歌唱现代"

"我们不歌唱远古，

我们不歌唱未来，

我们只歌唱现代：

歌唱从古以来之现代，

歌唱未来所以来之现代。

歌唱现代的战斗，

歌唱现代的创造，

创造到无穷的将来！"

这是陶行知 1944 年 10 月写的一首诗。

陶行知在中国近代教育史上创立了一个最重要的流派——生活教育，它在中国近代教育史上写下了光辉的一页。陶行知虽然已经去世三十九年了，但他依然是属于现代的，他的生活教育思想也是当今社会主义现代教育的一个组成部分。他是属于全世界的，属于未来的。我们希望加强研究，以使陶行知的生活教育在新的历史条件下遍地开花结果。

一、陶行知及其创立的生活教育

陶行知(1891—1946)是在国民党特务迫害下过着流浪的生活，突发脑溢血死去的。当时国民党特务先后杀害了闻一多、李公朴，黑名单上第三名就是陶行知。他意识到已面临屠刀，但他把生死置之度外，他说："我等着第三枪！"他争取在有限的时间内为人民做更多有益的工作，他仍然四处奔走演讲，加紧工作，一日三易处所，在这种情况下死去。正如周恩来同志电告党中央所讲的：陶行知逝世是由于劳累过度，健康过亏，刺激

---

* 原载《四川教育学院报》，1985 年第 2 期。

过深。

陶行知二十六岁时从美国回来，不是接受国民党的高官厚禄，过贵族式生活，而是怀着要使全中国人都受到教育的宏愿，甘心布衣草履过平民生活。他的这个愿望也是我们今天社会主义教育的奋斗目标，与资本主义教育有鲜明的区别，陶行知为这个目标奋斗了一辈子。他去世已三十九年了，我们为这个目标又继续坚持奋斗了三十九年，我们整个民族受教育的情况还不能令人满意，我国基础教育落后，现在仍有两亿三千万文盲，再不重视并采取切实的措施，还会继续产生新的文盲、半文盲，特别是农村妇女。四川有一亿人口，在业人口有五千多万，其中文盲、半文盲就占30％，小学毕业生占40％，初中毕业生占20％，高中和大专以上文化程度的仅占10％。在业人口是这样一种结构，对发展经济十分不利。

我们国家的就业率是很高的，四川在全国也算很高的，占总人口的56％以上。我们的人口这么多，就业率这么高，这说明社会主义制度的优越性。可是，文盲、半文盲这么多，会妨碍国民经济的迅速发展。就业率与文化水平不成正比，不但不能推动经济的发展，反而是经济发展的包袱。大锅饭最根本的问题，并非在业率高不好，而是文化素质太差了，许多人不能干事情或者无法干好事情，劳动力资源没有充分利用，发挥效益。我们要建立高度文明的、高度民主的、现代化的社会主义强国，就得让每个人都有读书的机会，让所有的人民都有较高的文化，这才能使我们的社会主义祖国建设得富强康乐。我们四川在制订农村文化教育发展战略时，规定了这样一条：所有的劳动力至少是初中以上文化程度。在这个问题上，需要师范院校的同志们，搞教育工作的同志们，能够有陶行知那样的愿望，有陶行知那样的决心，真正去研究和解决使全国人民受教育的问题。

建国以后，特别是十一届三中全会以来这几年，教育事业的发展是很快的，成绩是巨大的，规模是空前的。另一方面，我国教育的落后和教育体制的弊端也是十分突出的。我们的教育搞了几十年，微观管理搞得多一些，宏观管理考虑得不够。至于整个县，整个省，整个国家究竟应该怎么搞教育，懂得的人就很少了。陶行知要提高整个民族的文化的愿望，通过他个人的奋斗，后来又在党领导下奋斗，有很多宝贵的经验。当然他的愿望在旧中国是无法实现的，我们现在取得了政权，发挥社会主义制度的优越性，我们是能够实现这个愿望的。

陶行知回国后，主张建立一个富强的新国家，这个目标是很明确的。他不是为搞教育而搞教育，他要使全国人民都有受教育的机会，国富民强，创造一个人民安居乐业的社会。安居乐业，就相当于小平同志讲的小康社会。陶行知奋斗的目的是为了国家富强，为了人民安康，不是为了少数人的利益，而是把读书作为改造社会的出发点。1919 年，他在《普露士教育之基本改革》一文中，热情地介绍了马克思提倡社会主义以来的伟绩。1928 年 5 月他在全国教育会议上提出了一个议案，建议国家划出地方数处献与人类，俾抱有改造社会理想之学者，得以运用科学方法，实现极乐世界。他列举了三个人"各有超越的见解"，其中之一就是马克思。马克思主义就是共产主义从全部人类知识中产生出来的典范，要有高度的文化才能建设共产主义。读书作为改造社会的出发点，被说成是不问政治，这是不对的。改造社会就是政治，使人民安居乐业就是很好的政治。当前我们国家的总政策就是富民政策，现在，富民政策已见成效，深得人心。陶行知那时说的"改造社会，使人民安居乐业"，又有什么不对呢？事物本身是复杂的，不能简单化。现在我们不讲教育救国恐怕还不行呢。陶行知的"教育救国"按我们现在的说法，就是要培养全心全意为人民服务的人才去改造社会，使国富民强。陶行知为救国而办教育，在民族民主革命的斗争实践中去办教育；他主张教育救国，并在救国的事业中去改革教育。

还是今年五月十七日万里同志在全国教育工作会议上讲得好，他说："在旧中国，一些仁人志士也认识到教育对振兴中华的重要性，提出过'救国教育'的口号。这个口号连同'科学救国'的口号在旧中国是无法实现的，但它反映了我国人民发展近代教育和近代科学的要求。"[1]怎样正确对待陶行知与怎样认识"教育救国"的口号有十分密切的关系。

陶行知献身于人民教育事业，提倡要有第一流的教育家。他认为教育家要有两条精神：创造精神——"敢探未发明的新理"；开辟精神——"敢入未开化的边疆"[2]。这里的边疆不仅指地方，也包括知识范围中还没有开发的领域。按现在的说法就是要适应新的技术革命需要的新知识领域。陶

---

①　国家教育委员会政策研究室编：《教育体制改革文献选编》，北京，教育科学出版社，1985 年版，第 23 页。

②　陶行知：《陶行知全集》（一），长沙，湖南教育出版社，1984 年版，第 114 页。

行知主张办"自新、常新、全新"的教育①。"自新"就是要办中国自己的新教育。他说:"我们中国的教育向来是抄袭的。先是抄袭日本,后来又抄袭英、德、法,现在又抄袭美国。这种抄袭教育,简直不是中国的教育,甚至不成教育"。② 当时正是美国热的时候,他在欢迎美国教育家,道尔顿制的创始人柏克赫司特女士时就是这么说的。他提倡要办独立自主的教育,他的最大特点就是根据中国的国情来办教育,要有中国的特色;"常新"就是要不断地变化,不断地更新,提倡日日新;"全新"就是不单是属于形式方面的要新,还有精神上的要新。不仅方法要新,而且内容也要新,教育的各个方面都要新。

陶行知主张培养"自主、自立、自动"的国民③。"自主"就是独立自主精神,就是提倡自我教育。他认为自主的人才能富贵不淫,贫贱不移,威武不屈。他创办的以及在他的思想影响下办起来的新安旅行团、孩子剧团和育才学校,就是典型的例证;"自立"是在社会上要独立生活,自衣自食,不求靠别人;"自动"是学生要自己能动起来,不然还是不能进步,用现在的话来说,叫做发挥主动精神。他从德智体几个方面来讲什么是自动。智育注重自学,教书的主要是教方法。他说:"新教员不重在教,重在引导学生怎样去学"④。体育注重自强,自己经常锻炼身体,自己照顾自己的生活;德育注重自治,反对数千年来的保育主义和干涉主义。养成学生共同自治的习惯,通过共同自治使他们自由的欲望可以自己约束,可以陶熔出恪守社会公德和守纪律的习惯。

以上是陶行知刚回国时提出的一些教育主张。在这个基础上,他创立了生活教育理论,并进行了广泛的试验。早在1918年他就提出:"教育岂能救国乎?吾敢断言曰:非试验的教育方法,不足以达到救国之目的也。"⑤这对我们当前正在进行的教育体制改革也是完全适用的。他在大学、中学、小学、幼儿园、农村教育、城市教育、职工教育、职业教育等各个方面都进行了广泛的试验。长期的实践证明,陶行知生活教育的理论具有强大的生命力,他的事业是不可限量的。

---

① 陶行知:《陶行知全集》(一),长沙,湖南教育出版社,1984年版,第122—123页。
② 陶行知:《陶行知全集》(一),长沙,湖南教育出版社,1984年版,第553页。
③ 陶行知:《陶行知全集》(一),长沙,湖南教育出版社,1984年版,第123页。
④ 陶行知:《陶行知全集》(一),长沙,湖南教育出版社,1984年版,第127页。
⑤ 陶行知:《陶行知全集》(一),长沙,湖南教育出版社,1984年版,第62页。

　　早在 1918 年，陶行知就说："生活主义包含万状，凡人生一切所需皆属之。"①现在不是有学校教育，终身教育，在职教育，平行教育等等，把人生的各方面都包括进去了吗？过去对教育的理解太狭窄了，只理解为小学、中学、大学、研究生。实际上教育的范围是很广泛的，以生活为中心的教育就是生活教育。

　　1921 年他在金陵大学暑期学校演讲，题目叫"活的教育"。他说中国的传统教育有三种：死的教育，不死不活的教育和活的教育。他反对死的教育；要改造不死不活的教育；主张活的教育。活的教育就是一天新似一天的教育。他说："活的教育，好像在春光之下，受了滋养料似的，也就能一天进步似一天。"②并且按照儿童的心理、年龄特点，找出发展的规律进行教育。现在我们教育上普遍存在的问题是把教育搞得太死。陶行知主张办活的教育，主张由活的教师教活的学生，用活的现实和活的教材去教小孩子。教师就要多看书，多看些活的书，供给学生活的知识，培养新而活的学生。活书就是搞调查研究，研究结合实际需要的书本，死书就是静止不动的书。实际的调查研究和理论相结合才能给学生活的知识，这样培养出来的学生才是活的学生。陶行知的意思就是要把教育办活，教师要教活，学生要学活，生龙活虎，不要死板。

　　1927 年，陶行知把王阳明"知是行之始，行是知之成"的哲学理论颠倒过来，改成"行是知之始，知是行之成"。把自己原来的名字"陶知行"改为"陶行知"。根据这一哲学主张，他把杜威的"教育即生活，学校即社会"翻了半个筋斗，提出"生活即教育，社会即学校"。这两句话，是从两个不同的角度讲的一个意思。陶行知讲的学校，就是学校教育；生活，就是社会生活。按陶行知的观点，生活教育可以用一句话来概括："教育以生活为中心"。③ 这是最精辟的解释。1927 年以后，生活教育就作为一种崭新的教育理论在我国出现了，这是前所未有的，直到现在，他的理论仍然是崭新的，重要的理论。

　　生活教育的道路是不平坦的，1927 年 3 月 15 日晓庄师范的成立为生活教育纪念日，至今已五十八年了，生活教育的发展道路经过了一个曲折

---

① 　陶行知：《陶行知全集》（一），长沙，湖南教育出版社，1984 年版，第 78 页。
② 　陶行知：《陶行知全集》（一），长沙，湖南教育出版社，1984 年版，第 175 页。
③ 　陶行知：《陶行知全集》（二），长沙，湖南教育出版社，1984 年版，第 76 页。

的发展过程，包括五个阶段：

1. 萌芽阶段(1926 年以前)

2. 创立阶段(1927—1936 年)

3. 发展阶段(1937—1946 年)，这段时间生活教育理论在历史上发展到了鼎盛时期。怎样挖掘这一资源为现在所用，这就是编辑生活教育研究资料丛书的目的和任务。这个阶段是生活教育的高潮时期，是在党的领导下进行的，是很重要的。

4. 陶行知逝世以后，生活教育经历了一个挫折阶段(1947—1976 年)。这是由于批判《武训传》引起的，从此，生活教育便在我们的国土上销声匿迹了。因此后来的人对生活教育，对陶行知的学说不了解，也没有人再去研究了。1979 年甚至有人写文章说"四人帮"的教育思想来源于陶行知。

5. 1977 年以后，可以说是生活教育的复苏时期。全国各地都成立了陶研会，今年 9 月 5 日，中国陶行知研究会和基金会在北京成立，生活教育的研究工作又将蓬勃开展起来了。

陶行知创立的生活教育理论，是中国近代教育史上最重要的一个流派。中国正规的学制基本上是学外国的，解放后主要是学苏联。我们自己有很多教育流派，有好的也有不好的，大家可以自己去鉴别，但最重要的有两个流派：一是生活教育，一是以黄炎培为代表的职业教育。职业教育仅限于职业教育的范围，生活教育是最广泛、最完整的，特别是当前缺乏宏观教育指导的时候，更需要研究这一理论。

生活教育理论是一个整体，我们怎样把生活教育的理论运用到社会主义现代化这个总体上来，加以研究，取其精华，为现在所用，为未来所用，这是当前我们教育科学理论上的一个重要课题。

生活教育有两个显著的特点，一是突出的中国化，用现在的话说就是中国特色。早在 1925 年陶行知就明确地提出："只有透彻研究自己需要的问题，才能确有把握地制订出一套真正适合中国国情并为中国服务的教育制度来。"[1]这里讲的教育制度相当于今天的教育体制。他说的这种教育体制是根据自己的需要制订出来的，是符合中国国情并为中国服务的，不是从外国搬来的，不是东拼西凑得来的，这是陶行知生活教育理论的一个很

---

① 陶行知：《陶行知全集》(一)，长沙，湖南教育出版社，1984 年版，第 510 页。

鲜明的特点，也是我们当前所以要研究它的道理。他主张按照实际情况，实际需要提问题、解决问题。1919 年他就明确指出传统教育有五大弊端，其中有两条仍然是我们今天的要害。一是"沿袭陈法"，他一针见血地指出："有例可援，虽害不问；无例可援，虽善不行。"①就是说，只要有样子在那里，有条条款款，虽有害处也不去管他；没有先例的东西，虽然再好也是干不得的。他讲得很深刻，沿袭陈法太厉害了，现在这种风气仍然盛行，办什么事都问有没有红头文件，没有，就行不通。其实，有了也往往行不通。二是"仪型他国"，什么都是外国的好，外国没有的就不做，至今还是这样。解放后先是学苏联，现在又学美国。陶行知也承认，外国好的东西我们都是可以用的。但是他反对"学来学去，总是三不像"。他说："中外情形有同者，有不同者。同者借镜；他山之石，固可攻玉。不同者而效焉，则适于外者未必适于中。试一观今日国中之教育，应有而无，应无而有者，在在皆是。此非仪型他国之过欤？"②

现在正值改革之时，我们对国外的经验应该明辨择善，绝不可舍己从人，轻易汲取。何况我们在学习中也存在着由于误会，以误传误，或费时多日辗转而来，我们之所谓新者，其实他人认为已经旧了。

"沿袭陈法"和"仪型他国"，也正是今天我国教育改革要解决的两个重要问题，这两个弊端不克服，教育改革就很难进行下去。我们在学习和研究陶行知的理论时，要特别注意这两个问题，要创造新的东西，不要拘泥于老办法；学外国要符合我国的国情。要学习陶行知，改革我们的教育体制，建立一个具有中国特色的，符合三个面向需要的社会主义教育体系。

生活教育的第二个显著特点，就是陶行知提倡教育要现代化。1935 年他就明确提出生活教育现代化，他说："做一个现代人必须取得现代化的知识，学会现代的技能，感觉现代的问题，并以现代的方法发挥我们的力量"。"我们必须拿着现代文明的钥匙才能继续不断的去开发现代文明的宝库，保证川流不息的现代化。③"对生活教育的这两个显著特点，他在 1925 年《新教育评论》创刊缘起的文章中就讲得很清楚了。他说："我们深信一个国家的教育，无论在制度上、内容上、方法上，不说常靠稗贩和因袭，

---

① 陶行知：《陶行知全集》（一），长沙，湖南教育出版社，1984 年版，第 93 页。
② 陶行知：《陶行知全集》（一），长沙，湖南教育出版社，1984 年版，第 18、94 页。
③ 陶行知：《陶行知全集》（二），长沙，湖南教育出版社，1984 年版，第 782 页。

而应该准照那国家的需要和精神,去谋适合、谋创造。同时我们又认定这个国家,如果是现代的国家,如果是现代世界的一个国家,那么,他的教育便不能不顺应着时代和世界的教育趋势,而随伴着竞进。"①他讲这个趋势就是发展民主,依靠科学来研究和确定教育的制度、内容、方法和效果。他的这两个显著特点是和我们社会主义的现代教育相联系的,下面再着重说明生活教育与现代教育的关系。

二、生活教育和现代教育的关系

首先讲讲现代教育的概念。不同的时代有不同的教育,现代教育系针对传统教育而言,现代教育与传统教育如何区分,现在还有许多不同意见。各个不同学科和不同行业对于两者的界限也存在着各种不同的划分方法。不同的社会制度,各有不同的传统教育和现代教育。两者在世界范围内更没有一个统一的划分标准。封建社会和资本主义社会的传统教育是不相同的,社会主义国家与资本主义国家的现代教育也是不同的。教育因时代而异,因社会而异,不同时代,不同社会的教育又是相互联系,相互影响的。现代教育又是在传统教育的基础上发展起来的。我们要十分注意传统教育与现代教育相互比较的研究,要从客观实践中,从不同社会,不同时代的相互比较研究中,寻得教育的总体规律和一般规律,只有把陶行知的生活教育理论放在这种比较研究中去研究,才能更好地指导当前的教育改革。

列宁在无产阶级夺取政权后最早提出了现代教育的概念。伟大的十月社会主义革命消灭了旧的剥削制度,奠定了根本改造一切社会生活,包括改造国民教育这一重要社会生活部门的基础。1920 年 10 月 2 日列宁在俄国共产主义青年团第三次代表大会上的著名演说《青年团的任务》中提出了社会主义现代教育的理论和原则。这是一篇出色的社会主义教育纲领。列宁说:"我们应当了解,废除以前死读书,实行强迫纪律、死记硬背的方式时,必须善于汲取人类的全部知识,使你们学到的共产主义不是生吞活剥的东西,而是经过你们深思熟虑的东西,是从现代教育观点上看来必然的结论。"②联系到列宁当时一系列的论述来看,社会主义现代教育有下面

① 陶行知:《陶行知全集》(一),长沙,湖南教育出版社,1984 年版,第 568 页。
② 中共中央马克思恩格斯列宁斯大林著作编译局:《列宁选集》(四),北京,人民出版社,1995 年版,第 349 页。

五个必不可少的特点，而陶行知就是结合这些特点根据中国的实际"去谋适合、谋创造的"。

1. 社会主义现代教育的目的是为了建立共产主义的社会制度，培养具有共产主义远大理想的人才。社会主义最终是过渡到共产主义，这是马克思主义关于人类社会发展规律的科学总结，是有人类历史以来最崇高最伟大的理想。列宁指出："你们应当把自己培养成共产主义者。""每一个青年必须懂得，只有受了现代教育，他们才能建立共产主义社会，如果不受这样的教育，共产主义仍然不过是一种愿望而已。"①列宁又一次提出了现代教育的概念，讲明了现代教育与建立共产主义社会制度的关系。学校教育要把理想教育渗透到教育的全过程之中，并与当前建设和改革的实践有机地结合起来，使远大理想具体化，使青年学生在将来从事建设和改革实践中具有崇高的目标，获得强大的动力。这是我们教育工作者任何时刻都不能忘记的神圣职责。

陶行知虽然明确地提出教育是以改造社会为鹄的，至于是什么样的社会，什么样的国家和国民，什么样的远大理想，开始时是模糊不清的。在生活教育形成的初期，伴随着社会革命的实践，他的思路逐渐开阔了，逐渐明确了，要建立一个什么样的社会和国家，要培养什么样的人才，要走什么样的道路才能改造社会。1927 年国民革命军攻打南京，他在晓庄师范和安徽公学组织战地救护队去迎接革命军，迎接第六军党代表兼代江苏省主席林祖涵。他提倡乡村教育运动，创办晓庄师范，开始就是和在党领导下的农民运动结合在一起的。他和"牛大哥"同铺，提出向农友学习，向农友交朋友，吸收农民子弟入学。他举办乡村医院，让农民求医；他创建了中国第一所乡村幼稚园；晓庄师范到处发动农民组织农民协会，"与土豪、劣绅、伪农民短兵相接"，他主张"训练真农民使生产力与武力合而为一"。他提出为农民服务，明确晓庄师范要谋中国农民，东南亚各国农民以及全世界农民之解放。② 他写了很多关于农民运动的文章，著名的《锄头舞歌》③就是这个时期的代表作。1928 年在晓庄这块自由园地上建立了中国

---

① 中共中央马克思恩格斯列宁斯大林著作编译局：《列宁选集》（四），北京，人民出版社，1995 年版，第 351 页。

② 陶行知：《陶行知全集》（五），长沙，湖南教育出版社，1985 年版，第 178 页。

③ 陶行知：《陶行知全集》（四），长沙，湖南教育出版社，1985 年版，第 59、60 页。

共产党的支部和共青团支部，建立了联村自卫团组织，晓庄师范学校还实施军事训练。农民运动是陶行知的政治主张和教育思想相结合的重要标志。他在从事农民运动的实践中为中国教育探获生路。他在《晓庄三岁敬告同志书》中说得很清楚，他指出："晓庄是从爱里生产出来的。没有爱便没有晓庄。因为他爱人类，所以他爱人类中最多数而最不幸之中华民族，因为他爱中华民族，所以他爱中华民族中而最不幸之农人"。为完成使命不得不"与土豪劣绅奋斗，与外力压迫奋斗，与传统教育奋斗，与农人封建思想奋斗，与自己带来之伪知识奋斗"。"他的目光，没有一刻不注意到中华民族和人类的全体"。他的名言："捧着一颗心来，不带半根草去"就是对这样的爱的最好概括。① 1930 年他组织晓庄师生参加地下党领导的爱国反帝示威运动，国民党因而下令通缉陶行知，搜查封闭并占领晓庄。后来他在总结晓庄办学经验时，明确指出："我们是实际的革命者，是用教育的方式在反封建反帝国主义。"他说："教育不过是达到农民解放的一个工具，这个工具是主要的，但最主要的还是武器"。② 他是一个道地的从理论到实践的革命家，他同意一个教育者同时应该是一个革命者的主张，他还补充一句："一个真正的革命者必然是一个真正的生活教育者。"③多么鲜明！多么明确！生活教育的目的从它形成时期就是与社会主义现代教育的目的趋于一致的。

2. 怎样培养青年成为共产主义者呢？列宁指出："只有用人类创造的全部知识财富来丰富自己的头脑，才能成为共产主义者。"④这是成为共产主义者的最重要的条件；列宁说："必须取得资本主义遗留下来的全部文化，用它来建设社会主义。必须取得全部科学、技术、知识和艺术。没有这些，我们就不能建设共产主义社会的生活。"⑤因为"马克思主义就是共产主义从人类全部知识中产生出来的典范。"⑥

---

① 陶行知：《陶行知全集》(二)，长沙，湖南教育出版社，1984 年版，第 207 页。

② 戴伯韬：《陶行知的生平及其学说》，北京，人民教育出版社，1982 年版，第 25 页。

③ 陶行知：《陶行知全集》(五)，长沙，湖南教育出版社，1985 年版，第 476 页。

④ 中共中央马克思恩格斯列宁斯大林著作编译局：《列宁选集》(四)，北京，人民出版社，1995 年版，第 348 页。

⑤ 中共中央马克思恩格斯列宁斯大林著作编译局：《列宁全集》(二十九)，北京，人民出版社，1985 年版，第 50 页。

⑥ 中共中央马克思恩格斯列宁斯大林著作编译局：《列宁选集》(四)，北京，人民出版社，1995 年版，第 347 页。

陶行知的生活教育是供给人生需要的教育，整个社会的活动，就是生活教育的范围。建立一个什么样的社会，就是什么样的教育。生活教育的内容，"教育之学术，非可独立存在。彼立于哲学、心理学、生物学、生理学、社会学、经济学，各种学术基础之上。"①他主张"教育与农业携手"，教育须与别的伟大势力携手，"充分联络"。他本人的知识是很渊博的，因而他主张社会有多少知识，就要尽可能地教学生学多少知识。陶行知的生活教育不是某一种学科的产物，而是相当庞大的一门综合科学，这门科学特别注重横向联系，其力量大小，"要看他对于别方面势力联络的范围大小而定"②。"吾人当改进教育之时，务须注意教育以外尚有许多别种事情须同时改进"③。

3. 列宁还以为，教育工作同党的宣传鼓动工作一样，要围绕经济建设这个中心进行，无产阶级夺取政权后的中心任务是经济建设，教育和整个宣传鼓动工作都不能离开这个中心，要把文化知识的普遍提高紧紧地同劳动人民群众的切身利益结合起来，同最迫切的经济需要牢牢地联在一起。列宁指出："共产主义现在已经不只是我们的纲领、理论和课题了，它已经是我们今天的实际建设事业了"，"整个共产主义宣传，归根到底，都是要领导实际的国家建设"。他还特别指出："要是用旧的观点来理解政治，就可能犯很大的严重的错误"。所谓旧的观点，是指在无产阶级夺取政权以后，政治就是一个阶级对另一个阶级斗争的观点。在无产阶级夺取政权以后，政治就是建设我们的国家。列宁认为主要的政治应当是从事国家的经济建设，政治斗争的重心应当逐渐转向经济方面的政治。因此，包括我们教育工作在内的宣传工作，按照列宁的说法，"应该建立在经济建设的政治经验之上。"④

陶行知在 1931 年写过一篇从探索中华民族出路来论述中国教育的出路，他根据中国农民经济崩溃的趋势，提出中国要"从农业文明走向工业文明"。认为中华民族最根本之出路即中国教育之根本出路。他讲的第二

---

① 陶行知：《陶行知全集》（二），长沙，湖南教育出版社，1984 年版，第 228 页。
② 陶行知：《陶行知全集》（一），长沙，湖南教育出版社，1984 年版，第 654 页。
③ 陶行知：《陶行知全集》（二），长沙，湖南教育出版社，1984 年版，第 228 页
④ 中共中央马克思恩格斯列宁斯大林著作编译局：《列宁选集》（四），北京，人民出版社，1995 年版，第 371、370 页。

条出路即"创造富的社会","教人创造富的社会"①。陶行知"最初定教育目标时对于政治经济即特别重视",他明确宣布生活教育肩负的使命:"(一)是教民造富;(二)是教民均富;(三)是教民用富;(四)是教民知富;(五)是教民拿民权以遂民生而保民族。"②

4. 教育要为发展经济服务,而发展经济又必须发展科学技术。"共产主义就是苏维埃政权加电气化",就是列宁根据当时技术发展的实际情况提出的一个著名公式。教育就是要为雄厚的最新科学技术提供人才准备。为了把教育、科学经济结合起来,列宁还指出:"必须使每一个工厂,每一个电站都变成教育中心。"③

陶行知认为"现在的世界是一个科学的世界,整个中国必须受科学的洗礼,方能适于生存"。"我们必须培养科学的幼苗,撒播科学的种子,使全中国遍开科学之花,丰收科学之果。"④他提倡科学下嫁运动,要把科学变得和日光、空气一样普遍,人人都能享受。他主张科学教育从娃娃抓起,他创办儿童科学通讯学校,主编儿童科学丛书。他主张在"做"中学科学,把技术和科学结合起来。他亲自动手玩科学把戏给儿童看,号召大小孩子都来"玩科学把戏"。他主张用科学的方法去征服自然,美术的观念去改造社会。他主张个个乡村都应当有学校,更应当有好学校。他要"提倡一百万所学校,改造一百万个乡村"⑤。

5. 教育不能与沸腾的实际生活脱节,理论不能与实践脱节,教学不能与生产劳动脱节。只有结合起来,青年从中学习的共产主义才是深思熟虑的东西。我们应该善于通过实践说明如何走向共产主义。列宁特告诫我们,只学共产主义的结论,只背共产主义的口号,不但不能建成共产主义,而且是一种危险。"我们若不及时认清这种危险,不用全身来消除这种危险,那么五十万到一百万男女青年这样学了共产主义之后,就自称为共产主义者,这就只会使共产主义事业遭到莫大的损害。"⑥当前,我们需

---

① 陶行知:《陶行知全集》(二),长沙,湖南教育出版社,1984年版,第247、285—286页。
② 陶行知:《陶行知全集》(二),长沙,湖南教育出版社,1984年版,第212页。
③ 中共中央马克思恩格斯列宁斯大林著作编译局:《列宁选集》(四),北京,人民出版社,1995年版,第399、401页。
④ 陶行知:《陶行知全集》(三),长沙,湖南教育出版社,1985年版,第513页。
⑤ 陶行知:《陶行知全集》(二),长沙,湖南教育出版社,1984年版,第6页。
⑥ 中共中央马克思恩格斯列宁斯大林著作编译局:《列宁选集》(四),北京,人民出版社,1995年版,第346页。

要及时认清这种危险，要用全身消除这种危险，才能使我们的学校教育以及学校里的马列主义教育和思想政治工作适应当前改革开放和迎接新技术革命挑战的需要。陶行知主张"在做中学"，"教学做合一"。他的指导思想是："行动产生理论，发展理论，行动所产生发展的理论，还是为的要指导行动引着整个生活冲入更高的境界。"①这和我们党历来主张的理论与实践相统一的学风是一致的。而且他也是这样做的，做得比较好的。当然，在实践过程中也产生过这样或那样的偏颇。这要具体分析，决不能把工作上的某种偏颇作为否定正确理论的根据。

早在1930年3月，陶行知就指出："生活教育既以生活做中心，立刻就与几种传统思想冲突"。他列举了下列五种：一是模仿德国在第一次世界大战以前的以文化为中心的教育。二是教训分家，即教育与训育分开，课内与课外分开。三是教育等于读书。四是学校自学校，社会自社会，学校与社会漠不相关。五是漠视切身的政治经济问题，教育不管政治，教育不问经济。② 生活教育反其道而行之，这与前面介绍现代教育五个特点的精神是吻合的。生活教育经历了五十八年曲折发展的道路，在革命实践中，她已和社会主义现代化教育结下了不解之缘，她在总结我们自己历史的现实的经验中复苏，她将为使我们的教育事业建立在当代世界文明成果的基础之上作出新的贡献。她将随着社会主义现代教育事业的空前繁荣向前迈进。还是用陶行知1930年为纪念晓庄三周年写的一首诗作为本文的结束。

今日是何日？
愿从今日起，
当念三年前，
更结万年缘。③

---

① 陶行知：《陶行知全集》(二)，长沙，湖南教育出版社，1984年版，第26页。
② 陶行知：《陶行知全集》(二)，长沙，湖南教育出版社，1984年版，第208页。
③ 文首诗见《陶行知全集》(四)，长沙，湖南教育出版社，1985年版，第623页。文末的诗见陶行知：《陶行知全集》(二)，长沙，湖南教育出版社，1984年版，第206页。

翦伯赞

　　翦伯赞(1898—1968)，湖南桃源人。1919 年在武昌商业专门学校毕业后，任常德中学教员。1924 年赴美国加利福尼亚大学研究经济学。1926年在历史学家吕振羽的影响下开始用马克思主义观点研究中国社会和历史问题。1937 年任南迁的北平民国大学教授。1946 年任大夏大学教授、大孚出版公司总编辑，主编《大学月刊》。1947 年赴香港主编《文汇报》"史地"副刊。新中国成立后，任政务院文化教育委员会和中央民族事务委员会委员。1950 年任中国新史学会总编辑委员会委员。1952 年全国高校院系调整后，任北京大学历史系教授兼主任，后又兼任中共校党委委员、副校长，并兼任中央民族学院研究部主任、中国科学院哲学社会科学部委员、民族历史指导委员会副主任委员、中国历史学会常务理事、高等学校文科教材编审委员会委员、历史教材编审组组长等。著作有《中国历史哲学教程》《中国史纲》《中国史论集》《先秦史》等。

　　翦伯赞与陶行知是相交多年的好友，在重庆期间曾担任育才学校的兼职教授，与陶行知有共事之谊。本卷收录的《我和行知先生》一文是当时各界人士悼念陶行知文章中极具代表性的一篇。文章以叙事的手法回顾了作者与陶行知生前交往的细节，穿插很多两人以往的对话，细节中展示着真实，文字中流淌着深情。文章写的是一对友人之间的点滴交往，但凸显的是陶行知为友人排忧解难的高尚品德与人格魅力。文章通过不同的事例刻画陶行知智者、仁者、勇者、圣者的形象，展示了一位教育家之外的更具生活气息的陶行知。

我和行知先生 *

一

我永远不能忘记，七月二十五日这一天，这一天，是我的朋友、中国伟大的人民教育家、民主主义的战士陶行知先生逝世的一天。

大约是上午十时，田汉先生带着他的女儿，到佛光医院来探视我。当时我的黄疸病，还是很严重。医院院长李佛光先生，和田先生是朋友，他留田先生和他女儿午餐。我虽然不能吃饭，也勉强从病床上起来，坐在餐桌的旁边，听他们谈话。

正在午餐的时候，一个青年很慌张的跑进来。我认得是楼肇础君，他是生活教育社的社员，是行知先生经常派来看我的一个朋友。

楼君每次来看我，脚步是很轻的，这次脚步沉重，面色慌张。我知道，一定有什么意外的事，这意外的事又一定与行知先生有关。我即刻就联想到《文汇报》登载的"黑榜"，联想到行知先生的"黑榜"上的"探花"。

果然楼君带来的消息是"陶先生中了风"！而且"已经断了一次气，现在很危险"！

听到这个消息，李医师即刻穿衣服，他的夫人一旁替他准备药箱。大约在五分钟之内，田先生和李医师，在楼君的向导之下，就赶赴行知先生的病所。我要求同去，被李医师劝阻。

我回到病房找寻我的内人淑婉，还是想在她的扶持之下看行知先生，恰巧她出门了。我躺下，我又坐着，实在不安。我还是要去，我穿好了衣服走下楼梯，但我的两腿实在无力，又走回病房，脱了衣服，躺在床上。

不到二十分钟，李医师和田先生回到医院，他们带给我的是行知先生已经逝世的噩耗。像电一样触到我的神经，使我不自觉地从床上爬起来，

* 选自江苏省陶行知教育思想研究会编：《纪念陶行知》，长沙，湖南教育出版社，1984 年版。

我拉着李医师的手，我问他："是不是中毒？"他说："不是中毒，是脑溢血。""真没有救了吗？"他说："太迟了！"我禁不住我的热泪滚滚而下，我禁不住放声大哭。

正在这个时候淑婉回到医院，我又想和她同去爱棠新村。田先生和李医师又劝阻我，说我不能受刺激。但田先生却催淑婉快去，陪伴陶夫人。

淑婉去了，李医师去了，田先生因为要通知其他的朋友也去了，病房里只剩下我一人。已经是傍晚的时候，我躺在床上，望着模糊的电灯，我回想我和行知先生的关系，从听到他的噩耗，想到我和他最初的见面。

二

我第一次见到行知先生，是在晓庄师范。在没有见到他以前，我想象中的行知先生不过是杜威博士最好的一个中国学生，和其他穿西服说洋话的洋学生恐怕没有什么区别。他所办的晓庄师范学校，也不过是一个变相的教会学校，和其他制造洋奴的教会学校，怕也没有什么不同。但是当我见到行知先生时，他说话并没有夹一句英文。他身穿的并不是洋装，而是一身土布的学生服。再看晓庄师范里面，并没有礼拜堂，这里的学生也看不到一个花花公子、摩登小姐，尽是一些农民子弟。从这时起，我才改变对行知先生的观念。

第二次和行知先生见面，是在长沙。那时正是抗战的第一年，武汉还没有失守。日本的法西斯，还在用美国飞机和炸弹围攻武汉；而帮助我们保卫大武汉的，正是被目前中国法西斯分子认为"新帝国主义"的苏联的飞机和大炮。这时我正在长沙主持中苏文协长沙分会的工作。

在某天下午，我和吕振羽先生从岳麓山躲警报回来，沿着湘江东岸往北走，在小西门附近看见行知先生迎面而来，还是穿的一身藏青色的布学生服。我和吕振羽招呼他，邀他到中苏文协去谈谈，他说，"来不及了，今天就要动身到重庆去。"我们问他"为什么不留在武汉，参加保卫大武汉的工作"，他先和我们说了一句笑话，他说"有了陶德曼就用不着陶行知"。但接着他告诉我们一件事实。他说有人要他留在武汉做三青团的干事，而且留他的是一位贵夫人。但他有一个建议，三青团最好不要排除任何党派的青年，他应该是中国各党各派和无党派的青年的一个综合组织，结果他的建议被拒绝了。自然也还有其他的工作可做，但他认为有一个工作比任何工作更重要，就是保育我们的下一代。他说："现在成千成万的孩子，流亡到重庆，没有人管，我要到重庆去抢救这些孩子。"说到这里，他因为急于要去接洽交通工具，我们就握别了。

第三次见面是一九四〇年的冬天。这次见面，是在冯焕章先生的官邸。那时冯先生住在巴县中学里面，我在冯先生那里讲授中国历史。有一天，正在午餐的时候，行知先生来了，还是穿的那一套藏青色的布学生服，不过加穿了一件黑色的旧外衣。冯先生以为我们不认识，还替我们介绍。行知先生，第一句话就告诉我："我已经创办了一个育才学校，抢救了两百多个天才的孩子，现在住在一个古庙里，你来得好，这些孩子正等着你呢！"接着他又告诉我关于创办育才学校的经过。从此以后，我和行知先生就经常见面。我在报纸上常常看到他的诗歌，他的演讲辞，这些都增加了我对他的认识。

使我对行知先生获得更深刻的认识，而且简直可以说使我对他发生信仰，那是一九四一年的秋天以后。因为在那一年的秋天，我到育才学校讲了二十一天的中国历史。在这二十一天中，我看出了行知先生所创导的生活教育，是一种人民本位的教育。这种教育不仅和生活打成一片，也和人民打成一片。它的具体的表现，就是告诉学生不仅从书本上学习，同时要从生活的实践中学习；不仅要从教师学习，同时要从老百姓学习。一言以蔽之，就是告诉青年最可靠的智识，是从生活实践中总结出来的智识；最有用的学问，是具体了解人民大众的要求。这样的教育，当然是一种革命的教育，人民所需要的教育。

同时，我也看出行知先生所创导的人才幼苗教育，已经有些成效。十几岁的孩子，居然能够自己作曲，自己编剧本，自己导演自己编的剧本，而且还能够写出短篇的创作，在座谈会中能够分析时局。这些，都证明了天才教育是一种适合于人类智慧发展的教育。

此外，从许多细小的地方，我又看到行知先生对孩子们的关心，比父母关心儿女还要周到。他关心他们的营养，关心他们的寒暖，关心他们的疾病。在二十一天中，我没有看见一个小孩因为受了委屈或思慕家庭而哭泣的。从这里，我感叹行知先生所怀抱的人类爱之博大。他有宗教家的心肠，但和宗教家不同，就是他有所爱，也有所恶。我记得他向我说过，"我什么都不抵抗，只抵抗一种东西——法西斯。"我以为他这种反抗强暴的精神，正是他伟大的人格之基础，正是他不朽的光辉之源泉，也正是他博大的人类爱之最深刻的表现。

三

在以后的几年中，我和行知先生就成了患难中的战友，经过的事情很多，有许多事情，已经在记忆中渐渐模糊了。但有几件足以特征他的性格的事情，到现在，还在我的脑筋中，留着深刻的印象。

我记得，有一个时间，育才学校的经费非常困难，几乎要关门。我听到这个消息，以为他非常着急，赶去看他。但当我看到他的时候，他手里拿着一本书，比每一次都要愉快。他一看到我，连忙把书翻放着，不等我说话，就问我一个问题。他说："我在中国史上发现了一个伟人，你猜猜是谁?"我说："你所认定的伟人，当然不是秦皇、汉武，更不会是汉奸曾国藩呢! 也许是那一位无名的民族英雄吧?"他说："你猜错了，他不是一个英雄，是一个乞丐。"接着就把那本书交给我，原来是一本《武训画集》。他很兴奋地说："如果我不发现武训，育才学校恐怕要关门。现在，有了武训领导我，育才不会关门了。"从那里，我看出行知先生在任何困难之前，不肯回头，只要他认定这件事，应该做，他就一定要用种种的方法，坚持到底。这种精神就正是"仁者不忧"。

我又记得，当湘桂战事失败，贵阳吃紧，重庆动摇的时候，我以为他对育才学校的撤退，一定感到困难，去看他。当我看到他的时候，他正在整理书籍。他指着书架上的一部《大英百科全书》，向我说："你看，我前天在旧书摊上买了这样一部大书，一万块钱一本，从英国买，邮费都不够。"我说："人家都在卖书逃难，你还买书，怎么搬得动啊!"他说："我因为笃定日本人不会来，才买这部书。"我问他："你根据什么?"他说："我的根据，是日本没有消灭重庆政府的必要。"从这里，我们又可以看出行知先生在任何危难之前，决不慌张，但他的镇静，不是没有根据的。这种精神，就正是"智者不惑"。

我又记得，在六月二十三日上海北站欢送人民代表赴京请愿的群众大会中，在开会之前，有一个青年问他说："也许今天又要重演较场口的事件，先生要小心些!"他回答那位青年说："那不是我们的事，重演不重演是政府的事。你来参加，难道不是预备挨打的吗?"后来他在主席台上，用抑扬有致的音调，发表了简单而沉痛的讲演。他说："八天的和平太短了，我们需要永久的和平! 假装的民主太丑了，我们需要真正的民主! 我们要用人民的力量，制止内战，争取永久的和平! 我们要用人民的力量，反对独裁，争取真正的民主！……"

隔了几天，报上发表了他的"黑榜探花"。那时我已病倒，从地板上爬起来，打电话给他，不是告诉他我病了，而是要他提防"无声手枪"。他回答我："我等着第三枪！"伟大啊！这才是"勇者不惧"啊！

但行知先生一生，刻苦自己，布衣粗食，砥节砺行，数十年如一日，我从来没看见他有过自己的家庭，我从来没有听见他谈到自己的儿女，更没有听到他谈到自己的生活。只有一次，那是在参政员除名以后，他告诉我说："现在，我的内人变成了我的外子，我变成了她的内子。"我不懂，他告诉我："现在她在工厂里做工，我在家里管事。"

但是他对于青年，对于朋友的诚恳和帮助，却是世所稀有。他的诚恳并不表现在面上，我从没有看到他有什么热烈的表情。但他的内心，却蕴藏着最大的诚恳，燃烧着火热的情感。只就他对我而说，在抗战的几年中，他关心我的生活，关心我的健康，关心我的著作，真是无微不至。我有几次贫血病与心脏病发作，都是因为他的帮助才好转的；我的近著《中国史纲》第二卷，也是因为他的帮助，才从五十年代社赎出来继续付印的。甚至他对于我吸烟的嗜好，都没有忘记。他自己不吸烟，但外国友人送给他的香烟，他一定接受，哪怕是一支两支都替我留着，托人带给我。有一次他送给我一支骆驼牌的香烟，附诗一首：

"吸一支骆驼烟，变一个活神仙。写一部新历史，流传到万万年。"

诗后还有这样一行注文："美国 Outerbough 先生来访，送我一支烟，转送给你吧！八月九日，一九四四年。"

又有一次他送给我两包"幸福牌香烟"，这是托《悲惨世界》的译者微林带给我的，也附诗两首。

"这礼物来自罗斯福之国，里面包装着四大自由，借您的智慧之火点着，教他 Puff 出自由来。

这礼物来自罗斯福之国，里面包装着四次胜利，借用您的智慧之火点着，教他 Puff 出胜利来。

十一月十四日，一九四四年。"

现在，我读了行知先生这几首诗，大有感慨，因为"罗斯福之国"已经被少数法西斯分子所把持，在"罗斯福之国"出产的香烟中，再也 Puff 不出自由来了，再也 Puff 不出人民的胜利来了。

行知先生不仅对于我是如此，对其他的朋友也是如此，甚至对于疯子也不例外。我记得他曾经收容过两个疯子，有人要他把疯子驱逐出去，他说："我不能驱逐他，因为他是一个疯人，他和普通人不同的，只是因为他受了环境的压迫，失掉了控制神经的能力，我们不能改造这种罪恶的社会，我们应该向疯子负责。"

没有自己，只有朋友；没有家庭，只有社会；平凡、朴素、切实、直诚、刻苦、兼爱，佛陀的慈悲。而这也就是"圣者不私"。

行知先生是仁者，是智者，是勇者，是圣者。不过他虽是圣者，但他不像孔子一样，顺风转舵，而是砥柱中流，所以他不是"圣之时者也"，而是"圣之背时者也"。

即因他是智者，所以富贵不能淫；即因他是仁者，所以贫贱不能移；即因他是勇者，所以威武不能屈；即因他是圣者，所以美人不能动。

四

行知先生这次到上海来，他不是预备来考"探花"的，他是怀抱着救国救民的热情来到这东方的大城。他虽然知道在今天的中国还有不少希特勒的子孙，虽然知道罗斯福的不肖子孙还在中国制造内战，但是他相信，和平与民主是今天世界史发展的道路，也是每一个中国人民的一种新的希望。所以当他离开重庆时，他很高兴地向我说："我这次到上海去，主要地是我做上海的工作，我想在上海创办社会大学、函授大学、新闻大学、无线电大学、海上大学、空中大学，让整个的上海，都变成学校，让上海五百万市民，都能得到受教育和再教育的机会。"接着他从口袋中拿出一张英文电报来给我看，这个电报是美国援华会给他的，内容是答应对于他所倡导的民主教育，将给以更大的资助。他告诉我："我到了上海以后，同时也要和美国朋友商量，创办一个育才大学，在这个大学中，附设中学、小学和幼稚园。这样，我的生活教育的理论，就可以全部实现。"我问他："不设研究院吗？"他说："我们不是已经有了文化研究院吗？"

行知先生到上海的第二天，就写了一封信给我，他告诉我，"一到上海，就被青年所包围。上海的青年真可爱，他们希望和平，希望民主，和重庆的青年没有两样。可是他们遭遇的压迫，和重庆的青年也没有两样。"他后面又说："我希望你能来上海，房子不成问题，我正以鹰眼狮爪替你注视，并获得房子。"

隔了几天，我又接到他的信，告诉我他已经替我找到了住处。在这封

信的后面，他附了一句："以后来信交吴树琴先生收。"我知道他已经被人
注意了。

五月四日，我到了南京。我到南京，为的是看我的儿子，他被汽车压
断了左腿。恰好这时行知先生也从上海到了南京。他知道我到了南京，到
处找我，始终没有找到。因为我在南京，根本没有固定的住处，东餐西
宿，终日徘徊于马路之上。后来他从我的一个学生转了一封信给我，告诉
我他的住处和电话，要我接到他的信以后，即刻和他通个电话。电话打通
了，他立时就来看我。

我们见面，是在一个大衙门的一间空的办公室里，当时我正借这间空
的办公室校对《中国史纲》第二卷的初校样。他一进门，就和我说笑话：
"联合政府还没有成立，你怎么一个人就参加了政府呵？"我也和他说笑话，
我说："我不能等待了，先做几天官过过瘾。"坐了五分钟，他就提议邀我
去游玄武湖。他说："在南京看不见群众，只有看风景。"我因为有人约我
午餐，时间来不及，他又提议改游鸡鸣寺，大约是上午十时，太阳很大，
我们走了一大段路，才雇到一辆破马车。在车上，他问我："你对南京的
感想如何？"我说："我没有什么感想，我只觉得国府路的两座牌坊，金碧
辉煌，大有帝王之气。此外，到处可以看到日本人留下来的猎犬。"他说：
"我以为你不如直截了当说'南京是一个封建法西斯的城市'。"以后他又告
诉我一些上海的情形，他说："我在上海讲演时，曾经说过这样两句话：
'政府还都，民主并没有还都'，你说对吗？"

第二天，他再来看我。他告诉我一两天要回上海，问我几时去？我和
他约定五月十三日乘早车赴沪，希望他派个学生到车站接我。但是当五月
十三日下午四时，我到达上海北站时，站在人丛中等着我的，还是行知
先生。

我住的地方，是行知先生的朋友家里，非常舒适。第二天我和淑婉去
看行知先生，他住在吕班路五十三号胜利饭店三楼的一间小房子里，这间
房子比他替我预备的要坏好几倍。这间房子的面积，约一丈六尺平方，里
面摆了一架生了锈的铁床，一张方桌，还摆一个小五屉柜，剩下来的地
方，就只能容两三个人了。只有西面有一个窗户，整个的下午都在西晒之
中，热气腾腾，使人不可久留，但是行知先生似乎并不感觉。他只是问
我："你住的地方，没有什么不方便吗？"

以后，我每次去看他，他那里，都挤满了青年。有一次他告诉我，他

在上海已经讲演一百次以上了。的确上海这个没有边际的人海，从行知先生来了以后，波涛才慢慢汹涌起来，而这到六月二十三日北站的十万人以上的群众大会，便汇成了一个巨大的海啸。

我和行知先生最后的会面，是六月三十一日。那时我为了一种原因，已经从行知先生的朋友家中搬到另外一个地方。为了房子问题，每天奔走骇汗，但是因为没有黄金，始终没有找到房子。贫穷、流浪、疲乏，使我发生了黄疸病，但直至此时，我自己还不知道，心里实在烦恼。淑婉发起，邀我到行知先生那里去谈谈。大约是上午十一时，我们到了行知先生那里。天气很热，他穿着一件背心，正在和几个青年谈话。这几位青年看到我们进来，就辞去了，房子里只剩下行知先生、淑婉和我三个人。

我还没有等他说话，就大发牢骚，我说："我们在上海是多余的人，上海的人不需要文化，只需要黄金。"他笑着说："你是不是为了房子不耐烦?"淑婉就把我最近找房子的经过告诉他。他说："其实你在我朋友家中多住几天也没有关系。"淑婉又告诉他："因为两个人住在别人家里，天气渐渐热起来，怕人家讨厌。"他就开始说笑话了。他说："没有结婚以前，一加一等于二，结婚以后，一加一等于一。你们虽然是两个人，不是等于一个人吗?"接着他又说："不要着急，总有房子我们住的。时局好了，当然有房子我们住；时局坏了，也有房子我们住。"我问他："时局坏了，怎么也有房子我们住呢?"他笑着说："时局坏了，你和我都要去坐牢，不是也有房子住吗?"他这些笑话，倒使我的闷气挥发了。

我们要走，他一定要留我们午餐。在午餐前，他拿出他最近作的两首挽歌(挽两个外国诗人的，我忘记了名字)给我看。午餐时(我已经不能吃饭)，他又向我说："我在史高塔路有一间房子，只是没有卫生设备，假如你愿意去住，我可以叫生活教育社的朋友让出来。"我自然不能这样做。大约是下午二时左右，我们就和他告辞，他一直送我们到楼下大门口，望着我们走过了马路才回去。想不到这一次的分手，竟是我和他的永别了。

七月一日，我就病倒了。以后一天天地加重，到十五日，我的病便达到严重的阶段。在病中，我听了李、闻被刺，又听到指名要暗杀行知先生的消息。我知道，行知先生再不能刺激了，所以我的病一直没有告诉他，但是十五日那天报纸上发表了我病倒的消息，第一个打电话来问我的，就是行知先生。七月十六日，我进了医院，第一个派人来看我的，又是行知先生。

　　从十六日到他逝世的前一天（二十四日），行知先生每天都有电话打给淑婉问我的病（这时他的住所已经被宪兵查问过，他的行动，已不方便），而且每隔一两天，总要派人来看我。他听说我没有蚊帐，替我送来自己用以治臭虫的的的涕和吸筒，并且把自己床上的一顶旧的蚊帐取下来送给我。的的涕我收下了，但我实在不忍心留下他的蚊帐。他听说我没有钱缴医药费，前后替我送来了法币四十万元（其中二十万元是冯焕章先生和其他利他社的朋友捐助的），一直到他逝世的前两天，还派晓光给我送十包"幸福牌"的香烟。他要晓光告诉我，还有十包，等我好些再送来，恐怕我在病中吸多了不好。这十包香烟，在他逝世后的第三天，还是依照他生前的意思送给我了，但我至今还不忍吸这十包香烟。

　　香烟还没有吸完，的的涕还没有喷完，医药费还没有交给医院，电话里的声音，还没有在耳朵里消逝，他耽心的病人，还没有脱离严重的关头，而行知先生竟溘然长逝了。

　　香烟，的的涕，医药费都在面前，只是八一五一三电话，再也叫不通了！睹物思人，我怎能不大哭！

五

　　大约是下午七时，淑婉回到医院。她告诉我，行知先生的遗体，已经送到上海殡仪馆去了。同时，晚报上也用大字刊载出行知先生逝世的消息。一切幻想都消灭了。现在，无聊的安慰，我只有寄托在传奇中复活的故事了。

　　六月二十六日上午十时，在阴雨中，我在淑婉和李医师的扶持之中，走进了上海殡仪馆。用了行知先生送来的医药费，替他买了一个花圈。在他的灵前，行了最敬礼。最后走到礼堂背后的一间小房中，和行知先生作了最后的永别。

1946 年 9 月 18 日之夜，上海

金成林

金成林(1927—2011)，原名金臣麟，重庆人。1946年入重庆社会大学学习。1948年在北碚湘辉学院从事学运活动，后被捕囚禁于重庆渣滓洞监狱，1949年获营救出狱。新中国成立后，曾任《四川青年报》总编辑、四川青年自修大学副校长、四川教育出版社总编辑等职。1979年，参与创立"育才社大校史研究会"。1985年，担任中国陶行知研究会常务理事。

金成林的陶行知研究从1978年一直持续至2011年，成果极为丰富。在多年的陶行知研究实践中，他与其他几位陶行知的学生结成了紧密的团队，尤其是与胡晓风之间的合作长达30余年，他们不仅是四川省陶行知研究会的领导者，也是全国陶行知研究有重要影响力的一支。金成林是陶行知在重庆创办的社会大学第一期学生，他撰写的《社会大学的实践》是一篇很好的研究社会大学办学的文章。在作者的叙述中，社会大学具有这样几方面的特点：以"自己来发起，自己来筹款，自己选校董，自己选校长"作为运行机制；以"大学之道，在明民德，在亲民，在止于人民之幸福"为办学宗旨；以人格教育、知识教育、组织教育、技术教育四项为教育方针；以公共必修课、各系专业课、专题讲座为课程内容；以每晚六时半至九点五十分为授课时间；以由校董、校长、教师和学生代表共同参加的联席会议为决策机构；以"自学为主，教授为辅"，提倡"教学做结合"，强调"主动、实践、集体"为学习方法；以课程学习心得、问题探究、系内小组总结、集体专题研究、学风和作风自我反省报告为考核办法；以普及马列主义、毛泽东思想，树立无产阶级的世界观为中心。

社会大学的实践[*]

社会大学于 1946 年 1 月 15 日在重庆市管家巷 28 号院内正式开学。这是陶行知先生在抗战胜利后创办的一所新型大学，它是在共产党的领导、关怀、支持下办起来的。

抗日战争胜利后，毛主席亲临重庆与国民党谈判，签订了《双十协定》，不久又召开了政治协商会。在这期间，反对国民党独裁专制和反对内战的群众斗争日益高涨。当时，陶行知先生主持的生活教育社等团体，为了促进重庆的民主运动的开展，每周星期六在管家巷 28 号育才学校驻渝办事处举办民主讲座，周恩来同志曾经去讲过形势和任务问题。许多来听讲的进步青年，要求进一步组织起来，较系统地学习革命理论。

青年们的要求，由金秀堤、周西平、陈作仪，王性容等向中共中央南方局负责青运的刘光同志作了汇报。刘光同志很支持，要大家团结起来想办法，组成学习的团体。一九四五年十二月，当金秀堤等向陶行知先生汇报青年要求组织起来学习的心愿时，陶先生具体地提出创办一所以培养在业青年为主的文科夜大学。他说，他有这个计划已经多年了，但过去的政治条件不允许，现在政协成功了，可以办了。早在 1938 年秋，陶先生由欧美归国途经香港时，就发表他有三件大事要做：一是创办晓庄研究所，培养高级人才；二是办难童学校，培育人才幼苗；三是办店员职业补校，动员华侨抗日救国。陶先生回国后，为此曾找过蒋介石，找过国民党政府的教育部，都未能实现。只是在香港他倒立即办起了中华业余学校。又经过一番艰苦奋斗，克服重重阻挠和干扰，才办起了难童学校（即育才学校）。

1945 年 12 月下旬，陶先生与方与严同志召集茶会，专门研究筹办社会大学的问题，陶先生阐述了办"社大"的意义和方法。会后，由金秀堤、

* 选自安徽省陶行知教育思想研究会编：《陶行知一生》，长沙，湖南教育出版社，1984 年版。

翁维章、李企实、章增扬、徐健等出面，在一次民主讲座上提出筹办"社大"的倡议，得到了热烈的响应。

大家按照陶先生提出"自己来发起，自己来筹款，自己选校董，自己选校长"的办法，首先商请冯玉祥、张澜、沈钧儒、饶国模、任宗德、史良、周宗琼、陶行知、李公朴诸先生为校董，公推冯玉祥为董事长，推举陶行知为校长，李公朴为副校长兼教务长(李去昆明后，由方与严继任教务长)。又在学生中选定金秀堤、周西平为教务工作人员，翁维章为总务工作人员。

由于党的支持，各界进步人士的赞扬，很快就聘齐了教授。他们全是进步的知名学者，其中不少是党的负责同志。

学校的经费，除陶先生募捐和育才、生活教育社垫支外，还向学生收很少一点学杂费，因此开支很节省，办事人员就由学生担任，不要钱，教授也基本上是尽义务。

招收学生，陶先生主张不受年龄、学历限制，只要有志于学，但也要求有一定的文化、理论水平，因此也进行必要的入学考试。由于当时斗争的需要，学生报名要有一个政治上可靠的介绍人。

整个筹备工作只进行了二十几天，就正式开学。1946 年 1 月 15 日举行开学典礼，冯玉祥、张澜、沈钧儒、史良、饶国模、任宗德、周宗琼等到会并讲话，周恩来同志也亲临参加。

办社会大学，是陶先生"生活教育"理论的一次创造性实践。他办社会大学是与当时的革命斗争紧密相结合的，从这点出发，决定了学校的宗旨、方针、学制、课程等一系列问题，都具有自己的独特风格。

"社大"的宗旨，陶先生概括为："大学之道，在明民德，在亲民，在止于人民之幸福。"他认为"社会大学之道，首先要明白人民的大德。"什么是大德？就是觉悟、联合、解放、创造。他在开学典礼上讲："要使人民头脑觉悟，自己起来做主人，自己团结起来，联合起来，要不让公仆造反，要公仆为老百姓服务，去谋求自己的解放，达到摧毁旧的痛苦的地狱生活，创造新的世界，新的生活。这就是我们新的人民大学之道，也是社会大学的宗旨。"在亲民，就是"要亲近老百姓"，"变成老百姓的亲人，并且做到老百姓承认我们的确是他们的亲人"。他说："社会大学之道，是要为人民造幸福。一切的学问，都要努力向着人民的幸福瞄准。"

根据这样的宗旨，"社大"以人格教育、知识教育、组织教育、技术教育四项为教育方针。李公朴先生具体解释：人格教育是以革命的人生观和正确的宇宙观的建立为中心，而这又是四项教育的重点、核心。

"社大"的课程，分三类设置：一是每系都要学的公共必修课："中国通史"、"近百年史"、"中国政治问题"；二是各系专业课；三是专题讲座，又分系讲座和校讲座两种（也邀请校外的一些人参加听讲）。举办过专题讲座有：秦邦宪的《辩证唯物论的几个法则》，邓发的《民主政府的工业和劳工政策》和《欧洲职工运动》，田汉的《西南地区的文化生活》，于怀的《国内局势问题和国际局势的关系和影响》，柳湜的《边区民主教育的新气象》，梁漱溟的《中国古代文化之要义》，吴玉章的《辛亥革命的历史意义》等等。冯玉祥，沈钧儒、章伯钧等都来做过专题报告和讲课。

"社大"是一所夜大学，每晚六时半至九点五十分，上四节课。

"社大"始终坚持民主办学，学校虽有董事会，但决策机构却是由校董、校长、教师和学生代表共同参加的联席会议。各项日常工作也都是在校长领导下，由同学自己动手，分工负责，充分当家做主。在学习上，陶校长也强调民主精神。学生对教师的授课有不同意见，可以提出，在学习讨论中能够各抒己见，而又服从真理。这对于提高学生的独立思考能力，很有益处。对于时局，对一篇著作或一部电影，同学们都经常座谈，从中学习观察、分析问题的本领。

"社大"的学习方法，以"自学为主，教授为辅"，提倡"教学做结合"，强调"主动、实践、集体"。各系都编有学习小组，实行学习互助，开展课堂讨论，进行专题研究。专题都是结合实际选的，如"中国封建社会问题"、"哲学问题"、"文学上的现实主义问题"等。学生还结合自己的专业和爱好，组织时事研究组，戏剧研究组，音乐研究组，采编研究组等，文学系还成立了"新芽文艺社"。各系都办有壁报，每周一期。学习研究的空气是很浓厚很活跃的。社会实习，则因系而异，文学系到《新中国剧社》实习，教育系后来在行知小学等处实习，新闻系到《新华日报》实习。各系都有学生参加《中国学生导报》的采编、发行工作。

学期终，从五个方面进行考核考试：（一）对本学期所学各门课程写出心得体会，要说明学到了什么，教给别人什么，做到了什么。（二）问题回答，实行开卷考试，可以翻阅资料，交换意见，但要求写出自己的真正认识。(三)系内各小组写出学习总结,作为集体的答卷。(四)组织集体专题研究,自选题目,自由组合,分头准备,集体研究,写成报告。(五)每人写一篇学风和作风等方面的自我反省。采取这样的学习和考试方法,同学们很有兴趣,学习很自觉,学得生动活泼,收获很大。1946年4月29日,社会大学第一学期结业座谈会,应邀来参加的有吴玉章、李维汉、李澄之、何思敬、郭沫若、沈钧儒、邓初民、张友渔、杜国庠、施复亮、阎宝航、周新民、陈家康、力扬、孙铭勋、罗克汀、吴涵真、黄洛峰、黄雨秋等。会上,李公朴副校长对全校的学习作了总结,四个系的同学汇报了学习心得。在听了这些发言以后,吴玉章、李维汉、李澄之、周新民、郭沫若、沈钧儒、杜国庠等老前辈都讲了话,除勉励同学们要树立革命品德,获得真知外,对"社大"的宗旨和方针也作了充分的肯定。有的同志还把"社大"的学习与解放区的教育情况作了比较,高度赞扬了理论联系实际,"学教做结合"的精神。

社会大学是一所普及马列主义和毛泽东思想的大学。经过学习,同学们对哲学(辩证唯物论)、政治经济学和科学社会主义的基本原理有了比较系统(虽然是初步的)的认识。这种学习是理论与实际相联系的。教授们在讲课时都很注意联系实际,如许涤新同志讲《经济学》,就以马克思主义政治经济学的基本观点分析了当时中国社会的经济形态。邓初民先生在讲《中国政治问题》时,着重阐述毛主席的《论联合政府》,并联系分析旧政协的有关问题。尤其重要的是,同学们都积极投身于当时的革命斗争实践——在震惊中外的"沧白堂事件"、"较场口事件"中,"社大"同学参加了组织工作和保卫工作。在1947年初的抗议美军暴行运动中,"社大"与"育才"合组了十个宣传小组为前导,走在一万六千多学生示威游行队伍的最前面,进行街头讲演与化装游行宣传。在"美军撤出中国周"的活动中,同样是以"育才"、"社大"学生为骨干组成抗议美军暴行联合宣传总队,与各区的宣传队一起开展了广泛的宣传。在二月五日与二月八日的游行宣传中,"社大"和"育才"的不少同学被敌特毒打致伤,有的被捕。在国民党全面发动内战和加紧对学生运动的镇压时,社会大学的同学联名在《新华日报》发表公开信,号召广大学生坚持斗争,争取革命的胜利。以后又组织同学们参加武装起义,参加《挺进报》的出版发行工作,直至解放。

在学习和斗争实践中,又把改造思想,树立无产阶级的世界观作为中心的一环，许多同学在"社大"学习期间参加了中国共产党。陈作仪、韦德富、胡作霖、单本善、高力生、刘光荣、程谦谋、朱竟、邵文征、袁尊一、钟奇、周后楷、王有余等同学，为了人民的解放事业，英勇地献出了自己的生命。

社会大学的"学教做结合"，首先就是学习马列主义、宣传马列主义，用马列主义指导实践。

人格教育是重点，丝毫不意味着放松知识教育和技术教育。同学们在各自的系里学到了一定的专业知识，由于当时注重实习，运用，学得还是比较扎实的。有的同学至今还在从事党的经济、教育、新闻、文学等事业。

社会大学从孕育到诞生，一方面受到中国共产党和各界进步人士的关怀和支持；一方面遭到国民党反动派的镇压与破坏，形成了尖锐的斗争。陶校长对此早有清醒的认识，他依靠党和群众，坚定地挫败了反动派的种种阴谋诡计。刚开始招生，就有人拿着国民党重庆市社会局长的介绍信来报名，结果被我们以考试不及格的办法打发走了。刚开学一个月，国民党教育部就训令重庆市教育局"观察""社大"，他们一来就百般挑剔，说什么只有四个系，不够三院，不能称大学；又说无立案手续；又要筹基金等等。教育部还有"社大""设备简陋"的批语。对此，陶先生说："说'简'则有之，我们承认，只有简，才容易行。特别是在中国，不需要一些东西，如洋房、基金、立案之类的阻挠，要新的大学之道。说我们'陋'则不同意。《陋室铭》说，君子居之，'何陋之有'？我们'社大'有热心的教授，有好学的青年，有新的大学之道，'君子办之，何陋之有'？"把他们顶了回去。

1946年下半年，国民党撕毁《双十协定》，全面发动内战。7月11日，李公朴惨遭暗杀，7月25日陶先生因劳累过度，忧愤过深而不幸逝世。在此情况下，"社大"还办不办？中共四川省委书记吴玉章等同志表示，一定要支持"社大"继续办下去，继陶、李的遗志。史良大姐、邓初民先生挺身而出，接替死者岗位，出面领导"社大"工作。经过一个月筹备，"社大"第二期又在九月正式开课。1946年底，国民党反动派终于向"社大"下了毒手，指使其特务报纸《新华时报》发表极尽造谣之能事的所谓"独家新闻"。接着，在1947年3月2日，国民党派武装搜查育才学校，查封了社会大学。

"社大"被反动派武装查封以后，中共四川省委和《新华日报》撤回延安，许多老师也被迫离渝。但"社大"并没有被反动派消灭，她存在着，坚持着，斗争着，只是变换了形式。各系按同学们居住地区划分小组，坚持自学互助。文学系以"新芽文艺社"的名义继续活动，下分五个大组和若干小组，共同商定阅读书籍和研究题目，分头准备，定期讨论。这段时间在艾芜、力扬、林辰、孙铭勋等指导下，学习讨论了毛主席的《在延安文艺座谈会上的讲话》、鲁迅的《祝福》、高尔基的《夜店》、巴金的《家》、艾青的《大堰河》、艾芜的《故乡》及《南行记》等。当然，上课、讨论的地点变了，不再是管家巷，而是流动的。真是"人民创造大社会，社会变成大学堂"。

解放后，周恩来同志还几次问到史良大姐："社会大学的青年，有人来看过你吗？""我们社会大学那批青年，不知现在都在哪里？"这里，凝结了周恩来同志对"社大"学生的亲切关怀。

应当说，社会大学的整个实践，是对陶先生新教育思想的一份很好的答卷。

李楚材

李楚材(1905—1998)，江苏张家港人。曾任教于上海爱国女学校，1927年慕名考入南京晓庄师范学校，晓庄师范第一期毕业。后曾任教江苏省民众教育学院、黄渡师范、宝山师范、浙江省湘湖师范学校。1943年在上海创办位育中学。1964年调任华东师范大学教育科学研究所研究员。

李楚材是陶行知教育思想的自觉实践者和民主运动的积极支持者，早在晓庄师范毕业之时，便著有反映晓庄生活的《破晓》（儿童书局1932年版）、《陶行知和儿童文学》（儿童书局1934年版）等。20世纪80年代起，他撰写了《人民教育家陶行知先生》等15篇陶行知及其教育事业研究的文章。

本卷所收录的《陶行知和儿童文学》作于1934年，是一部研究陶行知儿童文学的著作。在该书中，作者指出陶行知一生最崇拜两种人：一是劳动大众，一是儿童。源于对儿童的热爱，陶行知深入儿童之中，从儿童的身边进行教育实践即文学创作活动，指出儿童文学的特点有："争取儿童的社会地位""歌颂劳动与赞美创造""鼓舞儿童斗志""诉说和同情儿童的苦难""鼓励儿童具有科学的求真态度和实践能力"等，陶行知儿童文学的形式有儿童诗、童话、谜语和小故事，这些共同构成了陶行知儿童文学创作的主要内容。

《陶行知和儿童文学》(节选)[*]

　　儿童教育工作者和儿童文学工作者同样担负着教育儿童的责任，同样是儿童的导师，是儿童的朋友，是儿童的亲人。因此，不少儿童教育工作者由于为儿童写作而成为儿童文学的作家；同样不少的儿童文学作家由于体验生活，钻入儿童的队伍里去成为儿童教育的专家。因为儿童教育工作者和儿童文学工作者，同样要熟悉和理解儿童的生活，同样要掌握和分析儿童心理的发展过程及其特征。如果说儿童文学是艺术创造，那么儿童教育工作也是艺术创造，正如人们惯常所说的都是"人类的灵魂工程师"。

　　陶行知先生是教育家，他最崇拜两种人，一是劳动大众，一是儿童。他毕生的工作就是为了这两种人。他钻进大众之中和儿童之中，同他们同呼吸共命运。他在大众和儿童的队伍里接受他们的教育。他常说要教育大众，教育儿童，首先要接受大众和儿童的教育。如果脱离了大众和儿童，用"训人"的态度进行教育，那是得不到良好效果的。

　　陶先生是一直重视和关心儿童教育的。他在 1926 年写的《创设乡村幼稚园宣言书》中说："儿童学者告诉我们，凡人生所需要之重要习惯，倾向，态度多半可以在六岁以前培养成功。换句话说，六岁以前是人格陶冶最重要的时期。"他在《中国师范教育建设论》里说："幼年人不是孤立的，他是环境当中的一个人。环境对于幼年人的生活有两种大力量。一是助力。自然界的光线、空气、食物、饮料在常态之下都是扶助人类生长的东西。社会里的语言、文字、真知、灼见，以及别人的互相提携也都有扶助我们生长的作用。二是阻力。……一切不良的制度风俗是我们生长的挡路物。可是阻力倘不太大，可以化为动力。逆境令人奋斗，生长历程中发生了困难才能触动思想，引起进步。人的脑袋就是这样长大的，文明也是这

---

　　* 选自李楚材主编：《陶行知和儿童文学》，上海，少年儿童出版社，1986 年版。

样进化的。我们应该运用自然界和社会界的助力、阻力去培植幼年人的生活力，使他可以做个健全分子，去征服自然，改造社会"。

陶先生对于儿童的认识和态度，在《儿童生活》杂志上清楚地写明：

"儿童是时代之创造者，不是旧时代之继承者。

儿童是创造产业的人，不是继承遗产的人。

儿童生活是创造，建设，生产；不是继承，享福，做少爷。

新时代的儿童是小工人。"

陶先生对于写给儿童们看的、读的、用的书，包括儿童文学在内，有一种极为深刻的见解，值得我们体会的。

"儿童用书便是小工人生活之写实与指导。这里而所要包含的是一些小生产，小建设，小实验，小创造，小改革，小工人的人生观。"

"无论他是生产也好，建设也好，实验也好，创造也好，改革也好，他必须做工，他必须在劳力上劳心，他必须在用手时用脑。"

"这里所画的画，是小工人做工之画，所唱的歌，是小工人做工之歌。这里所问的问题，是小工人做工之问题。这里所答的解答，是小工人做工之解答。这里所用的数，是小工人做工之数。这里所写之文字，是小工人做工之文字。这里所介绍的工具，是小工人做工之工具。这里所说的故事，是小工人做工之故事。这里所讲的笑话，是小工人做工之笑话。这里所主张的人生观，是小工人认真做工之人生观"。

陶先生在这里所说的"做工"，是指在劳力上劳心的工作。只是劳力而不劳心，只是劳心而不劳力，都不能算作进步的工作。譬如种菜，在田里挖穴，下种，浇水，施肥是工作；为了种好菜，向菜农去学习和阅读种菜的书籍，也是工作；两方面结合起来，菜就长得愈多愈好了。单是种菜不吸收别人的经验，或单是读种菜的书而不动手，得到的只是不完整的智识不全面的技能罢了。

陶先生对于儿童文学的概念，没有作系统的叙述，可是在他为儿童所写的作品中，我们可以勾画出几个要点来。即是儿童文学是以儿童能够理解的语言、文字、图像来表达他们所做的、所想的、所求的，从感官深透到儿童的心灵。换句话说：儿童文学在于触发儿童的感情，丰富儿童的想象，扩展儿童的智能，陶冶儿童的品性，增长儿童的现代知识，培养儿童的进步思想。读了陶先生给儿童写的作品，可以感觉到儿童文学的确是一种富有创造性的艺术。

创作儿童文学也像其他艺术的创作一样，必须富于时代性。陶先生在写《大众歌曲与大众唱歌团》一文中讲到："世界上最伟大的音乐是战斗的音乐，最伟大的文学是战斗的诗歌。中国是在发动一个空前的民族解放的伟大战斗，在这个时候，是自然而然的会产生最伟大的战斗的音乐与战斗的诗歌。""受着时代的伟大的感动，音乐的天才自然会创作大众高兴唱高兴听的音乐，文学的天才自然会写出大众高兴听高兴唱的歌词。""制谱者、做歌者、唱者、听者都是遇着同一的大灾难，发生同一的大觉悟，参加同一大战斗，是必然的唱出同一的大和声"。

时代在变动，社会在变动，人们的思想意识也在变动，文艺工作者、教育工作者，也必然的随着时代和社会而向前进。儿童文学工作者不仅把握着儿童的跳动的脉搏，而且要顺应着时代的潮流社会的趋向，引导儿童前进。

创作儿童文学，作者必须加入到儿童队伍中去，和儿童一起创造。陶先生在《创造的儿童教育》文章里指出："我们晓得特别是中国小孩，是在苦海中成长。我们应该把儿童苦海创造成一个儿童乐园。这个乐园不是由成人创造出来交给小孩子，也不是要小孩子单枪匹马去创造。……所以应该成人加入小孩子的队伍里去，陪着小孩子一起创造。我们加入到儿童队伍里去成为一员，不是敷衍的，不是假冒的，而是要真诚的，在情感方面和小孩子站在一条战线上。"要做到不失其赤子之心。在儿童的队伍里，取得儿童的信任和敬仰，就能了解和摸透儿童的真实生活，就能理会和确悉儿童的心理状态。孩子的社会环境不同，生活也不一样，农村的和城市的儿童有所差异。孩子的家庭环境不同，生活也不一样，富裕之家和贫困之家的儿童有所差异。孩子的年龄不同，生理和心理的发育和发展也不一样，各时期的儿童有所差异。只有在儿童队伍中仔细观察，逐渐了解，积累事例，分析主次，才能真正得到第一手材料，才能写出真正为儿童所欣赏所赞美的作品，才能通过作品起教育儿童的作用。

儿童文学工作者和儿童教育工作者除掉认识儿童的生理和心理特征以外，更重要的必须理解儿童的力量。陶先生是最注意于这方面的，特别重视儿童的创造力，他常常举的两个例子：（一）从前当晓庄学校停办的时候，晓庄的教师和师范生不能回晓庄小学任职；私塾先生又被小孩拒绝，农人不好勉强聘请；不得已，小孩自己组织起来，推举同学做校长当教员，自己教，自己学，自己办，并自称自动学校。这是中国破天荒的创造。听见了这个消息以后，就写了一首诗去恭贺他们：

　　有个学校真奇怪：

　　大孩自动教小孩。

　　七十二行皆先生，

　　先生不在学如在。

写好之后，交给几个大学生，请他们指教，都说尽善尽美，于是用快信寄去。第三天，得到一封回信，道谢之外，说这首诗有一个字要改。大孩教小孩，难道小孩不能教大孩吗？大孩能够自动，难道小孩不能自动吗？而且大孩教小孩有什么奇怪呀？这一连串炸弹把个大字炸得粉碎，马上改为"小孩自动教小孩"，这样一改是更好了。陶先生风趣地说：黄泥腿的农村小孩改留学生的诗，又是破天荒的证明，证明小孩有创造力。

(二)陶先生到南通州去推广"小先生"，写了一分钟演讲词，内中有一段"读了书，不教人，甚么人？不是人"。讲过后，有一个小孩子马上起来说：你的演讲最好把"不是人"改为"木头人"，"木头人"比"不是人"更好了。因为"不是人"三个字不具体，桌子不是人，椅子也不是人，而"木头人"是给了我们一个具体的印象。这也证明小孩子有创造力。

举出了两个例证后，陶先生的结论说：我们要真正承认小孩子有创造力，才可以不被成见所蒙蔽。小孩子多少都有其创造的能力。

由此，衡量儿童文学作品好坏的应该是儿童。他们会从作品中吸取养料，得到发展，接受教育；同时，也会对作品中不真切不全面的地方指点出来。陶先生为儿童所写的诗歌、童话、故事等等，发表前尽可能的读给孩子听，让孩子们提意见，孩子们不了解的不体会的就加以改正。他留过一首"问老妈子"的诗，说的就是这个道理。他还写过一首《耳朵先生》，说明运用语言的准则："根据大众语，来写大众文。文章和说话，不能随便分。一面动笔写，一面用嘴哼。好听不好听，耳朵做先生。"

我们既然承认小孩子是有创造能力的，那么儿童文学工作者和教育工作者同样要促进孩子们的创造力，发展孩子们的创造力。怎样促进？怎样发展？陶先生谈到要解放儿童的头脑和双手。因为儿童的创造力，常常会被固有的迷信、成见、曲解、幻想等等包围着，不能自由舒展。儿童想做一件事，想发一问题，常会受到有形的或无形的禁止或叱责。如果因为好奇而动一下手，还会受到痛打。陶先生举一个有趣的例子：一个朋友的太太，因为小孩子把她的一个新买来的金表拆坏了，大怒之下，把小孩子结结实实打了一顿。后来她到我家来说"今天我做了一件极痛快的事，我的小孩子把金表拆坏了，我给了他一顿打"。我对她说恐怕中国的爱迪生被你枪毙了。我和她仔细一谈，她方恍然大悟，她的小孩子这种行动原是有出息的可能，就向我请教补救的办法。我说：你可以把孩子和金表一块送到钟表铺，请钟表师傅修理，他要多少钱，你就给多少钱，但附带的条件是要你的小孩子在旁边看他如何修理。这样，修表铺成了课堂，修表匠成了先生，令郎成了速成学生，修表费成了学费，你的孩子的好奇心就可得到满足，或者他还可以学会修理咧。陶先生还谈到要解放儿童的空间和时间，让儿童像飞翔在天空中和大海上的鸟儿一样，任意嬉游，无所拘束。儿童们应该有时间接触大自然中的花草、树木、青山、绿水、日月、星辰，以及大社会中之士、农、工、商，三教九流，自由的对宇宙发问，与万物为友，并且向中外古今三百六十行学习。

陶先生所谈的解放儿童的头脑和双手，解放儿童的空间和时间，乃是为了促进和发展儿童的创造力。这是儿童教育工作者的工作指针，也应该是儿童文学工作者写作的方向吧。

不少人有一种误解，以为儿童文学多半是课外的读物，殊不知儿童读的课本，特别是语文课本，应该也必须是儿童文学。陶先生指出："中国的教科书，不但用不好的文字做中心，并且用零碎的文字做中心，每课教几个字，传授一些零碎的知识。学生读了一课，便以为完了，再也没有进一步追求之引导。我们读《水浒》、《红楼梦》、《鲁滨孙漂流记》一类小说的时候，读了第一节便想读第二节，甚至于从早晨读到夜晚，从夜晚读到天亮，要把它一口气读完了才觉得痛快。""文字中心之过在以文字当教育，以为文字之外别无教育。以文字做中心之教科书，实便于先生讲解，学生静听。于是讲书、听书、读书便等于正式教育而占领了几乎全部之时间"。

有人批评中国的小学教科书只是识字之书，让儿童识得几个字就算完成了教育任务。我们的儿童文学作家是有许多适合于儿童的兴趣、想象的好作品可作课本的。我们可以回想一下，儿童时期读过的文学作品，不是很多的印象还存在脑海中么？陶先生对儿童用书，曾经提出三种标准来作衡量：(一)我们要看这本书有没有引导人动作的力量，有没有引导人干了一个动作又干一个动作的力量。(二)我们要看这本书有没有引导人思想的力量，有没有引导人想了又想的力量。(三)我们要看这本书有没有引导人产生新价值的力量，有没有引导人产生新益求新的新价值的力量。这三种标准，我以为对儿童文学作品的评价也是适用的。我们写雷锋的诗歌或故事，就是要引导儿童学习雷锋的思想品德，而且要见诸行动，就孩子们的条件和环境，做能够做的事情。从行动中更提高思想，更激发热情，产生更高的价值。

儿童文学作品，一是写儿童，一是为儿童写。写儿童，应该理解和承认儿童有独立的生活，就是说儿童的精神世界和成人的精神世界是不同的。儿童的行动表现和心理变化，必须精心观察，才能把握住他们的特点，特别重要的是尊重他们，让他们充分显露自己的真实。这样写出的作品就是儿童的本来面貌，必然是儿童所喜欢的作品。为儿童写，应该深知儿童的遭遇和愿望，困苦和爱好，环境与心向而加以表达，使儿童在欣赏文学作品中解决疑难，奋兴精神，坚持向上，得到教育。同时，必须认识儿童是在发展过程中，随着年龄的增长，知能也在逐步提高，因此，所使用的语言文字及至图画，都要随着变异。

从"五四"新文化运动以来，文教界有过几次文言白话之战，也有过鸟言兽语之争。不少卫道之士，以为鸟言兽语是违背自然现象的，对儿童起坏影响的。殊不知儿童认为鸟能言、兽能语是一个必经的阶段，待到一定时期，生物学知识就能使他明白鸟兽和人不同之处的。因此，儿童文学作者的"拟人化"的写法是无可非议的。从按照儿童的不同程度写作不同的作品这一点上来说，我以为儿童文学工作者比其他的作家来得复杂而艰苦些的。

陶行知先生为儿童教育而尽力，是他事业的重要部分，但是专为儿童写作文学作品，却在 1931 年之后。那时，他在上海，有几个学生凑了些钱，办一家"小朋友书店"，出版两种杂志，一是《师范生》，一是《儿童生活》。陶先生竭力支持，而且义务写稿。他被国民政府通缉之后，都是用笔名发表的。在《儿童生活》上写的三篇童话，受到孩子们高度欢迎。他还在《生活教育》上发表儿童剧《少爷门前》，这个剧本在城里和乡村都由儿童扮演过，效果很好。他在《斋夫自由谈》里写过几篇科学家小传，不仅大人们看了有启发，儿童也能看懂，也有深刻的体会。那时，陶先生正组织科学家们编写一百册《儿童科学丛书》，他亲自写了六册科学实验小品，用形象化、通俗化、故事化的语言来阐明科学原理。他为普及教育而编写了《老少通千字课本》，课本里写的小故事和谜语，都很有趣味。至于诗歌，有的写儿童，有的为儿童而写，数量很多，质量很好。因为他写了许多歌颂劳动人民和儿童的诗歌，写了许多鼓吹抗日，争取和平民主的诗歌，因此，被誉为杰出的大众诗人。

1946 年 5 月 24 日，"上海儿童文学工作者联谊会"成立，请陶行知先生来讲话。会场是借"位育中小学"会议室。陶先生讲话的内容只能记得几个要点：（1）要为新时代的儿童而写作，给孩子们丰富的有益的养料。（2）要通过作品，让孩子们接受民主教育，增强民主观念。——抗战胜利后，最重要的是争取民主，反对独裁，争取和平，反对内战。（3）要认识和尊重儿童的力量，鼓舞儿童到大自然和大社会里去翻滚。（4）要向儿童学习，学习他们的思想、行动，儿童园里无老翁，老翁个个变儿童。还要学习儿童的语言文字，便于写作。最后，他希望儿童文学工作者，要学一点教育学，还要学一点心理学。这两门学科会帮助作者认识儿童的心理和生理上的发展，同时，了解如何教育儿童的方法与技巧。

陶行知儿童文学的特点何在？

陶先生常常谈到中国儿童在吃奶的时候，连同礼教、迷信、恐怖一起吞了下去，因此从小就不让有行动的自由；儿童在家庭里、学校里、社会上都没有地位的。

陶行知儿童文学第一个特点是争取儿童的社会地位。1933 年《儿童节》诗里说"从前世界属大人，以后世界属儿童"。"世事须从小儿意，不从儿童不成功。谁再欺侮弱与小，总动员向他进攻"。1934 年他在《小先生歌》里唱："我是小学生，变做小先生。粉碎那私有知识，要把时代儿划分"。"我是小先生，要与众人谋生。上天无路造条路，入地无门开扇门"。1939年正是抗日战争剧烈之时，他在《儿童节歌》里唱出："站起来，抗日的小孩！长起来，抗日的小孩！联起来，抗日的小孩！我们要帮助大人，把东洋的妖怪赶开！赶出关外，赶出海外，叫他们知道我们的厉害，我们是抗日的小孩。"过去被轻视的儿童，在工作和抗战中也起着相当作用，从而社会对儿童的看法也有所转变了。

陶行知儿童文学第二个特点是歌颂劳动，赞美创造。他在《一双手》中告诉小朋友："会用这双手，什么也不愁：……千万别忘记，求友不如求手。""天给我手必有用，精神全在'做'字上：攀上知识最高峰；掘取地下万宝藏；铲除人间的不平；创造个世界像天堂儿模样。"除了用手还要用脑，"手脑都会用，才算是开天辟地的大好老"。(《手脑相长歌》)他在《春天不是读书天》里，鼓动儿童去"放牛塘边，赤脚种田"。陶先生特别赞美儿童的创造能力，南京余儿岗的儿童自动学校是孩子们自己办起来的；淮安新安小学儿童自动旅行团是七个孩子自己组织起来的。陶先生在诗歌里在文章中还在演讲时多次提到而加以赞美。

陶行知儿童文学第三个特点是鼓舞儿童斗志，激发儿童爱国热情。他告诉儿童："没有做，莫说做不通！做得不够，莫说做不通！做了九十九次都失败了，第一百次会成功。"这是打胜仗的秘诀，应该坚持到底，不懈斗志。在《儿童工歌》中有一节《小孙文》是这样激励着孩子的："我是小孙文，我有革命精神。我要打倒帝国主义，像个球儿打滚"。陶先生写的儿童剧《少爷门前》，讲一个"少爷"在门前踢球，他欺侮走过他家门前的卖菜女、拾香烟头的孩子、小乞丐、小丫头、卖报童子，先是大家忍气吞声，不敢对付他。后来，大家团结起来对付他，他吓得往回退到家里去了。这个小剧增强了儿童团结斗争取得胜利的信心。他在 1940 年《儿童节歌》里唱："从七七到四四，今年第三次。小孩要做小战士，帮助大人拿枪上前刺，刺得日本强盗不敢再放肆"。他在一首《拼命》诗里要求孩子们"攀山要攀上山绝顶，游船要游到海中心。战要拼命，干要拼命，玩，如果有，也要挤命"。这真是战斗的号筒，胜利的强音。

陶行知儿童文学第四个特点是诉说和同情儿童的苦难。他在《儿童年献歌》里讲到大家在贺儿童年的时候，却有不少的孩子，没有福分过快乐的儿童年，如流浪的孩子，如奶妈的孩子，如被拐卖的孩子，如做童工的孩子等等。1945 年他在重庆新华日报上发表《民主的儿童节》一文，指出"儿童节是觉悟大人为全体儿童争取幸福的节日。我们不但是要为儿童争取一日之快乐，而且要为儿童争取长期之幸福"。"真正爱护小孩子的朋友，必须是民主的战士，让我们促成民主的政治经济，以实现民主的儿童节吧"。为了让乡下的小朋友也能过个快乐的儿童节，陶先生发出一封公开信，征求节礼，送一千位小朋友糖、书、簿、笔、衣帽、毛巾、肥皂、常用药以及看一次有意义的电影。陶先生是说到做到，把温暖送给了每个小朋友。陶先生是个教育家，对儿童的教育是如何看法的？他在《留级》一诗里说到"父母也羞，同学也羞，小小眼泪像雨流"，他希望"从今小孩儿，一级也不留"。他是不主张留级的，更反对学校只凭学业考试成绩，决定升留级标准，乃是不正确也是不科学的。更有深意的，先生要乡下的儿童下雨不上学，一方面因为"破袜破布鞋，弄坏没钱买。受了潮湿，还要把病害"。另一方面"留在家里教奶奶，没有奶奶教乖乖"。

陶行知儿童文学第五个特点是鼓励儿童具有科学的求真态度和实践能力。他写的童话《乌鸦歌》里说乌鸦因为人家骂它满身黑，惹人讨厌，就想到天河里去漂白，天河神告诉它"乌鸦生来黑，天水洗不白"。后经白发老公公刮阵西北风，乌鸦飞舞在雪花中，就变成了白鸦了；可是给太阳一照，雪融化了，依旧成了黑乌鸦。乌鸦正在懊恼，百鸟仙子提醒他说："生来不变色，便是无价宝。""你若爱你黑，自然无烦恼"。终于乌鸦明白过来了。先生写科学家传略和儿童科学实验以及卫生小常识等，用适合儿童心理的有趣味的文笔，鼓励及培养儿童的实践能力。

陶行知儿童文学作品中，诗歌的数量最多。1924 年有个小朋友问他怎样写诗歌，他复信说："等到你觉得肚子里有块东西，不得不吐到笔里，笔里有点东西，不得不写在纸上的时候，那时，你的诗就自然而然的来了"。怎样才能写出好诗歌来呢？他回答说："等到你是诗，诗是你，你和诗分不开了，才有好诗出来。世界上诗做得多，好的少，就是因为做诗的人，不能把生命放在诗里。不能把诗放在生命里，不能把诗和生命合而为一，换句话说：'没有诗的生命，决做不出有生命的诗。'"(见《知行书信》)

音乐家安娥同志说："陶先生的诗，是由他实际的伟大人民教育事业工作中反映出来的，不是抱着书本坐在写字台上写出来的；也不是沿着池边，顺着林荫散步而成的腹稿；不是单为发表在纸上给人看的，而是为他的事业的实际需要而创作的"。又说陶先生是"从心里尊重儿童的人格，从心里爱儿童，切实的认识儿童对于一个国家一个民族前途的重大关系，清楚的认识了儿童的优越点，儿童的特殊才能，而用现实手法去把它们发扬光大。如果我们从这个角度去看陶先生的儿童诗，我们便可以发现这种新童话是多么现实，多么新颖有力的指示给我们一个新的时代，一个新的力量啊！"我以为安娥同志的意见是非常公允而切合实际的。

陶先生的儿童诗，还有个特点，就是吸取民族歌谣的优点。或是改动一个句子，赋予新的内容，例如《风雨中开学》一诗，他运用北方的歌谣："风来了，雨来了"，最后一句换上了"谢（韩）老师捧着一颗心来了"。写出了小学开学时的情景，并把这歌词作教材用，孩子们读起来，不仅朗朗上口，而且富有情趣。他更运用民歌中的帮腔调，便于多数人合唱，而富于乡土气息。例如《锄头舞歌》中的"绮呀嗨、雅荷嗨"；《镰刀舞歌》中的"炖炖"、"荷荷"、"梅绮紫梭"；《凤阳花鼓调》中"绮呀嗨"、"得儿郎当飘一飘"；《朱大嫂送鸡蛋》中的"依呀嘿"等，读起来富有节奏感。同时，他的诗歌有一部分是依照民歌曲调写的词，唱起来很自然。也有一部分诗歌由作曲家灌片流行，如《锄头舞歌》、《黄花黄》、《手脑相长歌》等。陶先生还写叙事体长诗如《平老静》，写对话体诗如《代一位壮丁写信》。短诗如《踏雪》只用十九个字，写出了无限情趣："雪路深过膝，宽半尺，我认识脚迹，是乡下人开辟"。谁读过都会产生激荡心灵的浪潮。陶先生诗里的新奇设想，也是出类拔萃的："紫金山为笔，青天为纸，乌云为墨，动手来写字：'立大志，求大智，做大事'"。当然，最多的诗是非常平易，极适合于儿童朗读和欣赏的。

陶先生所写的童话，虽只有三篇，质量都是好的。他不避用公主和太子，不避用鸟言兽语，不避用梦幻境界，而童话的含义，孩子们是会领会出来的。被公主宠爱而处在金丝笼里的鸽子是"身在宫中，心在林里"的，鸽子被放飞到旷野，"今天才觉得是一只真的鸟咧"。公主和鸽子都死了，太子要把她们合葬时，作者就问小朋友："这鸽子愿意与公主合葬在一起吗？"这样的作结，可以引导孩子们独立思考呢。陶先生的童话还有一个特点就是采用童话诗的方式，《乌鸦歌》和《一只鸽子》里，夹杂着好多首诗歌，读起来更有趣味。

陶先生写的《少爷门前》的儿童剧，其特点是：（一）生活中常有的事是常见的现象。旧社会里，贫穷的孩子往往受富家孩子的欺凌。（二）儿童剧是儿童能够表演乐于表演的戏。（三）儿童剧既是写实，也富有教育意义。

陶先生写的科学家传略、科学实验、卫生故事等，概括起来是"科学小品"。科学小品首先是科学内容，必须真实；给儿童看，应该用文艺形式，必须生动。通过文艺手法介绍科学知能是孩子们最丰富的养料。

陶先生在《老少通千字课本》里写的谜语和小故事，各有它的特点。谜语决不是雕虫小技,决不仅是猜谜游戏。谜语可以发展儿童的想象力、推理力、判断力。例如《影子》,谜面是"有个黑姑娘,一身黑到底,拳头打她她不痛;脚尖踢她她不理;绣花针也跳不起"。孩子们首先在"黑"字上着想,深一层在不痛不理上去推想,再深入去猜想这个黑姑娘连绣花针挑不起。综合三层意思就能作出正确的答案来。谜语还能丰富儿童的识见,如《水》的谜面里有"不可以生吃,只可以烧汤"。猜过谜后,儿童更能记住水是不可生吃的卫生常识。谜语还能满足儿童的好奇心,例如《眼镜》,"挡着人眼睛,格外看得清",儿童可能会猜想望远镜、显微镜,因为上面有"稀奇真稀奇,鼻头当马骑"。所以只能是眼镜了。

陶先生的四个小故事,《杨震不贪金》,有利于儿童的品德修养;《下雨天》,对儿童标点符号学习,有极大好处。据调查,读了这个小故事的人,几十年还能记得和一直注意着标点符号的使用。《倒美》、《和尚吃鸡蛋》两则故事,有讽刺和诙谐的趣味,很受儿童的欢迎。

儿童文学工作者和儿童教育工作者,都是教师——教育孩子们的先生。陶先生的两首诗是值得我们常常体味着的。

糊涂的先生

(一)

你这糊涂的先生,

你的学堂成了害人坑,

你的墨水笔下有冤魂!

你说瓦特庸。

你说牛顿笨。

你说像个鸡蛋坏了的爱迪生。

若信你的话,

哪儿来火轮?

哪儿来电灯?

哪儿来的微积分?

(二)

你这糊涂的先生,

你的教鞭下有瓦特,

你的冷眼里有牛顿，

你的讥笑中有爱迪生，

你别忙把他们赶跑。

你可要等到：

坐火轮，

点电灯，

学微积分，

才认他们是你当年的小学生。

1931 年春

教师歌

（一）

来！来！来！

来到小孩子的队伍里，

发现你的小孩。

你不能教导小孩，

除非是发现了你的小孩。

（二）

来！来！来！

来到小孩子的队伍里，

了解你的小孩。

你不能教导小孩，

除非是了解了你的小孩。

（三）

来！来！来！

来到小孩子的队伍里，

解放你的小孩。

你不能教导小孩，

除非是解放了你的小孩。

（四）

来！来！来！

来到小孩子的队伍里，

信仰你的小孩。

你不能教导小孩，

除非是信仰了你的小孩。

(五)

来！来！来！

来到小孩子的队伍里，

变成一个小孩。

你不能教导小孩，

除非是变成了一个小孩。

1934 年 5 月 16 日

李　鹏

　　李鹏(1928—　)，四川成都人。1939年后，在重庆育才学校学习。1941年后，在延安中学、延安自然科学院、张家口工业专门学校学习。1948年后在莫斯科动力学院学习。曾任中华人民共和国国务院总理、第九届全国人民代表大会委员长。出版有《李鹏论科教兴国》《李鹏回忆录(1928—1983)》等十余部。

　　李鹏是陶行知创办的育才学校学生，本卷收录的《陶行知先生与育才学校》一文，是陶行知去世后，李鹏以"远元"为名发表在《晋察冀日报》上的回忆文章。尽管入学时，作者只有11岁，但对于陶行知及育才学校的印象仍是深刻的。文章不仅介绍了当时设立了6个系，还列举了尾气授课的知名教师，以及学校的管理制度和校风，并介绍了陶行知的生活教育理论主张。文章最后表示，尽管陶行知先生已经离世，但他培养的大量学生，他所倡导的教育主张，已经遍布全国，必将在将来大放异彩，为中国教育作出应有的贡献。

陶行知先生与育才学校 *

我听到先生逝世的消息，心中很难过。忆及先生生平为人民服务的事迹，特别是在 1939 年的育才学校，我亲受先生教诲，他那艰苦朴实的作风，对待青年慈祥的爱抚，使我难以忘却。

育才学校选择一批天资较高的穷苦儿童，从小就培养他们的专长，根据儿童不同的兴趣而设立了 6 个系，即是：文艺、社会、自然、音乐、美术、戏剧。各系的主任都是国内的名家，一般的工作人员都是具有进步思想年轻有为的青年，例如那时音乐系的主任是贺绿汀，戏剧系的主任是章泯，文艺系的主任是艾青，美术系的主任是陈烟桥。校中学生的管理是发扬自治作风，实行民主集中制，提倡互助友好精神。经过很短的时间，"育才"在陶先生苦心抚育下，迅速长大起来，成为黑暗大后方一盏光明的文化教育灯塔。

陶行知先生的教育是贯彻着他"生活即教育""社会即学校""教学做合一""学用一致"和"小先生制"的方针。他反对书呆子，注意理论和实践的一致。为了教育他的学生，陶先生在抗战前曾作一首歌，歌名为《人生两个宝》。我现在将这首歌词介绍于后，借此以说明先生的思想，歌词是：

> 人生两个宝，双手与大脑。
>
> 用脑不用手，快要被打倒。
>
> 用手不用脑，饭也吃不饱。
>
> 手脑都会用，才算是开天辟地的大好佬。

陶先生原名陶知行，后易名陶行知，从"知行"到"行知"的变化，正是表明先生认识到，一切理性知识均由感性知识而来。

育才学校从他诞生那一日起，就遭受蒋介石政府无理摧残。蒋介石的

* 此文原刊 1946 年 8 月 15 日《晋察冀日报》第四版副刊第 78 期

特务机关，派了大批特务埋伏学校周围，监视师生的自由。当1941年反共高潮之际，许多先生如贺绿汀、任虹、魏东明等均被迫先后离去，蒋记政府并不以此为满足，为了进一步达到叫"育才"垮台的目的，更施以经济的压迫。这时陶先生一方面力求外援，争取民主人士的帮助，一方面自力更生，提倡育才同学种地生产，解决了学校的困难。

我于1940年来到陕甘宁边区，但我仍关怀着母校一切。后来育才在各方面都有了很大成就。抗战胜利后，如反内战、争取民主，育才均以先锋姿态出现，陶行知先生更成为这一运动的领导人。现在先生不幸去世，确是中国人民巨大损失。但二十余年教育的成果，先生的弟子已布满全国，许多优秀的青年都已成为革命先锋战士，先生的教学方针也被解放区采用。先生不幸病故，不幸被国民党特务逼死，这已引起我们无限的愤怒，我们誓继承先生未尽的遗志，为中国的独立和平民主的事业而奋斗。

李相维

李相维(1905—?)，安徽桐城人。晓庄师范第一期13名学生之一。1928年3月，受陶行知委派独自一人到金陵大学农场创办黑墨营小学。毕业后任教于安庆枞阳宏实中学。

《晓庄师范生活片断》是一篇很好的回忆晓庄师范生活的文章，该文发表后被广泛转载，对于研究晓庄师范有着重要的参考价值。该文交代了晓庄师范学校尽管开门办学，但经过了在燕子矶小学听课，到办起晓庄小学，再办晓庄师范这样一个过程。在作者的叙述中，晓庄师范培养学生的目标是农夫的身手、科学的头脑、艺术的兴趣、改造社会的精神；总目标是培养为儿童和群众所尊敬的老师。晓庄师范的考试方法是做一篇作文、临时三分钟演说、开三分荒地。晓庄师范的教学课程共有三十三门，除课堂讲授的知识课程外，特色课程多以户外的综合实践课程为主，如访农户与农民交朋友、访问其他小学学习与讨论、在晓庄博物馆栽培花草与饲养小动物、在木工店里学习木工技术、特设烹饪课等。

晓庄师范生活片断 [*]

晓庄师范创办于一九二七年，先办起小学，后办师范。我是晓庄师范第一期学生。记得是三月十五日，在一块空地举行开学典礼的，陶先生和赵叔愚先生都讲了话。学校虽然开学了，却没有房子。所以陶先生的讲话曾讲到，晓庄师范，以青天为屋顶，以大地为课堂。开学以后，我们在燕子矶小学听课，住了一个多月，才办起晓庄小学。

在那年代里，有些青年因失恋或失业，走投无路，而在燕子矶头跳水自尽的。陶先生知道了，就在燕子矶竖立两块大木牌，并亲笔题字，一块木牌上写"想一想：人生为一大事来，做一大事去，你年富力强，有国当救，有民当爱，岂可轻生？"另一木牌上写"死不得：死有重于泰山，死有轻于鸿毛。与其投江而死，何如从事乡村教育，为中国三万万四千万农民努力而死。"从此以后，就很少有人跳江了。

一九二七年，孙传芳任五省联军总司令，他有不少军队住在南京。四月间一天的傍晚，听说李宗仁率领的国民革命军要来打南京。我们晓庄师范同学第二天一早，就赶到南京金陵大学农场黑墨营去避乱。之后，孙传芳的军队虽然撤退，但城里的枪声还此起彼落，时局一片混乱。我问陶先生："时局这样混乱，我们学校是否还要办？"陶先生说："农民既然还要在枪林弹雨里种田，我们学校就不能停办。"陶先生的话坚定了我们同学的意志。在战火纷飞的年代里，我们晓庄师范的第一届同学十三人，就在战火中坚持了学习。

晓庄师范培养学生的目标是：农夫的身手、科学的头脑、艺术的兴趣、改造社会的精神；总目标是：培养为儿童和群众所尊敬的老师。

晓庄师范的考试方法：做一篇作文；智慧测验（视觉、听觉）；临时三

---

　　* 选自安徽省陶行知教育思想研究会编：《陶行知一生》，长沙，湖南教育出版社，1984年版。

分钟演说,第一人抽题开始讲,第二人抽题准备,余类推;开三分荒地,后来每人种地七分,收获为百分之三十归学校,其余归自己作为生活费用。有次考试的作文题是:《有人说,我们办晓庄是行许行之道,对不对?》。

陶先生是最讲信用的人。有一天,他因公要到河南省去,临行时,他告诉同学们说,我于某日一定回校。到他回校那天下雨了,我们都以为陶先生回不来了,可是陶先生却冒雨回来了。他的言行一致,给同学们做出了榜样。

陶先生忠于教育事业的精神令人敬佩。一天,他带领同学们到尧化门小学附近去宣传乡村教育的重要意义。他站在露天向听众演说,讲着讲着下雨了,他的衣服都叫雨水淋湿透,似乎也不自知。由于他演讲深入浅出,幽默生动,听众听得出神,即使衣服淋湿了,也不肯离开。

晓庄师范开了一次与众不同的运动会,引起了人们的注意。运动会开始时,陶先生挑着一担粪桶在运动场上行走;有的人牵着几条牛在运动场上绕圈子;有的挑着食物。接着举行爬山运动。那次参加运动会的,还有国民党的要人,如蔡元培、谭延闿等,他们也都感到意趣横生。

工友老高品格高:工友老高好像叫高友祥,他做事忠诚可靠。晓庄第一届学生的膳食均由他主持。他每天三餐,挑水、淘米、洗菜,一揽子包下来。即使没有同学去帮厨,他也从不耽误开饭。陶先生最喜欢他为人忠诚老实。

蔡元培先生在晓庄讲学:他也讲教学做教学方法的道理。他在一次演讲中,以猫捉老鼠为例,阐明陶先生的教学做的原理。他说,老猫捉鼠的动作,是小猫学习的样板。他说,老猫怎样做,小猫就怎样学,并且模仿着去做。可见,在教和学的过程中,做是重要的一环。

陶先生教人不要以势利眼看人,要以佛眼看人,要以平等待人。他是最爱学生的,我记得在新年里,他买了一些糖果来,塞在每个同学的枕头边。学生平时犯了错误,自动进行反省。

赵叔愚先生负责精神:对学生的态度和蔼可亲,工作非常负责。他家住在南京城里,来校上课从不误时,即使有点小病,也按时到校上课。

吕镜楼先生是教自然科学的,他自力更生,制造了一百多种科学仪器。他教学耐心,诲人不倦。方与严同志虽然是晓庄学生,年岁却比陶先生大。他慕陶先生之名到晓庄学习，献身教育事业，其学习精神，令人敬佩。后来他的儿子、女儿也来晓庄学习，父子女两代同堂，都以陶为师，一时传为佳话。

晓庄大礼堂的大门口有两副对联。一副是："和马牛羊鸡犬豕做朋友；对稻粱菽麦黍稷下功夫。"另一副是："以教人者教己；在劳力上劳心。"

晓庄学校大门，是谭延闿写的"晓庄师范"。两旁是陶先生做的对联："认清问题，研究问题，解决问题，为好教育；发明工具，制造工具，运用工具，是真文明。"

交朋友——每星期三下午课后，同学分成两人一组到农家访问。了解每个家庭的生活情况，劳动情况，了解孩子们在家帮助家务和学习情况，并向家长汇报孩子们在校的学习情况（师范同学即小学老师）。我们和家长共同研究教育孩子的问题。

晓庄小学讨论会——每逢星期一，同学们都外出参观其他的小学，吸取别人的教学经验，结合自己的教学实践，开展讨论。在对待学习别人的教学经验态度上，陶先生强调指出：七十岁的老翁，可以跟六岁的儿童学许多知识，会的教人，不会的跟人学。这在我们晓庄，是天天有的事。

晓庄博物馆——有些同学喜欢栽培花草，有些同学欢喜饲养小动物。喜欢花草的，随时随地搜集品种，梅呀菊的，喜欢小动物的，满山遍野捕捉鸟儿兔儿。不花一文，就使博物馆丰富多彩起来，生物教学又有了实物教具。

晓庄中心木匠店——晓庄师范有些同学爱好木工，他们经常到木匠店学习木工技术，为学校打课桌、板凳、椅子。

晓庄师范的歌曲——有锄头舞歌、镰刀舞歌、劳动歌，都是陶先生写的词。"吃自己的饭，滴自己的汗，自己的事自己干，靠人靠天靠祖上，不算是好汉。"这样的歌词，既通俗易懂，又富有深奥的哲理。

我主持黑墨营小学，陶先生把他的著作《中国教育改造》送给我一本。他在封面上写着："献给单身匹马创办黑墨营小学的闯将"。并亲笔写了个校训：自立立人。一副对联："近朱者赤，近墨者黑；尽力所及，尽心所安。"

陶先生平时谈话，常寓哲理于诙谐之中。他曾说，有柴有米不会烧，肚子饿得呱呱叫。书呆子烧饭，一锅烧四样：生、焦、硬、烂。因此，在三十三门教学当中，有烹饪学这一项。

陶先生最崇尚创造精神，他常说："人生两个宝，双手与大脑。宁做鲁滨逊，单刀辟荒岛。"又一说："人生两个宝，双手与大脑。用脑不用手，快要被打倒。用手不用脑，饭也吃不饱。手脑都会用，才算是开天辟地的大好佬。"这首诗先由赵元任先生谱曲，后来又由贺绿汀同志谱曲，成了育才学校的校歌。

刘季平

刘季平（1908—1987），原名刘焕宗，笔名满力涛，江苏如皋东乡双甸人。1924年入如皋师范学校读书。1928年转入晓庄师范学校。曾为中共晓庄学校支部书记、中共南京市委宣传部长、上海左翼教联总务。抗战后，曾任抗战教育研究会常务理事、中共湖北省宣传部干事。1938年任生活教育社常务理事，编辑生活教育社社报。1941年后历任抗日军政大学九分校校长、中共苏中党校校长。1949年后，任华东军政委员会文化教育委员会委员。1952年任上海市副市长，兼任上海市人民政府秘书长。1954年任中共上海市委统战部部长、市委教育卫生部部长。1959年后曾任中共山东省委、安徽省委书记处书记。1963年后任教育部代部长。1973年后曾任北京图书馆馆长、国务院文化部顾问。后任中国陶行知研究会会长。

本卷收录刘季平《科学化的生活教育》一文对陶行知的生活教育思想与实践发表了批评意见，作者认为陶行知的贡献在于提出了生活教育理论，但"陶行知先生的缺点，是在于他把行动的火花就直接看成了教育，因而就忽视了对于这些火花的调制和收拾。"陶行知的生活教育是空想的、海市蜃楼式的，理想的生活教育应是计划统制的科学化的生活教育。《造成教育思想上一个伟大的革命》一文肯定了陶行知教育思想的革命唯物论基础，创造性地将杜威的实用主义学说改造成生活教育学说，在中国教育史上具有革命意义。《论陶行知教育思想》一文分析了陶行知教育思想的基本观点、陶行知教育思想的发展历程、陶行知政治与哲学思想的变化等内容。作为陶行知早年的学生与同事，作者对陶行知教育思想的观点和发展阶段，作出了较为客观和细致的分析，为研究陶行知教育思想提供了重要参考。

科学化的生活教育 *

中国教育之出路是生活教育

生活教育之出路是计划统制

一

我仔细地研究目前惟一切合中国大众之需要的教育，就是陶行知先生所提倡的生活教育。这个教育有几个根本的特点：

第一，它把教育和大众真正打成了一家。从前一方面有少数的人拿大众的钱念死书，一方面有 90％的人被关在教育的门外。现在他把教育从少数人手上夺下来，还给了大众。

第二，它把教育过程和实践过程打成了一片。本来人类的实践生活中，就有非常丰富的、多面的文化火花，这些火花只要一加以调制，就是上好的教育。可是从前的教育，却一塌括子把它扔了，反而另外躲到壁角落去教死书。这就等于放着大批的金矿不开采，却叫一两个人去淘砂；既浪费了天物，又多花了工夫。现在生活教育却取消了这个累赘的教育过程，把它并入实践过程，直接利用实践中间的文化火花来办教育。

第三，它使教育的供给和实践的需要打成了一片。从前的教育在实践之外另立门户。依照自己的主观，乱订课程；许多东西，全然用不着；许多东西等得要死，它却一点没有；许多东西，名目上有用，实际却驴头不对马嘴。结果功夫糟了，学出来的东西，还一点用处没有。现在它教教育看着实践的需要动手。实践需要什么，就追求什么；实践追求什么，教育就指导什么。教育帮忙实践的学习，就是实践中根据需要的追求。两者根本变成了一个东西，当然不会有空头，也不会有赘瘤；不会多的太多，也

* 原载《生活教育》，1935 年第 12 期。

不会少的太少。

第四，它使教的、学的、行动的、打成了一家。从前有许多人浪在那儿，空有许多行动火花，却没有人教；有若干人，花许多钱养着他们只教很少几个人，却从不动手，也不再学习；有若干人，吊儿郎当，只学一点半点不中用的东西，别的就无所事事。现在它把教的学的一齐都打到行动里去。个个人都行动，个个人都在行动中间学习，同时就在学习行动中间互相教。从前一件事三个人做，现在他教一个人做三件事。

在目前的中国，国难严重到极点，时势繁难到极点，大部分同胞的认识和能力还很差，而事实上的行动，却一分一秒也缓不得。在这样的情形底下，当然只有这样的生活教育，才是大众所需要的教育。只有它，才是真正大众的，才不耽误行动，才脚脚踏实不落空，才是大众办得起的。也只有好好推行这种教育，大众的实践才能更加确实，更加有把握。

二

但是陶行知先生虽然正确地提出了生活教育，却没有考虑到这种教育怎样才能实现。依照他自己的想法，他的生活教育，简直是近于空想的。

第一，实践中间的需要是非常复杂的，在实践中间自发的文化火花，也非常杂乱；一般人对于它们，是没有本事统御的，譬如房子失了火，要抢救的东西多得很，可以搬走的东西也多得很，可是大部分人一到了这种时候，心理就失了主宰，不晓得应该拿什么好。往往东拿拿，又丢下，西拿拿，又丢下；结果，一样东西也拿不出；或者只拿了一样顶不重要的东西，或者等到想好主意，火已经四面八方烧拢来，走不出去了。教育如果弄成这个样子，还有什么好处？

第二，实践中间自发的文化火花，和实践所需要的知能体系，还不是一致的。实践的需要，时常总是零零碎碎的，是许多火花的有机联系，而各种火花，又时常枝枝节节，包含着很复杂的关系。在这样的情形底下，呆头呆脑，想要看见火花就拿，拿来就用，完全是不可能的。

第三，实践中间自发的文化火花，有时非常模糊，有时只是表面的现象，有时甚至于是完全错误的。而我们所需要的，却时常总是很复杂、很深刻的东西。并且非正确不可。在这样的情形底下，如果我们分不出好歹深浅，只安于表面的现象，那么我们始终就只能停止于一些肤浅的地方，无补于实际。假如要确切地得到一些深刻有用的东西，那又不是马马虎虎在浮面上跑跑就行的。

第四，我们需要的东西多得很，应该学的东西也多得很，然而我们的精力却是有限的。无论如何我们也不能样样都学，而且事实上也用不着。有许多事情。我们并不需要一一亲自学过，只要确切地懂得了它的底细，它的筋络，它的门槛，就可以无往而不通。假如我们只注意众多个别的火花，看不见它们中间的轻重本末；只见一个学一个，见一双学一双，而无所选择；那么我们顶多不过是积下了一些烦琐的经验，当一名活动的烦琐字典而已！别的有什么用？

第五，有许多东西，等到临时要用，才急来抱佛脚，是不行的。要想做起来得心应手，必须预先有布置，否则就要耽搁事体，或者简直就要误事。然而拘泥于行动的生活教育，却不能保证这一点。

对于这种种复杂的关系，陶行知先生始终都未曾好好地，具体地考虑到。他所深深地注意的就是："行动与行动磨擦"。他以为这种磨擦"发出生活的火花，就是教育的火花，发出生活的变化，就是教育的变化。"(《生活教育》半月刊三卷二期第 47 页)因此，依照他，只要我们抓住了这些火花，那么我们就算受了教育了。行动的火花，在他就是这样简单而好玩的！

陶行知先生的缺点，是在于他把行动的火花就直接看成了教育，因而就忽视了对于这些火花的调制和收拾。

事实上，行动与行动相磨擦，所发出的火花，并不就是教育，只是自发的文化火花。只有对于这些火花，加以某种符合目的性的调制，加以人工的收拾它才成其为教育。也只有能够收拾这些火花才能利用这些火花，才能把这些火花中间的教育，从可能性转化为现实性。否则纵有多少火花，一般人也是抓不上手的，能捞到一点的，也只是一些零零碎碎的经验，不成大材；而且也要比平常浪费更多的冤枉力。可是陶行知先生对于这一点，完全没有想通。

陶行知先生的这种观点，使他的生活教育由他自己的手，滑入了可悲的空谈。生活教育之关键，不在于"以"行动的火花为教育，而在于"收拾"行动的火花为教育。可是陶行知先生却只看定了火花，不研究收拾，还有什么教育可言？

依照陶行知先生所想的做下去，那么他所希求的教育与大众统一，教育过程与实践过程统一，教育的供给与实践的需要统一，教学做合一，都将成百分之百的海市蜃楼。大众并不会从陶行知先生的保证中，得到丝毫教育，大众所有的还是原先的那一套："行动，行动的火花。"当然，陶行知先生也给了一点东西，那就是一块招牌。上面写道："这就是教育！"

三

然而这不是陶行知先生的错误，而是他的不足，这种不足，是可以克服过来的，而且非克服过来不可。

要克服这些，只有从收拾火花之严密的计划入手。

第一，不是"只见树木，不见森林"；不是"头痛医头，脚痛医脚"；不是只迷惑于个别行动，而忽视全个历史时代。要居高临下，看到全个历史过程，看透这全个历史运动的全部需要，加以通盘筹算。

第二，不是把一切需要平等地看待，像乡下人记豆腐账一样，一笔一笔并列着。要在它们中间看出轻重缓急，看出哪些是根本的筋络、门槛，哪些是枝叶、末梢；那些是主，那些是从。

第三，不是囫囵吞枣，或是乱七八糟，要在它们中间，看出深浅繁简，看出哪些是前提的东西，哪些是有条件的东西，看出第一步应该如何，第二步应该如何。

第四，要研究这些需要和实践之间的现实关系，看它们中间哪些方面是合用的，哪些方面是背离着的；要配合着各种人群的实践生活，调整这些关系；研究怎么利用实践中一切现成的火花，使这些火花有机地联系起来，构成合用的体系。

第五，然后要研究怎么样抓住这个纲领，随着实践的发展，实际地调制这些火花，提选这些火花，抓取这些火花，组织这些火花。

教育的责任，必须根据这个全盘的研究，作成严密的总计划。然后，用这个计划武装起自己来，深入实践中，收拾所有的一切火花。只有这样，教育才能真正地打进生活；生活中的火花，才能真正地成为教育的火花，发生教育的变化。也只有这样，生活教育，才能摆脱了它的空想性，成为实践的东西，也只有这样，陶行知先生所给与我们的一切保证才能兑现。

四

因此，我研究中国教育的出路，得到如下的结论：

(1)目前的学校教育是扶不好的。

(2)只有实践中的生活教育最适合我们的需要。

(3)然而陶行知先生的生活教育是空想的。

(4)我们必须克服他的空想性，使他成为科学的东西。

所以说：

中国教育之出路是生活教育，

生活教育之出路是计划统制。

我这样办，并不是只在陶行知先生的生活教育中加添一个补充的计划。我们应该晓得，有没有这个有体系的特别计划，不仅是在教育本身上有着本质的不同，而且根本就是代表着两个哲学态度和方法论的。

因此，我宁愿把生活教育叫做科学化的生活教育，或者科学化的实践教育。

造成教育思想上一个伟大的革命 *

一

陶行知先生是近代世界教育史上最伟大的代表者之一，陶行知思想是解放区新教育思想的源泉之一。假如说，解放区新教育思想是以毛泽东思想为基础，消化了陶行知思想而形成的，我以为一点也不为过。

陶行知思想的基础，建立在他的"行是知之始"和"劳力上劳心"的学说上。他反对王阳明所谓"知是行之始，行是知之成"，而主张"行是知之始，知是行之成"。他同意《墨辩》上关于亲知、闻知、说知的分类，而认定自身在实践中体验出来的亲知是一切知识的基础。他认为没有亲知做基础，则别人传授进来的闻知，和自己推想出来的说知皆无所安根，皆不可能。他甚至提出了"接知如接枝"的道理，他说："我们必须有从自己经验里发生出来的知识做根，然后别人的相类的经验才能接得上去。我们必须有个人经验做基础，然后才能了解或运用人类全体的经验。"因此，他一贯地强调真知识，反对伪知识。他认为真知识是思想与行为结合而产生的知识，安根在经验里，但又不是单纯的经验，而是从经验里生芽发叶开花结实的真知灼见。他承认人家的真知识接在我们素有的经验上，也可变为自己的真知识，但若自己一些经验没有，就是他人有真知识也接不上去。

在陶行知思想里面，行与知的关系，应不是机械的，从行到知的过程也不是可以任其自流自发的。他固然反对劳心而不劳力，也反对劳力而不劳心，且不赞成劳心与劳力并重，他主张在劳力上劳心，用心以制力。他认为只有在劳力上劳心，从行到知的变化才能实现出来，人也才能用心思去指挥力量，展开行与知的辩证发展。他认为这不只是一个知识问题，而

* 选自生活教育社编：《陶行知先生四周年祭》（第一辑），北京，新北京出版社，1950 年版。

且是一个社会问题,他把这个口号看作理想社会的一个重要标帜。他希望人间一切劳心者,劳力者,劳心兼劳力者,一齐化为在劳力上劳心的人。他认为只有人人在劳力上劳心,事事在劳力上劳心,人类才能探获万物之真理,征服天然势力;才能真正实现理想的大同社会。

我认为这就是陶行知先生全都思想的根本基础。从这个思想基础来看,他不仅在哲学上是一个革命的唯物论者,而且有他的社会革命理想。

二

陶行知先生在初期的一个缺点,乃是在于把实现他的革命理想的希望,几乎完全寄托在教育工作上。他说:"惟独贯彻在劳力上劳心的教育,才能造就在劳力上劳心的人类,也惟独在劳力上劳心的人类,才能征服自然势力,创造大同社会。"他忽视了没有革命实践,他的理想就无法实现。但他最伟大的地方,也就正是在于他把这一革命哲学贯彻在教育上,而造成教育思想上一个伟大的革命。

创造一个人人在劳力上劳心的社会,成为他的教育的最高理想;贯彻"行是知之始"的主张,成为他贯彻教育的最高原则。因此,他就创立了以社会生活为主体的生活教育理论,提出了以实践为中心的"教学做合一"的主张。

他反对脱离社会,脱离实际的孤立主义教育,也否定了仅仅满足于把学校变成社会缩影的杜威思想,而大声提出了"生活即教育","社会即学校"的口号。

他主张教的目的应该根据学的目的,学的目的应该根据做的目的;教的内容应该根据学的内容,学的内容应该根据做的内容,教的法子应该根据学的法子,学的法子应该根据做的法子。

"做"是什么呢?"做"就是运用一切身上与身外的工具,运用古往今来的一切真知识,为了改善生活,改善社会,而在劳力上劳心。

他认为教育应该有计划地以这种劳力上劳心的做为中心,先生在"做"上教,学生在"做"上学。同时这种"做"的本身也就是广义的教育;对事是"做",对己是学,对人是教。

不可否认,有些人有些地方在实行他这个学说时,也曾经由于经验不足,认识不够,而常常发生过与不及的偏向,但我认为这决无害于陶行知思想在整个教育史上的伟大革命意义。

他不仅把教育从统治阶级御用的宝座上解放出来，交还给了人民，而且把教育从狭小的鸟笼里解放出来，交还给了大社会大自然，却又没有陷于放任自流的所谓"自然主义"。

无疑的，陶行知思想在今后新中国教育之发展上会起很大作用的。

三

但陶行知先生的伟大决不仅在于他的教育思想上得进步，更重要的还是他永远站在人民的立场上，依靠人民，热爱人民，为人民服务的民主精神。

初回国时，他是一个平民主义者；在晓庄时代，他是全心全意为农民谋幸福的人；晓庄被封后，他更进而觉悟到工农联合之必要，也就更进而成为站在工农大众立场上的民主主义者。

爱大众，爱青年，爱儿童，特别是爱被剥削、被压迫、被埋没的大众、青年、儿童，差不多已经成为他的一种天性。他毕生的精力，可以说都消耗在为大众谋福利的事业中了。

因为极端热爱人民大众，所以他就极端憎恨一切中外的剥削者与压迫者。他体验到中国人民大众有两大公敌：一是外国侵略者，一是国内法西斯反动派的野心统治。不打倒这些公敌，中国人民大众没有前途，他自己的社会革命理想和教育革命理想也没有前途。因此，在他的后期，也就愈益和中国人民反抗中外法西斯的斗争不可分了，而且使他成为了站在中华民族中国人民解放斗争最前列的优秀导师之一。

为此，他遭受了国民党反动派的长期迫害，封闭他的学校，屠杀他的学生，下令通缉他，派特务监视他，造谣破坏他，封锁经济来源，以限制他的事业的发展。然而他宁可忍受着最悲惨的生活，从来也没有向反动派低过一次头。

不仅如此，我觉得在他那一个社会群中，他也是群众观点最强的一个民主领袖。他从来没有以领导者自居，站在人民头上，命令人民如何如何。他总是站在人民中间，与人民互教共学，领着人民一齐前进。他最懂得依靠人民是一切力量的源泉。每逢他的事业遭受一次挫折，他总是进一步鼓舞人民的进步和革命行动，从来不幻想从对反动派的妥协中找寻出路，而压抑人民的进步。就是在教育工作上，他也是最懂得依靠大众青年和儿童自己的力量的。他不仅非常重视学生自己的自觉自治，而且他早就认识到依靠统治的权力来普及教育根本是不可能的，只有发动大众自己互教共学才有出路，这也就是他特别强调小先生制和传递先生制的原因。

应该承认，在他那个社会层里，能像他这样，有这样坚强的人民立场，人民观点，为人民服务的精神，实在是难得的。

陶行知先生的伟大，决不仅是表现在他有伟大思想，首先乃是表现在他有伟大的立场、观点、品质，正因为他有这种伟大的品质，所以他才会有伟大的思想。

1949 年 7 月于无锡

论陶行知教育思想[*]

在陶行知先生逝世三十七周年纪念会上，我曾检查了自己过去的"左"倾思想影响，并希望在认真坚持四项基本原则、努力学习并贯彻执行党中央有关教育方针、指示的基础上，注意研究和正确评价陶行知教育思想。

那次我说：作为比较早地和陶行知先生发生师生关系和工作关系的共产党员之一来讲，我在长期保持和陶先生真诚相见，积极合作的基本态度方面，可以聊以自慰。对他热爱祖国、热爱人民、平等待人、助人为乐、放下架子、赤脚下乡、无私无畏、破旧创新、身体力行、不断前进等等高尚品德，一直极为崇敬。可是，我过去曾先后给他扣过"改良主义"、"实用主义"和"新马尔萨斯"等三顶帽子，说明我以往虽然避免了某些过左行为，却仍然存在"左"倾思想影响。

我也说了：现在我越学马列主义、毛泽东思想，越学十一届三中全会以来的有关文件，越学《邓小平文选》，并重读陶先生的许多著作，就越加认识到，我以前的好些想法，都应该认真加以改正。但是那次尚未讲清道理，现在想再进一步着重谈谈必须改正"左"倾看法的几个主要理由。

一、陶行知教育思想的基本观点

我曾提起，我们不单不应给他扣一顶改良主义帽子，也不能仅仅说他是由旧民主主义走到新民主主义，还应该看到，他是由新民主主义愈益走上了社会主义道路。为了说明这个问题，要结合他的具体言行，好好分析一下他在教育方面的基本思想的实质。

他的基本思想，早已由他自己归结为："生活即教育"；"社会即学校"；"教学做合一"。对此，他从二十年代至四十年代，曾作过多次讲解，越讲越明确了他所特别重视的要点。关于"社会"、"生活"，他在起初只着

* 选自北京市陶行知研究会编：《陶行知研究》，长沙，湖南教育出版社，1987年版。

重谈"乡村农民"、"乡村教师",讲求"健康的"、"劳动的"、"科学的"、"艺术的"、"改造社会的生活",到后来就愈益强调了以"靠自己动手做工(种田)吃饭的真工人(真农人)"为主的我国"劳苦大众",争取"民族解放、大众解放、人类解放"的"革命生活"。关于他视为教学中心的"做",起初只泛指"在劳力上劳心,用心以制力",后来就特别着重强调了促使我国大众"觉悟、联合、解放","捣碎痛苦的地狱、创造人间的天堂"的"行动"。为此他一直都非常注意适应我们这个"穷国"要造成这样一个大变化的实际情况,要求多想穷办法、新办法,反对传统教育,超然教育,洋化教育。

他的这些基本思想究竟说明了什么?我觉得,这在实质上就是表明,他虽然重视学校教育,但他的整个教育思想,是从我国整个社会着眼的,是特别着重面向广大人民群众的,而且无论是讲社会或学校的教育,都是以当代我国社会实践为依归的。特别是到了后期,更是以革命的社会实践为中心,来认识和处理教与学、教育与实践的关系的。如果我们能跳出只片面重视学校教育的狭小圈子,才能打破只一味强调老一辈给下一代传授知识的旧教育思想,转而用广义的教育观点来看待教育,注意紧密结合社会实践,根据当前促进社会发展的需要来办教育,那就不单易于认清陶行知先生这一思想的主流,而且不能不承认,他这种教育思想的实质,和我们马克思主义者对教育事业所理应坚持的主要原则是有共同之点的。

在这里,陶先生自己最重视的是"生活即教育",我拟另文细加研究,目前想以社会与学校的关系为主,先作初步探讨,兼论其它几点。据我理解,马克思主义者在推翻资产阶级统治、建立无产阶级专政的政权以前,除宣传共产主义,批判资本主义,批判旧教育等等外,只能要求"对一切儿童实行公共的和免费的教育,……把教育同物质生产结合起来"①,并依靠部分进步文化教育工作者开展社会文化教育,不可能指望资产阶级教育为无产阶级革命服务。列宁在俄国革命取得胜利后不久,就明确指出了:"教师不能把自己限制在狭隘的教学活动的圈子里。教师应该和一切战斗着的劳动群众打成一片。新教育学的任务是要把教师的活动同建立社会主

---

① 中共中央马克思恩格斯列宁斯大林著作编译局:《马克思恩格斯选集》(一),北京,人民出版社,1995年版,第273页。

义社会的任务联系起来"①。并且十分重视社会教育，多次召开社会教育处长会议，一再强调"同宣传鼓动联系着"的"社会教育对于改造整个生活有重要意义，必须找出新的方法"②。

我们中国共产党和全国人民，在把马克思列宁主义普遍原理同中国革命具体实际结合起来的毛泽东思想指引下，经过长期的艰苦奋斗，已取得了新民主主义革命的胜利，顺利进行了社会主义改造，确立了社会主义制度。现阶段的历史任务是要逐步实现四个现代化，把我国建设成为既有高度物质文明、又有高度精神文明的社会主义新中国。这样，我们的教育理论与实践，就决不能仅仅局限于学校教育，必须密切结合社会主义革命和社会主义建设各阶段的实践，十分重视实践教育、社会宣传教育，努力"用共产主义思想教育党员和人民群众，抵制和克服资本主义腐朽思想、封建主义残余思想和其他非无产阶级思想"，并不断提高全民族的科学文化水平。当然，实践教育、社会宣传教育工作是全党全国的大事，有些事要由党与政府统一抓，有些事要靠各地、各方面、各单位分工协作办，但教育部门不仅要直接负责或参与一部分工作，而且实践教育、社会宣传教育说到底也属于教育范畴，学校教育更不能孤立办学，因而就必须把它作为整个教育科学的一个重要方面，加以统一研究。

我们当然不能不重视学校教育，我们要为下一代的健康成长办幼儿园、办中小学，为培养各类中、高等专门人才办大学、办中专。可是我们所重视的学校教育，乃是认真贯彻执行党的教育方针的新学校，决不是脱离社会、脱离革命实际、脱离生产劳动、片面偏重死知识的旧学校，而且根据毛泽东、邓小平等同志的多次有关指示，我们党从来都十分重视实践教育，都强调要把解放军以至全中国办成大学校；都把实干中的学习看成更重要的学习；把在党与政府统一领导下，对革命实践能直接起更大促进作用的社会宣传教育，看成更为基本的革命武器之一。回顾我们已往多年来的历史经验，也可以看到，在革命的每一个阶段，实践教育、社会宣传教育所担负的具体使命，都比学校教育更为广阔、繁重、深入、持久，因

---

① 列宁：《在全俄国际主义教师代表大会上的演说》，载《列宁全集》（二十七），北京，人民出版社，1985 年版，第 418 页。

② 列宁：《在各省国民教育厅社会教育处处长第二、三次会议上的演说》，载《列宁全集》（二十八），北京，人民出版社，1985 年版，第 415 页。

为它要管党政军民、工农商学、男女老少、十亿人口、思想政治、科学文化等各个方面，而且永无休止。远者不谈，只要正视一下三中全会以来党中央在这方面的大量工作，及其为现阶段四化建设愈益做好准备的每一有力步骤，就可以证明。所以不管某些教育工作者如何看问题，我们党在实际上不仅十分注意掌握好社会经济基础与上层建筑领域各项工作的辩证关系，而且一直都是在统筹大抓实践教育与整个社会宣传教育的前提下改革和发展学校教育，又把逐步普及与提高学校教育作为条件之一，更有力地抓好实践教育、社会宣传教育的。

毫无疑问，由于现在我国社会的整个情况，和陶行知先生生前所处环境相比，已经发生天翻地覆的变化，他在当时能亲自进行的实际活动又受到很多条件的限制，所以在某些具体的方针办法方面，必然会有这样那样的过与不及之处。可是用我们在当代中国教育方面所应该坚持的上述主要原则作为理论武器，来实事求是地分析比较一下陶行知先生早在半个世纪以前就提出的，写当时反动统治思想相对抗的教育思想，则显而易见，不仅在实质上和我们基本相通，不仅十分难能可贵，而且正如胡愈之同志所说，如果陶行知先生能活到现在，他一定会和我们同心同德，大力提倡"四化教育"。在此情况下，我们怎么能对他在教育理论上的这一重大贡献等闲视之，甚至反而乱扣帽子呢？

二、陶行知教育思想的发展过程

陶行知教育思想不是从他的头脑里忽然冒出来的，而是随着我国社会实践的发展，反复靠实践来检验、改正他原先对国内外的各种学说的认识（包括我国的王阳明学说和美国的杜威教育学说），然后经过渐变到突变，逐步发展起来的，其发展过程大体可分为早期与后期两大阶段。

关于早期陶行知教育思想，如果可以把他在1924年前后推进平民教育运动看做酝酿期，把他在1923年开始提出"平民教育下乡"看做其后提倡乡村教育的萌芽，那就可以认为其形成时间是在发表《幼稚园之新大陆——工厂与农村》、《改造全国乡村教育宣言书》、提出十八项《信条》等重要文章，并与晏阳初等人分道扬镳、下决心脱离高等学府、赤脚下乡筹办晓庄试验乡村师范学校的时候。那时正是我国1924—1927年大革命进入高潮的1926年至1927年春。从他当时在《宣言》、《信条》等著作中所揭示的初期生活教育思想和实际行动来看，从他已愈益注意面向工厂与农村，并且特别着重面向占我国人口大多数的农村，强调唤醒农民、改造乡村、改造古国，强调乡村教师"应当做人民的朋友"，"应当有农夫的身手、科学的头脑、改造社会的精神"等等言行来看，显然已经超越了旧民主主义思想，已经具有虽不完整、却比"中华平民教育促进会"时期更为明显的新民主主义思想。而且根据他所谱写的晓庄校歌《锄头舞歌》和他于 1927 年 8 月招待南京市教育局长及各校校长时的讲话看，还可以了解到，他那时并非只从教育方面考虑问题。在《锄头舞歌》中他着重号召唤醒锄头来革命；在讲话中更明确地说："既有国民政治上的革命，同时还须有教育上的革命，政治与教育原是不可分离的，二者能同时并进，同时革新，国民革命才有基础和成功的希望"。这些话虽然是在 1927 年"四·一二"事变以后讲的，却说出了他过去在北洋军阀统治下难于公开讲出的心意，不仅更足以说明他早已就具有一定的新民主主义革命思想，并且证明他那时尽管对大革命的认识还有不少局限性，却决非完全无视革命的单纯教育救国论者。

关于后期陶行知教育思想，我认为最主要的特点，就是在政治思想和教育思想上都由较为完全的新民主主义愈益走向社会主义。时间主要是从 1932 年前后到他不幸逝世以前的十多年，这一时期他整个思想的发展又经历了较为显著的三大步：

第一步是在晓庄学校被封闭(1930 年)、日本帝国主义发动"九·一八"事变以至爆发"一·二八"战争的 1932 年前后，这一步的主要表现，是在经过一段摸索后，先利用申报副刊《自由谈》多次发表文章，公开抨击国民党对日不抵抗和坚持"攘外必先安内"的反动政策；又毅然决定为冲破国民党的反动束缚，使"整个民族"，"起死回生"，而倡办工学团。而且除在谈到乡村工学团时，强调要以"靠自己动手种地吃饭"的"真农人"为主体，以培养普遍的"军事"、"生产"、"科学"、"识字"、"运用民权"、"节制生育"等六大"能力"为目标来办理外，还愈益明确地重视了以"真工人"、"真农人"为主体的工农联盟。先是批评国民党召开的所谓国民会议的"会场里找不出一个靠自己种田吃饭的真农人，也找不出一个靠自己做工吃饭的真工人"，后更公开说明"我们整个理论是以靠自己动手做工吃饭的真工人和靠自己动手种田吃饭的真农人和劳苦大众的小孩为基础"的。并且十分鲜明地宣布"光棍的锄头不中用"，要"联合机器来革命"(见《锄头舞歌》于 1933 年新补充的第五段)，从而提出"工以养生、学以明生、团以保生"的号召，提出走"穷国教育"、"穷人教育"的新路子,用"小先生制"、"即知即传人"的新办法,发动工农群众自己创办既做工、又学科学、又团结自卫的工学团,为反抗侵略作准备。

第二步是在我党发表"八一宣言"、北平学生爆发"一二·九"运动,全国各阶层人民掀起抗日救国新高潮以后至全国抗日战争初期。这时的突出表现,是连续发表了《十二月运动与五四运动》、《民族解放大学校》、《中国大众教育问题》等文章,特别强调唤醒、团结和依靠"被压迫大众",来开展抗日救国运动,并且比前几年更进一步,公开走上"抗日救国"第一线,与沈钧儒、邹韬奋等联名发表《团结御侮》宣言,亲自参加全国救国联合会;组织和领导国难教育社;充当国民外交使节出国宣传抗日;回国后又在普遍宣传、推广抗战教育的基础上,艰苦创办育才学校。这样,就不单使他的生活教育主张和当时我国主要历史任务——抗日救国紧密结合了起来,而且把他的努力和希望都着重面向了被压迫的工农大众。

第三步是在四十年代前半段,在国民党顽固派日益公然掀起反共、反人民、对日妥协投降的高潮及日本投降后更进而阴谋发动反共反人民内战的几年间。这时,他不仅和中国共产党、各民主党派及全国人民群众一同奋起反对分裂倒退、坚持抗战到底、反对专制独裁、争取和平民主;不仅比以往更公开地强调反对由"少数资产阶级做主、为少数人服务"的"旧民主",赞扬由"人民大众做主、为人民大众服务"的"新民主";实际上还超越新民主,比以往更明显地提倡和宣扬了好些具有社会主义思想性质的重要主张。例如:

(一)提倡包含"集体自治"、"集体探讨"、"集体创造"三种要素的"集体生活";

(二)提倡新"大学之道","在明'民'德,在亲民,在止于人民的幸福";

(三)进一步提倡具有革命思想内容的创造精神;号召"迎接东升的太阳"、"创造幸福的新中国、新世界";

(四)提倡"文化为公","教育为公",办"民有、民治、民享的教育",办到"各尽所能、各学所需、各教所知";

(五)倡办"有形"和"无形"的"社会大学",宣传"人民创造大社会,社会变成大学堂","教人民做主人",争取"觉悟,联合,解放,……创造",

"捣碎痛苦的地狱，创造人间的天堂"。

当然，他在起初有些话还说得比较含蓄，但是积极向往社会主义的思想已经跃然纸上了，我们就该实事求是地予以足够理解和应有评价。

三、陶行知在政治和哲学思想上的变化

陶行知先生的教育思想愈益发生上述变化，主要是在从1926年至1946年的二十年中。这和当时我国和世界政治形势的发展变化不可分，和他自己在政治思想、哲学思想上能随着客观实际不断提高认识、走向进步更有决定关系。他起初在《锄头舞歌》里歌颂"天生孙公做救星"，说明他在那时还只赞扬孙中山先生的革命的三民主义，可是到三十年代初，就愈益洋溢着支持工农大众"翻造""人间地狱"的思想感情；愈益认清当时国民党顽固派的反动性；愈益同情中国共产党；并和自己原先的老朋友如胡适之流划清了界线。到三十年代中期至四十年代初，更愈益从共产党的亲密战友发展成为周恩来同志所说的"无保留追随党的党外布尔什维克"，他所创办的山海工学团、育才学校等事业，不仅愈益信赖共产党员为领导骨干，而且愈益成了共产党及解放区培养、输送革命干部的据点。

至于他的哲学思想，最初确曾一度相信过王阳明"知是行之始"的唯心主义思想和杜威的"实用主义"思想，但不久以后，就翻了半个跟头，进而愈益搞通了行——知——行的辩证关系。宣扬"行动是老子，知识是儿子，创造是孙子"；宣扬行与知都无止境，行产生了知，还要反复不已地行；连自己的名字也因此由陶知行改为陶行知，后来甚至又造了一个新字"衠"，作为自己的署名。不仅如此，他在1943年写的《创造年献诗》中，还正式阐述了他完全接受辩证唯物主义认识论的思想："……行以求知知更行，不知直认为不知。……'武断''以为'靠不住，存在由来定意识。解剖本体寻条理，追踪外缘找联系。矛盾相克复相生，数量满盈能变质。源头之上搜证据，观察发展觅定律。文化钥匙要活用，开发天人大神秘。……"。此诗初稿"源头之上搜证据"原为"相推而进正反合"。

上述各点虽只略述梗概，但已足可证明，给他扣上"改良主义"、"实用主义"的帽子，是完全站不住脚的，至于我们过去所说的"新马尔萨斯"和五十年代所谓的"新武训"等等，更早不攻自破了。

我这样讲，决不是说陶先生的思想已经完全完满无缺。事实上，在他的思想中不仅还有好些需要结合今后的社会实践进一步研究解决的问题，而且他自己就反复强调永远都要不断"前进","创造"。但是按照上述主要之点来看，我觉得，陶行知教育思想不仅在近代中国与世界教育思想发展史上具有十分重要的地位，而且他有关深入改造旧学校教育，积极开展整个社会宣传教育的思想与方法，对于当前我们贯彻执行邓小平同志关于"教育要面向现代化、面向世界、面向未来"的指示，促进物质与精神两个文明的发展，防止和清除精神污染，处理好普及与提高的关系，更有效地改革和发展我国社会主义新教育，还具有很大的理论和现实意义。因此，我们除深入学习党中央有关指示和老解放区成功经验以外，很需要一面认真总结建国三十多年来贯彻执行党的教育方针的正反经验，一面密切结合当前我国社会主义现代化建设的实际，在坚持四项基本原则的大前提下，采取去粗取精、取长补短、推陈出新的态度，为抓紧搞好具有新中国特色的社会主义新教育，而好好研究陶行知教育思想，使能为团结奋斗、振兴中华、建设社会主义现代化新中国作出应有的贡献。

陆定一

陆定一(1906—1996)，江苏无锡人。1926 年毕业于交通大学(现西安交通大学与上海交通大学)。1927 年担任共青团中央宣传部部长，后任红军总政治部宣传部长。新中国成立后，先后任中共中央宣传部部长、国务院副总理、中央书记处书记、文化部部长。1979 年任全国政协副主席。代表作有《金色的鱼钩》《老山界》等。

本卷收录《悼人民教育家陶行知先生》一文，是陆定一在延安为陶行知举行的追悼会上的悼词，后经整理发表于《解放日报》。文章代表了党对陶行知及其教育事业的认定和评价，其态度是积极肯定的。文章称陶行知的教育目的是为了唤起人民解放自己，是服务于人民的教育，并在政治上与党的路线保持高度一致。文章认为陶行知的生活教育是与毛泽东的新民主主义教育原理相一致的，都是解放区所需要的唤醒人民解放自己、参加无产阶级革命事业的指导思想。

悼人民教育家陶行知先生[*]

我今天代表共产党中央委员会来追悼陶行知先生。中共中央，对于陶行知先生之死，异常悲痛，认为这是中国独立和平民主运动的重大损失，是中国人民解放事业的重大损失。因为陶先生一生致力于救国事业，民主事业与教育事业，他在教育方面对人民的贡献尤为巨大与不可磨灭。陶先生之死，对于中国民主运动与教育运动，是不可补偿的损失。

我们追悼的陶行知先生，是人民的教育家。在人民中进行教育，可以有两种不同的目的。一种是蒙蔽人民，要人民甘心做反动派的奴隶，做帝国主义的顺民，服从命运或英雄的摆布。抱着这样目的的教育，不管它叫什么名字，决不是为人民的教育，而只能是奴隶的教育。这种教育是决计没有前途的，因为如果中国人民不从帝国主义和封建势力的压迫之下解放出来，教育事业就没有发展的前途，只有衰落的前途。

陶行知先生的教育理论与教育实践，是有另外一种目的，这个目的，就是唤起人民自己解放自己。他把人民看作人，而不是看作奴隶与顺民。他主张人民的解放，他又相信人民的力量，人民的智慧，所以，他相信人民能够自己解放自己。在教育事业上，他同样相信人民的力量，人民的智慧。这种思想，充满在他的著作之中。他主张人民自己为自己办的教育，才是理想的教育。他为了这个主张，孜孜不倦，干了一生。谁见过陶先生的，就被他的坚苦卓绝的精神所感动。陶先生的这种教育思想，正是新民主主义的教育思想，正是为人民服务的教育思想。以唤起人民自己解放自己为目的的教育，是有极其宽广的发展前途的。这种教育，在国民党统治之下，受尽了压迫，受尽了灾难，不能得到宽广的发展。这是因为，在国民党统治之下的中国，乃是半殖民地半封建的中国，乃是帝国主义和国民党反动派统治着的中国；陶先生和他的事业，在那里受到磨难，这种磨难，乃是中华民族中国人民所受到的苦难的缩影。但是，这种磨难将是暂

---

　* 原载《解放日报》，1946 年 8 月 12 日。

时的。在人民已经得到解放的中国解放区，陶先生的思想得到广大的欢迎，他的理想被实现，被发扬光大。在将来的新民主主义的中国，也一定如此。所以，这种唤起人民自己的教育，才是为人民服务的教育，才是人民自己的教育，才有光明的宽广的发展前途。

要为中国人民的教育事业服务，教育家是不能不问政治的，而且不能不在政治上坚决站在人民的方面，作坚强的奋斗。这是因为，帝国主义与封建势力这两座大山，重重的压在中国人民身上。为人民的教育事业，也被这反动势力压得不能发展。陶先生从"九·一八"后参加救国会起，他的政治立场就很鲜明了。在政治上，他与中国共产党成为民主运动的亲密战友。陶先生所以如此，并不是偶然的。他是从他的多年实际经验中，深切了解了中国共产党是中国民主运动的中坚，了解了共产党的大公无私，共产党的主张正确，共产党在为人民和民族的利益奋斗时的坚强不屈，所以不怕一切诬蔑压迫，与共产党携手奋斗。陶行知先生，在他的政治生活中，他的主张，他的行动，他的作风，他的与人民的密切联系，他的刻苦耐劳，坚强不屈，视死如归，都是人民的模范。不仅仅别人应该把他当作模范来学习，我们二百万中国共产党员们，也要把他当作模范来学习。陶先生所走的道路，是正确的，这正是伟大的民主主义者像鲁迅先生、邹韬奋先生等所走的同样的道路。现在，陶先生不幸死了。他的死，是在为独立、为和平、为民主的奋斗中劳苦过度而死的。死的以前，国民党特务暗杀了李公朴、闻一多等先生，并且准备了黑名单，要暗杀上海许多民主人士。国民党特务曾到陶先生寓所打听陶先生的行踪，显然是想加害于他。陶先生自知身处险境，一夜整理诗稿十万字，以便可以无所牵挂与敌人战斗。这里，表现了陶先生为了人民解放视死如归的伟大精神，可是因为过分劳苦，次日即突患脑出血逝世。

我们中国共产党人，和解放区的教育界，要继承陶先生的遗志奋斗！我们要在以毛泽东同志为首的中共中央领导之下，团结得紧紧的，来争取独立和平民主，争取新民主主义新中国的实现。我们解放区的教育界，要研究毛泽东同志和陶行知先生的新民主主义的教育原理，并把它实现，唤起解放区的人民，更加积极的参加解放区的建设工作和自卫战争。

陶行知先生精神不死！

陆维特

陆维特(1909—1991)，原名赖成，福建长汀人。1925年自厦门厦禾中学初中二年级转到马来西亚求学。1928年考入晓庄师范学校。1930年任中共上海市委沪南区委组织干事、发行部长。1931年至1937年被监押。1937年出狱，抗战初在上海生活教育社从事教材编辑。1939年在重庆育才学校任文学部主任。1941年到新四军苏北解放区任苏皖教育学院教育长、盐埠师范校长、华中建设大学代教务长等。1950年后历任中共福建人民革命大学党委书记兼副校长、福州大学党委书记兼校长、福建省人民政府文化教育委员、福建师范学院党委书记兼院长、厦门大学党委书记兼副校长、福建省科协主席、科委副主任、中国陶行知研究会副会长、福建省陶研会会长、第六届全国政协委员。

陆维特早年追随陶行知积极推行生活教育运动，后参与了重庆育才学校的办学工作。"文革"后积极推动陶行知研究，尤其在福建省对陶行知教育思想的传播与实践做了开拓性的工作，发起组织了福建省陶行知研究会，撰写了大量陶研及推动陶研工作的文章，辑成《陶行知研究论文集》。

本卷收录《陶行知教育思想在当代》一文，着重提供陶行知教育思想"人民性"的特质，历史性地回顾了陶行知教育思想随着社会需要的变化而做相应变革的发展逻辑，并对当代践行陶行知教育思想提出了四点意见，建议重新恢复晓庄学校、育才学校的办学，积极推行工学团、小先生制等教育形式。

陶行知教育思想在当代[*]

1985 年 9 月 5 日中国陶行知研究会在北京成立时，中共中央政治局委员胡乔木同志在会上讲话时称："陶行知先生是伟大的思想家，伟大的教育家，他是卓越的民主革命战士转变为伟大的共产主义战士，是中国进步知识分子的典型。"这是全面的确切的评价，也是指出我们继承和发扬陶行知的思想和贡献的方向道路。

我现在要论述的是陶行知的教育思想在当代的意义和实践。也就是在当代如何发扬陶行知的教育思想，在实践中发挥伟大的作用，为建设有中国特色的社会主义作出贡献。

下面，我就陶行知教育思想的实质，陶行知教育思想的发展逻辑和当代如何实践三个方面，谈谈个人的意见。

一、陶行知教育思想的实质

陶行知的教育思想的实质主要表现在："为人民办教育、为革命办教育"，从实际出发，理论与实际一致，实践第一办教育，不断创造开拓革新办教育，面向社会面向全世界办教育。概括地讲，为了人民的需要和利益，为了政治和思想革命的需要和服务而进行教育革命；用马克思主义的辩证唯物主义，唯物辩证法和历史唯物主义的立场观点和方法，来指导教育思想和实践。因而吸取中外古今的教育学说的精华创造性地提出："生活即教育"，"社会即学校"，"教学做合一"的教育理论。立足于人民生活实践和改造出发，而向世界，面向未来。为了民主革命的需要，他在半封建半殖民地社会、封建势力、帝国主义和买办资产阶级三座大山压迫下，奋起举办平民教育、农民教育、工人教育来提高人民的素质，唤醒人民的觉悟。在白色恐怖下十分艰难困苦中，创办晓庄学校培养各级各类革命教

---

　　* 原载《陶研通讯》，1986 年第 1 期。

师,为民主革命服务。曾在晓庄学校前期晓庄试验乡村师范时,就以《锄头舞歌》和《镰刀舞歌》为校歌,代表亿万农民办校。在校旗上以锄头镰刀为主体,初晓的太阳为背景,周围铺满一百颗星星,表示要为民主革命培养一百万个乡村教师,改造一百万个农村,以改造全中国,使占人口百分之八九十的农民受到教育,提高政治觉悟,团结起来争取解放,获得知识增进认识世界改造世界的能力。中国共产党晓庄学校地下党支部建立后,他一直支持党的工作,保护党组织,爱护和帮助党员学生。晓庄学校被国民党反动派蒋介石派武装封闭后,党员学生和革命群众被大批杀害,他被国民党独裁反动政府通缉,逃往国外,潜居上海。他不为此摧残而气馁,反而更加积极参加教育革命与政治革命。在这期间,他就充满反帝、反封建、反买办资产阶级民主革命的活力,预感到革命战争不可避免,他利用冯玉祥将军送的 50 支步枪,数万发子弹,组织师生从事军事训练,男的学射击,女的学护理。为了培养学生具有农夫的身手,联系农民群众和生产相结合,学校规定每个师范生要住在农民家里,拜农民为师,也交农民为朋友,耕种二分地,毕业时要考务农的知能,写结交的两个农民的传记,作为毕业论文和成绩。

为了培养学生的专业思想与能力,师范生都分配到中心小学和中心幼儿园担任教学工作,为了使学生在学习期间就了解学生(儿童),和学生建立感情,学校规定每个师范生要结交两个小学生做朋友,记录他们的学习,生活和活动特征,作为毕业的论文之一和成绩。为了开展农村的群众教育,每个师范生都分配到乡镇办平民学校,到茶馆、饭店,进行文化宣传工作。

陶先生特别重视培养学生的艺术兴趣和活动能力,在农村开展文学艺术活动。为此,他除了成立儿童文学创作组,绘画组外,还组织晓庄剧社,作为文学艺术学院"教学做"的阵地,既教育学生,又为农民、工人、学生演出,宣传民主进步。他自任社长,还担任编剧、导演和演员,编著了反映农村民主革命的剧本《香姑的烦恼》,反映学生的革命精神的《月亮的叹息》,还同南国社(田汉组建的话剧社)建立合作关系,请他们来晓庄指导学生(主要的是晓庄剧社的社员)进行戏剧教学做。聘请田汉及其南国社的编导、主要演员当指导,并选演剧本《一致》、《湖上悲剧》、《生之意志》、《南归》、《苏州夜话》等。陶先生还兴致勃勃地参加演出,担任主要角色，如他曾扮演《苏州夜话》中的老画家。他为了培养社员的艺术情趣，亲自带领演员到玄武湖和秦淮河泛舟夜游，排练节目。还带领剧团在南京城、无锡市、镇江等地向工人、学生演出，反应良好，收获很大，在我国的艺术史、教育史上应该说是独树一帜，要大书特书的。

为了解决生产与学习的矛盾，为了解决办学经费问题，更主要的是为了使教育与生产相结合，培养具有"手脑并用"的人才。陶先生在办晓庄学校受到挫折取得了经验教训之后，在三十年代国内形势仍处危难时，他在上海大场创办了中国第一所"工学团"（勤工俭学的更高级的形式），接受了一批具有高中水平的青年入学，为抗战建国准备了一批力量，当日的学员曾是解放后省级和中央部级的一些出色的干部。

鉴于当时国民党反动政府的愚民政策，不要人民有文化知识，不进行扫盲，而作为民间的教育组织又无物力和财力，同时他发现小学生能担任扫盲的任务（他是从他的儿子教母亲识字获得经验而坚定这个信念），30 年代初在上海正式提倡"小先生制"，开展扫盲工作，要在全国四万万人民占大多数的文盲中开展扫盲运动，结果很好，既做了扫盲工作，又让小学生同工人，农民相结合，取得了宝贵的生产和社会知识。

从以上的教育历史事实中，论证了陶行知的教育思想是人民教育思想，是民主主义、共产主义的教育思想，他从一定的社会生活实际出发，在生活实际中教育人民认识世界，改造世界，以造福我国人民和世界人民，创造性地提出了中国式的教育理论与在实践中证实和丰富了这个理论的科学性。这就是他的教育思想的实质。

二、陶行知教育思想发展的逻辑

陶行知的教育思想的实质决定了它的进步性和发展规律。

1931 年 9 月 18 日，日本帝国主义揭开侵略我国的序幕，即："九·一八"侵犯我国辽宁省沈阳的暴行。接着是"一·二八"上海抗日战争失败。国难当头，国民党反动政府采取妥协投降安内然后攘外政策，自此以后，国土一块一块沦陷，国耻一年一年加深，爱国的人民和知名之士的爱国爱民之心日益增强。中国共产党在此国难当头的紧急时刻，奋起号召团结全国上下爱国力量共同起来反对日本帝国主义的侵华暴行，挽救我国的危亡，要求国民党停止反共开放民主，一致对外。而国民党反动派坚持妥协投降反共独裁的政条，国难日益严重。

陶行知先生在这个国难严重当头,政治上坚决拥护中国共产党的团结抗日救国主张。当 1935 年中共上海党中央局被破坏后,他虽不是共产党员,但他坚决拥护中共的抗日救国主张和宣传共产主义世界观。国难日深时积极参与"上海文化界救国会",组织"国难教育社",推行"国难教育",支持组织"新安旅行团"到华北抗日前线,除沿途向人民进行抗日救亡的宣传教育外,特向华北前线的军民宣传抗日救亡的主张,教育农民坚持抗日救亡。他们行程五万里,经过 23 个省市,所经过的地方都种下抗日救亡的种子。他们用文字、口头、歌咏、戏剧、舞蹈,宣传抗日救亡,教育广大军民,起了重大作用。陶先生以抗日救亡歌咏为教育广大人民的力量,大力倡导大众歌曲和组织大众唱歌团,开展宣传教育。在工厂、农村、城市、居民中组织夜校,宣传抗日救亡主张和学习文化,教育人民奋起抗日救亡。

陶先生认识到我国科学技术落后,要抗日救亡,建设富强的中国,必须依靠先进的科学技术。于是他在此时兴起学科学,普及科学知识,倡导从儿童少年开始学习科学。在上海创办"自然学园"、"儿童科学通讯学校",编辑出版"儿童科学丛书"和"儿童科学活页指导",发起"科学下嫁"运动。为了宣传和推行生活教育的理论与实践,在上海出版"生活教育"期刊。

1937 年 7 月 7 日,抗日烽火在芦沟桥燃起,全国爱国人民和海外侨胞奋起参加和支持国共合作,团结抗战,时代进入了伟大的抗战时期。这时陶先生还在国外,从事国民外交,向全世界反法西斯侵略的人民和华侨,宣传我党和爱国人民的抗日救亡主张,争取他们的支持援助,历经 28 个国家,发挥极大的作用。抗战的第二年他回到国内。回国后,为了进行抗战建国的教育,先时在重庆蒋介石接见他时,他为了首先要培养高级师资,曾向蒋介石提出要办晓庄学院,被蒋介石和陈立夫拒绝,藉口办师范性的大学,不能由私人办。陶先生转而自筹经费,在中共的领导下和国内著名的专家学者支持下,创办起"育才学校",以招收有特殊才能的难童和烈士子女入学。设自然科学组、社会科学组、文学组、绘画组、音乐组、戏剧组、舞蹈组等中等专业,培养专门人才,为建设新中国准备人才。同时在育才学校各专业组设艺友制大专班,招收高中以上有专业才能的青年随专家学习(可以称为变相的大专班)。这所学校对青少年的启发和专才培养起了决定性的作用。当今副总理级的国家干部、高级工程师、专家、教授，许多人都受育才学校的教育，陶先生的启发起了很大的作用。

抗战开始，由他的学生（那时他们得力于学生中的共产党员，有的已从监狱解放出来，同在上海进行地下活动的学生一起）在上海成立"战时教育社"，依照陶行知的教育思想开展战时教育，编辑出版《战时教育》、《战时儿童》期刊，由生活书店出版，还编辑出版《战时课本》四册，战时课本新指导书两册，供应全国中小学、民众、军队教学使用。接着又为生活书店编著"抗战建国读本"16册，供全国中小学使用，发行量很大，作用很大。1939年，由《战时教育》改的《生活教育》仍在重庆出版，根据1938年生活教育社的需要作为社的期刊。1938年在武汉成立了"抗战教育研究会"，1939年在重庆发展为全国性抗战教育研究会从事抗战教育工作。1941年皖南事变后，大批陶行知的学生、朋友，许多旅行团、孩子剧团转入华中苏北、华北敌后解放区工作，在那里以陶行知教育思想办教育，办了中学、小学、师范、职中、教育学院、建设大学，为抗战和建国培养了大批人才。

1945年日本投降，抗战胜利，我们党提出建设民主共和国的主张，全国掀起民主运动。陶行知先生依照他的教育思想，也进入民主教育运动时期，在重庆首创"社会大学"，一是为了没有条件进国民党办的大学的青年学习大学知能创造条件，一是以社会大学为阵地宣传民主，反对独裁，反对蒋介石独吞抗战胜利果实。而蒋介石利用他们权力和美国的支持，大兴反共反人民反民主，也反民主教育。陶先生就在这时候被迫害而去世。

1949年，中华人民共和国成立了。陶行知的教育思想，应该极大地发挥作用，为建国的教育作出贡献。可是由于"左"的错误影响，建国初期他就被反《武训传》株连并被扣上"改良主义的帽子"，他的中国式的教育种子被忽视。直至党的十一届三中全会后以及1981年10月纪念陶行知诞辰90周年时，邓颖超同志代表党中央肯定了陶行知和他的教育思想及其他思想学术。1985年9月5日中国陶研会成立时，胡乔木同志再次给陶行知先生及其思想作公正的科学的肯定，同时正式平反了批判《武训传》所受的株连。从以上历史事实说明，陶行知的教育革命思想是服务于中国革命的，跟着中国共产党步伐前进的，当代是党进行社会主义四化建设时期，也在为建设有中国特色的社会主义社会而奋斗，陶行知的教育思想无疑也将进入伟大的时期，为此政治路线服务，为此伟大的时代作出贡献。

三、当代如何实践

40 年代，当陶先生逝世时，毛泽东同志就高度评价陶先生为"伟大的人民教育家"，这次胡乔木同志又一次代表党重新称他是"伟大的教育家"，1985 年 9 月 5 日国务院副总理兼国家教育委员会主任李鹏在中国陶研会成立会上讲话时说："我支持、赞成对陶行知的教育思想进行研究，这对我们搞好教育改革和培养人才是有好处的。"1985 年 12 月 28 日中国陶研会举行常务理事会时，国家教育委员会副主任柳斌在会上讲话时说："陶研工作是促进我国教育事业的一支很重要的力量。"

从陶行知的教育思想在我国发展的历史及当今我国党政领导人对陶行知教育思想的肯定和重视，表明陶行知的教育思想不仅在当代我国，甚至在当代世界，也是具有重要的实践意义的。下面我就陶行知的教育思想在当代我国和我省如何实践，谈几点意见。

一、在中国共产党的领导下，为建设有中国特色的社会主义社会而进入伟大的新历史历程，陶行知的教育思想从其逻辑规律和历史上实践经验，现在已进入当代的历程，就是要以陶行知教育思想的实质为我国建设社会主义发挥培养人才开拓智力的教育作用。

二、遵循党的教育方针、路线、政策为前提，发挥陶行知教育思想的作用。党的教育方针是，"教育必须为社会主义建设服务，社会主义建设必须依靠教育"。党的教育目标是培养有理想、有道德、有文化、有纪律的各级各类人才。党的教育的战略方针是"面向现代化，面向世界，面向未来"。党在知识领域的政策是迎接新的技术革命，尊重知识，尊重人才。根据陶行知教育思想的基本原则是以马克思主义的立场、观点和方法为依据，遵循以上原则是合乎规律的，也是最大的最新的动力。

三、当前的最重要的任务是贯彻《中共中央关于教育体制改革的决定》。贯彻这个决定是建设具有中国特色的社会主义教育的极其重要的第一步。改革是一场革命，陶行知教育思想的灵魂就是革命性，从其教育历史证明了这个论断。研究陶行知的教育思想是如此，而开展教育实践也应如此。

四、陶行知的教育思想实践范围。陶行知的教育思想从其实质和科学性来说，是适用于教育改革的各个方面。但步骤上仍须从试点开始，取得经验后逐步推广。在重点上，我以为应放在各级师范教育，大专中的职业教育，九年制的义务教育，幼儿教育和扫盲教育。师范教育是培养师资的，教师好坏对培养人才的成功与失败起重要的作用，陶先生深知这个道理，所以在他从事的教育事业中首先办师范。还可以搞科研、教学与生产相结合的教育试验。

四、恢复和发展陶行知先生行之有效的教育形式

我认为陶行知先生20年代在南京晓庄办的晓庄试验乡村师范和后期的晓庄学校，是一所完整的体现陶先生在民主革命时期的新型的中专、大专师范院校。第一，它是革命的学校，明确宣告它为改造农村而办的学校；第二，它是一所教育科学实验的学校，实行科研、生产(农业生产)、教学三结合；第三，它把学校的门打开了，以整个社会(世界)为学校；第四，整个学校活动就是一个大的教学做过程；第五，师和生，师生和农民，师生和家长团结合作，生活在一起，共同过着改革和建设的生活，科学文化的生活，友好合作的生活，同甘苦的生活，艺术的生活。人人都是主人，人人都为创造新生活新教育新社会而努力奋斗。在现在的形势下，我建议国家教育委员会恢复晓庄学校(包括高师、中师、中学、小学和幼儿园)而赋予当代的内容和要求，作为教改的试点。这所学校仍可办在南京晓庄，即扩大现在的晓庄师范办成。

重庆育才学校是所试验从小培养专门人才的学校，试验是成功的，取得了经验，培养了不少优秀的党和国家的干部、专家、教授。当年的学生，现在都可成为新的育才学校的领导和教师。这所学校以办在北京为宜，外省市可办分校。

以原上海市"山海工学团"为模式，可在乡镇企业和老、少、边地区开办。目前有些乡镇企业的职工虽在求学年龄，但因可就业赚钱，就不愿学习，甚至说中学大学毕业就业的待遇同他现在没有上中学大学而就业所得的工资待遇一样或者更多，何必去进学校。"工学团"一方面可以解决生活问题，更重要的是提高思想文化水平成为"四有"人才。福建老革命根据地在龙岩市办了一所职业大学(闽西大学)，走读的学生因为家庭穷困，上学时只能带米粮做饭而无钱买菜，长年以盐水和菜干下饭。这些学生正在长身体，这样下去，虽然长了知识，但坏了身体，像这样的大学就应搞勤工俭学或办成"工学团"以解决学生的生活、学习费用，以保证身体的素质。

实行小先生制以开展扫盲工作，具有特殊重要的意义。我国的文盲数字还很大（二亿多人），这对我国的社会主义建设，提高民族的素质十分不利，而靠学校教育来解决，既费时日，也缺财力人力，而利用小先生扫盲的办法既快又好。陶行知先生的历史经验证明了这个真理，因此，我建议国务院国家教育委员会协同团中央共同研究，作出一个决定和制订一套办法，发动全国少先队员担任小先生，开展扫盲工作。

福建省陶研会决定，由陶研会带头，联合省教科所，福州师范和师专选择一所九年制的学校（暂定福州市王庄学校）进行教改试点。办成科研、教学、生产、社会活动相结合，学校教育和社会教育（包括办社会大学和扫盲）相结合的学校。试点方案已拟就，也取得王庄学校的赞同合作，一俟有关领导单位批准，即可在 1986 年秋季开办。

国家名誉主席宋庆龄曾尊称陶行知先生为"万世师表"，是十分确切的。我认为在当代实践陶行知的教育思想，要全面地向陶行知先生学习，以陶为师，首先要学习陶先生"爱满天下"的伟大的人民教育家的胸怀和"捧着一颗心来，不带半根草去"的全心全意为人民服务的献身教育事业的无私的伟大精神。只有以他的胸怀和精神为榜样才能学会陶行知的教育思想并以指导教育改革实践。

毛泽东

毛泽东（1893—1976），字润之，湖南湘潭人。伟大的马克思主义者，中国无产阶级革命家、战略家和理论家，中国共产党、中国人民解放军和中华人民共和国的主要缔造者和领导人。1949 至 1976 年，毛泽东担任党和国家最高领导职务。著述有《毛泽东选集》《毛泽东文集》《毛泽东诗词》等。

毛泽东对陶行知的了解最早可追溯到 1923 年恽代英的来信，信中介绍陶行知农村民办教育经验，引起了对农民和农村问题高度关注的毛泽东的重视。1936 年 9 月 18 日，毛泽东给陶行知等人写信，对陶行知等"抗日救国的言论和英勇的行动"，表达了"全体红军和苏区人民对先生们发生无限的敬意"。1945 年 8 月 28 日，毛泽东赴重庆进行国共两党和平谈判，陶行知与张澜、沈钧儒、黄炎培、郭沫若等人赴机场迎接。1946 年 7 月 25 日，陶行知在上海因突发脑溢血不幸逝世。毛泽东闻讯后，当天即给陶行知家属发去唁电："惊闻行知先生逝世，不胜哀悼！先生为人民教育，为民族解放与社会改革事业奋斗不息，忽闻逝世，实为中国人民之巨大损失，特电致唁。"8 月 1 日，毛泽东在延安《解放日报》上发表挽词，赞誉陶行知是"伟大的人民教育家"。8 月 11 日，延安举行陶行知逝世追悼大会，毛泽东亲笔撰写挽词："痛悼伟大的人民教育家，陶行知先生千古。"此后，毛泽东专门致函陕甘宁边区政府，提议拨款边币三千万元作为"行知奖学金"，专门奖励边区小学教育研究工作，将延安中学改名"行知中学"。可见，毛泽东在共和国成立之前非常重视陶行知及其教育实践。

本卷收录的《抗战教育的"知行合一"》一文，是 1939 年 8 月 29 日毛泽东在陕甘宁边区小学教员暑期训练班毕业典礼上所作的《抗战教育与小学教员》演讲中的部分。文章指出在抗战教育中"知行合一"是非常重要的，即教科书与生活的统一的问题。他明确指出陶行知提倡知行合一、把教学做合一起来,是与马克思主义所主张的理论与实践的统一相符合的。陕甘宁边区的教科书缺少生活教育的重要内容,应注重从陶行知的生活教育中吸收经验,实现教科书编撰与生活的密切结合。

《抗战教育的"知行合一"》(节选)*

目前全中华民族的任务是，第一要坚持抗战，反对投降；第二要坚持团结，反对分裂；第三要坚持进步，反对倒退。抗战教育在抗战中占着一股重要的地位。抗战教育，一是办学校，办小学、中学、大学；二是社会教育，设立夜校，推行识字运动等。教员应当在工作中学习，应当向学生学习，向老百姓学习。在抗战教育中，知行合一是一件大事。陶行知主张知行合一，提倡生活教育，把教的、学的、做的统一起来，这在马克思主义看来，就是理论与实践的统一。现在我们的教科书中还缺少一部分，就是生活教育。

……

第三，抗战教育的"知行合一"

这个问题就是讲教科书与生活的统一问题。教科书这件事是值得研究的。我也是当过半年教员，在师范里教过书，那时候看见的教科书，实在有许多不高明，不适合实际。比方：里面讲的是大总统，又讲些轮船、火车、有线电、无线电之类，但是没有讲到小米、大米。住在乡下的老百姓就一辈子没有看见过大总统、火车、轮船、有线电、无线电，这些东西老百姓也是终生罕见的，而他们天天碰面的小米大米却没有提到，这就不合实际。另外有一种是讲了不做的。就是书本上讲的民主政治、三民主义、民生主义等等，但是没有人做，而且做的是相反的事。这些都是知行不合一。在抗战教育中，"知行合一"是一件大事，教育家陶行知先生就是搞这一套的，他提倡生活教育，把教的学的做的都统一起来。这在马克思主义讲来，就是"理论与实践"的统一，理论就是"知"，实践就是"行"。现在有

---

* 选自中共中央文献研究室主编：《毛泽东年谱(1949—1976)》(中卷)，北京，中央文献出版社，2012 年版。

些讲的同行的是不统一的。比方：口讲民族主义，行的是向帝国主义投降；口讲民权主义，却来压迫老百姓；口讲民生主义，而实行剥削老百姓。讲的同做的完全不对。讲什么中国要独立解放，要民主政治，要改善民生，而实行的恰恰相反。你们要大大的改变这个毛病，要做到讲的就是行的。

这一切，在我们边区里是已经做到了。民族主义，讲抗战，肖劲光、高司令，他们在后方守备，准备随时打击敌人，而且已经打走了要渡黄河的日本兵。朱总司令在前方抗战，老百姓也抗战，书上讲的都是做了的，我们是讲了就行。陕甘宁边区不是半殖民地，没有帝国主义的势力，不跟帝国主义订条约，洋货进口，就由我们做主，这就是独立自主。这不是切切实实的实行了民族主义吗？民主政治，讲了也做了。林伯渠同志、高自立同志是边区政府的主席，是老百姓选举出来的，高岗同志是边区参议会的议长，也是民选的。有证有据，决不是欺骗老百姓。陕甘宁边区是抗日的民主政治，不是半封建的，这同全国比起来也是不同。讲到民生主义，在边区，土地早已分给老百姓了，已经实现了"耕者有其田"。

在边区，是实现了三民主义，我们讲了的已经做到了。

现在我们教科书上还缺乏一部分，就是生活教育，就是讲怎样吃饭，怎样生活，讲大米、小米、养牛喂猪等等。我们的教科书就要讲这些东西，这一套就是马克思主义，按照马克思主义的讲法，天下是经济第一，其他东西第二，而这些小米大米养牛喂猪等等却正是社会的经济基础，吃饱了饭可以开会上课，不穿衣服冬天就要冻死，一切的东西就是从经济上发生的。不管是资本主义、社会主义、三民主义，统统要以大米小米养牛喂猪作为基础，这就是说：有了这个基础，才可以在上面造房子；有了经济基础，其他法律，政治、艺术教育等等，才能建筑起来。我们的教科书中就要把这一部分补进去，怎样补法，同志们在工作中可以研究研究。

书上讲的大米小米要与实际的大米小米对照一下，要互相配合起来，这样做才是真正的老百姓的知识。小米怎样种法？小米有各种各样的种法，天时的好坏，山地的阳面阴面，有各种的道理在里头，这一些都应研究研究，得出结论，载在书上，使大家都能知道。从前一部分人说：农民是没有知识的，这个话等于放屁。农民也有他们的学问，他们会种大米小米，会喂羊喂猪，我们就不会。大司务能做饭煮菜，油盐酱醋放得都好，我们就不会搞。马夫同志也有他的学问，我有没有学问？也有。我虽不会种小米大米烧饭煮菜，可是也会讲一些马克思牛克思的。你们教书也是学问，而这些东西，农民老爷就讲不来。朱总司令他有打仗的学问。所以各有所长，各有各的学问。谁说农民是没有知识的？

我们教科书里要有抗战，还要把生活加进去，真正的做到理论与实际联合起来，这就是抗战教育的"知行合一"。

同志们要回去了，去教你们的学生与老百姓，所以讲了最后一点关于抗战教育的知行合一。这是历来的老问题，可是，从前都没有讲好，所以，我今天再来讲一讲。

潘汉年

潘汉年(1906—1977)，江苏宜兴人。1924 年主编《洪水》，后历任《革命军报》总编辑、国民革命军总政治部宣传科长、中共江西苏区中央局宣传部长、中国工农红军总政治部宣传部长兼地方工作部长等。新中国成立后，任中共中央华东局和中共上海市委社会部部长、统战部部长，上海市常务副市长等职。

潘汉年是上海地下党组织负责人，陶行知曾在《申报》工作，在此期间，两人在工作上有所接触。本卷收录《纪念人民教育家陶行知先生》一文，是潘汉年在新中国成立前夕发表的一篇回忆陶行知的短文。文章开篇便指出陶行知是近代中国为人民办教育的第一人，陶行知的这种人民立场是与毛泽东领导全国各族人民争取民族解放的事业相一致的，是不断遭受当局政权的打击与压迫的。文章号召各界人士继续发挥陶行知为人民办教育的精神，在新的历史时期取得新的成就。

纪念人民教育家陶行知先生 *

"五四"运动以后，能够认识教育应该是为人民大众服务，而且勇敢地在反动统治下为这个理想而斗争的，陶先生是第一个。

我们记得，当毛泽东同志领导土地革命，在江西建立根据地的时候，陶先生在南京创办晓庄师范，实行为工农服务的方针。那时候，他编制流行于全国的《镰刀歌》、《锄头歌》，充分表现陶先生贯彻知识分子必须与劳动生产结合的思想。在政治上陶先生领导全体师生拥护中共反帝反封建的口号，因此，"晓庄"终于被国民党封闭了。以后陶先生不屈不挠，继续创办社会大学、育才学校，自始至终坚持教育为人民服务的方针。但是在反动的国民党统治下，陶先生的理想是不断遭受压迫与打击，无法完成。今天，大半个中国解放了，不久全国要解放，——在中国共产党领导下，在毛泽东同志的新民主主义文教思想指导之下，教育为人民服务的理想，才能有保证地具体实现，这是可以告慰于长眠地下的陶先生的。教育界的战士，应该继续完成陶先生未竟之志。

---

* 原载《解放日报》，1949 年 7 月 25 日。

尚仲衣

尚仲衣（1902—1939），笔名子钵，河南罗山人。毕业于清华学校。1924 年留学美国，原习医科，后改学教育。毕业后，进哥伦比亚大学研究院，曾任留美基督教学生会会长，1929 年获博士学位。回国后任中央大学教育学院教授，后任浙江省立民众教育实验学校校长。1933—1936 年任北京大学教授，期间曾与陶行知（亦作陶知行）展开数次学术争鸣。后专程拜访陶行知，经恳谈后两人成为好友，共同参与生活教育运动。1937 年任广西省立中山纪念学校校长，中山大学教授。1938 年被选为生活教育社第一任理事。译有《苏联的科学与教育》等。

本卷收录尚仲衣《陶知行先生的黄色烟幕弹》一文。1931 年，陶行知以"何日平"为笔名在《中华教育界》发表《中华民族之出路与中国教育之出路》。1934 年 10 月，尚仲衣以笔名"子钵"在《大公报》发表长文《陶知行主义是中国教育的出路吗？——陶知行主义人口统制论之批判》，作者以反问的形式，共分 9 个部分对陶行知《中华民族之出路与中国教育之出路》一文中的观点进行了反驳。尚仲衣此文一出，引起学术界有关人口统制与中国出路的大争鸣，形成多个阵营，对此，陶行知发文《子钵先生捉虱子》予以回应。此后，尚仲衣又发文《陶知行先生的黄色烟幕弹》，再度进行了回应。在该文中，作者认为陶行知在对中华民族之出路与中国教育之出路这一问题的回答上放了黄色烟幕弹，他列举陶行知所谓的三条中华民族之出路："教人少生小孩子、教人造富的社会不造富的个人、教人建立平等互助的世界"，最核心的只是"教人少生孩子"。作者抓住陶行知"少生孩子"这一观点，由此认为陶行知实质上是掩盖帝国资本主义压迫和非人民立场，并由此批判陶行知的生活教育沦为"现实社会的一种工具"。

《陶知行先生的黄色烟幕弹》（节选）[*]

　　去年十月二十九日起，我在本刊发表《陶知行主义是中国教育的出路吗？（一）》一文，分四期登完（《明日之教育》第四十二、四十四、四十五、四十六各期）。本月十四日陶知行先生在《子钵先生捉虱子》的标题下，给以反驳。陶先生又以同一的内容在他以前作过主编的《生活教育》第二十一期用另一个题目，《答复子钵先生的批评》登载出来。望读者诸君把这几篇文字，都参看一下。

　　陶知行先生在《子钵先生捉虱子》一文里劈头就说："记得一个夏天，有一位乡下先生在竹床上睡中觉，忽然走来了一个顽皮的孩子，拿了一支墨笔，轻轻的在他的面孔上画了一个鬼脸，然后跑出去，叫了许多人来看，看的人把肚子都笑痛了。"

　　的确，在陶知行先生的心目中，我那篇文字却有着顽皮的孩子的意味。不过，我们并非给"乡下先生"画上鬼脸，而是揭露那老市侩的伪善面具！

一

　　陶先生说："我们同时提出三条出路，……一、教人少生小孩子；二、教人造富的社会不造富的个人；三、教人建立平等互助的世界。"

　　关于第一条出路，在陶先生的文字里明明写着："中华民族之最根本的出路——即中国教育之最根本的出路——是什么？少生小孩子。中国现代之教育者之最大的责任是什么？叫人少生小孩子。"（重点是原有的——作者。）

　　这样看来，小孩子显然是中国出路的"最根本"的障碍物。但客观的事

＊　原载《大公报》，1935 年 1 月《明日之教育》版。

实是：中国出路的最根本的障碍物，不是小孩子，而是"帝国主义"和中国的"贪官污吏，土豪劣绅"之间的密切榨取连环之整个系统。我们不能了解陶先生为什么拿"小孩子"的问题，来故意粉饰中国出路这一最严重而且最根本的障碍物。陶先生这种故意粉饰的作用是不是企图转移中国农人及一切广大群众，对于他们生存上的真正障碍物的认识？如果站在现实的富的分配的圈子里，来空言创造富源，必然地只能暂时地创造富的个人，不能创造富的社会。这一铁的经济原则，不知陶先生是否了解？现在陶先生立在这种"水旱、螟蝗、疾病、刀兵、盗匪、土豪、劣绅、帝国资本主义"之压迫下的中国广大群众中，忽略了这些压迫产生的根源，而乌托邦式地妄想用"少生小孩子"为"最根本"的工具以"创造富的社会，不创造富的个人"，以建立平等互助的世界。这简直是对于中国广大农人及一切生产群众的一种刻毒的嘲笑。

这种刻毒的嘲笑是一切不能超脱现实，而寄生在剥夺制度之上的乡绅市侩的原来面目。

二

再说到生育限制是否是"中国最大多的大众"的出路的问题。其文字里，陶先生视生育限制的训练，不特为"有田三十亩的自耕农"的出路，而且还是那有田三十亩的自耕农向着十五亩十亩五亩……的自耕农，半自耕农，佃农，雇农而变动的农家的一般的出路。这是说：这种训练，是中国一般的农民的"最根本"的出路。但前次所引的（见《明日之教育》四六期）戴乐仁所作的农村经济调查，业已把这种谬误的观念，根本推翻。在那些数目字上表明着：

以四五口的人家而论，假定施以陶知行主义者的生育限制训练，人口降到三口、四口，在河北仍有 82.5％，在安徽仍有 52.1％，在江苏仍有 52.4％，在浙江仍有 64.3％的农家是不能维持最低的饥寒的水平的。

"姑再假定，陶知行主义者所主张生育限制训练完全贯彻了，把农民们的生育权完全剥夺，每家只有夫妇二人，那末，按照戴氏的数字，江苏仍有 45.8％，浙江仍有百分之 58.3％，安徽仍有 46.4％，河北仍有 80.5％的无衣缺食的农民。当我们注意到江南生产品价格要高过于中国北部，注意到戴氏饥寒水准是按照河北农村物价而定的，我们即可肯定地说，即使陶知行主义者的生育限制的训练，满布了中国全部(注：此处前次排印时有错误，现改正)，将农民的生育权一概剥夺，使每个农家仅只二口……结果，中国的大众——百分之六十、七十乃至八十的农民，依然嚎啼于饥寒水准以下。"

由这一段数目字里，我们看出能由陶知行先生的生育限制获得暂时出路的，只是那些富庶的有田三十亩，或三十亩以上的少量"农民"，而"绝大多数农民大众"，则绝对被陶知行先生及其忠实信徒，摈弃于出路之外。在这种铁一般的数目字前，我们仍然说：事实是一种顽固的东西，虽然"决不是一笔可以勾销的"，却也决不是一张市侩的嘴用无稽的圆滑字句，所可消灭得掉的。

<h2 style="text-align:center">三</h2>

最滑稽的是：陶知行先生不惟极尽圆滑之能事地来掩饰中国现实状况的罪恶，进而更为"帝国资本主义"的罪，作忠实地粉饰：把国际的"帝国资本主义"为着维持其商品最高利润而深入殖民地的剥削手段，所造成的层层压迫和非人的灾难，轻轻地粉饰掉，企图把这种"残暴"的罪恶，用"天行的淘汰"加诸农民自己身上；把"帝国资本主义"为着维持其最高利润，宰割世界的相互矛盾和冲突所形成的战争，也认为天然淘汰的说明——是"无政府的商品生产过剩，无政府的小孩子生产过剩"，所造成的事实。陶先生这一企图，在其自夸深入大众的呼声中，我们就大众利益的客观事实来研究，陶先生的确尽了"帝国资本主义"所派遣的教徒一般的麻醉和缓作用。至于说，"无政府的商品生产过剩，无政府的小孩生产过剩"，客观的事实是：商品之过剩只表现在各资本家的堆栈中！而全世界绝大多数的消费者却感生产品过少，得不到他们应得的最低限度的必需品的；小孩生产过剩，则只表现于最后衣食也被剥夺了的生产者的家庭之中，而全世界的自然界所宝藏的富源，还静静地埋在地里，殷勤等待着更大更多的劳动力来开掘，并非因目前地面太小。这种常识，我们看着，大批大批的商品不顾生产者的需要，为着维持最高利润而被抛入大洋中去，大批大批的劳动力因要维持商品最高利润，离开同自然为人类幸福而争斗的健全道路，而被迫入饥寒的死亡中，当可明了一些吧？这硬是"帝国资本主义"在人类中所制造的惨酷历史，这也正是陶知行先生的"这七八年来

的实际工作"——尤其是近三四年所竭力粉饰而未能粉饰掉的事实吧?

现在关于陶先生的"朝着这个方向努力"的热忱,无须用我们的话来批判,他那工学团的同工之一说得很清楚:(《明日之教育》,第五十期,潘天民先生的通信,民国二十三年十二月二十四日《大公报》。)"我到此地来参加实际生活,似乎每每感到失望。当在过去,我是以陶知行的教育主张只是'改良主义'的,但今来我却以他不但不是'改良主张'(疑为'义'字误——作者),且是现实社会的一种工具了。"

这原来就是陶知行主义本来的面目。

帅昌书

帅昌书(1903—1969)，又名丁华，四川青神人。1925年入东南大学读书。1931年参与创立左翼教育工作者联合会。1939年参与创办重庆育才学校，任指导部主任，兼任晓庄研究所秘书长。1941年到苏北解放区，任盐城中学校长。新中国成立后历任党中央宣传部秘书长、人事部局长、高等教育部党组成员、部长助理等职。

帅昌书与陶行知有着亦师亦友的关系，早年曾在陶行知任教的东南大学读书，后与陶行知一起发起成立"国难教育社"。与陶行知交往最深是在育才学校时期，他与马侣贤具体负责育才学校的创办，并与陶行知有过十分频繁的书信往来，亲身经历了育才学校的创立与发展过程。本卷所收录的《育才学校的新教育》便是他以一位亲历者的身份所讲述的育才学校所推行的新教育。在本文中，作者交代了陶行知创办育才学校的经过，对选拔学生的手段、根据学生才能设置课程、集体生活的教育基础与具体内容作了介绍，为研究育才学校如何培养儿童的特殊才能提供了详细的说明。

育才学校的新教育①

——陶行知先生教育理论的创造

　　嘉陵江边，离重庆约百里的北温泉附近凤凰山上的古圣寺，原是一所冷落、倾圮的古庙。自一九三九年起，这所古庙却焕然一新，充满朝气。一百几十个天真活泼的少年儿童，在教师的培育下，在那里过着合理、进步、丰富的集体生活。那里办起一所学校来了，那就是中国人民教育家陶行知先生创办的育才学校。

　　育才学校是陶行知先生教育理想的创造与实践，是翻遍世界教育史也无先例的一所学校，是一所新型的试验学校。它与国民党统治下特务化的教育，形成一个鲜明的对照。

　　陶行知先生创办的育才学校，一九三九年夏开始筹备。经过保育院的领导机关——妇女指导委员会的同意，派人到各保育院去选拔学生。选拔学生是经过智力测验与特殊才能测验两种手续的，结果选拔了一百几十个从六、七岁到十五、六岁的具有特殊才能的儿童。当时根据这些儿童的特殊才能，分为音乐、戏剧、绘画、文学、自然、社会六组。后来又添办了舞蹈组与普通组。普通组收智力较高、但一时尚未发现其特殊才能的儿童，一俟在学习的过程中发现其特殊才能时，即转组学习，给以特殊培养。各组学生的学习，中途发现他不适合于那一组，而对于另一组更为适合时，便可以转组。由此可见，育才学校是一所培养特殊才能的新教育理想的试验学校。它与一般学校不同之点，即在于它的目的是在培养特殊才能的幼苗，所以它有两套课程：一套是培养特殊才能的特修课程，一套是培养一般智能及优良的生活习惯与态度的普修课程。普修课程的科目与内

---

① 选自安徽省陶行知教育思想研究会编：《陶行知一生》，长沙，湖南教育出版社，1984年版。

容，与一般中、小学课程的科目与内容没有根本的差别（陶行知先生对中国中、小学现行课程的科目与内容本来有很多改革意见，但由于人力与学校立案规定的限制，对普修课程未作彻底的改革）。至于各组的特修课程，则是由各组教师拟定，是一种新的创造与试验，经过数年的摸索，不断地改进着，表现于学生的成绩上也很可观。各组学生除学习普修课程与本组的特修课程以外，还可以根据自己的兴趣，选习其他各组的特修课程，使学生不仅向专的方面发展，也向博的方面发展。

这里还须添上一段插话。抗战爆发后，陶行知先生从国外归来，兴奋异常。他想到他努力多年的普及教育运动，在抗战建国的事业上应该有英雄用武的机会了。他向政府建议，计划在大别山创立一所晓庄学院，培养干部，用普及教育的武器来进行战地民众动员工作。可是政府的方针是不动员民众的，也怕陶行知先生认真实行三民主义与抗战建国纲领，不允许晓庄学院创立。所以后来陶行知先生才把他的力量用在"特才"儿童的培养上面。"不是丢掉普及教育来干这特殊的教育"，这里还包含了这一段曲折与苦衷。"不是培养他做人上人"，"我们的孩子都是从老百姓中来，他们还是要到老百姓中去"。可见陶行知先生的精神是永远向着老百姓的。

育才学校的教育基础是建立在集体生活之上的，它认定要用集体生活来达到教育的理想与计划。全校师生共同创造合理、进步、丰富的生活，并通过这种生活来教育儿童，引导他们团结起来做追求真理的小学生，团结起来做自觉觉人的小先生，团结起来做手脑双挥的小工人，团结起来做反抗侵略的小战士。它主张实施与抗战建国的实际相结合的抗战建国教育。育才学校的集体生活又注意民主与集中：在民主方面，启发学生的自觉、自动、自治以及个性的发展；在集中方面，注意组织生活与严肃整齐，注意教师的辅导，防止自流。

集体生活的具体实施是：

（一）学生自治

育才学校有学生自治会的组织，学生自治会设主席及文化、康乐、卫生、劳动、服务五个干事。以组为单位编为中队，设中队长及与上述性质相同的五个干事。中队下编为若干分队。自治会主席、干事及中队长、中队干事，均经学生民主选举。全校学生在自治会主席及各干事的领导下，过有组织的集体生活。属于一组的生活，则受中队长与中队干事的领导。

为了维持集体生活的秩序，经过民主手续订定了学校的奖惩办法。在方法上不是死板的应用奖惩办法以维持学校秩序，而是采取说服、批评、自我批评、表扬优点、介绍好的典型等方式。学生犯了过失，学生自治会能解决的，教师不包办代替；学生自治会不能解决的，才交给教师，以至训导委员会，以至校长去解决。学生犯了重大过失，需要给以处分的，先调查其犯过失的情况，研究其犯过失的原因，加以说服，让其自行反省，认识错误，然后才给以处分，使受处分的学生心悦诚服。在处分上废除了体罚与开除，"学生有不受任何人体罚之权利"明订于学校公约里面。如遇学生犯了最严重的过失(奖惩办法中规定最严重的过失为损害老百姓的利益)，必须离开学校的集体生活，也只是掉换环境的性质，到新环境中给以教育与反省的机会。一种是将这种学生送到重庆陶行知先生处，由陶先生个别教育；一种是介绍到其他机关，如印刷所、书店之类，给以工作上的磨炼。这种掉换环境教育的办法与一般学校开除学生不同，因为受这样处分的学生与学校还保持联系，等到他有深刻悔悟，认真改过时，还让他有重回学校的机会。

集体的组织生活中，还注意保持严肃整齐的校容，什么东西应摆在什么地方，应该怎样摆，都安排得井井有条。这严肃整齐的校容，对于形成团结、紧张、严肃、活泼的校风，是非常重要的。

(二)文化生活

文化生活方面有写读进修会、讨论会、辩论会，请名人演讲、壁报、朝会上的"精神早点"、文化性质的各种晚会等。写读进修会是全校爱好文学的学生的组织，目的在有计划有组织的提高写读兴趣，练习写作，选读好的小说、剧本、诗歌等文学作品。讨论会与辩论会，在于引导学习上的自动研究，思考问题。举行之前预为商讨决定题目，在教师的帮助下，进行搜集材料，拟定提纲，然后进行讨论或辩论。壁报编辑由学生负责，起着反映和推动学习、工作、生活的作用，也起着引导学生练习写作的作用。朝会上的"精神早点"，不同于一般学校的精神讲话，每周有一中心，由各组学生轮流担任，其作用在使各组交流学习经验。某周轮到某组担任朝会上的讲话，该组即预为商讨决定一个中心题目，并分为若干小题目，由各组学生分别准备，在一周的朝会上，逐日由准备的人担任报告。例如，社会组讲中国各党派问题(分为各党派的主张，各党派的历史，各党派的代表人物等小题），自然组讲爱迪生（分为爱迪生的历史，爱迪生的母亲，爱迪生的研究精神，爱迪生的发明——电影、留声机等小题），文学组讲报告文学（分为什么是报告文学，怎样写报告文学，报告文学作品介绍等小题），这不仅使各组的学习起着文化交流的作用，而且各组学生可以有目的的进行研究，提高学习上的自动性与计划性。关于文化性质的晚会有故事晚会，诗歌朗诵晚会（有集体朗诵，个人朗诵，化装朗诵）等。

（三）康乐生活

康乐生活包括体育与娱乐。当时，物价高涨，购买篮球、足球、排球不易。育才学校的体育活动为了适应这种条件，便提倡掷手榴弹、攀绳索、爬竹竿、跳绳、跳高、跳远、到温泉游泳等。还注意集体游戏，训练有组织的活动。娱乐方面除有娱乐室的设置外，有音乐、演戏、舞蹈等晚会。音乐组以外的学生，有钢琴小组、国乐小组的组织。此外还有利用民间形式，有旧形式新内容的"金钱板"、"莲花落"等。远足旅行也是常常举行的活动。

（四）卫生生活

育才学校对卫生生活很注意，认为集体生活首重健康，一分预防胜于十个医生。健康之堡垒有三道防线：第一道防线是制造扑灭病菌，根除病菌及携带病菌者之工具，如苍蝇拍、捕鼠器、纱罩，蚊帐、烧水锅炉、消毒器械，并采用其它科学方法与侵犯之病菌及病菌携带体作战；第二道防线为实施环境卫生，如井水、厕所、厨房、饭厅、阴沟死水、仓库、家畜栏、垃圾堆，都经常的施以适当处理，使病菌无法孳生蔓延；第三道防线是赤裸裸的靠着身体的力量与病菌肉搏，这道防线所包含的是营养、运动、防疫针、生理卫生之认识。至于治疗，乃是三道防线都被攻破，肉搏又告失败，只好进入后方医院治疗。故治疗不是作战之防线，乃是医伤之处所。最好是努力于三道防线上健康堡垒之创造，使治疗所等于虚设。育才学校的环境卫生是每日扫除，各组负责一定的区域，定期作大扫除。苍蝇繁殖时则组织扑蝇队进行扑灭。洗脸每人一个脸盆（过去是用两人互助办法，将水倒在手里洗脸，洗脸手巾不入盆内，以防止砂眼等病菌传染），吃饭过去用公筷，现在是分食，注射防疫针是每年举行的。学校订有"卫生二十九要"（有不喝冷水，用冷开水漱口，饭前饭后用开水洗碗筷，跌伤了五分钟以内用碘酒擦伤口，吃水果要用过锰酸钾消毒……）。学校有医药室的设备，可以治疗普通病症。

(五)劳动生活

在学校创办时，整修学校周围道路，并在凤凰山上新修了一条劳动路。将学校前的森林加以布置，修筑小径，取名普式庚林，成为全校师生最喜爱的游息之所。种菜蔬，学校成立时即动手进行，后来更有进步。以后捐得一块土地，全校师生工友进行了一月半的开荒，组织竞赛，选举劳动英雄，学生以劳动为荣。种菜蔬采取集体领导个人负责及公私兼顾的办法。各组分得一定面积的土地，各组又将分得之土地，分给每人一小块，看谁种得好，由劳动干事加以督促检查。生产收益十分之八交公，十分之二归私。全校菜蔬做到自给一半。学校又提出"寸土运动"，使大家知道"一寸黄土一寸金"的道理。办法是就凤凰山的荒地，号召全校师生自由报名领地开荒种植，学校供给工具，种籽。生产必须达到一定的标准，超过了标准的生产收获则全部归私，如因生产怠工不能达到预定标准，则由学校收回土地。这种办法推动了每个学生生产自给的积极性，改善了个人生活。学校建筑所需木材，学生能力所能搬运的由学生搬运，学校则将所节省下的工资给学生"打牙祭"(吃肉)，以增加学生营养。

(六)服务生活

育才学校的教育注意为老百姓服务并向老百姓学习。在服务活动上有教育工友，教群众识字、唱歌，进行群众娱乐，帮助附近小学校，访问调查，组织妇女合作社等。几年来学校的工友在小先生的帮助下，从不识字到能够阅读书报，能够写作，有的已经能够写稿子投到报上发表了。定期至附近几所小学教唱歌，带着几幅地图讲解时事。教育群众识字，有了大的发展，学校附近各"保"①都组织了儿童识字班。经常到煤炭厂教工人唱歌，到市镇、到煤炭厂演戏，进行抗战宣传工作。延安的秧歌传到大后方时，育才学校的学生已在煤矿工人中搞起秧歌来了。有机会就做工厂、农村的访问调查。组织妇女合作社是学校附近妇女替学校师生做鞋赚零用钱这一基础上发展起来的。在学生的帮助下，那些做鞋赚零用钱的妇女逐渐形成组织，进行有组织的做鞋，送到城市去卖，替她们开辟了生财之道。服务活动除了培养学生的服务精神外，还便利了学生的学习，各组根据学

---

① "保"，国民党统治区的户籍编制单位。

习的需要，在与老百姓的接触中进行学习。如社会组进行工农生活、劳资、租佃关系，人民负担等调查。自然组走向农村学习农业知识。戏剧组、绘画组观察模拟各阶层群众的典型。文学组学习大众语汇，研究各种典型人物。音乐组搜集民歌等。育才学校的学生，本"社会即学校"与"即知即传"的原则，真正做到当群众的学生，又当群众的先生。

(七)育才学校的教育提倡自觉自动，提倡实际精神，创造精神，以及学习上的集体互助

下面是几个显著的例子：1.自己动手制造仪器和标本。由于物价高涨，购买仪器标本困难很大，自然组师生自己制造了一些力学上的仪器和植物标本。从凤凰山到北温泉一带十几里范围内的植物全部都研究了，认识了。2.森林研究。就凤凰山上的森林加以研究，在每一棵树上挂上木牌给以标志，说明其类别、特性、用途等，然后请专家到校鉴定，如有错误，再行订正。3.土壤研究。有一位学生王治平原来是一位工友，陶行知先生见其聪明，让他在自然组学习。王是合川人，他将合川至草街子一带数十里范围内的土壤，根据其原有经验及新的研究，制表说明各种土壤的性质及适宜种植何种谷物与菜蔬。4.鸟类迎宾馆。在凤凰山上森林中鸟类常到之处，树与树间架以横木，放上食物，欢迎鸟类，以增加学生观察各种鸟类的机会。5.昆虫招待所。在凤凰山上树根草丛昆虫聚集之处，放上食物，招徕昆虫，以增加学生观察各种昆虫的机会。6.植物园。在校内设植物园，种植各种花草，点缀校景。在各种花草上加以标志，又便利学生认识那些花草，增加植物知识。7.水族馆。饲养各种鱼虾水族，小孩爱看，藉此认识各种鱼虾水族，增加动物常识。8.学习上的互助。育才学校的教育，在学习上是独立思考与互助帮助并重的办法。互助的学习，有小组学习讨论，大的帮助小的，快的帮助慢的，会的帮助不会的，老学生帮助新学生种种办法。学校经营了一个菜园，有学生和工友到菜园工作，他们的学习根据具体情况进行。学生中程度好的定期在学校学习几天，再到菜园教其他在菜园的几个学生。学生则教工友学习文化，在经营菜园上则学生与工农互为师生共同学习。如因事不能回到学校学习，他们便采用通信学习的办法。9.假期见习。假期上课时间减少，派一部分学生到其它机关见习，增加学生的学习机会。如派社会组学生至经济调查所见习，派自然组学生至工业合作社见习，或与某些专家接洽，派学生到这

些专家那里去见习。10. 设置创造奖金。一九四三年陶行知先生发表"创造宣言"以后，育才学校设置了创造奖金。创造奖金分生活奖金与学习奖金两种，每年评定一次。生活奖金由全校民主选举在生活、工作上成绩优良的学生，经评判委员会评定给以奖金。学习奖金则奖给学习上有创造的学生、教师与育才之友。凡学习上的创造如诗歌、小说、剧本、曲子、仪器标本制造，社会经济调查等作品都可提交评判委员会分别评定给以奖金。此种办法推进了全校学习上，生活上，工作上的积极性与创造性。11. 培养治事能力。育才学校的教育一方面反对书呆子；一方面反对事务主义，主张治学之人学治事，治事亦治学。学校二周年纪念会时要发出将近三百封信，学校把握住这个机会，培养了二十几位幼年秘书。写得不合格的丢进字纸篓里重写，顶多被丢进去三次便合格了。写得合格的就等于书法考验及格。而书法及格写信未必适用，但是写信已经合用，书法必定及格。此外还培养幼年护士，幼年会计，幼年图书管理员，幼年保管员，幼年生产干部，幼年文书等等。学校除校长，主任以外，没有专任的职员，各部门的职员都是由学生担任的。

育才学校的教育就是经过以上的一些集体生活来达到它的教育理想与计划的。在各种集体生活的活动上，教师不包办代替，也不独断命令，也不是让学生放任自流，而是居于辅导地位。如以上所举自治会的各种活动，都聘请教师担任顾问，以辅导的方法、方式使学生的各种集体活动不自流，不被动，这就培养了学生的自觉自动，也建立了良好的师生关系。教师是怀着为新教育事业努力的热忱而工作的，有学而不厌、诲人不倦的精神，这就感染了学生在学习上有浓厚兴趣与高度的热忱。在教育上，教师不是教死书，学生不是死读书，而是与实际生活联系的活生生的教学做。学生在学习上所感到的不是枯燥无味，空洞无物，而是生动具体，富有兴味。育才学校有比较好的设备，也是提高学生学习上自觉自动的条件之一。图书馆的书籍、杂志、报纸，虽然在学校经济极度困难的情况下，仍然不断添购，便利学生的学习，使爱看书报的有书报看。音乐组只有十八位学生，在设备上却有四架钢琴、五架风琴、八个提琴，使学生经常都可以练琴，不感到工具缺乏，引导学生学习积极性不断增长。音乐组要举行音乐会，绘画组要举行画展，戏剧组要举行公演，自然组要制造仪器与标本，社会组要完成某种调查，要给附近小学的学生讲解时事，诸如此类。学习上有明确目的，学生循着目的进行，为达到目的而努力，学习的积极性便自然提高了。

育才学校的情形，现在就只介绍这一些。它虽然是一所培养特殊才能儿童的学校，与一般学校有所不同，但是育才学校的合理、进步、丰富的集体生活，和指导集体生活的原理、原则、方法、方式，我觉得依然值得一般中、小学参考，根据本身的具体情况，灵活应用和试验。

育才学校创办以后，在经济上所遇到的困难和政治上所受到的压迫，真是难以形容。虽然如此，陶行知先生仍一本其"迎接困难"的精神，与一切困难搏斗，百折不挠！陶行知先生说："从前武训先生以一位'乞丐'而创办了三所学校，我们连一所学校也不能维持，岂不愧死！于是我们……下决心要跟武训学，我们要做一个集体的新武训！"创办育才学校后几年来，陶先生和飞涨的物价赛跑，终年终月终日为捐募学校的经费而奔走操劳！在政治上，陶先生始终高举抗战与民主的旗帜，不畏威胁，不为利诱，"本着立校颠扑不灭的教育理论"，在育才学校始终实施着抗战建国教育，创造着合理、进步、丰富的集体生活。在当时国民党反动统治下的大后方，育才学校是一面新教育的光辉旗帜！

孙传华

　　孙传华，陶行知育才学校时期学生，南京师范大学教授。《对陶行知教育理论的几点认识——兼评〈全面正确评价陶行知先生的教育思想〉》一文分成四个部分，对《全面正确评价陶行知先生的教育思想》一文所持的观点进行反驳。第一，作者认为，陶行知的生活教育理论是在教育实践中发展起来的，顺应了历史发展的方向，具有辩证唯物论的思想。第二，陶行知根据中国的实际，批判地继承了杜威教育思想的合理成分，并非照搬照抄，而是洋为中用，开创性地建立了具有中国特色的生活教育理论。第三，陶行知的"教学做合一"理论不是照搬杜威的"关于思维过程的理论"，而是有一个形成过程。第四，陶行知有明确的教育目的，是"为整个民族利益来造就人才"，而不是"超政治超阶级无目的的论的教育"。并认为，"陶行知的教育事业是中国共产党领导下的新民主主义革命的一部分"。总之，作者在文章中高度评价了陶行知及其教育思想。

对陶行知教育理论的几点认识[*]
——兼评《全面正确评价陶行知先生的教育思想》

陶行知先生一八九一年十月十八日生于安徽歙县西乡黄潭源村。他是"五四"运动以后我国最有影响的著名教育家，党中央、毛泽东同志称他是伟大的人民教育家。为了中国人民的政治解放和精神解放，为了改革旧中国的传统教育，他毕生从事于反帝反封建的爱国民主教育。一九四六年七月二十五日，因受国民党反动派的迫害，不幸在上海突患脑溢血逝世。中国共产党和中国人民对陶行知先生全心全意为人民服务，不屈不挠地为独立和平民主而斗争的精神给予高度的评价和赞扬。乔木同志说："陶先生的死是叫我们一下子损失了三个有独创性的伟人—— 一个政治家、一个教育家和一个文学家。"

然而，全国解放以后，在五十年代初期批判电影《武训传》时，因陶行知在抗日战争的艰苦时期提倡过武训兴学精神，以致对他的教育思想也进行了批判。这一做法显然是错误的，因为它违背了马克思主义的最本质的东西"具体地分析具体的情况"。同时它也是对过去党中央、毛泽东、周恩来、朱德同志等老一辈革命家对陶行知正确评价的否定。

到了"文化大革命"时期，林彪、江青、康生的唯心主义盛行，形而上学猖獗。在他们"打倒反动学术权威"的煽惑下，不仅活着的革命家、科学家、文学艺术家以及那些精通业务的先进工作者遭受到残酷的斗争，而且对那些在新民主主义革命中作出重大贡献的先驱者也进行了无情的打击。陶行知也同样遭受到攻击和污蔑，他的未发表的书信诗稿等手迹和已发表过的许多著作也被焚毁。

林彪、"四人帮"虽然垮台了，但是他们的那种"左"的思想流毒远没有

＊ 原载《教育研究》，1981年第1期。

肃清。如一九八○年第一期《教育研究》发表的《全面正确评价陶行知先生的教育思想》一文(以下简称《全评》)就武断地认定陶行知的教育思想"在当时起到了相反的消极作用",甚至"阻碍社会的进步"。又说"他长久坚持的教育观点和整个教育实践,占主导地位的始终是'教育救国论'和实用主义的'生活教育'思想。""这说明他在世界观问题上,还不是一个无产阶级革命战士"等等。这岂不是在先驱者的身上踏上了一只脚吗?

《全评》以唯我独革、唯我正确的姿态全面否定了党中央、毛泽东、周恩来、朱德等同志以及其他老一辈革命家、著名人士乃至广大人民群众对陶行知实事求是的正确评价。

一

马克思主义的历史唯物主义要求对历史人物作出评价的时候,要作历史的、全面的、具体的分析。列宁说:"在分析任何一个社会问题时,马克思主义理论的绝对要求,就是要把问题提到一定的历史范围之内。"因此,马克思主义认为历史上伟大的进步的科学家、文学艺术家、思想家和教育家的出现,绝不是偶然的,他们都是当时社会历史发展中的必然产物,他们都是顺应着当时社会发展的客观要求而产生的。由于他们主观上的努力以及其他各种客观因素,使他们能够比一般人对社会生活的认识比较敏锐深刻,看得也比较远,他们手握真理,因而他们就能勇敢地同传统观念交锋,从腐朽保守的精神枷锁中解放出来,从而使其比较正确地适时地反映社会历史的发展趋势,反映当时历史条件下人民群众物质生活和精神生活的进步要求。这就使他们的社会活动同人民群众保持着密切的联系,在历史上起到了积极进步的作用。

历史上这许多进步的伟大的杰出人物,对于社会发展的贡献,作用的大小,与他们个人的思想品质,意志的强弱,以及联系人民群众的深度和广度方面也有内在的联系,因此我们在考察历史人物时,不能不注意到这许多基本点。

陶行知出身在一个贫穷农民家庭里。他的父母艰苦勤劳的优良品质给幼年陶行知以深刻的影响,使他从小就养成了勤劳的习惯和艰苦朴素的生活作风。自幼生长在农村社会中的陶行知目睹中国贫困的农民受帝国主义、封建主义的残酷剥削和压迫,他同情劳动人民,热爱劳动人民,恨其所恨，爱其所爱。这些对以后陶行知世界观的形成和发展，直至由民主主义者转变为共产主义者都有一定的作用。陶行知一生，"为民族解放与社会改革事业奋斗不息"。他曾誓言"人生天地间，各自有秉赋：为一大事来，做一大事去。"他所说的大事，就是中国人民的解放和幸福。

任何一个人正确世界观的形成都有一个发展的过程。陶行知世界观的转变也有一个过程。在青年时期，他曾信奉过王阳明的"知是行之始，行是知之成"、"知行合一"的唯心主义学说，以后到美国留学又受到了杜威实用主义教育思想的影响。可以说这是陶行知探索的过程。

毛泽东同志一九四九年在《论人民民主专政》一文中，描写过在中国共产党出世以前向西方寻找真理的一派人物的情况。他说："那时，求进步的中国人，只要是西方的新道理，什么书也看。……努力学习西方。"接着又说："我自己青年时期，学的也是这些东西。这些西方资产阶级民主主义的文化，即所谓新学，包括那时的社会学说和自然科学。……"那时学了这些所谓新学的人们，相信资产阶级的科学文化思想可以救中国。认为"要救国只有维新，要维新，只有学外国。"那时的陶行知就处在这种探寻革命真理的阶段中。

陶行知一九一七年回国以后，一开始从事教育事业时就举起了革命旗帜，他的主张都是针对当时教育弊端而发的。他反对"因袭陈法"，"仪型他国"，改"教授法"为"教学法"，以及后来提出的"生活即教育"、"社会即学校"、"教学做合一"等等，形成了独具一格的陶行知教育理论。这些理论不是凭空产生的，而是在教育实践中不断充实发展起来的，是在革命斗争中不断发展起来的，因此它总是能够适应历史发展的要求，同时代的脉搏一致。尤其是他后期的教育理论和实践，充满了辩证唯物论的光辉。

陶行知是一位高度的爱国主义者，对劳苦大众有深厚的感情。他办教育的目的就是为了让大众自己解放自己，而"为着要争取大众解放，它必须要争取中华民族的解放"。所以陶行知办教育始终也是为反帝反封建的民主革命斗争服务的，在斗争中他总是身先士卒。从一九二七年到一九三〇年，在创办晓庄师范学校这一时期，在教育方面他着手实践他的生活教育理论，在政治方面积极支持他的学生参加一九三〇年"四五"南京学生反帝示威游行，反对日本帝国主义的军舰开进长江侵略我国的罪行。因而引起了国民党反动派的极端仇恨，敌人加紧迫害他，不久就强行封闭他的学校，杀害他的学生，并下令通缉他，逼迫他逃亡国外。《全评》无视当时蒋介石下令通缉陶行知的史实，却武断地说陶行知"与反动统治阶级政权基本上没有矛盾"。可是通缉令却明明说"陶行知勾结叛逆，阴谋不轨，查有密布党羽冀图暴动事情"，这能说陶行知与反动政权基本没有矛盾吗？这一时期蒋介石从反面教育了他，使他更加清楚地"认识了文化是政治经济斗争的武器"，因而也更加自觉地把自己所从事的教育事业跟民主革命联系起来，为了争取民主和平，建立新中国，他日夜奔走，发表演说，写文章，唤起人们的觉悟。因此国民党反动政府必欲置之死地而后快，在黑名单上把陶行知列为第三名暗害的对象。

陶行知这种为革命、为人民的献身精神，正是一个共产主义者的精神。

由陶知行到陶行知，看来只是一字颠倒，但这决不是简单的颠倒，而是标志着他的世界观的根本转变。马克思说："环境正是由人来改变的，而教育者本人一定是受教育的。"陶行知正是在教育改革的实践中，在求得人民解放的斗争中受到了教育，认识了辩证唯物论的真理。他曾列举许多实例来说明实践是认识的来源，说明个别和一般，具体和抽象的对立统一的辩证关系。"我们先从小孩子说起，他起初必定是烫手才知道火是热的；冰了手才知道雪是冷的；吃过糖才知道糖是甜的；碰过石头才知道石头是硬的。太阳地里晒过几回，厨房里烧饭时去过几回，夏天的生活尝过几回，才知道抽象的热。雪菩萨做过几次，霜风吹过几次，冰淇淋吃过几杯，才知道抽象的冷。白糖、红糖、芝麻糖、甘蔗、甘草吃过几回，才知道抽象的甜。碰着铁，碰着铜，碰着木头，经过好几回，才知道抽象的硬。才烫了手又冰了脸，那么，冷与热更能知道明白了；尝过甘草接着吃了黄连，那么，甜与苦更能知道明白了；碰着石头之后就去拍棉花球，那末，硬与软更能知道明白了。凡此种种，我们都看得清楚：行是知之始，知是行之成。"

这时，陶行知把他原来所信奉王阳明的"知是行之始，行是知之成"的哲理倒转过来，认为"行是知之始，知是行之成"，他的名字也由"知行"改为"行知"。这就表明他和王阳明的主观唯心论彻底决裂，转到辩证唯物论的认识上来了，这就是他思想认识路线上的质的变化。

到四十年代初，陶行知对辩证唯物论的阐述更加明确和完整了。他在一九四一年写的《育才二周岁前夜》一文中，正确地说明了认识的辩证发展过程："人类与个人最初都由行动而获得真知，故以行动始，以思考终，再以有思考之行动始，以更高一级融会贯通之思考终，再由此而跃入真理之高峰。"很显然，陶行知在研究马克思主义理论上前进着，他信奉马克思主义，并逐步深刻领会，融会贯通，把他的生活教育思想和教育实践，建立在马克思主义哲学的坚实基础上。

在他的一些诗歌、演讲和文章中都渗透着马克思主义哲学原理。如一九四三年他写的《创造年献诗》可以说把马克思主义哲学诗化了。其中有一段：

"以为""武断"靠不住，

存在从来决意识。

解割本体寻条理，

追踪外缘找联系。

贯通证据悬断语，

屡试屡验验还试。

矛盾相克复相生，

数量满盈能变质。

相推而进正反合，

观察发展觅定律。

在探寻革命真理的过程中，陶行知掌握到这个真理，正表明他是中国现代史上一个杰出的人民教育家和思想家。

二

列宁说："判断历史的功绩，不是根据历史活动家没有提供为现代所要求的东西，而是根据他们比他们的前辈提供了新的东西。"这个新的东西对社会的发展起了推进的作用。

陶行知受教于美国实用主义教育家杜威。但是，陶行知不是简单地照搬照套杜威的教育思想，而是有分析有批判地吸取其合理的部分，做到"洋为中用"。

杜威是帝国主义的思想家、教育家，他用实用主义的主观唯心论哲学来论证其反动的政治观点。杜威站在资产阶级的反动立场上，反对用革命的手段改造社会，他极端的反对人民群众。他强调思想、概念可以"改造"社会。杜威的所谓"改造"社会，其实质就是为了麻痹无产阶级的革命意识，要他们相信无产阶级的利益和资产阶级的利益是一致的。所以他很重视教育，他认为可以通过专门组织的学校教育来改造社会。为了维护资本主义制度，他提出了"教育即生活"，"学校即社会"的教育观。这个理论是为垄断资产阶级服务的。然而，杜威的教育与生活，学校与社会相联系的观点却有它合理的方面。

陶行知受到启发，把杜威的"教育即生活"，"学校即社会"颠倒过来，反其道而行之，主张"生活即教育"，"社会即学校"，创立了他自己的"生活教育"理论。《全评》把陶行知的教育理论同杜威的教育理论混为一谈，说什么"'教育即生活，学校即社会'，与'生活即教育，社会即学校'都是实用主义教育哲学思想的产物"。陶行知自己曾对他的生活教育理论做过说明。一九四六年六月十四日柳湜同志在上海探望陶行知先生，他对柳湜同志说："我的生活教育思想，大半都是从资产阶级、大地主以及老百姓中的启发而来的，自然我的思想不是抄他们的，他们有的只启发我想到某一面，有的我把它反过来了，就变成了真理，有的是不能想出的，是要群众动手才能看到，动手最重要。"他强调群众的创造，这说明陶行知的生活教育思想就是陶行知的，而不是杜威的。陶行知善于吸取他人之长，他的教育思想是从人民群众丰富多彩的生活实践中总结出来的，是群众智慧的结晶。

陶行知的生活教育理论的中心思想是为中国人民服务的，它要把那种"只能教人俯首贴耳服从，只有因旧习不知创造的传统教育"打倒，他的教育理论和教育实践的目的就是要唤起中国人民自己解放自己。他说："生活教育是大众的教育，是大众自己办的教育，大众为生活解放而办的教育。"正如吴玉章同志所说："生活教育理论就是教育革命的理论，也是革命教育的理论。"由此可见，陶行知为人民服务的教育思想与杜威为垄断资产阶级服务的实用主义教育思想是根本对立的。

斯大林说："马克思和恩格斯在说明自己的唯物主义的时候，通常都援引费尔巴哈……。但这并不是说，马克思和恩格斯的唯物主义和费尔巴哈的唯物主义是一样的。其实，马克思和恩格斯是从费尔巴哈唯物主义中采取了它的'基本的内核'，把它进一步发展成为科学的哲学唯物主义理论，而摒弃了它那些唯心主义和宗教的伦理杂质。"陶行知的生活教育的理论，也如同马克思和恩格斯批判地吸取费尔巴哈唯物主义"基本内核"的科学态度一样，把杜威的实用主义教育思想反动杂质扬弃了，仅仅是吸取了它的合理的部分。

陶行知的"生活教育"这一命题是创新的，革命的，科学的。它立足于人民群众的根本利益上，立足于辩证唯物论的基本原理上。特别是在今天，我国人口多，底子薄，科学文化教育事业还不发达的情况下，生活教育的理论就更具有现实的意义。

陶行知的生活教育从理论上来说也是有据可依的。"马克思主义者认为人类的生产活动是最基本的实践活动，是决定其他一切活动的东西。"人类的教育发源于人类社会的生产劳动和生活的实际需要。在原始社会根本就没有什么学校，学校的产生是以后的事。那时人们过着群居生活，教育是在集体生产劳动和集体生活中进行的，教育与生产劳动结合在一起，体力劳动与脑力劳动也没有分家。随着社会生产力的发展，人类社会进入到奴隶制，由于大规模的奴隶劳动，并创造出大量的剩余产品，才使得奴隶主有可能完全脱离生产劳动，社会也就出现了体力劳动与脑力劳动的分离的现象，因而就产生了专门进行教育的场所——学校。

在奴隶制的社会里，享受文化教育是奴隶主阶级的特权，所谓"学在官府"，文化教育阵地被奴隶主阶级所垄断。奴隶无权享受文化教育，始终被视为会说话的工具。"劳心者治人，劳力者治于人"，就是奴隶主阶级统治奴隶阶级的精神武器，这种思想为中国几千年来的封建统治阶级服务。"学校"从它产生的那天起，就是为统治阶级服务的。所以毛泽东同志说："中国历来只有地主有文化，农民没有文化。可是地主的文化是由农民造成的，因为造成地主文化的东西，不是别的，正是从农民身上掠取的血汗。中国有百分之九十未受文化教育的人民，这个里面，最大多数是农民。"陶行知曾笔伐这种为统治阶级所垄断的传统教育。"五月一，五月一，出钱给人读死书，自己一个大字也不识。"这首通俗的诗歌揭露了旧中国教育制度的罪恶本质。

陶行知的"生活教育"开辟了新的途径，他首先着眼于农民。一九二六年，他在《改造全国乡村教育宣言书》里明确的提出他所领导的中华教育改进社的工作重心是乡村教育，"主要使命之一即厉行乡村教育政策，为我们三万万四千万农民服务。"他还誓言："我们要为着农民'烧心香'。我们要常常念着农民的痛苦，常常念着他们所想得的幸福。"毛泽东同志指出："农民——这是现阶段中国文化运动的主要对象。所谓扫除文盲，所谓普及教育，所谓大众文艺，所谓国民卫生，离开了三亿六千万农民，岂非大半成了空话?""中国广大的革命知识分子应该觉悟到将来自己和农民结合起来的必要，农民正需要他们，等待他们的援助。他们应该热情地跑到农村去，脱下学生装，穿起粗布衣。不惜从任何细小事做起，在那里了解农民的要求，帮助农民觉悟起来，组织起来，为着完成中国民主革命中一项极其重要的工作，即农村民主革命而奋斗。"陶行知把生活教育面向农村，面向广大的农民，其政治意义和历史意义是一目了然的。

陶行知是中国教育界第一个认识到农民问题的人，也是第一个热情地跑到农村去当乡村教师的人。一九二七年他以拓荒者的革命精神，在南京和平门外晓庄(原名小庄)劳山的荒丘上盖草房，办学校。一个"洋博士"脱下长袍，穿起草鞋，挑粪锄地样样干，变成一个"挑粪校长"，这是中国教育史上破天荒的一个奇闻。他以身作则，率领师生们共同生产，共同劳动。他艰苦创新的模范行动，教育了师生，感动了周围的农民。《全评》却指责、批评晓庄师范"连校舍都没有，没有课堂，也没有班级"，批评"陶先生还提倡拜农民为师，跟农民一起劳动，相互学习。教师讲课，学生读书，是结合农业劳动进行的"，还批评"晓庄学校连个工勤人员也没有"等等。这也就是说，照传统的观念来看，晓庄师范不像个学校。但是陶行知办教育要"发古人所未发，明今人所未明"，它不仅是直接对那种轻视劳动的"万般皆下品，唯有读书高"的旧教育思想的直接批判，也是为培养德智体全面发展的新人创造了条件。他的创举在当时产生了巨大的社会反响，在今天，这种办学的精神和办法都是值得提倡的。

善于根据实际情况来创新是陶行知办学的一个突出的特点。一九二〇年陶行知明白地提出："敢探未发明的新理，即是创造精神；敢入未开化的边疆，即是开辟的精神。在教育界有胆量创造的人即是创造的教育家，有胆量开辟的人即是开辟的教育家。"陶行知办教育的一生，就是不断创造，不断开辟的一生。差不多三十年来，行知先生就根据这种创造精神倡导生活教育理论；并在实践上根据这个理论创办了晓庄师范、山海工学团、育才学校、社会大学。陶行知比他的前辈多提供了许多新的东西，他打破了旧的洋化教育的框框，创立了新的适合中国国情的教育理论体系。

三

陶行知的生活教育理论是："生活即教育"，"社会即学校"，"教学做合一"。这三者是统一的整体。"教学做合一"是生活教育理论的方法论。

"教学做合一"的方法是由生活教育的本质决定的。"'教学做合一'，即知即传是大众的生活法，即是大众的教育法。"大众的教育法重视实践，重视理论与实际的联系。"教学做合一"是陶行知教育的方法论，也是他的认识论。这是他在不断地实践，不断地总结的过程中形成的，决不是什么建立在"行动生疑难，疑难生假设，假设生试验，试验之后生断语"的理论基础上的，也不是"抄袭杜威关于思维过程的理论"。

在这里有必要把陶行知的"教学做合一"的来龙去脉、发展过程探讨一番。他早期关于方法论的文章有六篇：《教学合一》、《教学做合一》、《行是知之始》、《在劳力上劳心》、《以教人者教己》、《教学做合一之下的教科书》。他曾说过："从'教授'写到'教学'，'教学'写到'教学做'，人家怕要疑我前后思想矛盾，其实我的矛盾处，便是我的长进处。当选择旧稿时，我曾下了一个决心，凡是为外国教育制度拉东洋车的文字一概删除不留，所留的都是我所体验出来的。所以我所写的便是我所信的，也就是我所行的。"

在《教学做合一》一文中，陶行知自己说明过发展的过程。

一九一九年"五四"以前，陶行知撰写了《教学合一》一文，是应《时报·教育新思潮》主编蒋梦麟之请而写的，当时主张"教的方法要根据学的方法"，"这是实现教学合一的起源"。

一九二二年教学做合一的理论已经形成了，但是教学做合一的名称还没有出现。这个理论是："事怎样做就怎样学，怎样学就怎样教；教的法子要根据学的法子，教的法子要根据做的法子。"

一九二五年陶行知在南开大学演讲时，仍用"教学合一"为题，当时南开大学校长张伯苓认为可以改为"学做合一"，陶行知说："我于是豁然贯通，直称为教学做合一"。

一九二六年陶行知撰写《中国师范教育建设论》时，即将教学做合一的原理作有系统的叙述。教学做合一的系统的说法就是：教的法子要根据学的法子；学的法子要根据做的法子。教法，教学，做法是应当合一的。我们对这个问题所建议的答语是"事怎样做就怎样学；怎样学就怎样教；怎样教怎样训练教师。"

一九二七年陶行知在《教学做合一》一文中又做了进一步的说明，他强调"教学做是一件事，不是三件事"，强调"要在做上教，在做上学。在做上教的是先生；在做上学的是学生"。"先生拿做来教乃是真教；学生拿做来学方是实学。不在做上用功夫，教固不成为教，学也不成为学"。为了使人容易明了，他还用了我们日常生活中常见的实例来说明这个道理。他说："比如种田这件事是要在田里做的，便须在田里学，在田里教。游泳也是如此。游泳是在水里做的事，便须在水里学，在水里教。""所以做是学的中心也就是教的中心。"这正如毛泽东同志所说："革命战争是民众的事，常常不是先学好了再干，而是干起来再学习，干就是学习。""做"和"干"都是实践，而实践则是认识的来源和基础，离开实践什么知识也不可能得到，实践对人的认识来说是占第一位的。

从教学合一到教学做合一的发展，陶先生阐述得再清楚不过了。这一过程正是行——知——行的合乎逻辑的发展。

关于直接知识和间接知识的关系，陶行知也有精辟的阐述，他说："《墨辩》提出三种知识：一是亲知；二是闻知；三是说知。我们拿'行是知之始'来说明知识之来源，并不是否认闻知和说知。乃是承认亲知为一切知识之根本。闻知与说知必须安根于亲知里面方能发生效力。"一个人的知识不外直接的和间接的两部分，在我为间接的知识，在人则为直接的知识。教师教给学生的无非是这两部分，而对学生来说则都是间接的知识了。所以，教师只有在做中教才能使自己已有的知识不断深化，同时使学生学到活的知识，这才是"真教"。学生也只有在做中学，才可能把所学到的知识融会贯通，变间接知识为直接掌握之真知识，这才是"真学"。从"做"的方面来说，陶行知积极主张手脑并用，他认为劳力与劳心分家，则一切进步发明都不可能了。所以"单单劳力，单单劳心都不能算是真正之做。真正之做须是在劳力上劳心，用心的制力。这样做的人要用心思去指挥力量，便能轻重得宜，以明对象变化的道理。这种人能以力胜天工。"这不正是"认识从实践开始，经过实践得到理论的知识，还需再回到实践中去"的道理吗？

旧的传统教育法是先生讲，学生听，先生教死书，学生读死书，脱离实际，脱离群众，脱离现实的生活斗争。正如列宁所说："资本主义旧社会留给我们最大祸害之一，就是书本与实践完全脱节。"它强迫人们学一大堆无用的，累赘的，死的知识。陶行知的"教学做合一"就是针对这种与生活实践完全脱节的旧教育的。他曾说："我自回国之后，看见国内学校里先生只管教，学生只管学的情形，就认定有改革之必要。"

值得注意的是，陶行知对他早期的关于教育的这些基本的主张，只有在长期的实践中不断地丰富和发展，却没有修改过。因为这些主张都是陶行知在实践中摸索出来的，是从中国的土壤里生长起来的，是适合中国人民需要的，决不是什么"抄袭杜威关于思维过程的理论"。对陶行知的教育理论，茅盾同志用了一句话来概括："适应人民的要求，而又提高人民的要求。"

这里我们还必须指出，《全评》把什么"学校消亡论"，"儿童中心意义"，"超政治超阶级无目的论的教育"，"破坏系统科学知识"等等大帽子一股脑儿戴在陶行知头上是毫无根据的，也是毫无道理的。《全评》不惜以实用主义者杜威论述的事例来证明陶行知的教学做合一的方法论，"反映了'实用主义'哲学的认识路线"。不仅如此，《全评》还把麦丁斯基著作中批判杜威实用主义教育学的论点来批判陶行知，这都是站不住脚的。

四

陶行知的生活教育思想，就是要使学校教育联系人们改造客观世界（自然与社会）的生活实际，使学生从狭小的学校圈子和书本里走出来，解放学生的头脑、双手、嘴、时间和空间，使他们得到书本上所没有而又比书本知识更丰富、更生动的活知识，使系统的学校教育与现实的社会生活教育结合起来。

陶行知早在一九二七年办晓庄师范的时候，就做到教育与生产劳动相结合，教育为民主革命斗争服务。特别是"九·一八"以后，他的政治观点是很鲜明的，他把教育作为反帝反封建的革命斗争的武器。因此说什么陶行知的生活教育理论和教育实践是"超政治超阶级无目的论的教育"都是站不住脚的。

在阶级社会中，根本不存在什么"超阶级超政治无目的论的教育"。无产阶级要按照自己的世界观改造世界,资产阶级也要按照自己的世界观改造世界。教育是阶级斗争的工具,革命的阶级与反革命的阶级都非常重视抓教育,通过教育的手段争夺广大人民群众,特别是争夺青年一代。因此,为人民的解放而办教育,就是革命的教育,为维护反动统治阶级的政治制度而去奴役人民,便是反动的教育,除此之外,就没有第三种教育。

一九三九年抗日战争时期,陶行知在四川重庆创办育才学校,在《育才学校创办旨趣》一文中他明确地提出:"……在这民族解放战争中,单为帮助一个人是不够也是不对的,必须要在集体生活中来学习,要为整个民族利益来造就人才。"这就是陶行知办育才学校的目的,也就是他办教育的目的。

从育才学校的组织领导来看,当时教师中各部门的负责人几乎都是由共产党员担任的,这就保证了育才学校有坚定正确的政治方向。

育才学校是国民党统治区进行反蒋抗日、争取和平民主斗争的一个阵地。在重庆所进行的民主运动中,育才的学生不仅是运动的积极参加者,而且常常是组织者之一。陶行知就亲自组织学生参加重庆沧白堂政协促进会。他教学生们要保护中共代表王若飞同志和民主人士在会上的安全。一九四六年二月,数万人在较场口召开庆祝政协会议成功大会,育才师生组织了近百人的保卫队跟随陶先生保卫主席台上的民主人士。育才的学生,有的英勇参加反蒋抗暴斗争身负重伤集体住院,有的因参加川西大足县的农民武装斗争而英勇牺牲。从一九四○年到全国解放前夕,育才还不断地输送学生到延安及其它根据地参加革命斗争。

育才学生的革命思想觉悟不是自发产生的,是在教师的积极影响和教导下提高的,也是在革命斗争中提高的。党的领导,教师的主导作用是决定的因素。

育才学校又是陶行知进行民主革命斗争的基地,他为中国革命培养了人才,为中国的革命事业作出了重大的贡献。因此,陶行知和他的教育事业一直受到中国共产党和周恩来同志的亲切关怀和帮助。为了帮助陶行知教育事业的发展,中国共产党在精神上、人力上以及财力上都给予大力的支持。一九四○年周恩来、邓颖超同志亲自到北碚草街子育才学校给师生们作形势报告,揭露蒋介石积极反共、消极抗日反革命政策,提高了全校师生的政治觉悟,树立在党领导下坚持抗战到底的胜利信心。为了使育才的学生在德智体方面得到全面发展，周恩来同志那次特捐助四百元为学生购买运动器材之用。随后中共中央代表团又委派徐冰同志送给陶行知一套南泥湾垦荒大生产的照片，借以鼓励和支持陶行知组织师生劳动生产，粉碎国民党反动派对育才学校的政治迫害与经济扼杀。

一九四七年育才学校由重庆迁往上海，宋庆龄和董必武同志为育才学校从各个方面募得许多物资、经费来购买土地，修建校舍，使育才克服了重重困难。这时育才分为重庆、上海两处，重庆为育才分校。一九四九年国民党崩溃前夕，社会经济极端恶化，育才学校正在得不到经济援助的情况下，敬爱的周总理，由北京转经香港给育才分校汇来八百元银元，使育才度过了黎明前的黑暗，迎来了大西南解放的曙光。

陶行知的教育事业是中国共产党领导下的新民主主义革命的一个部分。"所谓新民主主义的文化，就是人民大众反帝反封建的文化，在今日就是抗日统一战线的文化。"晓庄师范、育才学校、社会大学都没有超政治，超阶级，它不是无目的，而是有目的。

育才学校的教学情况是怎样的呢？本文不打算全面地介绍，那是需要专文评述的。这里只介绍几点。

育才学校创办时有六个专业组，后来增加到七个组：文学、戏剧、音乐、美术、社会、自然、舞蹈等。各专业组除进行系统的基础知识（语文、数学、外文、政治等）教育外，同时还进行系统的专业知识教育。《全评》说什么这是"采用美国'文纳特卡制'教学方法"。陶行知在早期就反对拉黄包车。有诗曰："分明是教员，爱做拉车夫，拉来一车洋八股，谁愿受骗谁鸣呼。"他认为"中外情形有同者，有不同者。同者借镜，他山之石固可攻玉。不同者而效焉，则适于外者未必适于中。"育才学校的一整套教学方法是陶行知在中国的土地上长期实践的结晶，决不是什么美国的"文纳特卡制"。关于普修课与特修课之间的关系，在育才二周年时，陶行知做了较全面的阐述。他主张普修课的导师应能扼要指出与特修课的联系，特修课的导师乃至较深造的学生，提出各组学习的精华，深入浅出地公诸全校，以丰富全校普修课的内容。这样，"普修课与特修课之鸿沟打通，乃能达到一般的特殊与特殊的一般之境界。"

育才学校的教学不是灌输式的，死气沉沉的，而是启发式的，理论联系实际的，生动活泼的。陶行知主张要给学生最重要的四把钥匙，即：一是国文;二是一门外国语;三是数学;四是科学方法——治学治事之科学方法。"与其把学生当作天津鸭儿填入一些零碎知识,不如给他们几把钥匙,使他们可以自动地去开发文化的金库和宇宙之宝藏。"当时有些教学内容还采取形象化的教学方法讲授。例如社会组的时事课是用活报的形式表演给大家看,甚至自然组的化学课也用这种表演的形式。自然组创作了化学之舞,将枯燥的化学变化的公式用舞蹈来表现,使人易学易懂。这种把科学艺术化、舞蹈化、大众化的办法,真是一个破天荒的创举。

根据陶行知的教育思想,育才学校从来没有单纯地关在古圣寺里进行。学校规定学生每周有一个下午到周围的农村、手工作坊、煤窑、民船上去办识字班,教劳苦大众识字,教他们唱歌,向他们宣传团结抗日救国的道理。抗日胜利后,蒋介石挑起内战,则向他们宣传反独裁,反内战,要民主,要和平的正义主张。育才学校的学生深入群众,进行广泛的社会调查,拜老百姓为师,同群众结下了深厚的友情。这在当时是有口皆碑的。陶行知说创办育才学校的主要意思就是"要引导学生们团结起来做追求真理的小学生;团结起来做自觉觉人的小先生,团结起来做手脑双挥的小工人;团结起来做反抗侵略的小战士"。对此,中共中央南方局青委非常重视,特商请育才创办农村工作见习班,吸收一批进步的知识青年到育才来学习农村工作经验。

在重庆,育才学校又是传播革命文艺的宣传队。他们常到市区和郊区进行宣传演出,逢年过节都要为农民演出。那一个时期演出的节目有《活捉日本鬼》、《兄妹开荒》、《朱大嫂送鸡蛋》、《王大娘补缸》、《茶馆小调》,民间舞蹈等等。育才学校的音乐组、戏剧组确实在重庆募捐演出过,但这决不是为演出而演出,更不是为富商大贾、少爷小姐而演出,它一方面是为募到一些钱来度过困难;另一方面,它又是团结民主力量与国民党斗争的一种方式。冯玉祥先生就曾在募捐演出会上表演过节目。

方与严同志在育才《六年》这组诗中,描绘了育才学校七组一场(育才农场)的各自特色。他称颂戏剧组是:

舞台即战场,
把大众生活捧上舞台,
暴露邪恶、表彰贤良、活灵活现、毫无隐藏。
它,要作不平的控诉,
它,要作大众心灵的共鸣,

它，要真情、热情、世情，情情灌入大众的胸膛。

它，要台上台下凝结成一个巨人，把地狱翻成天堂！

称颂音乐组是：

它，要作民主的歌手，

它，要作自由平等的号角，

它，要琴声、弦声、歌声，声声打入大众心弦，透过大众心弦。

它，要唤起人人得行自己的主张，把世界造成乐园。

在抗日战争时期、解放战争时期的育才学校，堪称文化教育界的一朵奇葩。

重庆的社会大学于一九四六年创办。学校在创办之前，周总理作为中共代表团的负责人，就非常关怀这所半秘密的学校的建立，非常关心这批在白色地区的红色青少年的成长。在反蒋统一战线的指导下，这所学校是由陶行知、李公朴、史良主持的。这所学校和它所培养的学生，在推翻蒋家王朝和以后建设社会主义祖国的斗争中都发挥了积极的作用。

陶行知对这所新型的社会大学之"道"作了说明："大学之道"，"一切的学问都要向着人民的幸福瞄准。"社会大学适应了当时中国共产党在国民党统治区领导和不断发展的民主运动的需要。它是团结爱国民主力量的堡垒，它是民主基地，它也是对青年进行革命教育的最好场所。

当时在社会大学任教的有：翦伯赞、华岗、邓初民、马寅初、许涤新、王昆仑、侯外庐、杨晦、何其芳、艾芜、力扬、曹靖华、陈翰伯、张友渔、孙起孟、于刚、潘菽、李公朴、陶行知、方与严等。还有作为中国代表团顾问的何思敬同志也在社会大学主讲过关于宪法方面的课程。在社会大学任教的专家学者们，不仅半文钱的津贴也没有，还要冒着被国民党特务盯梢、绑架的危险去讲课。他们是为了青年的需要，为了人民的解放而教，邓初民老先生还表示要拿出些钱来给学生买教学用品。学生们同样冒着这种危险去听课，为了革命的需要、人民的解放而学，这也可以称之为为人民解放的教学做。所以当时敌人很恨它，也很怕它，千方百计地企图把这所革命的学校除掉。社会大学创办不久，副校长李公朴就被国民党特务杀害了。

在陶行知的计划中不只在重庆办一个社会大学，而是"要在上海及各大都市去发展社会大学"，要在全国展开社会大学运动。这是不是空想呢？不是。陶行知不是空想家，而是实干家。他常常是一边筹款，一边就把事情筹办起来。他的设想也总是以现实的需要与可能为依据。他分析了当时社会上有各种青年：高中毕业未考上大学，上了大学一、二年被删下来需要谋生的。大学毕业需要继续提高的，以及大群自学的青年等等，全国约有四百万青年需要社会大学帮助他们进修。没有房子、没有教室怎么办？陶行知一向主张大众教育是"大众自己办的教育"。所以他的办法首先是依靠大众来办。再一条就是根据现实条件与可能想穷办法。这也是陶行知一贯的主张与办法。他常说："穷则变，变则通。""穷不是没有办法，最怕穷而想不出办法"。一九四六年春，陶行知到上海之后就想了许多穷办法打开了社会大学之门。

《全评》一文却嘲讽陶行知所说的"有形的社会大学"实际上是"业余补习班性质的学校"，似乎不能算大学。又挖苦说："全国四万万五千万，全世界二十万万二千万（当时人口统计数字），都欢迎上学。这好像是《山海经》中的神话那样，是永远也不能实现的幻想。"按照这种观点来看，扫除人类社会的文盲，提高全人类的科学文化素养，实现共产主义社会也将成为"永远也不能实现的幻想"了。

我们认为茅盾同志对社会大学的看法是正确的。他说："最近他计划中的社会大学则是他想把他的理论推到实践的最高峰，几乎可以说是推到了近于'乌托邦'。然而社会大学决不是'乌托邦'，他是一种的现实的基础的可能一步一步实现的理想。但它的整个计划看来颇为'罗曼谛克'……"

陶先生一生致力于人民教育事业，并致力于民主运动，做到了鞠躬尽瘁。老一辈革命家对陶先生了解最深，对陶先生的评价也最中肯。陶先生逝世以后，陆定一同志代表中共中央在延安举行的大会上指出："陶行知先生，在他的政治生活中，他的主张，他的行动，他的作风，他的与人民的密切联系，他的刻苦耐劳，坚强不屈，视死如归，都是人民的模范。不仅别人应该把他当作模范来学习，我们二百万中国共产党党员们，也要把他当作模范来学习。陶先生所走的道路，是正确的，这是伟大的民主主义者像鲁迅先生、邹韬奋先生等所走的同样的道路。"关于陶先生的教育思想，陆定一同志认为。"陶先生的这种教育思想，正是新民主主义的教育思想，正是为人民服务的教育思想。"

林伯渠同志称赞说："行知先生是反对'洋化教育'反对'传统教育'的旗手，是人民大众的教育家。"胡愈之同志最近提出："行而后知，实事求是，实践是检验真理的唯一标准，这是陶先生教育思想的真谛。"

孙铭勋

孙铭勋(1905—1961)，贵州平坝人。1927年考入南京晓庄师范。1930年于晓庄师范被查封过程中被捕，经陶行知、黄齐生营救出狱后，被派往淮安新安创办乡村学校(后发展成为新安旅行团)。1934年回上海创办劳工幼儿团。1935年任广西南宁教育研究院师范班主任。1939年任重庆育才学校社会组主任。1941年到甘肃玉门油矿办职工子弟小学。1945年任贵州平坝中学校长，1948年主持重庆育才学校工作。新中国成立后，任西南军政委员会文教委员会委员、育才学校校长。1951年调西南文教部任编审，1953年调西南师范学院(现西南大学)工作。著述有《孙铭勋教育文选》《乡村幼稚教育经验谈》等。

孙铭勋是陶行知的得力助手之一，早年襄助陶行知试验生活教育学说，创作了大量有关生活教育的著述，如《中国人民的教育道路》《生活教育运动在当前》《论生活教育》《从行知诗歌看教育》《生活教育的发祥地》等。本卷收录《生活教育的发祥地》一文，写作于1946年8月，既是回忆陶行知，也是对生活教育发生发展历程的总结。文章在开篇强调生活教育的发祥地是晓庄师范学校，它对国家发展是建设而非破坏，其诞生的重要意义不亚于孙中山创办的黄埔军校。关于生活教育的起源，其理论源头可以追溯到杜威的实用主义教育学说，但陶行知结合中国教育实际进行了创造性转换。晓庄师范学校建立后，陶行知将其作为改造乡村生活的中心，建立有幼稚园、小学、民众学校、茶园、合作社、自卫团、医院、剧社、邮局等机构，最大限度地发挥学校在地方现代化建设中的作用。

生活教育的发祥地 *

  当中山先生的革命三民主义在南方掀起了武装行动由高潮转入退潮的时候，陶行知先生的革命的生活教育也揭出了鲜明的旗帜，那便是一九二七年三月十五日在南京的晓庄开创了一所乡村师范学校。当时曾有人说过这样的话："黄埔是军校，是破坏性的；晓庄是师范，是建设性的。如果这两个学校能充分的合作，则中华民族的革命目的，不难于最短期间促其实现。"抚今追昔，不禁感慨万端，泫然泪下。

  "教学合一"的实践，在宫殿式的学院中弄得半身不遂，先生便毅然决然的把他拿到乡村去试验。由于这个试验，才进一步把杜威的"教育即生活"与"学校即社会"翻了半个跟斗，而变成"生活即教育"与"社会即学校"。这个变动，把杜威学说的面貌，心脏，血液，都完完全全的改变！二十年来，生活教育能够到处发扬，尤其是在抗日战争中随着抗日行动的积极开展而蓬蓬勃勃的开展起来，其开端不能不追溯到晓庄的试验。

  陶师要把教育还给最需要教育而又被隔绝于教育墙外的乡村人民，要把集中在都市而弄得半身不遂的教育改变为散布在乡村而生气盎然的教育，要把与生活脱离而又背叛人民生活的教育改变成与生活打成一片而又能改善人民生活的教育。他要培养一百万个乡村教师，去创办一百万所乡村学校，改造一百万个乡村，以振兴中华民族。乡村学校，应为改造乡村生活的中心，所以，他的幼稚园、小学、民众学校、茶园，都加上"中心"二字。如今各乡镇的小学都有"中心"二字，这是采取了他的招牌，可惜是忘记了他的实质。

  开始的时候，先生带着十三个学生，在荒山旷野里搭起帐篷，自己挑水，自己煮饭，自己种菜，自己挖厕所，自己建厨房，自己防土匪。然

  * 选自生活教育社编：《陶行知先生四周年祭》（第一辑），北京，新北京出版社，1950 年版。

后，慢慢的，一所一所黄色的茅草土墙的房子建立起来。幼稚园、小学、民众学校、茶园、合作社、自卫团等等，遍布了周围三四十里的农村。乡村医院、乡村剧社、乡村邮局，饮水问题的改良，蚕丝生产的改进，也一步一步的举办起来。他正在计划开辟乡村马路以便利交通，发动造林以改变色调，建筑电厂以增强光线的时候，就被腰斩于反革命的政治之手了。

每半年招收一次学生，共计招考过七次，另外还有"长期参观"的办法，客人们在那里住二月三月半年一年都不限制，他们在那里的生活工作，和正式学生也没有什么两样。学生入校试验的科目，除一般的作文、算术、常识测验而外，还有口试、演说与体力劳动，从各方面来观察你的思想意志态度。他并不限定年龄与文凭，也没有班级年限的规定。入校后的最初阶段，除了在指导员指导下与集体的小组中进行研究学习而外，必得参加各部门的行政工作与日常事务，如扫地、种菜、煮饭、守卫、招待等，每天在旭日将要东升的时候就开寅会，不管住址距离多远，都要集中到犁宫（大会堂）面前来开会。在这个会上，有学术演讲与日常工作的报告讨论决议。每礼拜有一次生活周会。过了一段时间，就被派或自动要求到幼稚园或小学里去参加工作，这就叫"出发前方"。校本部称为"后方"，每礼拜举行一次"前方教学讨论会"，轮流在一个幼稚园或小学里举行。所有后方的全体师生及前方的工作人，都得出席。到时，先看看该处的一些活动，再听取该处工作人的报告，然后进行讨论，交换意见。这用一般正统的师范学校的话来说，就是"实习讨论会"。但他的名称内容形式都不相同，前方所需要的材料方法工具等，都可以要求后方供给。一切为了前线，后方工作的中心目标是要指向前方，为前方而努力。

每一所小学附近都要办民众茶园，供给乡村民众的正当消闲而革除烟赌等恶习。茶园里有象棋、挂图、说书、讲故事、报告时事等活动。每一个小学都附设民众夜校，帮助乡村民众取得文化工具与一般知识。至于后方的师范生，除了住宿在农人家里而外，起初有"到民间去"的工作，每礼拜有一次或二次去访问民众。后来觉得这口号很不妥当，改为"会朋友去"。每一个师范生一年之内要找到几个农人和儿童做亲密的朋友，详细了解他们的家境身世及生活痛苦，年终要提出详细的报告文字。至于医药、演戏、图书馆（当时名叫书呆子莫来馆）等，更是无条件的供给乡村民众。更利用种种民众原有的集会，训练农人和儿童能够应用民权初步。这种做法，都切切实实的执行了。中山先生遗嘱中不是说"必须唤起民众"吗？然而一些所谓中山的信徒们，是办不到这一点的。

一九二九年四月，有一次很大的"课程改造讨论会"，将五个教育目标：康健的体魄，劳动的身手，科学的头脑，艺术的兴趣，改造社会的精神，具体地组织在小学课程里面去，也就是把传统教育的读写算的支离破碎的课程改变成完整的生活所需要的课程，每一个小学校有他的具体的试验。到了七月，又来了一次扩大，把原有的各小学改为学园，由一个园长领若干志趣相同的师范生，去作具体的试验。计有小庄学园、和平学园、三元学园、万寿学园、吉祥学园。陶先生自兼和平学园的园长，以艺术为试验的中心；另有一个蟠桃学园，专门试验幼稚教育，是集合各幼稚园而共同组织的。一九三〇年初，成立劳山中学，组织劳山学园，专门试验青年教育。同年，开始提出了"有计划的生活便是有计划的教育"：全校、各部门，各工作人员、各学生，都订出一年的计划，再订一月一周一日的计划，依计划生活，到月终年终作决定性的总结。这些试验，如果不是遭受到恶势力的毒害，将会创造出史无前例的成果。

同年三月二十九日，晓庄小学的学生讨论如何旅行栖霞山，决议："全中国的小孩子坐火车不打票，并取消火车上的不平等级。"又适逢英帝国主义在下关的和记洋行屠杀工人，以及日本帝国主义的军舰未经我们政府允许直驶下关且上岸欲闯入孙中山陵墓，晓庄学生和城内学生到下关去游行示威，反动头子蒋介石就以"莫须有"的罪名把他封闭了。但当时封闭的只是校本部，他的四肢百体，还在为了农人儿童而活跃着。直到凉秋九月，当时的反动统治者为了要取得对阎冯战争的胜利而肃清后方，于是一股杀气直逼到农人的身上，农人们不敢收留住在他们家里的学生，于是，这有形的晓庄才真的瓦解了。

陶先生和他的同志们重新在上海集议，要组织一个国际性的"革命教育同志会"。虽然因为环境恶劣，没有组织成功，但在实际的工作中，这十多年来，是已经发挥革命教育的作用了。

"一·二八"后，晓庄曾一度恢复，但当"中央政府"从洛阳搬回南京，又被毫无理由的勒令停办了。当时正有一位美国的教育家来参观，曾经公开斥责这种掠夺者为"人类文化的刽子手"。也就在当时，晓庄的小学生们就自动地起来创办了一所小学，校长教师学生工役，全部都是小孩，实行

"小孩自动教小孩"的办法。正如《晓庄护校宣言》里所说的,他们"孤军深入,与土豪劣绅奋斗,与反动军阀奋斗,与乡村民众的落后迷信奋斗,与传统的旧教育奋斗",继续不断的奋斗。直到"八·一三"以后,在勇于内战的将军们把南京放弃了以后,这所自动学校也随着被摧毁了。如今"胜利了",但晓庄的房屋被烧光,树木被砍尽,土地上还留着血腥,内战的元凶们又要勇敢地发动内战的时候,这里的儿童们,又以崭新的姿态,把这所学校恢复起来!这是晓庄的唯一的孤儿,我们虔诚地要求一切真正爱国爱民的先生们,大家来爱护这个孤儿,支持这个孤儿。

1946 年 8 月 17 日

陶　城

　　陶城(1924—2011)，幼名蜜桃，安徽歙县人。陶行知第四子。20世纪30年代参加生活教育社活动，与新安旅行团的团员一起在农村宣传抗日和帮助军属劳动。新中国成立后，任黑龙江省第四至七届政协委员，哈尔滨工业大学航天科学与力学系教授。曾任中国陶行知研究会常务理事。陶城先后担任《陶行知全集》(8卷本，湖南教育出版社出版)、《陶行知全集》(12卷本，四川教育出版社出版)分卷主编。撰写陶研文章百余篇，并为陶行知诗歌谱曲数百首。编写出版《陶行知诗歌歌曲集》《陶行知歌曲集》《大庆少儿歌曲集》等。

　　本卷收录《真善美的爱——陶行知一家》，该文叙述了陶行知的父母、姐妹、妻子及子女的人生经历，文章没有专论陶行知，选择从陶行知家人的角度来叙述陶行知，更能全面地反映生活中的陶行知。文章讲述了陶行知家人除了全力支持陶行知的教育事业，还亲身参与到陶行知的教育事业之中。陶行知的教育目标指向培养真善美的新国民，在作者的叙述中，陶行知的家庭成员人人都具有真善美的品格，不失为陶行知生活教育理念的成功典范。

真善美的爱——陶行知一家[*]

一、祖父陶位朝

慈祖父陶位朝，号槐卿，字笑山，于1867年生于安徽省歙县，1915年病殁于江苏省南京市。为人诚笃。他的古文（文言文）根底较深，曾在南京汇文女校任教。光绪二十六年（1900）祖父曾任休宁县万安镇册书，掌管田赋契约。1902年解职归田，回歙县黄潭源村家中务农，在家种瓜种菜，砍柴卖柴，与祖母曹翠仿女士靠劳动谋生，生活清苦，但仍乐于学。他确是爸爸的一位严爱之师。爸爸启蒙时，他亲自教爸爸读书学习。祖父对新生事物敏感。爸爸在15岁时，祖父就送他到歙县由基督教会办的崇一学堂学习，并从师于英人堂长、牧师唐进贤先生，他很受唐进贤先生的赞扬。由于祖父是一位热爱劳动的知识分子，这对爸爸后来成为一位善于与工农大众相结合的先进知识分子来讲是起到了有益的作用。他们之间崇高而深厚的父子情洋溢于爸爸写的诗文"献诗"之中。

爸爸在美国攻读研究生时，得其父殁耗，悲痛万分，后特写一诗《追忆美国得父殁耗之生活》。诗文中洋溢着父子的深情，道及当时爸爸之悲痛："我欲忙，我欲忙。忙到忘时避断肠，几回心内伤，我欲忘，我欲忘。忘入梦中哭几场，醒来倍凄凉！"

爸爸在这首诗的后面写有以下一段文字："悲之极，不得已借事勉强忘之，下课后即到图书馆中看书，不敢回寓，每至深夜始返。但梦中不能做主，悲怀一动，凄凉甚矣。"这是多么真挚之父子深情啊！

祖父为了大力支持爸爸在美学习，他把吸大烟的恶习都彻底戒掉。对于一个吸鸦片者来说，没有良好的戒烟措施，自己来行戒毒，这是需要多么大的毅力，要忍受多么大的痛苦。但为了儿子能成才，为国效力，他还

---

* 选自周洪宇等主编：《陶行知与中外文化教育》，北京，人民教育出版社，1999年版。

是作出了多么大的牺牲才把烟瘾坚决戒掉。慈祖父这种伟大的牺牲精神，为爸爸的前途和伟业着想，实值得缅怀发扬光大。

二、姑母陶宝珠、陶文渼

慈姑母陶宝珠女士诞生及逝世的年代不清楚。她是我国妇女中最深受压迫即最低层——童养媳。她在小时候就不幸去世了。我虽然从来没有和她见过面，对她的了解甚少，但我对她在悲惨的少年时代的遭遇是甚感悲痛而十分同情的。我是抱着极大的悲痛来写上几句深感悲痛之言以表示我作为一个晚辈对她无比的同情与缅怀。我深切的希望"童养媳"这几个字在世界上尽快地永远根绝掉，希望世界上个个儿童都能在真善美的大家庭中共度天伦之乐。在我小时候，祖母曹翠仂女士曾痛哭流涕地对我说："你的姑母陶宝珠，由于我家贫苦，不得已被送往别家当童养媳。她在婆家甚苦，有一天她回家说她很想吃一碗蛋炒饭，但未吃到就赶紧回到婆家。她十分可怜，不久就去世了。现在想起来十分内疚。"当时家中困难，为了保证爸爸上学，祖母才不得已把自己的亲骨肉宝珠姑母送到别家当童养媳，这是宝珠姑母为了保证爸爸能成才，能为人民多作贡献而作出的巨大牺牲。写到此我实感到悲痛万分。

慈姑母陶文渼女士生于 1895 年，1929 年 6 月 6 日不幸病故于南京鼓楼医院，享年才 34 岁。文渼姑母虽与姑父张枝一先生结了婚，但姑母姑父因忙于事业一直未生活在一起。因姑父早年逝世，未生儿女，因此爸爸和妈妈把我和二哥陶晓光过房给她为儿子。姑父也是安徽歙县人，是爸爸在歙县崇一学堂和南京金陵大学的同学，与爸爸情谊深，交往密。文渼姑母虽生命短暂，但她的精神崇高而伟大。她对人民的教育事业，由平民教育运动到乡村教育运动的贡献很大。她不愧为一位乡村妇女解放运动的先锋战士与开拓者和一位乡村妇女的至亲与挚友。她那伟大的真善美的爱、真善美的战斗、真善美的创造、真善美的奉献以及她对爸爸为人民之成功所作出的贡献，深深的洋溢于爸爸在 1929 年 6 月 8 日即姑母逝世后的第三天写的《文渼指导之遗志》一文中。

文渼姑母是我的慈母。她很爱我，我很爱她。由于她去世时，我年纪小才四岁，又由于她几乎把她的一切都投入到爸爸的伟大事业中，因此接触不多。但她的伟大的一生给我以深刻的印象，使我深受教益永不能忘。文渼姑母曾与母亲同在一女子学校学习求真。爸爸创办晓庄学校发动乡村教育运动后的第二年，她率领全家投奔南京晓庄与爸爸并肩战斗。她的目光时时刻刻地注视着这三万万五千万农民中之最不幸的妇女及村姑。文渼姑母抱着严重的病在我们的家五柳村的茅屋里办起了农暇妇女工学处。她要通过农暇妇女工学处唤醒农村妇女与乡姑觉醒起来，联合起来学习求真生利，谋求自身的解放。乡姑们十分热爱这所农暇妇女工学处，因为这是她们的真善美的家园与乐园。在我幼小的时候，每天当太阳快要落山时，姑母领着村姑们高唱农民解放也是农村妇女解放动人的歌声《镰刀舞歌》，以作为一天工学的结束。我记得我当时坐在桌子上，用双腿前后摆动来打着拍子，我与姑母及全体村姑们真是高兴得不得了。文渼姑母创立的以生利为中心的晓庄农暇妇女工学处确为她的一大发明。

据上所述，姑母不愧为中华妇女界中的壮士。爸爸的巨大成功中不知姑母流尽了多少的血和汗，她确为爸爸的人民伟业而奋斗了一生，最后献出了她的宝贵生命，这是十分可敬可佩的。但是如今世上人们只知道爸爸的伟大贡献而不知或很少知道文渼姑母在爸爸为人民献身的伟业中所作出的巨大贡献。文渼姑母于1929年6月6日病故后，安葬于她所热爱的晓庄劳山麓，即现南京中山门外晓庄劳山麓之"行知园"。她与祖父、祖母、爸爸和母亲同葬一大坟中。文渼姑母的伟大的真善美的爱、真善美的创造与奉献精神永远鼓舞着我为人民而奋进。中国需要众多的像文渼姑母这样的壮士，世界也需要像众多的文渼姑母这样的壮士。我深信如果我们人人都能像文渼姑母那样为人民鞠躬尽瘁死而后已，则必能为全人类创造一个伟大的真善美的生命。

三、祖母曹翠仂

曹翠仂女士是我的慈祖母。安徽省绩溪县人，生于1866年，1933年11月26日因脑溢血不幸病故于上海，享年67岁。她是一位勤劳、善良、朴实、忠厚、爽朗，富有好学求真精神的劳动妇女。她一生中的那种奉献精神及其对爸爸的极大支持实令人钦佩。可以说没有祖母的大力支持，爸爸不可能为中国人民与世界人民创立永益于世的伟业。无论是爸爸在国内或国外求学，或是走到人民中的最低层和贫苦层中去发动或推行平民教育运动，或是发动乡村教育运动，创立晓庄学校，创立谋求民族大众和人类解放的教育原理——"生活教育理论"，或是发动救国救民的普及教育运动，包括科学下嫁到劳苦大众和少年儿童，创办山海工学团，祖母不但承担了全部家务重担，还要承担保卫全家免于遭受国民党政府进行政治迫害的重担。祖母总是作为爸爸为人民解放而毫无后顾之忧的坚强保证与后盾。可以说祖母确是一位一直与爸爸共患难的英勇斗士。自 1930 年 4 月 12 日爸爸遭国民党政府下令通缉，晓庄学校惨遭国民党政府武装查封以来，她为全家承担了多么大的风险，为全家的安全付出了多么大的辛劳，忍受着多么大的痛苦。所以可以说没有祖母，就没有我们兄弟四人的一切，我们兄弟四人也不可能在后来为爸爸的人民伟业有所贡献，我也不可能活到今天。祖母十分爱爸爸，爸爸十分孝顺并爱祖母。他们的崇高而伟大的真善美的母子深情充分洋溢在祖母遗体入殓时爸爸的痛哭碎心之言："母亲、文渼妹、纯宜妻，你们实在是三位最伟大的女性，实在是被我拖垮累垮的啊！"

祖母在热爱劳动勤俭持家方面为我们全家树立了榜样。爸爸十分称赞她的这种中华民族劳动妇女所具有的美德。爸爸特写了一首诗"吾母所遗剃刀"来盛赞祖母："这把刀！曾剃三代头。细数省下钱，换得两担油。"

57 岁的祖母发愤读书。祖母做学生，6 岁孙儿做先生，祖母不但努力学习，还要鼓励别人学习，教别人学，这件事其意义实在伟大极了。正如爸爸在 1945 年 12 月 1 日发表的《把武训先生解放出来》一文中所写道："……让武训先生从我们的圈子里飞出去，飞到四万万五千万人每一个人的头脑里去，使每一个都自动的去兴学，都自动的去好学，都自动的去帮助人好学，以造成一个好学的中华民族，保证整个中华民族向前进，向上进，进步到万万年。"正是祖母与二哥陶小桃这一伟大之创举，深刻地启示爸爸发明了"小先生制"，使得其在 10 年后，即 1933 年开展的普及教育运动中发挥了巨大的作用。"小先生制"对我们当前推行全民族的素质教育及希望工程来讲仍有强大的生命力。

我们家的祖孙情也是崇高的。慈祖母对我幼年时的爱育(尤其是慈母发病后，自我三四岁到八岁她老人家去世时)，是极为精心并作出了巨大的牺牲。她老人家患有严重的高血压症，这种病有着随时发作致死之危。特别是自我三岁起母亲得了精神病，后来姑母文渼又病重住院，整个陶家的沉重担子都压在她老人家的肩上。是她老人家给予我慈母所不能给以我的爱。慈母生我时难产，我出生时受了伤，致使我自出生到两岁，时常吐黄水。由于慈祖母对我较长期的精心照料及服药治疗，吐了两年的黄水终于制止住了。1928年我们兄弟四人随慈祖母、母亲及姑母由北京来到南京晓庄，以支持爸爸办晓庄学校并开展乡村教育运动。

1930年4月12日国民党政府武装查封晓庄学校，捕杀晓庄革命师生的残暴情景我至今记忆犹新。当时我还未满五岁半，这天早晨，我立在五柳村的山头上，远看一支约有五六百人的黑压压的国民党特务军警队伍步步向晓庄学校逼近，他们气势汹汹，杀气腾腾。就在我那么小的年纪我已经看出他们是多么的可恶可恨可怕。他们手持上了刺刀的步枪，腰挂着手榴弹和捆人的麻绳，像青面獠牙的吃人野兽般地闯进了晓庄校园，占领了整个校园，大肆搜捕革命学生，连当地农民的家家户户都搜遍了，真是太穷凶极恶了。当时一个蒋军宪兵手拿着南京市警备司令部查封晓庄学校的布告，贴来贴去，连贴布告的地方都找不到。这是因为当时晓庄周围几十里无边无门，治安好到夜不闭户（此实因爸爸建立的乡村联村自卫团治安有方）。国民党政府穷凶极恶到如此的地步，真想斩草除根，灭绝九族。一个手持上有刺刀步枪杀气腾腾穷凶极恶的蒋兵在我家五柳村后门的左侧站着岗，对我们全家进行严密监视，由早晨一直站到太阳下山。吓得我一看到蒋兵来，就立即把我最爱听的国歌唱片也立即停放了。当时敌人放出恐吓之言，扬言道："如果抓不到陶行知，就拿他的家人包括儿子拿来做人质。"慈祖母与慈母吓得要命，她们最为担心的是敌人要对我们兄弟四人下毒手，斩草除根。慈祖母下定决心，一旦蒋兵下岗就立即带着患病的慈母与我们兄弟几人（当时陶宏大哥不在宁）逃出晓庄。在黑黢黢的夜里，慈祖母慌忙地带着慈母与三哥陶刚和我一道逃离五柳村，我们是多么提心吊胆的生怕遭到蒋军及特务之拦截。在由晓庄通往和平门的路上，忽然来了一辆马车，我们赶紧上了车，乘上这辆马车星夜进了南京城，赶到爸爸好友姚文采伯伯家里，食住都在他家里。

1933年11月末一天晚上5时许，慈祖母在我们法华镇家在坐起马桶时，脑溢血突发而跌倒在地，可把我们全家吓坏了，家人急把她老人家扶起，将她安放在床上。

第二天清晨，爸爸与大哥、二哥用救护车把祖母送到上海海格路红十字会医院住院抢救。但经大夫会诊并抢救均无效。我在慈祖母的病床旁守候着她老人家，我是多么急盼着她老人家能从昏迷中苏醒过来。在午后1时许，她老人家终于睁开了慈祥的眼睛，直瞅着我，从她老人家的目光中可以看出她是多么想说出她心中的话，她是多么舍不得离开我而去。从她那闪烁着慈爱的目光中可以看出，她是竭尽全力的想向我讲出几句爱语，但总是力不从心。最后，她终于用极微弱的口吻说出了她对我深爱与慈祥的徽州家乡话："MiTe(蜜桃)!"但还没有等我向她讲一句孝顺之言，她就紧闭上眼睛又昏迷过去。这是慈祖母在她一生中对我说的最后一句慈爱之言。

慈祖母病故后，她的棺木与慈祖父共葬一墓穴。1946 年爸爸去世后，爸爸的棺木与慈母的棺木、慈祖父母的棺木及慈姑母的棺木共葬于晓庄劳山麓的一大墓穴中，即现晓庄"行知园"内的同一大墓穴中。

四、母亲汪纯宜

慈母汪纯宜女士生于安徽省休宁县，诞生年代不知，1936 年 4 月23 日下午 5 时 45 分病故于上海普慈疗养院。慈母病故之时正是爸爸离沪去两广的同一天，当天上午我随同二哥陶晓光到码头为爸爸送行。爸爸去广东广西两省的目的是为了劝说广东广西两省党政军领导胡汉民、陈济棠、李宗仁及白崇禧逼蒋介石停止内战和中国工农红军联合抗日。慈母为人忠厚纯朴，温和慈祥，沉默寡言。她年幼时极为悲惨，三岁时就丧父母。后来她根据长辈之意按旧式婚姻与爸爸结了婚。据我所知，爸爸与慈母相处尚和睦。在母亲发病前，爸爸曾鼓励慈母进女子学校学习求真。1927 年 12 月 3 日爸爸在题为《幼稚园艺友》的一封信中写道："纯妻：皮袍已收到，质地甚佳，袍面亦特别可爱，新年穿此，在乡间可以大出风头了。一月一日系晓庄学校落成纪念日，将有大热闹。深望您与全家均在此同乐。幼稚园已开学，收了徒弟三人，跟幼稚园教师学做先生，此法非常有效。时局稍静，您是可以享优先权来此学习的。"

1928 年，当我三四岁时，为了支持爸爸发动乡村教育运动创办晓庄学校，为争取中华及全世界贫苦农民的彻底解放，我的祖母、母亲及姑母带领着我们兄弟四人由北京来到了南京晓庄农村。全家由北京迁到南京乡村后，慈母由于对爸爸长年累月在外奔跑更为牵挂，又因误食了过量的安眠药损害了神经得了精神错乱症。慈母的病状日益严重，特别是 1930 年 4 月 12 日蒋介石亲自下令通缉爸爸，并派五六百军警武装查封了爸爸所办的晓庄学校，大肆逮捕屠杀晓庄革命师生时。1930 年 4 月 11 日下午 4 时爸爸匆匆地由外边赶回到家，他对祖母、母亲及我们说："蒋介石亲自下密令通缉我了，并武装查封晓庄，明天早上就要执行。敌人这次决心很大，要对我下手了，你们大家可要特别小心啊！必要时也得躲一躲。"爸爸这一席话对我们全家来讲真是惊天动地，恐怖万分，尤其是慈母怎能承受如此巨大的刺激，她一方面要为爸爸的安危而牵肠挂肚，还要为全家即将到来的厄运与苦难而千焦万虑得日不进食，夜不入眠。当时谣言四起，一说爸爸已在某地被捕，一说爸爸已被敌人枪决了，这怎不引起慈母之千思万挂，千焦万虑呢。敌人放风说："若抓不到陶行知，那就拿他全家作人质。"当这威胁之言传到慈母耳中时，她更是受到了极大的刺激。她生怕爸爸惨遭敌人杀害，因此不想活了，便投入夫子庙的一条臭水河自尽，幸被一义士救起。

自祖母于1933年11月26日病故后，我们陶家已完全崩溃。当时我才8岁，我的二哥陶晓光才十四五岁。整个家庭的重担全落到一个十四五岁的孩子陶晓光的肩上。根据爸爸的建议，二哥陶晓光退掉了在法华镇的租房并带领病重的母亲和我迁往到当时越界筑路（华界与外国租界地相临的地界）安和寺路的儿童科学通讯学校内。学校是设在观音寺内。慈母与二哥和我在这所学校里与该校全体教师过着集体生活，食住均在一起。尤其是对病重的母亲来讲实在太不方便和极其困难。为了使爸爸能毫无后虑的投入日益高涨的抗日救亡运动及国难教育运动，在爸爸的建议下，由二哥陶晓光进行联系将慈母送往上海郊外闵行的一所上海普慈疗养院住院并进行"治疗"。这所医院是由天主教会举办的。但二哥陶晓光十分担心怕慈母不愿去，因此要我动员并劝说慈母住院。最后慈母接受了住院治疗的建议，孰不知这次送慈母住院"治疗"实为将慈母送进火坑（爸爸与二哥事先均料想不到），实际上是送慈母早日进了死亡之境。据后来了解，该院对住院的精神病患者根本没有什么合乎科学的治疗方法，他们对住院患者要了极其卑劣的花招，他们用宗教迷信，传播天主教和强迫患者向主作祈祷来治患者的病，真是荒唐至极又令人气愤万分。我并不反对宗教，但坚决反对这种极为恶劣的做法——强迫施教的假宗教和恶宗教。他们是否还搞一些不可告人的恶招则不得而知了。有一天我随表叔曹伯鸿去医院探望慈母，当我向慈母问及该院治疗的情况时，慈母神智清楚毫不犹豫地对我说："这个医院太坏了，我实在不能再待下去了。你快叫晓光赶紧把我接出医院，否则我一定会死在这里了。"我当时听了慈母这一段话心中十分难过，我实在不能失去慈母了。我回到了儿童科学通讯学校后，把慈母对我讲的一切全告诉了晓光哥，建议速将母亲接出医院。但晓光哥得悉后也没有什么办法。他是否把这意见转达给爸爸，爸爸有什么意见，我不知道。但对于我这样一个11岁的孩子来说也实无能力。当时国难当头，而国民党政府正疯狂地围攻红军打内战并在国民党统治区血腥地镇压爱国运动，爸爸正号召停止内战，号召各党派与全国人民组成抗日救国联合阵线共同抗战，而且爸爸又面临遭到国民党政府再次下令通缉之危险，他实无法顾及这些。家要破国将亡，当然应先救国为是。自慈母住院后，他连一次也未能到医院看望母亲，他真是做到"损己舍家为人民"。他这种以民族国家之患难重于家庭的苦难的伟大精神实在可贵。自我去医院探望慈母不久，有一天夜里，我与二哥晓光忽然接到医院通知说慈母病危。我与二哥接到这个极坏的消息后，真如天崩地裂，悲痛万分。我们赶紧租了一辆霞飞公司的出租小汽车直沿着通往闵行的公路疾驶而去。黑夜茫茫，我一路上为慈母祈祷平安。我是多么期望慈母能从死神那儿解脱出来转危为安。到了医院，我看到慈母被放在一个大屋里，她双目紧闭着不能言语，不能动弹，完全处于昏迷状态。我流着热泪高喊着："妈妈"。但她无丝毫反应，我心里想着："这个世界太不公平了，什么厄运都降到我们陶家，天理！天理！你躲到哪儿去了?"忽见一个身披着黑衣头上戴有白布的修女前来为慈母祈祷。我心中咒骂道："你们把人都快弄死了，还假仁假义地搞什么祈祷，简直是混蛋。"晓光哥向院方提问慈母是得了什么病，但他们支支吾吾地说慈母是得了四种病。我心里想本来慈母只得了一种病——精神错乱症，是不会死的，怎么进了一个堂堂皇皇的大医院竟得了不治之病，而且是四种病，现在把病人搞到了不省人事的地步还胡说八道。我真怀疑，院方与医生是否用了不可告人的卑劣手段把慈母害死，他们是否用一种实验用的有毒针液注入慈母的体内，以致慈母落到如此悲惨的地步，我一定要向他们算总账！我一定要向挂羊头卖狗肉假天主教算总账！

1936年4月23日晚，我们突然接到了上海普慈疗养院送来的关于慈母死亡的通知书：

迳启者顷据本院医师报告住在四等女病房的陶纯宜女士于四月二十三日下午五点四十五分病亡嘱为通知贵家属(或关系人)速即来院殓收等语兹特饬人前来报告即希查照是荷此致

陶纯宜 家属
或关系人 台照

上海普慈疗养院事务处启
二十五年四月廿三日下午五点四十五分

慈母的一生是极为不幸的一生，我从幼年时就对慈母所遭不幸甚感心痛。在上海法华镇时，当时我年纪虽小，才八九岁，但我认为作为儿子的应对慈母尽一片孝心与孝行。虽然我是知道我的所作所为是弥补不了慈母的极大不幸，但我仍努力去做。慈母在入睡时我特给慈母打来了一盆热水好让她能洗个热水脚，然后用干手巾给她擦脚，再给她盖上被子，好叫她能睡个好觉，慈母终于含笑入睡，我才离去。还有一件事使我一生难忘，那就是我直到八九岁还不知道我的生日，有一天我特向慈母问到我的生日。她神智清楚地告诉我，我的生日是农历十一月十七日，即我是 1924 年农历十一月十七日生，从此我才知道自己的生日。慈母去世实在太早，她才 40 岁出头就离开了我们。正是慈母、慈父、慈祖母与慈姑母给予我的真善美的爱心与爱行，以及我亲自经历的苦难生涯，使我懂得了真善美的爱与行之崇高与无比珍贵，并为创造真善美的人生，真善美的祖国及真善美的世界奋斗到底。

五、大哥陶宏

大哥陶宏，安徽歙县人，幼名桃红。1915 年 4 月生于南京，1975 年 5 月因心肌梗塞不幸病故于北京人民医院，享年 60 岁。30 年代初，因爸爸被通缉，晓庄学校被武装查封，为避免遭国民党反动派之政治迫害，化名为吕峰。大哥是爸爸的好儿子及爸爸在人民解放斗争及人民教育战线的亲密战友。

1923 年爸爸推行平民教育运动时，发现了一个推行平民教育运动的有效方法即"连环教学法"。这是爸爸受到大哥陶宏与二哥陶晓光的启发。爸爸在 1923 年 10 月 8 日给陶宏与陶晓光的信中写道："桃红、小桃：你两个人很有功劳。我看见你们两个人。哥哥教弟弟读《千字课》(当时桃红才八岁，小桃才六岁)，就发现了一个好法子，叫做连环教学法。这个法子是用家里识字的人教不识字的人：我教你，你教他，他又教他。每个人花不了多少工夫就可以使全家读书明理了。我在南京试验这个法子很有效验，特写这封信来感谢你们两个人。"从这件事，使我更认识到，为什么爸爸在后来，特别强调要向小孩子学习，拜小孩为老师。从小孩子那儿可以得到十分珍贵的启迪，十分有助于你更好地去创造、开拓和奉献。

1928 年大哥陶宏随全家由北京迁来南京晓庄，并在晓庄学校学习。他积极投入爸爸发动的乡村教育运动。在陶宏大哥制订的"十九年度(1930年)陶宏的计划"中充分表露了他的真善美的爱与创造的激情。

三十年代初，爸爸与朋友们在上海安和寺路办起了"儿童科学通讯学校"，大哥陶宏也在这所学校里搞儿童科普教育工作。在爸爸编写天文学活叶指导和科学指导时，大哥特给爸爸画了不少星图。据大哥陶宏回忆，大家对天文学的兴趣完全是爸爸引起来的。每天晚上，当天空晴朗，爸爸总带着大家到马路旁的广场或屋顶的凉台上，指手划脚地教大家认星星。大哥陶宏在科学方面一向的学习与兴趣不能不归功于爸爸的种种开导与启诱。

大哥陶宏对自然科学有着极大的兴趣，并终身献身于中华科学宏业，是受到爸爸于 1926 年 10 月写的题为《攀智识塔》这首诗的勉励(当时陶宏才11 岁)："一二三，三二一，一二三四五六七，看谁找到真智识。"

当时爸爸在上海，大哥陶宏在北京，爸爸在寄给大哥陶宏的一本《电磁学》的书上写上了这首诗，并在诗的后面附上一句话："与桃红作科学忘年竞赛。"爸爸对陶宏说他近来深感科学的重要，他要特别加强这方面的学习。过去学的太不够，但现在学还来得及，准备下 20 年的功夫。从此在爸爸的带动下，大哥一直向科学奋勇进军，并从而带动了我们。

1939 年大哥陶宏在中国科学社生物研究所工作时，他十分支持爸爸在合川县草街子农村创办育才学校自然组。他几乎每周都要抽出时间来到离北碚 30 里路以外的育才学校去筹建自然组。自然组的科学仪器十分缺乏，甚至于一个烧杯、一个试管都要耗费他的不少心血。他还要与一位能工巧匠一同为自然组研究试做仪器。为了更好地支援自然组的筹建与教学，他把自己的家也从北碚搬到离育才学校里把路的农舍里，当时大嫂王醉霞女士及他们的小女儿陶鹤都住在那里，生活很是清苦。爸爸在 1942 年 1 月19 日给晓光哥的信中充分肯定了陶宏大哥在育才学校自然组创办中的业绩及可贵贡献，爸爸在信中写道："陶宏意在寒假后，到成都四川大学理学院跟周厚福先生(著名化学家)多学习一些。现在自然组全靠陶宏一个人力量维持，假使他走，对学校对小孩子都是一大损失，但不知小孩子的力量可否挽留住。"陶宏大哥离开育才学校赴成都四川大学理学院任教后，他经常在数百里外用通信来关心指导育才学校的孩子们学习，并得到爸爸的称赞。

大哥陶宏在为育才学校筹募办学经费上给予爸爸以极大的支持。当太平洋战争爆发，南洋以杨静桐先生为代表的华侨对育才学校在经济上的援助已告中断。陶宏哥为了帮助爸爸渡过办学难关，他在成都拿着募捐册到处为育才学校乞捐。有一次大哥陶宏把募来的 10000 元(邓)和 8000 元(熊)寄给了爸爸，爸爸十分高兴。

爸爸特别称赞大哥陶宏这种"自助助人"的真善美的爱的精神。爸爸在 1943 年 2 月 11 日给陶宏大哥的信中写道："你的信集，我拟好了一书名叫做《从峨嵋山到凤凰山》，不知可中意否？近来我们深刻的了解，人生最大的目的还是博爱，一切学术也都是要更有效的达到这个目的。一天谈及你，冯先生(冯玉祥将军)说你曾为要帮助一位苦学生，而节省吃鸡蛋的钱来完成这任务。这种行动是高贵的，所以冯先生至今还记得，以后我们仍当向这个方向努力。"

爸爸逝世后，大哥陶宏由成都四川大学来到北京大学理学院化学系任教，他任爸爸创建的生活教育社的理事，并对北京生活教育社分社的筹组工作作出了贡献。

我在十五岁前用的名字是陶蜜桃，1940 年春他为我报名到四川北碚中学高中一年级学习，他特按重庆为山城之意，把我改名为陶城。从此以后，我就用这个名字。由此可知，他对我是关切备至的。大哥去世后，大嫂王醉霞女士因患阑尾炎而耽误，1979 年 4 月 16 日 23 点 45 分不幸病逝于北京医科大学附属第三医院。大哥和大嫂逝世后他们的骨灰盒合葬一墓穴内，位于行知园爸爸墓之左前侧。大哥大嫂生有一女，名叫陶鹤，她长期从事于航天事业，现已退休在沪。

大哥陶宏的去世实为极大的不幸。1974 年他以中国感光材料工作代表团团长及中国感光材料委员会顾问名义率领中国感光材料代表团赴日本考察。他在日本便血，回国后在北京人民医院住院治疗，确诊为直肠癌，割除了肛门，造了假肛门。由于手术失误不慎将陶宏大哥的尿道割断。经著名泌尿专家吴阶平教授会诊，吴教授建议再行一个手术做个人工尿道，对一位严重冠心病与高血压的患者来讲连做两次大手术实有极大的危险。大哥对此毫无畏惧，他表示"科学实验允许失败"，以此对进行手术的大夫进行鼓励使他们有信心进行手术，使我深受教育，并甚为感动。大哥饱受了两次大手术之苦又经受两个人工出口之不便，但他仍以顽强而坚定的精神，即爸爸所提倡的大丈夫精神：富贵不能淫，贫贱不能移，威武不能屈及病痛不能(衰)颓而勇于求真，勇于创造，使我深受感动。他整日躺在床上，阅看有关感光化学的文献报告及感光化学所的研究报告，他对祖国感光化学这一高新科技的发展到了如此关切与痴情的程度，实令人钦佩。他是我国感光化学学科科学研究的创始人之一，为我国的感光化学学科的发展作出了卓越的贡献。

六、二哥陶晓光

二哥陶晓光，安徽歙县人，幼名小桃。1918 年 7 月 5 日生于南京，1993 年 7 月 6 日 18 时 45 分在北京空军总医院因患恶性淋巴癌逝世，享年 75 岁。30 年代初因爸爸遭通缉及晓庄学校被武装查封，为避免遭国民党政府之政治迫害，化名为吕潮。晓光哥一生是为人民的解放和人民的教育事业奋斗，鞠躬尽瘁死而后已的一生。1949 年 9 月至 1951 年 1 月晓光哥在清华大学物理系进修，并于 1951 年 1 月志愿参军。曾荣获三等军功一次，并被授予中国人民解放军二级红旗功勋荣誉章。他既是爸爸的好儿子、好学生，又是爸爸的亲密战友。他在 1923 年爸爸发动的平民教育运动时是中国第一个小先生，教祖母曹翠仂女士读《平民千字课》很成功，这使爸爸于 30 年代推行普及教育运动，实行"小先生制"增强了信心。30 年代初，爸爸在上海发动普及教育运动时还提倡普及现代生活教育。在爸爸的创导下，他与表叔曹子云先生一同自行装成了手携式直流多管无线电收音机数十台以大力推行农村的电化教育，并带着电影放映机与发电机到农村为农民放电影。他确是我国最早在农村为广大农民推行电化教育的先锋战士，当时才 15 岁。他首创在上海的无线电台对市民进行普及爱国教育、文化教育(包括科普教育)，颇有成效。抗战胜利前后，当爸爸创办育才学校在经济上最为困难时，他十分高兴地担任了育才学校驻印度的代表，到处为爸爸筹募办学经费，给爸爸及育才学校带来了及时雨。此外他专为育才学校绘画组的孩子们在加尔各答举办了绘画木刻展览会，以展览来募集办学经费。他还为育才学校音乐组购买了不少音乐器材，托人带回国，有力地支持了育才学校音乐组孩子们的正常学习及音乐会公演之举办。以上方面得到了爸爸的称赞。尤其是爸爸去世后，育才学校处于政治与经济上十分危难的情状，他挺身而出辞去了中国航空公司无线电工程较为优厚待遇的职务，完全投到爸爸留下的为祖国培养人才幼苗的育才学校的创办上来，实际上是承担了爸爸所留下的政治与经济上的重担。

二哥陶晓光从小热爱科学。他迷之于科学，悟之于科学和爱之于科学是深受爸爸的影响。1931年秋爸爸创办自然学园时，当时二哥晓光与三哥陶刚还在南京。爸爸特给他们两人写来一信，在信中说："祝你们努力向科学树上攀，攀得高高的，把那肥大的果子摘下来给全世界人吃，不要只顾自己吃得一肚饱，忘了树底下的民众。"爸爸就是这样的教导我们要从小立科学救国兴世界的宏愿。后来我们全家由南京搬到上海，二哥陶晓光整日的泡在自然学园，看儿童科学丛书，玩科学把戏，追求科学这一真理。他特别爱玩电磁学、力学的把戏，观察昆虫生活，看天象，真是新鲜好玩极了。此外他还自修一些基本课程，如英文、数学、物理、化学等，当时他才14岁。夜间他还在爸爸的带领下与大哥陶宏及自然学园的先生们到马路广场和屋顶的凉台上去观看天空的星星，有时还在爸爸的带领下到野外去捕捉昆虫，捉了多种螳螂来观察验证法国昆虫学家法布尔所述的螳螂交配后，雌螳螂要把雄螳螂活活吃掉的趣事。在自然学园的那一段科学学习与实践为晓光哥奠定了对科学发生兴趣的基础。

抗战爆发，晓光哥特写了《大众军事知识》一书为抗战效力，该书是由知识社及生活书店1937年10月出版的《战时大众知识丛书》之一。1937年，晓光哥放弃了求学机会，在广西桂林第五路军修械所从事无线电技术工作为抗战效力。广西当局曾在桂林数百里外的县里办起了为抗战培养人才的讲习班，晓光哥不辞辛劳十分认真的开出讲座。他除了在1936年参加了进步救亡组织"国难教育社"外，1938年他在桂林参加了爸爸发起和领导的抗日救亡组织"生活教育社"，并任地方工作队队长，1948年还在沪参加了"上海教育协会"。1940年起曾在成都航空委员会无线电制造厂为抗战效力。抗战胜利前后曾在印度加尔各答中国航空公司从事无线电工作为中华航空事业作贡献。在此期间他对爸爸的育才学校予以大力支持，建立了功勋，深受爸爸与育才学校的朋友们的盛赞。

在我的三个哥哥中以晓光哥与我相处时间为最长。1933年慈祖母病逝后，慈母病重，是他一直照料着我，即由1933年至1939年，我由8岁到14岁，是他承担了对我的养育与教育，他还要照料病重的母亲。"八·一三"抗战后，上海租界变成了一座孤岛，是他带着我冲破日军海上封锁线，冒着日机轰炸的危险转经苏北、武汉来到了广西桂林。要不是他的保护，我将被留在上海当流浪儿，能否活到今天，很难说。因此他不但是我的抚育神而且是我的保护神。我所以能为人民做点有益的事是与他对我的爱护与教育分不开的。他的不幸逝世实为我陶家之巨大损失，也是我国陶研界的巨大损失，使我悲痛万分。从此我们陶家四兄弟中只留下我一个了。三位慈哥哥的伟大的真善美的爱的精神及他们损己舍家为人民的崇高精神是他们留给我用之不尽之无价之宝。他们的相继逝世，对我这个尚留于世的陶行知先生的最后一个儿子来讲，为人民而奉献的任务是更重了。

七、三哥陶刚

三哥陶刚，幼名陶三桃，又名陶日新。1919 年 11 月 22 日生于南京。1983 年 1 月 19 日 12 时 33 分因积劳成疾患脑血栓症在上海市大场医院病故，享年 64 岁。

陶刚哥虽出身于一个名人之家，但他并没有辜负先父的期望。他的一生是平凡而崇高的，他既不愿踏入酒肉臭的朱门，亦不愿踏入达官贵人之境，他视高官厚禄富贵荣华为粪土。在这一点上我们四个兄弟都是这样，不过陶刚哥更为突出。

陶刚哥早年曾在晓庄小学学习，后在南京晓庄佘儿岗儿童自动学校、上海山海工学团工作学习。抗战爆发后在安徽屯溪半工半读，在徽州日报馆当报童。后来在广西桂林临桂教养院农场工作。1942 年到 1947 年在四川省合川县草街子古圣寺育才学校农场工作。1947 年到 1979 年退休一直在上海育才学校及其中学部、上海行知中学（育才学校后身）工作。他在育才学校工作长达 37 年之久（我们兄弟四人：陶宏、陶晓光、陶刚和我均在育才学校任教或工作，但以陶刚哥工作的时间为最长）。陶刚哥是铁心痴情地追随爸爸，为爸爸发动的人民教育运动，即生活教育运动、乡村教育运动、普及教育运动、国难教育运动、战时教育运动、全面教育运动及民主教育运动，做到贯彻始终，愿力无穷，鞠躬尽瘁，死而后已。

陶刚哥是我们兄弟四人中最受苦难的一个。他先天不足，身体瘦小而虚弱，晚年时又患严重的冠心病及肺气肿。正是他在生理上的不利因素使他不能从容上学求知。但他比一些受较多学校教育的人更具有崇高的精神与优秀品格。尤其使我十分钦佩的是，他有着伟大的宏愿："我要做一个真善美的农人来为抗战效力。"1943 年他来到爸爸在四川省合川县农村草街子的凤凰山古圣寺创办的育才学校，以开荒种地来帮助爸爸渡过办学难关。

陶刚哥在一生中深受日本帝国主义迫害和国民党政府消极抵抗与贪污腐化之苦。1942 年日军进犯湘桂，陶刚哥深受战火之苦难，冒着生命危险，饥寒交迫，拖着病体长途跋涉千余公里由桂林来到了陪都重庆，找到了爸爸。由于他深受长途跋涉之苦得了垂危之病。我见他全身包括四肢淋巴腺严重发炎、脓肿、溃烂，脓血都分不清，甚至于在双腿尤其是关节处的肌肉溃烂得连骨头几乎都要露了出来。我见到如此惨不忍睹之状以及他十分痛苦的情况时，我热泪满眶。幸而爸爸对他的病因作出了正确的判断，急送到一家好医院进行了有效的治疗，这样才挽救了陶刚哥的性命。

爸爸在 1941 年 10 月 14 日给育才学校马侣贤副校长的一封信中写道："学校难关将渡过，大家尚须齐心努力，争取最后胜利，以跃入创造之境。我们正在急水滩头挣扎，撑篙的、拉纤的、掌舵的都要随处留神，在扼要处着力，自能安达彼岸。"陶刚哥他的大半生献身于育才学校，他不愧为爸爸如上所说的育才学校这艘真善美的大船上的一名真善美的船工，他与育才学校全体同志共同努力以安达真善美的彼岸。

1992 年 10 月 18 日爸爸 101 诞辰周年纪念日，合川市陶行知研究会刘贤奇会长等先生引导我和我的爱人陈树新女士重新来到爱国主义及国际主义的圣地古圣寺育才学校参观学习，在我们的内心深处燃起了爱国主义与国际主义相结合的熊熊烈火。在 1992 年 10 月 20 日告别时，刘贤奇先生给我们题了勉励之词："像陶行知那样爱满天下，像观世音那样普度众生。"陶刚哥的一生正是以这句勉词不断地向前进，向上进。

八、真善美的爱鼓舞着我前进

我是爸爸最小的儿子，如今已是七十多岁的老叟了。1924 年农历 11 月 17 日我生于北京。

回顾自己走过的道路，爸爸的"真善美的爱"及其伟大教育思想给了我极大影响。记得在我小时爸爸就教导我说："现在做一个小孩子，要知道三件事：第一，民族解放的大道理要彻底的明白。第二，遇患难要帮助别人，肚子饿让人先吃。没饭吃时，要想法子找出饭来大家吃。第三，要勇敢。勇敢的活才是美的活，勇敢的死才算是美的死。"

我从小就这样做了。我把劳苦大众与小孩的苦与难看成自己的苦与难，并竭尽一切力量来解脱他们的苦与难。记得在1931年"九·一八"事件后，我们全家迁到上海，当时我才六七岁。我把祖母与爸爸给我的零用钱铜板，舍不得花，积起来到休假日，或节日上街时送给那些在马路旁跪在地上行乞的乞丐和他们的苦难的孩子们。最使我深恶痛绝的是那些洋鬼子的走狗巡捕(警察)用警棍驱赶着他们，真不让人活了。这哪里有天理啊！这就是在我幼小的心灵里闪着的真善美爱之光和燃烧着救劳苦大众及其孩儿的苦与难之火。虽然我这样做是无济于事，但也体现了我在幼小时就开始领悟做人的大道理。

"九·一八"事变及"一·二八"战事的爆发激起了我的爱国热情和对日本帝国主义及其豢养的汉奸走狗的无比痛恨。由于身居上海公共租界，亲眼看到英、法、日、美帝国主义者是如何欺凌着我国人民，尤其是劳苦大众，更激起我对帝国主义及其走狗的无比愤怒。我在少年时代，非常热爱和平，十分痛恨德、意法西斯和他们发动的侵略战争，十分同情国外人民的反法西斯斗争。

"八·一三"抗战爆发，当时我才12岁。为了壮大抗日民族统一战线力量，向上海市民宣传抗日，我与一位18岁的青年在上海街头合办起《抗日每日战报》，向市民报道我军捷报。我还报名参加上海市商会童子军，请求上前线救护伤员，因年龄小未被批准。

1938年日本飞机每天轮番轰炸桂林，我亲自剪贴了日寇在南京进行大屠杀的图片，将之挂在桂林市七星岩的山洞里向数以千计的市民揭露敌人的暴行。

1939年我14岁时，亲自组成储材学校少年抗日宣传队，自己编画壁报，带领全体队员到桂林农村将军桥张贴并进行抗日宣传。

1939年，我在广西桂林临桂大村小学教小孩们画抗日画。每天晚上我和新安旅行团(抗日少年宣传队)女团员徐沙白一同到附近农村，给村童讲抗日大道理，讲抗日故事，教唱抗日歌曲。有时还一个人在夜里走好几里的黑路去向村童作抗日宣传。在农忙时，我特地帮助抗日军属放牛和收割稻子。

1938年12月，我参加了爸爸创立的革命教育社团生活教育社，并参加了该社组织的抗日宣传活动。

抗战胜利后，我是多么期望国内能实现民主与和平。我在重庆九龙坡交通大学及上海交通大学学习。自 1946 年至 1947 年夏，我一直积极参加国民党政府统治区内的民主和平运动及进步学生运动，因而受到国民党当局的嫉恨，他们以交通大学整理委员会名义勒令我退学。

1949 年上海、南京解放不久，为了在南京举办陶行知生平图片展览，我携带一整箱爸爸的相片与有关珍贵资料由上海乘火车去南京，车到丹阳站，恰逢国民党飞机空袭，我冒着敌机低空扫射的危险，将这一箱珍物抢运出离车站百余米处，我才趴下。只见那敌机猛烈扫射，机枪射得我周围尘土飞扬，敌机飞得那么低，连敌机飞行员头部都能清楚看见。我保护这箱宝贵材料安全无损地运到南京，并在宁展出。

真善美的爱力巨大无比。这种伟大的爱力是我为人民而创造和奉献的源泉和动力。12 年来，我做了以下几件事：1. 努力学习研究陶行知；2. 大力宣传真善美的爱，宣传爱国主义与国际主义及陶行知思想与其伟大精神；3. 支持在一些省、市、地区、大、中、小学、企业及青少年中成立陶行知研究会及学陶组织，担任一些少先队包括行知中队的辅导员及行知实验班的顾问；4. 发挥真善美的爱力，发挥爱国统一战线的巨大威力，运用爸爸的爱国主义教育、民主教育、现代生活教育、科学教育、创造及创业教育和终身教育等思想大搞高新科技培训；5. 以伟大的真善美的爱来动员并组织社会上一切力量与青少年朋友们一道为"一代关心一代，一代胜似一代"而努力奋斗、努力创造和努力奉献；6. 挥谱高唱真善美的爱歌、爱国主义与国际主义歌曲、陶行知歌曲和少儿科学歌曲，唱出真善美的人生、真善美的祖国，唱出真善美的世界；7. 以真善美的爱心，怀有爱国与爱人类的壮志向科学研究的高峰攀登，为中华科学巨树增添一片绿叶；8. 做一个名副其实的省人民政协委员，不辜负人民的重托；9. 十多年来，我为增进中国人民与日、美、韩、苏、南、意、比、奥、德、法及澳等国人民的友谊与科学文化交流做了一些工作。我利用一些国际学术会议，接待外宾、外国学者访华讲学以及通信或互赠书刊来开展国民外交活动。

十多年来，我在以上诸方面所以能获得成功，是由于我在财力、物力、智力和创造力上得到了一些热心单位与朋友们的大力支持，是由于我学习并厉行了爸爸所提倡的新武训精神，我常常以"新义丐陶城"为自豪，我将继续发扬此伟大精神来"为众谋"、"造众福"。

陶　宏

　　陶宏(1915—1975)，小名桃红，安徽歙县人。陶行知长子。自幼受陶行知影响，8 岁即在家中办起"笑山平民读书处"，教家人读《平民千字课》。1931 年，在陶行知创办的自然学园，推行科学下嫁运动，在上海参加《儿童科学丛书》和《儿童科学指导》等书籍的编写。先后在儿童科学通讯学校、中国科学社生物研究所、四川大学、北京大学理学院化学系、中国科学院化学研究所及感光研究所等单位，从事教育与科研工作。曾负责育才学校自然组的管理工作。1950 年赴苏联获莫斯科大学化学副博士学位，回国后在中国科学院工作，并创立中科院感光化学研究所。

　　陶宏是陶行知的长子，他出生的时候陶行知正在留美求学，亲历并见证了陶行知人生最辉煌的时期。从他三岁陶行知刚归国任职于南京高等师范学校时起，他的生活便紧紧地与陶行知联系在一起，但他与陶行知之间的关系是"'非常的'淡薄与'非常的'深厚"。这种不同寻常的父子之情伴随了陶宏的一生，他并未有太多记述与研究陶行知的文章，然仅《我和我的父亲》此一文也已足以描绘一位儿子心目中父亲的肖像。在作者的叙事中，陶行知为了事业，鲜有时间与家人团聚，但只要他与孩子们在一起的时候，总喜欢与他们一起分享生活中的事情，通过在"做"中教育子女。在作者的心中，陶行知对他们的教育异常严格甚至"刻薄"，但由于没有太多时间与家人在一起，只能任由孩子们自由地成长。作者选取了自己成长过程中的几件小事来反映父亲对自己的教育与影响，如三岁刚记事的时候，作者看见香烟嘴买来当玩具，被父亲严词呵斥并烧掉，是作者人生第一次有记忆的家庭教育课，反映陶行知教子非常严厉的一面。再如逢年过节作者总会收到父亲的小礼物，平日有空时，父亲也会带他和弟弟一起出去玩和做些小事，又体现出陶行知作为父亲很慈祥的一面。尽管陶行知在教子方面有任其自由成长的一面，但当孩子遭遇特殊情况时，他又显示出极大的关切，如作者在东南大学得了疟疾病的时候，陶行知多次电告校长张伯苓要求给予关照；又如作者突然失踪半夜未归时，陶行知立即动员朋友寻找，并亲到巡捕房、医院打听作者下落；再如作者在父亲的要求下，坚持通过翻译外文来达到坚持学习英文的目的，陶行知总是竭力地施以帮助，不时邮寄原版外文资料给作者翻译，多次借回家之机熬夜为作者的翻译稿校对。总之，作者在本文试图通过回忆与父亲之间的点点滴滴，来反映作为教育家、活动家的陶行知是如何教育子女的，对于研究陶行知家庭教育有着重要参考价值。

我和我的父亲 *

要不是编者再三的催促，我不愿太草率而轻易的写一篇儿子对父亲的悼文，特别是对我的父亲。何况，已经看到有那么多的文章写出来纪念他，哀泣他，歌颂他，甚至还有诅咒他的。从形式上看来，身后是够哀荣了，我何必再来凑热闹呢？多说一点固无足以增他的光芒，少说一点也无损于他的伟大。

我一直就没有写他的悼文的情绪与勇气，我怕引起我心头的悲伤而不能抑止。这正是说明我和他之间的关系，是淡薄，但也是热烈深厚；是"非常的"淡薄，但又是"非常的"亲密。这才勾引起写这篇东西的动机。

"托父亲做教授的福气"——一二十年前的教授在中国是天之骄子，有人这样说，我相信这话。我们几个孩子在小时的确享受了一些为儿童所应有，但只有极少数的中国儿童才有的幸福。但是随着父亲思想与生活的转变，我们一家人都遭受了凄惨的家破人亡的境遇。然而我们没有怨言，连我的祖母都从没有对父亲埋怨过。这是父亲给我们的教育的影响。这种影响绝不是短时期，更不是说教式所能达到的。这就是生活教育，也可以说"教学做合一"的生活教育法则的实践。他自己在学"做人"，也教我们学"做人"，在"做人"上教我们学"做人"，学大公无私，舍己为人的做人法。

在脑中第一个对父亲的印象是在 3 岁时，那时他已从外国回来了，在南京高等师范教书。有一天午饭时，他从外面回来，饭桌旁边已经围了一些亲友，那天大概是请客。

他很亲热地抱我起来——我是那时家庭中的天之骄子，亲了我一下。我说胡子戳死人了，大家和他都哈哈大笑起来。他买了一部脚踏车，做办

---

* 选自周毅、金成林编著：《创造奇葩：陶行知的弟子们》，成都，四川教育出版社，2001 年版。

公教书的代步，可是没有学会骑。有天早上，他骑去上班，没有两步就倒下来了，我在后面看着拍手大笑。他回过头来，也回答我一个微笑，随着又一骑一倒的到学校去了。可是又有一次，老妈子拖着我上街耍。我看了摊子上有一根很好玩的香烟嘴，做得很灵巧可爱，一定要老妈子去问奶奶拿钱买。买回来正在小手中摆弄时，恰巧父亲回来碰到，立即夺去，折成两段丢进火炉烧了："这样小就玩这个东西！"我在失去心爱的东西时大哭不已，同时也领教了父亲的威严。大概这是他给我的第一课教育，所以迄今印象还深。他最厌恶抽烟和赌博这一类的消遣和消费。但是对于专家有抽烟嗜好的，他也能原谅，为的是通过抽烟可以提起他们的研究精神，有新的东西贡献给社会。

大概每逢星期日或是什么假期，他总是带我和小桃（这时三桃还极小，蜜桃还没有出世）出去爬山玩水的。我记得有一个秋天的星期日早晨，阳光非常柔和，我们就到鸡鸣寺去玩，快到午饭时回来。回来后，他说，我们布置一间书房吧。于是搬东弄西。忙得不亦乐乎。后来找到一张相片，是一个外国人，手上拿着一把锯子在做木工。父亲给我们讲，这是威尔逊总统，他对世界有些什么贡献。我们就把这张相片贴在书房墙上。

过年过节，尤其是耶稣圣诞，他总要买一些玩意儿和书籍，给我们一些温暖和快乐。这个习惯一直继续到我进中学，他办了晓庄学校为止。他在我们身边时，每到圣诞节吃了晚饭后，他就出去买礼物，我就躺在床上静候圣诞老人自天而降。有时等得实在不耐烦，也就睡着了。睡到半夜一觉醒来时，一点灯光都没有了，心想"老头子"今儿大概来过了，赶紧伸手到床头和枕下一摸，可不是？硬的软的，方的圆的，心里好生欢喜。可惜看不见，唯有希望天快点亮，于是就抱着这些欢喜迷迷糊糊睡着了。

他如果不在身旁时，如有一年他在上海，我们在北京，那么圣诞节前一定有一大包糖果从别处寄来，并且事先都分好，写好名字，并不是怕我们抢，而是表示他对每个孩子都尽了心意——我们四个孩子从来不为什么糖果玩具打架吵嘴。父亲一直是在教会学校里长大的，但是他不是基督徒。假如说基督教对他有什么影响的话，恐怕就是在圣诞节做做圣诞老人，给孩子们送点欢喜而已。我们家以前客房墙上挂着有一张耶稣的像，那不过是表示我们大家对于耶稣舍己为人的自我牺牲精神的景仰而已。随后在上海，在重庆，他变成了更多的不幸儿童——那些终年得不到一点快乐的穷苦孩子大家所共有的圣诞老人，并且还号召更多的大人来做集体的圣诞老人。在每年的儿童节，尽量的捐献金钱、日用品、书籍衣物文具等等，给那些流浪在街头的，工作在田间的小孩，给他们一天的快乐，解决他们一年的学习所需的用品。

1923 年夏天，我家搬到北京去，父亲任中华教育改进社主任干事。在这前后，他奔波于推进平民教育的工作。我记得很清楚，有一年夏天在南京，东南大学的学生利用暑假在夜晚推行平民教育，在学校里办识字班，读的就是父亲和朱经农先生编的《平民千字课》油印本。每天晚上父亲差不多都要亲自来实地查看研究。"平民读书处"在小先生制未广泛采用前，是普及教育的一个最有力的办法。每一个识字的人家都可成立一平民读书处，教授这一家内和邻居的不识字的人。我家搬到北京后，为了起示范的作用，同时也是实际响应平民教育的推进，那年冬天在我们家门口也贴起了平民读书处的纸招牌。中国第一个小先生——小桃，便是那时的产物。我们大家都教奶奶和老妈子、厨子读《千字课》。奶奶读得非常有兴趣，也非常用功，一闲下来就读。我还记得她的书本是放在梳妆盒里的。她一不懂就问我们，同时她也在做"即知即传"的工作，鼓励佣人们也读书，并且还会教他们读书。在这个试验中间增加了父亲对普及教育的自信，而当他半月后从张家口写了一封信给我们这位"学生"时，奶奶居然能毫不错误的读出来，了解其间的意思。这更使他相信这条路线的正确。

我们几个兄弟还在孩提时，父亲因为普及教育和其他的工作，很少能再在我们身上负什么教育的责任。到了北京后，更因为工作关系，到处奔走，使我们在形式上很少有什么接触。从这时开始，普通的父子关系在我们之间似乎是逐渐淡薄下来。父亲所以能够致力于各种创造性的艰苦工作，本身有一个最有利的条件，就是因为他无家庭后顾之忧。在这一点上，我们的姑母和祖母实在给了他不少的帮助，分担了他不少的重负。

在这儿，我愿意重申一句：在歌颂我父亲伟大的造就时，在哀悼他那种为大众谋幸福真正是鞠躬尽瘁死而后已的精神时，千万别忘了三个无名英雄：第一个就是我的姑母，第二个就是我的祖母，第三个就是我的母亲。在 7 年之内，她们为了父亲的事业而相继牺牲倒下。父亲是为事业拖死的，她们都是为父亲的事业拖死的。她们的精神同样是伟大的，不朽的。通过她们的牺牲，父亲才能放开手勇往直前的做去。

朋友们说父亲对我们的教育态度，刻薄点说是听其自生自灭，好听些说是自由生长。其实父亲对我们是慈爱的，这已有如前面所举。一个对于人类有那样诚挚丰富的爱的人，岂有冷落自己亲生的儿女的爱的？只是中国还有太多太多比我们更需要照顾的老百姓，青年、少年和小孩子。在我们，只要有饭吃，有书念，已经够幸运的了。他实在没有多少功夫再来管我们，教我们，真所谓心有余而力不足。但是只要有机会，有时间，他是一样过问的。有一年夏天，我在晓庄，他去上海前特别关照医生要监视我每天吃两颗金鸡纳霜，预防疟疾。我在南开念书时，因饮食不慎得了痢疾，偶尔写信告诉方先生。父亲知道这消息后，立即打了个电报给张伯苓校长，叫我赶快就医。校长把我找去，反而问得我莫名其妙。其实我已经好了好几天了。过了两三天，又接到父亲来信详述痢疾的厉害，不可马马虎虎。

1929年冬，姑母死后，不久母亲患着不治之病，再加上晓庄附近在冬防的情况下，五柳村的夜晚显现得异常的凄凉寂寞。有天晚上，祖母带着弟弟睡觉，我在孤灯下面看书，凄凉得真可怕。忽然感到沉重的脚步声由远而近，停留在后门口——我的家是住在一座山坡上的，一边全是松树，房子就靠近山崖的树旁筑成。从"开门哪"——几乎20年前的这三个字到两年前在重庆听到的这三个字没有什么改变——立刻知道父亲从上海到了。赶紧去开门，祖母也迎了出来。饭后父亲把从上海带来的东西交给我们——棉鞋、袜子，还有我托他买的一本英文歌曲选和原文的《富兰克林传》。祖母和父亲围着我，看我试鞋子，评判鞋子的式样和大小。这难得的一个镜头，仅剩余的一点家庭的温暖啊，现在想起来真好像是做梦一样。父亲向我提议说：你还是学着翻译《富兰克林自传》吧，以后我每次回来时给你改。这提议我当然极乐意的接受了。有一天，据说是南京30年来未有过的大雪纷纷中，地上已经积起了尺厚的雪，晚饭已经吃过好一会儿了。父亲蹒跚的从城里步行回来，穿了一件又长又笨重的大衣，戴上一顶还是两三年前我在北京刚进中学后买的呢帽子，看样子真像是一个马车夫。我给他用毛巾拂去身上的雪，奶奶给他摆碗盛饭，问长问短，关心他。这也许就是他在那时所受到的唯一的一点家庭的安慰吧。歇了一会儿，他就给我改《富兰克林自传》的中文翻译，同时也给我很详细的讲解原文，一直到深更半夜才睡。可惜时间不怎么长就停止了。这就是父亲给我的一次耳提面命的英文教育。1931 年我在北平，他从日本回到上海，给我寄了一本《爱迪生传》，叫我翻译。他说他总想在学习上对我有什么帮助，可是总没找到最适当的机会，如今发现一个最好的办法，由我在北平将原文译好，寄到上海给他改(他另有一本原文)，改好才寄回给我，将他修改和我的原译对照研究，一方面在英文上可以有进步，而另一方面又可学习爱迪生的求知精神，并可增加科学知识，实在是再好没有了。1933 年夏，我在上海翻译法布耳的《天象谈话》(The Heaven)。父亲原意译《谈天》为书名，"商务"以另有《谈天》一书已出版，因此改用《天象谈话》。每天就利用父亲下午回家吃晚饭时的一刹那，抓住他给我解答翻译问题。最后一次的英文课是三年前，我利用暑假从成都回重庆，给育才服务，主要的是帮助父亲写英文报告和往来文件。经他修改后，他说："为了帮助你的英文进步，所以我很仔细的给你修改过。"

1933 年春天的一个下午，我忽然失踪，一直到深更半夜还没有消息。父亲动员了好一些朋友，深夜到各个巡捕房去找。这一夜不知道给了他和祖母多大的不安和焦急。天一亮，他灵机一动，晓得即使是外国巡捕房的效率也是极有限的，那么为什么不亲自走访呢？于是第一个就是去海格路红十字会医院查询昨天下午有没有受伤的什么人进来。第一下就让他查出来了。原来头一天下午饭后一点钟左右，我骑脚踏车在街上行，让后面一辆汽车不慎将我撞得脑壳开花，整个头骨裂了好几块，当时即昏迷不醒(一直到半夜才痛醒)。即被车送往红十字会诊治。当他发现我后，心里一定很疼痛，可是他仍然很高兴的跑去看奶奶，说："桃红已经找到了，受了一点点小伤，没有什么关系，睡在医院里，我刚才已经去看过他了。你不要着急担心。"安慰了祖母一番。我在医院里躺了两个月，父亲每天必去一次，有时两次来看我。在这期间，医生用爱克斯光照了以后，发现脑壳里有骨头碎片，要将我脑壳打一个洞，取出来。父亲获悉之下，着急得不得了，说必须经过上海的名医诊断以后才能动手术。于是他又找了中国最著名的骨科医生牛惠生博士(他是父亲的好朋友)来，牛医生详细检查之后，也反对开刀，说我年纪很轻，破裂的骨头会长起来的，而且开刀实在太危险了。出了医院，我家已从城里搬到乡下一座新的房子去了。在那儿又躺了两三个月才起来。为了我的伤，父亲打消了广西之行，那时雷沛鸿厅长亲自来上海请他，船票都买好了。从此，我的骨头一直到现在还是高低不平的。而父亲呢，禁止我们和他的学生与工作同人再骑脚踏车。有一次，我病好不久，又要出去骑脚踏车给父亲办点事，这下可真触了他的怒火："你再骑车子，我以后就不再负你的责任。"11 月里，我们最亲爱的奶奶又因为终年的劳苦被高血压症压死在床上。

1936 年春末父亲出国了，母亲终于经不起疾病的拖延而倒下。我们四个弟兄更孤零零的分在各地。年底父亲从友人处得知我陷于学习的苦闷中，便从英国发来一封长信，使我感动得流泪。他说，他深深感到在我们身上实在没有尽过应有的照应，非常对不起我们。但是从今以后，无论我们有什么地方需要他帮助的，他总愿尽他的力量做去。他给我们的教育，使我们极深的了解他。我们即使不能帮助他做更大多数不幸人们的父亲，也不应当去分担他给别人的爱和精力。这一点，我们做孩子的一直在坚持的奉行着。因此在形式上我们和他的关系好像很疏远，远得可以说还不如他的学生和一般青年与朋友，可是我们却也还能站在一般的青年群中学习他，接受他的指导，进而还能帮助他去做众人的父亲，贯彻他"爱满天下"的素志，使他的事业成为我们大家的事业，这样我们之间的关系变成了极亲密的同志的关系。因此我说我们的关系是淡薄然而却又是浓厚的。这是父亲的教育——其实也正是他的为人成功的地方。

父亲的兴趣实在是非常广泛，这一点对他创造事业，我认为非常有关系。唯其这样，他能触类旁通，广征博引，融会贯通。唯其这样，他的思想非常敏捷而周密，而对于一个问题，一件事情，更能高瞻远瞩，从其深处下手。唯其这样，更增强了他的领悟力、消化力与吸收力，更能有机的将各种学问的基本，组织成为他自己血肉的一部分，灵魂的一部分，提供出精确的思路，独到的见解与启示。他对于中西文学艺术的各部门，对于科学方法的各派系，对于历史与考古，对于自然科学的各部门——包括生物学、物理学、天文学、化学、算学，医学都有很丰富的兴趣与知识。但他又不是一个字纸篓、书呆子。他能够不断的提高别人对学习的兴趣，亦更能尊重他人的兴趣，并且在可能范围以内予以满足和帮助。十五年前我在北平，他在上海，要和我作科学学习的比赛。在他寄给我的一本《电磁学》上写着："一二三，三二一，一二三四五六七，看谁争到真知识?"末附一句："与桃红作科学忘年竞赛题。"他说他近来深感到科学的重要，他要特别加强这方面的学习。过去学的太不够，而且由于传统的教育简直抹煞了他的科学兴趣。但现在学还来得及，准备下 20 年的功夫。他在寝室里还做些电学、化学的实验，觉得好像真是进到别一番新天地里去了一样。"九·一八"前他和史量才、丁柱中二先生创办自然学园，他整天的搞科学把戏，看科学书籍，兴趣浓极了。他有没有要做一个科学大家的企图，我不敢说，虽然他是一个科学博士，然而无疑问一方面是在充实自己的科学知识，培养自己的科学兴趣，发展自己的双手与大脑的并用。另一方面，他确是一个大众科学的工作者，科学教育的普及与推广者。因为大家就在他的领导下，包括他自己，根据自己实验的结果与经验，编了一套内容与方法都相当完善的儿童科学丛书。后来为了更积极的推广适合于中国的科学教育，于是他又创办了儿童科学通信学校，他亲自编写天文学活叶指导和科学指导，我则给他画星图。大家对天文学的兴趣完全是他引起来的。马路旁的广场，屋顶上的晒台，就是我们当时的天文台。每天晚上他指手画脚的教我们认星星。我在科学方面一向的学习兴趣不能不归功于父亲种种的开导与启诱。

我在小学校四年级时，父亲便对字画非常感兴趣，我们又在北平的住宅里布置了一间书房，四壁挂满了碑帖、他没事时就上街逛书铺，收集字帖与图书。因为收藏得很多，便请我的舅公——祖母的弟弟，编书目。我们一下课也就跟着他在书房里临字帖。写字的兴趣他一直都是很浓的，一方面自己研究，一方面也向人请教。一直到 1933 年春他在上海间接从徐谦先生那儿大概获得了正确的方法——就是他常对我们说要一面写一面传的方法。经过勤练以后，写的字觉得像个样子了，同时请他写字的人也很多，于是就正式挂牌子登广告卖字吃饭了。到后来便发展成卖字兴学。这时他在一种很薄的油纸上写了很多草字，让我也用油纸印着描下来。我觉得很有趣，而且认为他写的确实很漂亮，所以也就在饭后照他的话做去，不过另一层意思我还是想藉写字使心定下来去做别的事。到如今想起来，他引起我种种的学习的课程中，每样都进行得还差强对付，唯独写毛笔字还是写的鸡爪样。他非常注重正确方法的把握。

记得 9 岁时，暑期里父亲叫我读了很多诗，第一首古诗就是于谦的那首石灰诗："千锤百炼出深山，烈火烧来只等闲；粉身碎骨都不怕，要留清白在人间。"细想想于谦这首诗虽是童年所学，却也正确切的描绘了父亲的一生。这里的清白和那洁身自好可有好大的不同啊！而父亲在世所为的一切实在也只有石灰的清白可以比喻。

在北平的时候,父亲不知道为什么一度离开了中华教育改进社,而改就美国文化教育基金会的工作,大概有半年至一年的样子。在这时期内我们的生活很舒服,因为收入相当丰富,父亲的工作也很清闲。后来大概又因为改进社再三挽请他的缘故,于是又辞去待遇高的基金会工作而回到待遇低但却能做实际工作的教育改进社。他还一度是段祺瑞政府下善后会议的委员之一,开过一些时候的会,好像和他的老师孟禄博士一同参加的。因为他俩曾带着我坐上他们委员会的汽车逛东逛西。

如果说父亲对我们有什么教育的话,恐怕大部分都是从书信以及他的生活与他的事业的体验了解,从他给别人的书信,从他的文章得到的。唯其如此,他虽然很少有机会直接教育我们,但是其影响却较之所谓一般的教育更为深刻。他在南方时,我在北平,就常把我小学里的得意之作寄去给他看,他来信总是夸奖我,鼓励我。当他 1926 年回南京筹办晓庄师范,1927 年春在北伐烽火弥天正式成立该校于南京晓庄时,不时写信给我们,叫我们自己的事自己干,不再做少爷,要会扫地、挑水、洗衣服等等,要能吃苦自励。1930 年晓庄封闭以后,父亲避难在上海,那时姑母已去世,母亲又生病,一家全靠年高的祖母照应。大家的情绪都不好,可是父亲时常写信来鼓励我们,分析种种情况,给我们充分的认识。后来我到南开去,又转到北平去。这一个期间,因为他被通缉,工作较少,因此给我的信很多,我们讨论各方面的问题,可惜这些信都失落了。1935 年 6 月底他从上海给我一信,那时我在南京,问我愿不愿意利用暑假到泰山去帮冯先生看天象,读天文学。信内一再地训导我说此去应当抱着一个学习心理去,一切都要虚心地学习,生活要勤于料理等等。虚心学习是父亲一生中最良好的作风之一,常常以此自勉勉人,这一点给我们影响极大。他实在没有什么父亲的架子,也没有什么以领导者自居的框子。他有许多事情,有许多计划,都一再地征询他人的意见,也征求过我的意见。

在泰山时我曾写信跟他讲到当时的"学校"环境还是有其可取的地方,而这些可取的地方也正是必要的地方,因此曾对我弟弟们读书的问题提出我的意见。同时似乎对他一向所办的学校——当时有山海工学团、新安小学等等,提出一些批评,不太正确的批评,只看到一点而未顾到全体的意见。后来我回到上海时,我们曾辩论这件事。他一语道破说:"我们的学校都是为穷人办的。有办法进学校的当然可以进学校，为什么不可以呢？他们用不着我们来想办法。"这句话一直牢记在我心里，也可以说经过这句话的启发，我才更了解到父亲的事业，一向就是为穷人想办法的！穷人是谁？还不是占全中国绝对多数的老百姓，劳苦大众，流浪儿童吗？我的意思最初也不过就是要充实我们所办的学校——难道说给穷人办教育就不要充实吗？因此他也同意我的意见。有人以为他绝对反对目前的学校教育，认为一无可取，是不太正确的。能进学校的进学校，但不是盲目的，还是要适当的利用学校环境——例如有些真有修养的好教员，以及科学设备等，来完成求学的目的。他反对的正是只教人读死书，死读书、读书死的教育制度！尤其反对只教人做人上人的教育！可是他更知道教育制度是社会制度的反映，因此他更反对造成这种教育制度的社会制度！他的种种教育创造完全是适合中国人民需要的。同样我们如果不站在"穷"的立场上，如果不站在"穷的中国"的立场上去看他的创造，就不可能了解他的事业。也正唯其如此，他的创造能够不落空，并且是那样的丰富，层出不穷。一句话，为了人民！

他反对读死书，死读书，但是对于文化的食粮非常重视。过去晓庄学校教育方面的藏书之多，在南京可说是无出其右的。而现在育才学校的图书馆在重庆更是一个难得的好书库。看他的卧室兼办公室，也完全是建立在书墙里，后来甚至是双重书墙之内了。从前过年过节，他总是送我许多好书，甚至在日本时也不断给我寄日本出的英文文学书籍。而我们每次需要什么书时，他无论在任何困难情形之下都有求必应，从来没有拒绝过，更无需乎向他伸手讨。写个条子——有点像手谕，请他去买去订，绝对办到，好像上司对下司一样。没有别的原因：工欲善其事，必先利其器；做什么事，用什么书。书在他看来只不过是一种工具罢了。诚然，书的本身也可能是一种兴趣，然而唯其我们的目的不只在书，而更在事上，换句话说，书本是要和实践密切的配合着的，那么对书本身的兴趣就更会无穷无限量，因而对于文化的创造便有了更大的发展的可能。他常说我们不能尽把肚子胀饱，相形之下，变成个小头鬼，同时也要给头脑吃得饱才行。因此他不惜花费大量的钱买书，更不惜多方求贤为他搜集名著。

我20岁那年在南京告诉他哪天是我生日，我要"弱冠"了，请他准备点礼物：一本是英国伦敦天文台台长琼斯著的《天文学》，另一本是芝加哥大学生理化学系库恩教授著的《生理化学实验》。在我生日那天，他来信说我生日那天就去书店订购，同时还给我寄了一本 1935 年日本出版的《天文手册》，封里写道："桃红二十岁纪念。科学无国界，恕我买此书。"信内讲到我的存在完全是祖母的爱的结晶，应当将她给我的爱转化为人类的爱，贡献出去，以安慰她在天之灵。在他给我的信内时常有这一类勉励之词。1931 年春他在上海校阅丁柱中先生译的《巴士德传》时，写信给我，"读到巴士德的爱女之丧时，巴士德痛不欲生。他的父亲安慰他：将你对她的爱转变对全人类的爱吧，深为感动。"1943 年 2 月 21 日给我的信："近来我们深刻的了解，人生最大的目的还是博爱。一切学术也都是要更有效的达到这个目的。一天谈及你，冯先生说你曾为着要帮助一位苦学生而节省吃鸡蛋的钱来完成这任务。这种行动是高贵的，所以冯先生至今还记得。以后我们仍应向这方向努力。"

父亲坚毅不拔的意志和作风是一贯的。有一年夏天，我们在育才逸步斋，他招待一位昔日同乡同学的孩子张克安儿，他在江苏医学院读书。父亲说他和张君的父亲一同到杭州进一个什么教会的医学校，该校规定学生信基督教的可有两年实习机会，非基督徒则无此权利，大概是以此为鱼饵诱人加入基督教之意。张君的父亲是基督徒，当然可享此权利。但父亲以此制度太不合理，学校岂可因学生信仰不同，而对待遇亦有不同，同时也并没有为此而加入基督教，便毅然决定离开杭州了。环境不要想能够压服他，困难更不要想叫他低头。而对于屈服于环境和困难的人，他总给以严厉的指责。

但是基于博爱精神，他非常肯帮助人，尤能爱才与容人。这有他的事业和朋友证明。他对于呼救无门的人一向是鼎力帮助的。我记得在重庆乡下，一次，有一个大学生来找他，希望他作一个保证人，能够领取学校的津贴，可是他没在家。回来后我告诉他，他反问我给他写了介绍信或是打了印的片子没有。我说没有得到他的许可不便轻率而为。他说以后遇见这样的事尽管做了，没什么关系，省得人多跑。对于流落在外乡，人地生疏的青年特别应该帮助。

父亲生性是孝顺的。尤其是生长在清寒的家庭里而能够进学校受教育更能对父母以孝。据祖母对父亲说，为了父亲进学校，祖父毅然断戒了自己的嗜好，最后终于因年高体弱而倒下去。这种牺牲自己成全儿子上进的精神给父亲极深的感动。所以祖母讲到当父亲初次离乡去杭州，祖父送他上船，船开后，父亲忍不住背转身双手蒙住眼睛哭了。后来在美国求学，得知祖父去世消息，无法排除思家念父的情怀，只有整天埋头在图书馆里，发奋努力，以求能报答亡父于九泉之下。祖母过 60 岁生日时，他特别从南京赶到北平去做寿。做寿的方式才妙呢，叫我们一家人，祖母，母亲，姑母，我们四兄弟，全家从早到晚上出去痛快玩一天，留他一人在家看门。第二年祖母过整 60 岁时，他在南京办晓庄师范，没法回来，不几天又是中秋，只见他寄来一张相片，后面写了一首诗。相片上面容很消瘦，我亲眼看到姑母在月光下，拿着这张相片，背着人饮泣着。

祖母在世时，父亲为预防万一自己发生什么不幸时，老年人的生活还可以有点保障，于是保了 20 年的寿险，每年大概只交 100 元，已经保了差不多有 10 年的样子。后来祖母死去，同时看看我们几个孩子也大了，根本用不着再保险，于是将款提出来，把他对于父母的爱和孝完全贡献给人民大众。山海工学团需要经费，从保险费里提出了一些，买了一架电影放映机，500 元；买了一架发电机，供给放映机的电力，500 元；大概余下的款子全买了影片。这一部放映机和发电机不知道教育了几千万群众，不知道增加了多少抗战的力量。因为它们曾随着新安旅行团到达百灵庙、包头、陕西、山西、湖北、湖南、广西等等地方，留下几万里的足迹。

事业的重担——300 多人的生活与学习以及四万万人民有关的民主与自由，压在他的身上，但消磨不了他精益求精的上进心。每天夜晚很迟很迟才拖着已奔跑了一整天的沉重脚步，爬着坡，走上管家巷 28 号——即已经睡着的管二八，无力地敲着门。我从楼上下来，"你还没睡啊！"我不晓得这话是应当向谁说的。手上提着一件蓝衣服，拿着那顶风吹雨打早已瘫软的考克帽，一摇一摆的上楼去。休息一会儿，如果没有什么要紧公事，你会看到他坐在藤椅上，手中拿一本英文文学的名著，或是坦尼逊的诗集，闲暇地在读着，或是在看什么历史或艺术方面的论文，或翻翻杂志，有时便在作文章，你对这样一个崇高的人格，不能不在他前面低头，也不能不向上看着他，对他肃然起敬。

父亲做事有条不紊，最善于"用算学方法处理事务"，他确是一个有算学头脑的人。这点值得我们学习。他是一个极富情感的人，又是一个极有理智的人。祖母死的那天半夜，是我和他同守在医院里的。他睡在地上，我睡在床上。我发觉她吐出最后的一口气时，立即找医生护士，可是终于无法挽救。随后和父亲将祖母的遗体移往停尸间去，他就去打电报给姚文采先生，请他来沪帮同料理丧事。打好电报回到医院，第一句话就对我说："睡觉，明天再说。"我说："你睡吧，我可睡不着。"再过一会儿鼾声发起来了。我心想他居然睡着了。祖母中风的那天晚上，他一面守着祖母，一面还写一篇文章，写得很长，一直写到天亮。我起先还以为在给祖母写什么传记，后来才知道是在写长篇大论。这种修养的功夫真是到达标准的地步了。

沈老先生说父亲和韬奋先生有一共同地方，就是有时候他们两个天真得跟小孩子一样。这正是说明他们感情之纯真的地方。每次学校有什么捐款的好消息到时，他一定是撕裂了嘴高兴得发出声来。"又是一个胜仗！"或是"又是×万块钱，嘿……嘿！"自己完成一首满意的诗篇，或是一篇文章时，有如农人得了辛劳的收获一样快乐，笑着对你说什么什么完成了，顺便把文章送给你看，好像要你称赞他两下似的。我当然也笑着回答好啊，好啊！之后是一阵笑声，我们的感情融合成一片了。他是一个自己吃苦叫别人快乐的人！他是一个不愿意把自己的苦分给别人而只愿把自己的快乐分给别人的人，他是一个看到别人分到自己的快乐而更加快乐的人！我们无法表达出他所身受的种种困苦情况，然而他永远是一个达观的人！

在他的前面，你的痛苦算得了什么，你的疲倦算得了什么，你的辛劳又算得了什么？你不能不振作，不能不进步，不能不加紧学习，也不能不坚持，还有，也不能不乐观。他就是这么一个人。我曾经和他有过好几个"极愉快"的工作场合——其实是极辛苦的场合。有一次下午我从沙坪坝进城，忽然他要我准备突击，帮他整理第二天一早就要带到美国去的一套英文报告、信件和育才的成绩。从吃晚饭前开始一直工作到清早四点钟：他在讲，我在记录；他在想，我在打字；他在写，我在抄。在这天夜里，我们完成了育才的英文三方针，育才英文十字诀，越做越有劲。我爱跟他在一起工作的原因，就是这个越做越有劲，不知疲倦，精神愉快，不断进步。工作到后来，肚子是有点饿了，他把从温泉带来的五香鸡蛋分给我吃。可是我没吃，我哪儿忍心吃他的营养品？工作完成后，整理就绪，招呼我6点钟以前要把材料送到嘉陵宾馆，否则要赶到飞机场，面交太平洋学会秘书长卡特博士——他的太太就是美国援华会的会长，跟育才的关系极密切。本来是父亲预备亲自送去的，但是我坚持替他送，稍微休息以后就出发了，结果任务胜利完成。他8点钟在广东酒家和一位多年未见的老朋友等我的报告。

离开育才以后，有两个暑期我完全用来帮他的忙。我认为我能帮他的忙，我能尽我的一点力量服侍他，给他倒倒洗脸水，都是我的光荣，也是我的快乐，为的是能够减少他一点生活上的麻烦，多给他一点生活上的便利，就能对他自己多有一分的休息，也就能使他对社会多一分的贡献，好像也只有这样才能使自己心安。去年因为工作关系没有暑假，方期今年暑假能利用来尽尽做儿子应有的孝道，殊不知连最后一面都不允许见了，复员变成奔丧，成为一件永远也补不过来的终生憾事。

爸爸，12年前的今天，我离开和你相处已3年的上海，到南京一个新的环境去开始一种新的学习生活。为了过这新生活，你又陪我去配眼镜。9月30号晚上，你在南京路新雅酒楼给我饯行，就是我们两人相对而食，席间又谈到我去南京的费用，您马上说再到儿童书局去看看，原来我有一部稿子托你拿去卖的。过了一会儿稿费拿来，我们又继续吃下去，谈下去。此情此景，今又重现在眼前。12年后的今天我又要到北平去，又要去开始新的生活，你不能再给我饯行了，可是南京路的新雅却依然如故！我们太惨痛的失去了您！

我和父亲相处的日子实在是太短太短了，他给我们的教育实在太嫌少了。我不是想把他说成一个百无一失的历史上从没有过的圣人。但是他遗留给我们去学习的实在太多，这需要我们再慢慢地去体验，去发掘，使那些特点和长处成为我们自己的血肉，使父亲永远活在我们血肉里，事业中，生活上，才算纪念了他。

陶晓光

陶晓光(1918—1993)，幼名小桃，曾化名吕潮，安徽歙县人。陶行知次子。6岁时教祖母读《平民千字课》，是陶行知倡导生活教育运动的第一个小先生。曾积极参与国难教育社、生活教育社。在担任育才学校驻印度代表期间，在加尔各答等地举办绘画、木刻等展览，帮助募捐办学经费。为继承陶行知的事业，辞去中国航空公司的职务，于1946—1949年担任育才学校驻沪办事处主任。1949—1951年在清华大学物理系进修。1951年志愿参军，并被授予中国人民解放军二级红星功勋荣誉章。曾兼任中国陶行知研究会副秘书长。

陶晓光是陶行知最为喜欢与欣赏的孩子，既是陶行知的好儿子、好学生，又是陶行知的亲密战友。无论是在陶行知发起平民教育运动或是生活教育六大运动中，他都冲锋在前。曾参与编辑《陶行知全集》，并任"湘版"编委、"川版"副主编，为全国的陶行知研究作出了重要贡献。本卷收录了陶晓光回忆陶行知的一篇文章《我的父亲陶行知》，作者以不同时期陶行知曾言说的语录作为行文的线索，深情地回忆了陶行知追求真理、播撒教育、知行合一的一生。在这篇文章中，不仅能感受到孩子对于父亲的无限深思与怀念，更能为读者展现陶行知作为人民教育家、民主斗士的光辉形象。

我的父亲陶行知[*]

夜阑人静，我独自坐在灯前。捧读着父亲的手泽，端详着父亲的照片，激起我的无限深思和怀念。父亲去世已经三十六年了。作为一个伟大的人民教育家、大众诗人和坚强的民主战士，他爱祖国，爱人民，紧跟中国革命发展的形势，不怕任何险阻，为改造旧中国、旧教育，创建新中国、新教育而鞠躬尽瘁。

"好在我的中国性、平民性是很丰富的"

父亲出身于贫寒家庭，他有高度的热爱祖国、热爱人民、追求真理、振兴中华的进步思想。早在去美留学归国的船上，他就声称要使全中国人民都受到教育。1917 年回国后，在南京高等师范当教授、教务长。当时，留学回国的大学教授是很了不起的人物，享受着高等华人的地位和优厚的待遇。但他没有沉浸在这种舒适的生活之中。他在 1923 年的家信中写道："我本是一个中国平民，无奈十几年的学校生活渐渐地把我向外国的贵族的方向转移，学校生活对于我的修养固有不可磨灭的益处，但是这种外国的贵族的风尚却是很大的缺点。好在我的中国性、平民性是很丰富的，经过一番觉悟，我就像黄河决了堤，向那中国的平民的路上奔流回来了。"经过一段推行平民教育之后，他为了开拓当时占我国人口百分之八十五的三亿四千万农民的教育，毅然脱掉西装革履、放弃优越的社会地位和很高的待遇，心甘情愿地回到劳动人民中间，在南京神策门外老山（后改名劳山）脚下的小庄（后改名为晓庄），创办了闻名中外的"晓庄师范"，开始从事乡村教育运动。1927 年 3 月 15 日开学时，没有校舍，只有一些临时帐篷。第一期学生十三人和校长、指导员、教员、农友及来宾一起，头顶青天、

* 选自中国人民政治协商会议全国委员会文史资料工作委员会编：《文史资料选辑》（第 72 辑），北京，中华书局，1980 年版。

脚踩大地，举行了开学典礼。当时父亲说："这个值得纪念的日子"，"一群青年丢掉了文凭的眷恋，从学府里跑到乡下去，和农人共生活。他们带去的不是文化的赈济品，而是一颗虚心：要探寻真正适合中国向前进取的教育。"他又说，"晓庄是从爱里产生出来的，没有爱便没有晓庄。因为他爱人类，所以他爱人类中最多数而最不幸之中华民族。因为他爱中华民族，所以他爱中华民族中最多数而最不幸之农人"。为此，就要"与土豪劣绅奋斗，与外力压迫奋斗，与传统教育奋斗，与农人封建思想奋斗，与自己带来的伪知识奋斗"。父亲实践了他的两句名言："捧着一颗心来，不带半根草去。"他打赤脚，穿草鞋，挑大粪，和"牛大哥"同过铺，和师生同甘共苦。

父亲通过晓庄的教育实践，提出"生活即教育"，"社会即学校"，"教学做合一"等理论，形成了他的"生活教育"理论体系。他反对与平民性对立的那种为办教育而办教育，教育与生活分离，学校与社会分离，先生教死书，学生读死书，先生教而不做，学生学而不做的为少数人享受的传统教育；也反对与中国性对立的生搬硬套外国教育的一套。他苦心探索在半殖民地半封建的国家建立争取自由平等的教育理论和方法。目的是教育人民做自己的主人，做中国的主人，做世界的主人。

"生来不怕碰钉子，碰了一根化一根"

1930 年，晓庄学校被蒋介石封闭。一些老师和学生被国民党反动政府逮捕、杀害。父亲也被通缉，逃亡上海、日本。1931 年潜回国来，创立自然学园，开始搞"科学下嫁"运动（普及儿童和大众科学知识）。1932 年又提出了办"工学团"的主张，这是晓庄学校的发展。10 月在上海北郊创办了山海工学团，开展普及教育运动。按父亲所说，工学团是一种适合大多数人生活的下层文化组织。它劝人"抓住饭碗求进步，不逼人丢掉饭碗上学"，"活到老，学到老"。它是一个小工场、小学校、小社会。这里面包含着生产的意义，长进的意义，平等互助、自卫卫人的意义。

针对国家贫穷，师资缺乏的状况，父亲在办山海工学团时，总结出一条重要原则："即知即传"（反对知识私有，提倡会的教人，不会的跟人学）。采取的办法是实行"小先生制"，并进一步动员全国小学生做小先生。按传统的观念，只有大人教小孩，但事实上小孩也能教大孩，教大人，做一切知识落伍的前辈。父亲说："小先生之怀胎在十一年前，到 1934 年

1月28日才出世。"怀胎是指1923年父亲提倡平民教育时,在自己家里进行的一些尝试。当时,我祖母已57岁,她受父亲提倡平民教育的影响,发了一个宏愿,要读完四本《平民千字课》。父亲和姑母都忙于推广平民教育,没有空闲教她,那时我才六岁,刚读完第一册,就让我当小先生,教祖母读书。我和祖母一面玩一面读。一天读一课,读到十六天时,父亲依据十六课以前的生字写了一封信,从张家口寄给祖母,她居然能一字不差地读了出来。我这个"小先生"的实验给了父亲很大的启发,使他增强了实行"小先生制"的信心。1934年"小先生制"出世不久便在全国二十三个省市取得了显著的成效。同年3月父亲写了一首《小先生歌》,其中两段是:"我是小学生,变作小先生,粉碎那知识私有,要把时代儿划分。""我是小先生,热心好比火山喷。生来不怕碰钉子,碰了一根化一根。"歌子很快流行开来,给广大小先生以很大的鼓舞。

1936年父亲应邀参加在伦敦召开的世界新教育会议,会上作了"中国大众教育运动"的报告。报告中最引人注意的还是"小先生制",引起印度、加拿大、墨西哥、爱尔兰等国代表的很大兴趣。印度圣雄甘地说:"不得不认为对我们印度是有帮助的。"

"人生两个宝,双手与大脑"

父亲很重视从小培养我们孩子读书、学习的兴趣。但他最反对读死书、死读书,启发我们要有打破砂锅问到底的精神,还要求我们动手。他鼓励我们玩科学把戏(做科学实验),培养科学创造力。他常常说,新时代的孩子要手脑双挥。1931年,他写了一首著名的《手脑相长歌》:"人生两个宝,双手与大脑。用脑不用手,快要被打倒。用手不用脑,饭也吃不饱。手脑都会用,才算是开天辟地的大好佬。"这首歌后来成了他创办的重庆育才学校的校歌。

1932年,他和一些朋友、学生编写一套全一百零一册的《儿童科学丛书》,以引导和培养儿童从小学科学的兴趣。按照父亲的主张,这套书的编辑,除吸收前人的科学成果外,编者还要对内容经过自己实验、验证,指导儿童动手实验,让儿童可以手脑并用地学科学。那时,我成了他们做科学实验的小助手、小学员。父亲虽然是一个科学博士(圣约翰大学赠送的名誉科学博士),但他却认为他受的传统教育简直抹煞了他的科学兴趣。他把他的寝室也当作实验室。他是我国"科普"的先行者。

父亲有句名言："行动是老子，知识是儿子，创造是孙子"。他非常珍惜孩子的创造力。有一次，父亲的一个朋友的太太，因为孩子把她的一只新买来的金表拆坏了，就把孩子痛打了一顿。她把这件事告诉了父亲。父亲对她说："恐怕中国的爱迪生被你枪毙掉了。"并建议她：把孩子和金表一块送到钟表铺，修表师傅要多少钱就给多少钱，附带条件是让孩子在旁边看如何修理。父亲说，这样，修表铺成了课堂，修表匠成了先生，孩子成了速成学生。修理费成了学费，孩子的好奇心可以满足了。父亲认为不许孩子动手的旧的传统教育，摧残了儿童的创造力，只有把小孩子的双手解放出来，中国才有希望出现新一代的科学家。

"追求真理做真人"

这张照片是父亲1938年7月在古希腊哲学家苏格拉底被关的石牢前拍摄的。父亲当时到石牢里坐了五分钟。出来后，拍摄了这张照片，并当场吟诗一首："这位老人家，为何也坐牢？喜欢说真话，假人都烦恼。"

1940年夏，我到成都一个无线电修造厂工作。进厂后就遇到要资格证明书的问题，我几乎没有什么正规学历。为了像样一点，我写信给育才学校副校长马侣贤，请他给我弄一张晓庄学校的毕业证明书。当这张证明书刚到手准备交上去时，就接到父亲的电报，要我将证明书立即寄回。接着又收到他的快信，信中说："我们必须坚持'宁为真白丁，不做假秀才'之主张进行……万一竟因证明不合传统而工作、学习被取消，你还是回重庆来。""……总之，'追求真理做真人'，不可丝毫妥协……你记得这七个字，终身受用无穷，望你必须努力朝这方面修养，方是真学问。"信中附有父亲亲自为我写的一张如实反映我的学历的证明书。父亲的这封信在我思想上引起很大震动。""追求真理做真人"这七个字，体现了他的教育思想，也指出了我们工作、学习、待人、处世的真方向，是我一生的座右铭。

1928年他的第一本教育专著《中国教育改造》出版了。他在《自序》中写到："当选择旧稿时，我曾下了一个决心……所留的都是我体验出来的。所以我写的便是我所信的，也是我所行的。"从这几句话里可以看到他求真求实的科学精神。

父亲原名"文濬"，后因相信王阳明"知行合一"学说，改名"知行"。以后又发现"行是知之始，知是行之成"的道理，于是又改名"行知"。他的签名常写作"衙"，这是他创造的一个新字，读作"行知行"，体现了他的哲学思想和革命精神。

父亲说:"我的生活教育思想,大半都是从资产阶级、大地主以及老百姓中的启发而来的。自然,我的思想不是抄他们的,他们有的只启发我想到某一面,有的我把它反过来,就变成了真理";有的是"要群众动手才能看到"。这一切都说明,父亲能够通过自己的实践,不断认识真理,善于接受新事物,敢于否定自己,因而能够与时俱进,永葆思想青春。

"勇敢的活才是美的活,勇敢的死才是美的死"

1931年"九·一八"以后,父亲的思想与行动便倾注到抗日救国的事业上去了。国难日深,他积极参与组织全国救国联合会,并担任"国民外交使节",于1936年出国宣传抗日主张,遍历欧、美、非、亚二十八国。他在国外做了很多重要的工作,如:推动杜威、爱因斯坦、罗素、罗曼·罗兰、甘地等世界名流联名发表宣言,谴责日本侵略中国。发起组织"中华经济研究社",调查出日本从美国输入的军器材料,竟占其侵华全部军需的54.5%。这个调查报告被列入美国国会公报,成为美国对日禁运的中心依据。父亲还带领我国的留美学生在纽约码头上对码头工人演讲宣传,激起他们举行大规模罢工,以拒绝搬运军火商人助日军火。父亲还用在美国和加拿大演讲所得的钱购买医药器材运回国内,通过宋庆龄同志,支持白求恩医疗队。他还做了大量工作来推动国外华侨的团结,美、墨洪门的团结,推动他们做国民外交宣传和为救国而踊跃捐献。父亲卓有成效的工作,使日本在美国等国家的反动宣传处于被动。

1937年底,他从海外写给我们兄弟的信中说:"民族解放的大道理要彻底的明白……勇敢的活才是美的活,勇敢的死才是美的死。希望你到最需要的地方,最有组织的地方,最信仰民为贵的地方,去作最有效的贡献。把生命的火药装在大炮里对准着日本帝国主义轰炸。"这封信蕴藏着父亲对中国共产党和党领导下的解放区寄予的巨大信任和希望。

"我等着第三枪"

1946年4月,父亲从重庆回到上海。一方面推动民主运动,一方面筹备育才学校迁沪和扩大社会大学运动。从回沪到逝世的约一百天里,他对各界作了一百多次演讲。6月23日,在上海北站举行了十万群众欢送马叙伦等人民代表赴南京请愿大会。父亲在主席台上发表演讲,大声疾呼:

"我们要用人民的力量，反对独裁，争取真正的民主！"当时全国争取和平民主的斗争已达到了新的高潮，国民党反动政府采取恐怖手段，妄图挽回不可逆转的大势。李公朴、闻一多被反动当局暗杀了。父亲的名字在黑名单中列为第三名。朋友们劝他多加提防，他坦然地说："我等着第三枪！"7月16日，他分别写信给重庆育才学校师生和育才学校同学会上海分会。信中说："如果消息属实，我会很快地结束我的生命…… 我提议为民主死了一个，就要加紧号召一万个来顶补…… 我们现在第一要事是感召一万位民主战士来补偿李公朴先生之不可补偿之损失，只有这样才是真正的追悼。平时要以'仁者不忧，智者不惑，勇者不惧，达者不恋'的精神培养学生和我们自己，有事则以'富贵不能淫，贫贱不能移，威武不能屈，美人不能动'相勉励…… "这是他留下的最后一封宝贵的信。当时我对他的安全很不放心，几次要求跟着照顾他，他都不肯。7月24日晚，我还和继母吴树琴同志到他的隐蔽处爱棠新村13号去给他送书、稿和用品，谁知第二天（7月25日）他竟因患脑溢血和我们永别了！怎不使人悲痛万分！

父亲在弥留之际，周恩来、邓颖超同志赶来探视、告别。父亲去世后，周恩来同志在发给党中央的电报中指出："十年来，陶先生一直跟着毛泽东同志为代表的党的正确路线走，是一个无保留追随党的党外布尔什维克…… 假使陶先生临终能说话，我相信他必继韬奋之后请求入党。"宋庆龄同志为追悼父亲题了"万世师表"四个大字。在延安举行的陶行知先生追悼大会上，挂着毛泽东主席亲笔题写的悼词："痛悼伟大的人民教育家陶行知先生千古。"他的遗体由我国五十三个人民团体，公葬于南京晓庄劳山之麓。当灵柩由南京和平门运往晓庄时，沿途十里，有千千万万的农民来悼念他。他的墓碑是沈钧儒先生所手书。墓门两侧镌刻着郭沫若同志手书的父亲的遗教："千教万教教人求真，千学万学学做真人。"墓门横匾镌刻着父亲生前自勉的手迹："爱满天下"。

父亲去世已三十六年多了。总结他一生的革命实践和在教育上所留给我们的宝贵遗产，对今天普及人民教育，提高人民的科学水平，建设社会主义精神文明，加速社会主义现代化的建设，是有现实意义的。

汪达之

汪达之(1903—1980)，安徽黟县人。曾就读于安徽省立第一师范和省立第一中学。1928年秋，入南京晓庄师范成为第四期学生。1930年2月，受陶行知委派，任淮安新安小学校长。1933年，策划由7个小学生组成"新安儿童旅行团"，经镇江到上海旅行50天，经陶行知安排在大学演讲，引起轰动。1935年，亲自带领由14名学生组成的"新安旅行团"，到全国各地进行抗日宣传活动。1946年后，任华中苏皖边区政府教育厅督学，华中干部子弟学校校长。1950年，南京晓庄师范学校恢复办学，被任命为校长。1953年以后，先后担任教育部师范教育司专员、文字改革委员会副主任等职。1961年，任中共海南岛广东民族学院党委书记、副院长。著述收录入《汪达之教育文集》。

汪达之是陶行知的学生与助手，是新安小学的缔造者与"旅行团"这一新的学生组织的开创者。在新安小学办学期间，陶行知曾亲书"捧着一颗心来，不带半根草去"条幅赠送新安小学以鼓励。汪达之并没有留下专门的陶行知研究论文，但与陶行知之间的书信往来却很丰富。曾发表《生活教育与生产教育》《我自新旅来》等文章，是对其所参与陶行知教育思想与实践的记述。本卷收录的《我自新旅来》，记述了新安旅行团成立第四年之后的情况。作者首先交代了新安旅行团成立几年来的发展情况，之后重点讲述"新旅"从武汉重回西北工作的情况。将近一年的时间里，"新旅"从中部取道西南再到西北，在桂林停留的时间最长，还成立了"新旅"西南工作队、桂林儿童团体座谈会、农村工作队等团体。文章结尾总结了"新旅"的三个教育特点：一是工作、生活、学习相综合互促进；二是没有固定的教师与教室，自发自动学习、互教共教；三是人人具有服务的精神。

《我自新旅来》（节录）[*]

  "新旅"是新安旅行团的简称，它是在抗战前两年诞生的。当新旅远自西北遄返武汉的时候，正是"七·七"抗战一周年。小孩们这种行程万里宣传抗日救国的壮举，曾给当时武汉人士以极大的振奋，也得到很大的关切。本刊曾特为编辑了一个特辑介绍，那时已是新旅奋斗的第三年了。

  ……新旅第四年开始时……请当时军委会政治部补助经费和领导工作，不久便接受军委会政治部特约，再往西北工作。这时要求参加的儿童和少年很多，但限于经费，不能大量的容纳，全体人数，已增加到五十人左右。

  11月10日离长沙，经衡阳，取道湘桂路抵桂林。准备取道贵阳经重庆再上西北去工作的。于是留在桂林，一面每天加紧自然科学和宣传技术的学习，一面做些临时性的宣传工作。

  制定了进行岩洞教育的计划，以推行战时成人教育，并为广西当局所采纳实行。新旅也就成为这项岩洞教育工作的主要团体。

  例如新年义卖，慰劳伤兵，慰劳抗战军人家属和话剧公演工作，新旅全都是参加的。

  当留在桂林随时都准备着再上西北的时候，感到西南儿童工作的重要，经过慎重的考虑，便在廿八年一月成立了新旅西南工作队，准备长期留在西南工作，不久推动了桂林儿童团体座谈会的成立，西南工作队便经常参加该会工作。桂林儿童团体座谈会的工作，做得有声有色，儿童在成人的眼光中，改变了一些旧观念。

  2月，曾派团员一人，参加国际新闻社东进支队工作，通过敌后到上海。上海学校儿童热烈地举行盛大的欢迎会。儿童教育家陈鹤琴先生也亲

---

 * 原载《战时教育》，1939年第5卷第7期。

自接待，气氛的热烈，出乎意料以外。可见沦陷区中的中华儿女，并不因沦陷而模糊了民族意识，相反的却更加积极与热烈，直到7月才回到团体。

3月又应多数儿童家长的要求，成立试验团员训练班，增加试验团员三十余人。并成立农村工作队，到离桂林十五里的万镇乡工作。工作对象是移垦的难民，本地的农民，抗战军人家属，小学生和农村儿童，从而推动了乡村学校儿童的抗战服务活动。每星期六上午为抗战军人家属服务，并协助全乡小学教师成立教师座谈会。原定一个月，后因工作的需要，又延续了一个月才结束。

儿童节的工作，新旅是城市和乡村分头参加的。纪念大会上，白崇禧先生曾亲自出席训话，对于儿童参加抗战给以种种鼓励与期望。并对新旅行三万余里路宣传抗日救国，加以赞扬和慰勉。儿童团体的献金公演，和乡村儿童砍柴生产献金义卖的热烈情况，都是极感动人的表现。也是有儿童节以来，儿童所未有的新的自发自动的表现。

4月底，因车太困难，去西北的计划一时不能实现了，遂决定留在西南工作，重新制订工作计划与工作步骤，成立伤兵之友队。在离城三十里的大墟镇陆军第六、七两医院为伤兵服务，并进行伤兵教育与民众宣传工作。成立三个乡村工作组，一在良丰难民垦殖场，一在西郊甲山村工人子弟学校与工作俱乐部，一在东郊临桂大村基础学校。

工作方式并不一样。如出壁报，时事简报，写大标语，画壁画，成立村头歌咏团，牧牛场牧童教育团，成人识字班，教小学儿童唱歌跳舞，讲抗战常识和抗战故事。援助广州儿童剧团公演《两年来》，为抗属割禾，发动儿童康乐晚会，欢送出征军人，征募寒衣，并动员儿童为伤兵和抗属服务等等，都是根据环境具体情形决定工作内容和工作方法。所以常常在工作中计划新工作。

桂林儿童歌咏干部训练班，是由桂林儿童团体座谈会主办的，特请广西音乐会来协助。广西音乐会负责人吴伯超先生对于这件工作，也极感异样的兴趣，亲自在百忙中义务担任教师。并代约会中三位先生担任教师。参加的儿童，有三十余人，都是各儿童团体的代表，时间半个月。吴先生对于这个没有先例的儿童歌咏干部训练班中儿童学习的能力表示赞美。新旅有几位对歌咏特别有兴趣的小朋友，便是这个班协助筹备和执行工作的人。

"七·七"抗战二周年纪念活动，桂林搞得很热烈，动员也极广泛。儿童们的工作，除公演戏剧、参加大会，火炬游行外，并发动了一个为抗战死难儿童纪念碑奠基的工作这些工作，新旅都是积极参加的。

9月，西南工作队开始沿湘桂路线流动。伤兵之友队工作告一结束，就着手整理工作经验教训报告，并提前举行新旅四周年纪念大会，计划第五年工作方针和路线。

四周年大会连续举行了四天，会议中讨论四年来工作的得失，和第五年计划大纲的决定，又对领导工作者个别的加以检讨，都在十分真诚热烈、紧张活泼中进行，充满着民主的快乐的精神。一位烧饭的工友，他是江苏镇江人，从武汉撤退时加入的。他识字并不多，初入团体时有些不惯，慢慢地认清了这个团体，除零用外，不拿团体多的钱。可是他这次特别的感动，他说："小朋友都这样一心一意的为国家工作，抗战一定胜利的。"他宣布要拿十块钱请吃茶点，表示慰劳的意思。这十块钱是他从镇江逃难时带出来的，一直保存在他的枕头里已经两年多了。这件事感动了新旅的每一个人，也感动了每一个知道这个消息的人。会议的闭幕式上，请他讲话，他用他简单的语言，表示他对于抗战的认识，对于亲眼看见小朋友认真为国家抗战工作的实际情形而使他发生感动。他的礼物，便是他亲手用红色绿色纸包着的一包一包的糖果和糕饼。

经过四周年的纪念会议，新旅的小朋友之间的友爱更加增进了。

这是新旅一年来工作的概况。新旅虽是一个儿童和少年的工作团体，但同时也是一个实验战时儿童和少年集体生活教育的团体。新旅教育的特点，是把工作、学习和生活综合在一起，并且要从工作上学习，从工作上养成勤奋耐劳爱人如己的生活态度。为工作而学习，学习便成为有目的有意义有兴趣的事，而不是呆板的记忆了。因此，为工作而学习，为学习而工作，相互促进，这是第一个特点。

没有固定的教室，也没有特任的教师，但学习一样进行，在教室里先生讲学生听才是学习、才是教育的观点，已经不攻自破。这由于学习是自发自动的学习，可以因时因地的进行，又由于会的教人，不会的学习，互教共教。新旅虽无教师，但有辅导员，他有指导学习的热忱，却无教师尊严的架子，这是第二个特点。

服务精神的发扬，也是值得特别一提的。最好的服务精神，是我们今日的道德。新旅任何一位小朋友，决不逃避工作。因为对于工作有无限的热情，所以常常找到新的工作来做，从工作上养成服务精神，养成责任心，这是第三个特点。

新旅奋斗的第四年，对于工作学习和生活的合一，已建立下了一个战时儿童和少年集体生活的基础。有了这个基础，就不难收培养人才的功效。

新旅的每一个团员，都在工作中有所进步，但并不满意自己今天的现状。新的困难，也在接连出现，希望对于抗战建国能有更大的贡献，随时准备克服困难，和全国要求进步的人士，是一样迫切的。所以在第四周年纪念大会中，对于第五年度的计划和路线都有很好的决定。

整个中国在抗战中进步，中国的儿童，无疑义的也要在抗战中进步。新旅是要求进步的中国儿童集团中的一个，我们希望它应该有长足的进步，这是国家新的力量，同时也希望政府和全国父老兄弟，要给它以更好的扶持。

王洞若

王洞若(1909—1960),原名王义田,江苏丹徒人。1927 年作为第一届学生进入晓庄师范学校读书,毕业后留校工作。1930 年晓庄师范闭校后,回家乡小学执教。1932 年协助陶行知创办"晨更工学团",并加入"左翼教育工作者联盟"。1936 年加入国难教育社。1938 年后,赴武汉、桂林、重庆、昆明等地工作,曾任晓庄研究所桂林办事处主任、生活教育服务部常务干事、生活教育社重庆办事处负责人。1939 年参与创建重庆育才学校,并任研究部主任、中共党支部书记等职。

王洞若是陶行知的学生,也是他的亲密战友。他一生的大部分时间用来支持陶行知的教育事业,是生活教育运动中的一员干将,是陶行知的得意学生之一。

本卷收录的《生活教育运动与生活教育社》一文是王洞若对亲参与其中的生活教育运动与生活教育社的介绍。他肯定了生活教育运动是陶行知从事普及教育运动的实践中所得出的结论,并在国家文化与教育的双重实践中,不断得到发展。因而,无论是普及教育运动,还是国难教育运动、战时教育运动,都是生活教育在不同时期的历史性发展。生活教育作为一种历史性的运动,是在生活教育社这个先锋队的引领下才会不断走向前进的。因而,有了生活教育社的存在,生活教育才"不是一种单纯的教育主张,而是对于民族、国家、人类都能有所贡献的一个实践"。

生活教育运动与生活教育社 *

一、生活教育与普及教育运动

生活教育是一个历史性的运动，它的产生是由于要求在半殖民地国家普及教育的主观企图，但是它的发展将是人类教育、人类精神活动上的一大贡献。它的产生是由于陶行知先生在他的从事普及教育运动的实践中所得的理论上最概括、最一般的结论；但是这一理论必然在半殖民地国家文化与教育的实践中，不断获得新的发展，进入更高的阶段。十二年来生活教育的历史充分证明了这一点。陶行知先生说：

"这十几年来，我有时提倡平民教育，有时提倡乡村教育，有时提倡劳苦大众教育；不知道的人以为我见异思迁，欢喜翻新花样，其实我心中只有一个中心问题，这问题便是如何使教育普及，如何使得没有机会受教育的人可以得到他们所需要的教育……现在我们所发起的普及教育是建筑在极困难的农业经济的基础上，它是一个农业国的普及教育方案。"（普及教育运动小史）

从这些话里，我们明显可以看到陶先生与中国普及教育运动的关系，普及教育（包括义务教育和成人普及教育）原是资本主义国家的事，在资本主义国家因为有经济上的基础，所以是"水到渠成"；在半殖民地国家，经济上遭受帝国主义及封建残余势力严重的剥削，再加上政治上的原因，要想普及教育，比登天还难。在这样困难条件下，便只有两条路横在我们面前，一条根本否定了普及教育，屈服现实的前面；一条认定普及教育在半殖民地国家的重要性，探求新的路子和方法，突破当前的困难。生活教育便是后面一条路线成长起来的理论和方法，它承认"生活即教育""社会即学校""教学做合一"，确定了"即知即传"的"小先生"与"传递先生"制的办

* 原载《战时教育》，1939 年第 4 卷第 9 期。

法。在这样一种理论和主张下，我们没有钱也可以办教育，没有正规的师资还可以办教育，没有传统的学校也可以办教育。

因此从开始产生这一点上说起来，我们可以将生活教育定义为半殖民地国家普及教育运动的战略。

二、生活教育与国难教育运动、战时教育运动

但是半殖民地国家的政治实践，是不断向前飞跃着的。日本帝国主义的侵略，给每个中国人做亡国奴的威胁，在全中国人民相互关系上，政治经济文化与教育的领域上都发生了空前的变化。这种危险引起了全中国人民的怒吼，而反映在教育方面的便是国难教育运动。等到敌人进一步的以武力进攻，"八一三"我们全面抗战发动前后，在教育工作领域上，便又引起了新的战时教育运动。国难教育运动使得生活教育运动配合政治上有了空前的发展，而战时教育运动则在教育理论自身上丰富了生活教育的内容。我们提出了集体的自我教育，给朴素的生活教育添加两个重要的因素：第一个，生活教育是集体的；第二个，生活必须通过自我与自觉始能成为教育。我们预见了传统学校在日本帝国主义飞机炸弹下之必然覆灭的前途，我们预见了大批的宣传队服务团及其他工作机构，可能成为自教教人的教育机构。我们要求过儿童在战时工作、在战时生活上学习；我们要求过高等教育在配合战时工作、统一实践与学习的原则之下，来一个改造，我们提出过普及教育运动应该和民众运动合流，这一切便是生活教育在战时教育运动中新的发展。

三、生活教育的一个初步总结及其前途

从上面所说的普及教育运动、国难教育运动、战时教育运动，我们可以看到生活教育一贯发展的路线。普及教育运动奠定了生活教育之教育理论的基础；国难教育确定了生活教育与政治的联系；战时教育运动继承了前两个运动的传统，同时发展了、丰富了生活教育的理论。所有这三个阶段上的一切，我们已初步作了一个最概括的总结，那便是最近通过的生活教育社社章上所规定的宗旨一项，在这上面写着"本会宗旨在探讨最合理最有效之新教育原理与方法，促进自觉性之启发，创造力之培养，教育之普及和生活之提高。"

这里说明了生活教育将以普及教育和提高生活为其目标和任务。

然而，犹不止此，生活教育已经开始自觉地以促进人类自觉性之启发，创造力之培养及其目标与任务了。"促进自觉性之启发"与"创造力之培养"，不单是看做"普及教育"与"生活提高"的主观条件，同时达到这些主观条件，将成为我们的目标与任务。

同志们！这里预示了生活教育之进一步的发展的前途。这里预示了生活教育将对人类精神活动有所贡献。这里预示了生活教育将综合生物科学、社会科学，心理科学之理论与经验构成一个崭新的新教育理论。

四、生活教育运动与生活教育社

由于以上所述的一切——普及教育运动，国难教育运动，战时教育运动以及刚刚所指的这一个前途——我们深信生活教育是一个历史性的运动。

然而，仅仅认识生活教育是一种历史性的运动是不够的，一切运动都带有主观努力的成份，一切运动都不是开始便有广大的人士参加，因此要想生活教育成为一种运动，就必须首先确定生活教育社是执行这一运动（生活教育运动）的先锋部队。

这一个运动，不是政治上的运动，这个先锋部队不是政治上的先锋部队，但是它所有参加这先锋部队的人都能自觉地来执行这一个运动，只有这样，生活教育才不是一种单纯的教育主张，而是对于民族、国家、人类都能有所贡献的一个实践。

王　琳

　　王琳(1906—1991)，浙江浦江人。1927年3月考入南京晓庄师范学校，为首期13名学生之一。1928年春，由陶行知推荐赴浙江省萧山县创办湘湖师范学校，曾任湘湖师范学校改造部主任。后应邀创办乐清简易师范学校并任校长。新中国成立后，参加南京晓庄师范的复校工作，先后担任教导主任、副校长。曾任中国陶行知研究会常务理事、顾问，江苏省陶行知研究会副会长。著有《晓庄学校史稿》等。

　　《陶行知和晓庄师范学校》是众多介绍陶行知与晓庄学校的文中尤为详尽的一篇。作者是晓庄学校的第一期学生，后受陶行知委派参与多所学校的创办工作，对陶行知与晓庄均有直接的交往经历。本文共分11个部分来说明陶行知的一生以及晓庄师范学校的发展历程，并将陶行知与晓庄学校之间的往事贯穿其中。在本文中，对于晓庄师范学校成立之初的经过描述尤为详尽，并将晓庄师生反军阀、反独裁，支持革命斗争的事实做了较多的叙述，披露了蒋介石和宋美龄来晓庄学校这一事件，进而为后来晓庄学校被查封、陶行知被通缉提供了历史线索。

《陶行知和晓庄师范学校》(节选)[*]

一、陶行知先生简介

陶行知是安徽歙县人，1891 年 11 月 15 日(清光绪十七年旧历九月十六日)生于歙县西乡黄潭源村，原名文浚。5 岁时去休宁县，10 岁前后曾在休宁万安镇吴尔宽"经馆"就读。1905 年入歙县城内教会"崇一学堂"，二年读完三年课程，1907 年毕业，赴杭州入教会广济医学院学医，中途退学。1910 年入南京金陵大学，因信明代理学家王阳明"知是行之始"的主张，改名陶知行。1914 年夏金陵大学毕业，由学校保送赴美留学，先入伊利诺大学学市政，获政治硕士学位。1915 年赴哥伦比亚大学师范学院研究教育，为美国名教授杜威所器重，毕业时获教育文监(硕士)学位。1917 年回国，任南京高等师范教务主任，倡议把"教授法"改为"教学法"，1923 年6 月与朱其慧在南京成立平民教育促进会，出版《平民千字课本》。1923 年秋，南京高等师范改为东南大学，任东南大学教育系主任。1924 年夏，辞去东南大学教职，任中华教育改进社主任干事。1925 年 8 月去中华教育文化基金董事会工作。1926 年因中华教育改进社再三邀请，复任改进社主任干事，除继续推行平民教育外，又提倡乡村教育。1927 年创办试验乡村师范学校。他在实践中总结出"教学做合一"的方法，把"知是行之始"的主张，改为"行是知之始，知是行之成"。并把自己"知行"这个名字亦改为"行知"。1930 年晓庄师范师生进行反帝反蒋支援工人罢工运动，学校被国民党政府封闭，陶行知亦被反动派明令通缉。是年秋去日本暂避。1931 年"九·一八"事变前夕回国，积极主张抗日，坚决反对蒋介石投降卖国政策。他对当时严重的民族危机，认为首要是把人民大众团结起来，依靠人民的力量来保卫自己解放自己。为此，他除在上海办自然学园，自然科学

＊　选自《江苏文史资料》编辑部编：《江苏文史资料集粹(教育卷)》，1995 年版。

通讯学校外，并创办山海工学团，派汪达之组织"新安旅行团"巡回各地宣传抗日(1935 年在上海时接受党的领导，增加团员)。1933 年成立普及教育助成会。1935 年，"一二·九"运动爆发，陶行知与各界人士发起组织全国救国会，积极响应中国共产党"停止内战一致抗日"的号召，发表救国宣言，呼吁团结抗日，反对卖国投降。1936 年 7 月，受全国各界救国联合会委托，赴欧、美、亚、非 28 国宣传抗日救国的正义主张。是年冬，救国会"七君子"在上海被国民党逮捕，远在海外的陶行知也遭反动派的第二次通缉。1938 年夏回香港，创设职业补习学校，筹办晓庄研究所等工作。是年秋在桂林正式成立生活教育社。1939 年在重庆创办育才学校，接受中国共产党的领导。同时积极推进民主运动，为中国民主同盟发起人之一。1946年回上海，计划育才学校复员，同时积极参加上海民主运动。爱国民主人士李公朴、闻一多先后被国民党特务暗杀后，陶行知亦被蒋政权列入黑名单。朋友们要他提防"无声手枪"，陶先生气愤地说："我等着第三枪"。终因忙于推行民主运动及民主教育，劳累过度，不幸于 1946 年 7 月 25 日脑溢血逝世，享年 55 岁。在追悼会上，俞庆棠先生痛哭着说："陶先生并不是因病而死，他是死于反动派特务之手"。同年 12 月 1 日，由 53 个人民团体公葬于晓庄劳山脚下。他是中国现代教育史上的"伟大的人民教育家"。

二、晓庄学校的诞生

晓庄学校原名试验乡村师范学校，简称晓庄师范，1930 年学校事业扩大，改称为晓庄学校。它诞生于 1927 年 3 月，可是它的孕育却在三四年以前。我国自辛亥革命把几千年历代相传的专制政体推翻改变为共和民国起，在形式上教育制度，已与清朝不同，但实际上民国的教育设施并无重大改革。在我国半封建半殖民地的农业社会，旧思想旧伦理根深蒂固，"士"的地位冠于"农"、"工"、"商"之上，所谓"士"就是不事生产的"治人"、"食人"的阶级，学校教育就成为求官耀祖的道路。五四以后，反对旧思想旧伦理运动，在社会上有着极大的影响。在教育方面，则学校制度、课程设置、教学方法等，都模仿日本、欧美。但学校的性质仍无根本变化。"四体不勤"、"五谷不分"、"学而优则仕"的旧传统，仍占优势。中小学基本集中城市，农民在经济上受残酷的剥削，他们的子女根本不能上学，乡村私塾则为地富子女所专有。当小学教师的人，则以谋生为目的，由于待遇菲薄，亦有"做教员的情愿世世生生不再投胎做教员"之类的怨言。这种教育落后失败的事实，促使陶行知产生了教育改造的理想。

他在《中国乡村教育之根本改造》一文中说：

> 中国乡村教育走错了路：他教人吃饭不种稻，穿衣不种棉，做房子不造林。他教人羡慕奢华，看不起务农。他教人分利不生利；他教农夫子弟变成书呆子；他教富的变穷，穷的变得格外穷；他教强的变弱，弱的格外弱。前面是万丈悬崖，同志们务须把马勒住，另找生路！生路是什么？就是建设适合乡村生活的活教育！
>
> "教育是国家根本大计"。"乡村教育关系三万万四千万人民的幸福"。"我们心里充满了农民的甘苦。我们要常常念着农民的痛苦，常常念着他们想得到的幸福"，"要为三万万四千万农民服务"。"要把整个的心捧出来献给小孩子。"

他这样说也这样做。1926 年任中华教育改进社主任干事时，在改进社下设乡村教育研究部，聘请原东南大学教授赵叔愚，金陵大学教师邵德馨为研究员，亲自与赵、邵二位一同赴江宁县燕子矶小学、县立师范学校、无锡开源乡第一小学等处调查研究。并发表《中华教育改进社改造全国乡村教育宣言书》，宣言书中提出：

> 本社的事业范围很宽，但今后主要使命之一，即在厉行乡村教育政策，为我们三万万四千万农民服务。

1926 年 12 月，改进社函请江苏省教育厅批准设立试验乡村师范学校，教育厅于 12 月 31 日复函尽力赞助。接着报纸上发表了《试验乡村师范学校招生简章》及陶行知写的《试验乡村师范学校答客问》，引起了全国教育界的重视。

1927 年 1 月 1 日，试验乡村师范学校筹备会在南京安徽公学召开筹备会议，到会有改进社主任干事陶行知、试验乡村师范第一院筹备主任赵叔愚、燕子矶中心小学校长丁超、尧化门中心小学校长宋鼎、晓庄中心小学校长钱向志等人，决议筹划开办费 1 万元及聘请指导员等 34 项，由各人分头筹备。

1月2日，陶行知、赵叔愚、丁超、宋鼎、钱向志及农事指导员邵德馨等，同赴太平门外黑墨营察看校址。黑墨营有田地200余亩，植有枫桑、竹林、杂树，环境适宜，当即立了界牌，初步决定为校址。后因交通不便，又改在神策门（后改和平门及中央门）外迈皋桥与燕子矶之间的小庄为校址，并把小庄改名晓庄，以取其"冲破黑暗，日出而作"的意思。2月5日该校举行校舍立基典礼。这一天刚巧是立春日，将近农历新年，所以同时举行城乡群众团拜。参加集会的有500余人，开会时先升校旗，再有江苏教育厅长江问渔讲话。江为这个盛大的集会，早上5时就赶出城来参加。因为校舍没有造好，陶先生就在小庄村农民陆亮和家招待他吃饭。屋子狭小，连一头耕牛也在旁边陪客了。他在开会演讲时说："我真尝到农家风味，吃到菜根香了。"会场是一片荒地，就在荒地上立了础石，这荒地就是师生自辟自建校舍的地方。散会时，从城里来的客人，把他们带来的五六百件玩具，分送给来参加集会的农村儿童，作为新年的礼物。

2月10日，改进社聘请的试验乡村师范学校董事，在上海功德林饭店召开董事会，由陶行知主持会议，推举王岫庐（王云五）为临时主席。陶行知就小学办师范的意义及做农民的导师首先要农民化的重要性做了报告。赵叔愚报告第一院校址选择、经费筹措、学校招生等筹备工作。并讨论通过师范学校组织大纲和组织系统图，董事会简章，会计规程，1927年1至6月份预算。最后推举袁观澜任董事长、王岫庐任司库、陶行知任秘书兼校长，江彤侯任监察部长，赵叔愚任第一院院长兼研究部长。第二院招收女生（后来改为幼儿师范院），在下学期开办等事项。从公布招生到2月10日，各地保送师范生名额的已有31人。有的考生还直接写信给陶行知要求入学，他也亲自写信回答。3月5日，已筹得开办费1万元。经常费1.2万元，设备费5000元，亦经中华教育文化基金会在北京石达子庙欧美同学会开会通过补助。3月9日第一院在安徽公学召开院务会议，决定3月10日考生报到，11、12两日考试，13日揭晓，14日办理入学手续，15日开学，决不因时局影响而变更计划。

1927年3月10日前后，国民革命军第二、第六军兵分两路向南京发起总攻，盘踞南京的直系军阀孙传芳部褚玉璞准备溃退，所有大中小学均迟迟不敢开学，开了学的不能上课，已上课的亦怕有围城之危，又纷纷散学。新办的试验乡村师范，却偏在这时招生，大家认为一个考生也不会来宁，但事实出人意料，3 月 15 日那天应试的竟有 17 个人。其中，有的来自镇江，有的来自苏州、上海、杭州。还有来自安徽、江西、湖北及北京等处。他们动身来宁时，师友们都劝他们不要来，父母亲都说去不得。路上又经过不少惊恐、疑虑与困苦。但是他们毕竟来到了。他们很高兴，学校也很欢迎。这是中国乡村教育史上首次得到一些能耐劳吃苦、有胆有识、意志坚强的好同志。考试前经过体格检查。考试以演说和劳作为最困难。演说考试的头一天，公布讲题 20 个，第二天考试前五分钟由学生抽定一题临时准备，按时登台试讲。全校教职员及中心小学师生和附近农民都来参加听讲。劳作原定垦荒、施肥、修路三项，这次只要求每人开垦荒地二分，考生都脱下长衫，穿上草鞋，手拿锄头，努力挖掘。劳动不久，个个汗珠满面，当日雨过初晴，土地泥泞，挖掘很难。二小时后，有人已手掌起泡，有的泡裂流血，但他们仍坚持劳动，毫无倦容。

　　3 月 15 日开学，校舍尚未落成，开会就在露天空地上进行。会场上用木料搭成临时高台，台柱上贴着一副长联，上联是"和马牛羊鸡犬豕做朋友"，下联是"对稻粱菽麦黍稷下功夫"，农民群众从各村敲锣打鼓纷纷前来祝贺。男女老幼，穿着新衣，挤满会场，爆竹一响，锣鼓齐鸣，校旗慢慢升起。首先由校长陶行知致辞，他说："晓庄不同平常学校，一无校舍，二无教员。我们的校舍上面盖的是青天，下面踏的是大地。我们的精神要充溢于天地之间。本校只有指导员而无教师，我们相信没有专门教的老师，只有经验较深或学识较好的指导者，所以农夫、村妇、渔人、樵夫都可以做我们的指导员，因为我们很有不及他们之处，我们认清了这两点，才能在广漠的乡村教育的路上前进！"继有来宾讲话，学生代表发言，及燕子矶、尧化门小学儿童表演，武术指导员武术表演。会场由小学童子军维持秩序，尽兴而散，开学典礼后师生就分别住在燕子矶、黑墨营进行建校工作。

　　但开学不久，北伐军进入南京，直鲁军阀孙传芳部下褚玉璞溃退，南京城郊散兵到处流窜，鸡犬不宁，闾阎惊恐。其中最害怕的是妇女儿童。陶校长见此情状，就与师生商议，由姚文采先生代表晓庄师范与中国红十字会南京分会协商，在晓庄设立第三救护队，并在神策门和晓庄分别设立妇孺收容所。由师生及农民担任救护、医疗、看护、纠察等事务。前后一个多月，收容妇孺三四百人。收容所还设妇女教育班，由学生担任教导工作。这次活动给了师生为社会服务获得锻炼的机会。但也遇到一些惊险，如校舍建筑指导员著名建筑工程师朱葆初先生，在兵乱中佩带救护队臂章，从城内下乡，路过神策门时，被褚玉璞守城部队扣留，认为朱是北伐军的侦探，反绑两臂，要送军法处审讯，经朱先生力争，得与城内姚文采先生通电话，由红十字会证明后释放。

3月24日北伐军进驻南京，燕子矶亦派来分队，师生们就组织慰劳队，送茶送水，分组欢迎慰劳，并协助北伐军与燕子矶镇群众联系，做好治安保卫工作。在配合北伐军调查时，发现土豪缪子欣通敌，收购粮草接济溃军，师生在北伐军领导下，进一步深入群众，调查访问，掌握缪子欣平日欺压群众的罪行，通过群众协助，查获通敌罪证，扣留停泊长江岸边资敌的柴草粮秣两船。师生商定惩处土豪办法，事先备制高帽子，及"打倒土豪劣绅缪子欣"的大横幅和"打倒军阀"、"打倒土豪"、"打倒帝国主义"、"欢迎国民革命军"等标语和彩色小旗，在一个男女老幼乡镇群众聚集在燕子矶的市集日子，把缪子欣戴上高帽子，两手反绑，押着上街游行。队伍前面高举大横幅，鸣锣开道，后面是手挥小旗的学生和群众，一边沿途张贴标语，一边高喊口号或高唱"打倒列强……打倒军阀……"的革命歌曲，群众闻声，奔走相告，争往观看，街巷挤得水泄不通，茶园里的茶客都站在桌凳上向外看，看见缪子欣低下头游过，无不拍手称快。好在北伐军派兵维持秩序，顺利的游完全镇大小街巷而散，搞得土豪缪子欣威风扫地，声闻城郊，创南京郊区群众打倒土豪劣绅之先声。

三、师范学校组织管理的试验

学校除校长、第一、二院长、指导员外，无其他职员，实行师生集体治校制。它的组织叫乡村教育先锋团。

乡村教育先锋团是一个自由与纪律相统一的组织，由全校师生共同组成。校长就是团长，两院院长是副团长，全体指导员组成指导部，有指导会议。全体学生选举总队长一人。学生以四至八人为一队，每队选队长一人。由全体师生组成团务会议。无论团长、副团长、指导员、总队长、队长，和团员一样都受团规约束和团务会议的制约。团设肃纪部，执行全团纪律。团长有指挥全团各种行动之权，每周举行团务会议一次，为全团最高权力机构。其组织系统如下图(略)。

乡村教育先锋团的组织是经过实践之后提出来的。开学初为了搞日常生活的清洁卫生,成立清洁卫生委员会,接着农业生产、学校事务、烹饪膳食都要作统一安排,把清洁卫生委员会扩充为生活分任委员会统一管理。把学校全部生活分为三大类:即个人生活个人干,公共的事大家轮流干,集体的工作大家一起干。发挥了个人在集体生活中的民主和纪律,自由和统一的作用,人人积极性很高。但个人行动有时不免超出了集体要求的范围,为了防止生活作风上产生无政府主义,而又不会影响群众的积极性,就不能采用旧式学校的训育制度,经全体会议讨论,根据"师生共生活,共甘苦,为最好的教育","教师应以身作则"的要求,采取军队化的组织,成立乡村教育先锋团。要求做到应个人自由的地方便个人自由,要服从集体要求的事情,必须绝对服从。而自由与服从都需以师生共同利益为依归。例如禁止学生吸烟,指导员首先不吸烟。要求学生遵守时间,指导员在开会或劳动时必须准时到达。做到人人没有特殊自由的权利,亦没有特殊服从的义务。

学校经济公开,校务公开,发表意见自由,安排个人工作自由。但各种公约,师生一律遵守,如果违犯公约,通过小组生活检讨会解决,重大的问题通过团务会议(全体大会)评论,判定是非,互相教育。在工作、学习、生活各方面人人有自由,个个守纪律,做到自觉的自由和纪律的统一,所以学校没有对学生惩罚的规章制度。

四、教学方法——"教学做合一"

"教学做合一"是学校的校训,亦是学校的教学方法。什么叫"教学做合一"呢?陶行知先生说:"教的法子根据学的法子,学的法子根据做的法子。事怎样做就怎样学就怎样教"。亦就是说,教学必须通过实践,实践是教学的中心。后来宝山县立师范学校,把"教学做合一"改为"做学教合一"就格外有意思了。

根据这种方法,他们在办民众学校中研究民众教育,在办幼稚园中研究幼稚教育,在办中心小学里研究小学教育,办中心茶园和举行节日活动中研究农村娱乐,在组织乡村教育先锋团中研究师范学校的组织管理制度和师生关系问题。深入农村与农民做朋友,研究农民生活、农村经济、农村文化卫生等问题。把整个学校有关学习、工作生活的各方面制成大纲作为教学做的依据。

关于"教学做合一"的方法,陶行知还写了一首诗来教育大家:

人生两个宝，双手与大脑。宁做鲁滨逊，单刀辟荒岛。

他的意思是：人类不论认识世界，改造世界，都要利用手和脑，通过实践才能解决问题。他说：

"中国教育之通病，是教用脑的人不用手，不教用手的人用脑。"

这是当时教育的写真。他又说："中国教育革命的对策是使手脑联盟，手脑联盟则污秽的垃圾可以用来点灯烧饭；室人的氮气可以用作养人的肥田粉；煤黑油里可以取出几十种颜料；一粒种子可以长成几百粒谷子。无饭大家饿的穷国家，可以变成有饭大家吃的富社会。"

陶先生还指出杜威以困难为学习动力的缺点："杜威所叙述的过程，好比一个单极的电池，通不出电流，他没有提出思想的母亲，这母亲就是行动。行动生困难，困难生疑问，疑问生假设，假设生试验，试验生判断，判断又生行动，如此循环不止，而行动实在是思想过程中的原动力；一切知识的获得，都要由它来推动"。

有人说"教学做合一"是不要书本知识。陶先生指出：

"过什么生活用什么书，做什么事用什么书。这是一句话的两种说法。我们对书的根本态度是，书是一种工具，一种生活的工具，一种'做'的工具。工具是给人用的，书也是给人用的。我们面对一本书要问的是'你有什么用处？'（当然是广义的用处）。为读书而读书，为讲书而讲书，为听书而听书，为看书而看书，再不应夺取我们的光阴了。"教学做合一的理论不是不要书，它要用的书数目之大，比现在的教科书要多得多。

王　越

王越(1903—2011)，广东兴宁人。1921年考入南京国立东南大学教育系，师从陶行知。1926年起先后在梅县师范学校、兴宁兴民中学、潮州金山中学任教。1930年至1932年入燕京大学研究院和北京大学国学研究所从事教育心理学和国学研究。1933年至1946年，王越先后任教于中山大学、广东文理学院和湖南蓝田国立师范学院。1948年赴香港地区参加新民主主义教授协会，从事宣传工作。1949年夏进入东江游击区，广州解放后，参与接管中山大学的领导工作。1952年任中山大学教务长。1956年任民盟广东省委员会副主席。1958年8月调任暨南大学副校长。1978年暨南大学复办再任副校长。曾任全国教育学会副会长、全国教育史学会副理事长、广东哲学社会科学联合会副会长。主要著作有《教育原理》《教育论文集》等。

王越一生敬仰陶行知，并以陶行知为榜样，终身从事教育工作。《论陶行知与胡适》一文，选取近现代史上与陶行知有着紧密关系的著名人物胡适作为比较研究的对象，试图解答陶行知与胡适在诸多相似经历的前提下为何却最终走上不同的道路。文章分前后两部分分述胡适与陶行知，尽管梳理了胡适在近现代史上的一些事迹，但多以批判为主，带有较为浓重的阶级立场和政治色彩。在陶行知研究这一部分，作者采取直接与胡适比较分析的形式，分析了两人截然不同的政治立场与教育观点，就政治立场而言，陶行知关心平民、追求民主、支持抗战、拥护中国共产党，而胡适是站在陶行知政治立场的对立面的；就教育观而言，胡适笃信杜威的实用主义教育学，寄望中国多建立杜威教育理念指导的试验学校，而陶行知虽同为杜威学生，但他创造性地发展了杜威的教育观，使之更适合中国国情的需要。

论陶行知与胡适 [*]

陶行知和胡适是中国近现代史上各有一定代表性的人物。几年以前，澳大利亚的一位教育史专家，来华访问，向我提出一个问题："陶行知与胡适是朋友，同在美国留学，同出杜威教授之门，有个时期，两人合作，共同传播杜威的哲学观点和教育思想，为什么若干年之后，两人分道扬镳；陶行知且对胡适的所作所为，予以辛辣的批评。"

上述问题值得我们思考。陶与胡同一年出生于安徽的徽州，同生长在半封建半殖民地的中国，同是出洋留学的知识分子，同受杜威教授的熏陶，归国后，共同迎接杜威来华讲学，分任翻译之劳，宣传杜威的实用主义（实验主义）思想，积极提倡文教方面的改进，这是他们两人共同走过的道路。但是，他们的家庭出身和阶级烙印，各不相同，少年志趣亦各有特点；后来在文化教育实践的探索中，在社会思潮的激荡中，在内忧外患的刺激中，陶胡二人政治觉悟的差距愈来愈大，到了晚年，一个成为共产党外的布尔什维克，一个成为崇拜孔夫子的洋博士。试分论如下：

一

胡适（1891—1962）生于十九世纪末叶，出身于官绅而兼商人的家庭。他在童年时期饱受封建主义的教育；青少年时期，接受清末的"新教育"；然后出洋留学，饱受资本主义国家的教育。1917 年归国后，执教于大学，著书立说，参加"五四"新文化运动，名噪一时。他曾主办几种杂志，议论学术和政治，继而参与实际政治活动，在对日抗战时期，出任国民党政府的外交官；卸任之后，掌管一个大学，反对学生运动；在不利的形势下，离开大陆，最后定居于台湾。于 1962 年去世。

* 原载《教育论丛》，1988 年第 4 期。

从胡适毕生的言行,人们可以看出封建宗法的家教,儒家的文化传统以及近现代资产阶级实用主义的思想在他的脑海中打下了深刻的错综复杂的烙印,他是一个半封建半殖民地国家的典型产物。

让我们看看胡适思想意识的主流。胡适崇信达尔文、赫胥黎、斯宾塞、杜威等人的学说,从而传播进化论、实证主义和实用主义。在"五四"运动的前后,他宣传一点一滴的改良主义,与陈独秀等提倡白话诗文,鼓吹新文学,反对旧文学,鼓吹个性解放,反对旧礼教,此外,他还积极宣扬"全盘西化"论(或称"充分世界化")。或在大学讲坛,或通过报章杂志,议论滔滔,发生颇大的影响。新中国建立后,胡适所传播的思想,其有严重错误的部分受到了严正的批判。众所周知,兹不复述。现在要着重论及的是胡适受到批评,他在台湾究竟如何反应。一九五三年,他在台湾新竹,作过一次演讲,题为《三百年来世界文化的趋势与中国应采取的方向》,讲辞涉及面很广,他耿耿于怀的是他在大陆的儿子骂他成了"帝国主义的走狗,人民的公敌"。他认为儿子是被迫而出此。胡适又说,"我们看共产党为什么要用铁幕呢?为什么铁幕内同铁幕外断绝交通,人不许自由地出来;报纸刊物不许自由地进去呢?为什么不让人民来看看呢?这是他怕光明,怕自由。"(《胡适与中西文化》,页194)胡适若能多活若干年,看到那关于台湾海峡两岸的交流问题,坚持"三不主义"的并不是大陆,不知胡适将如何自圆其说。1960年他在中美学术会议上演讲《中国传统与将来》,坚持过去的看法:"中国的西方化,只是种种观念渐渐传播渗透的结果;……正是那个因为接触新世界的科学民主文明而复活起来的人本主义与理智主义的中国"。就在这篇演讲辞中,他提到:"'胡适的幽灵'也值得三百万字来讨伐,因为胡适对于传统经学大师的考据精神和方法的传播的责任最大,更因为胡适有不可饶恕的胆量说那种精神和方法是科学方法的精神。"(《胡适与中西文化》,页257—258)大陆学术界批胡,最主要的是批判他宣扬实用主义所犯的错误。胡适对此缺乏认识,反以清代朴学家的考据方法当作大旗来炫耀自己,识见之陋,于此可见。1961年胡适在"东亚区科学教育会议"上,大讲《科学发展所需要的社会改革》,他一方面强调科学技术文明的重要性,另一方面又强调:"现在正是我们东方人应当开始承认那些老文明中很少精神价值或完全没有精神价值的时候了;那些老文明本来只属于人类衰老的时代。年老身衰了,心智也颓唐了,就觉得没法子对付大自然的力量了"。(《胡适与中西文化》，页 263)由此可见，胡适在这里把东方人民(当然包括中华民族)对人类文明的贡献加以抹杀。中华民族在促进人类文明的进步方面，曾作过卓越的贡献，业绩斑斑可考，胡适对此采取虚无主义的态度，显然是错误的。至于说东方文明入于衰老时代，犹如人到衰老之年而颓唐了，这个比喻也是不对的。近代东方一些国家，以中国为例，解放前沦于半封建半殖民地的悲惨境地，这是由于"三座大山"的压迫所致。胡适坚决否认这"三座大山"的祸害，而归咎于民族的衰老，持论如此，非诬则愚。此民族虚无主义论，引起台湾部分人士群起攻之，胡氏挨骂，愤极而暴卒，自取其咎，决非胡博士始料所及。

如上所述，"五四"运动时代，胡氏以提倡白话文、鼓吹新文学，骤得盛名。其实明代的袁中郎，清初的金圣叹，早已推崇优秀的白话小说；胡适所倡的"八不主义"，其主旨亦见于顾亭林的《日知录》。胡适继承前人遗绪，适应时代要求，在这方面确起了一定的启蒙作用。问题是他晚年居台湾一方面依然痛斥律诗与缠足同样可恶，同时又常在晚上背诵杜甫的《秋兴》八首，总不下数千遍；《咏怀古迹》五首，也是胡氏经常背诵的篇章。(见《胡适之先生晚年谈话录》)这些都是道地的律诗，其中封建主义的意识，俯拾即是。胡氏每以徽州腔调吟诵，津津有味。"庾信平生最萧瑟，暮年诗赋动江关!"胡氏吟不绝口，感慨系之。他的文艺口号与其心灵深处的矛盾，殆已表现为双重人格了。

"五四"运动时期，胡适曾与"打倒孔家店"的吴虞沆瀣一气，并为《吴虞文录》作序，后来撰《说儒》，承认孔丘的历史地位，到了晚年，胡适一再鼓励其助手，熟读《孝经》《论语》《孟子》，而且指出，如果要把文章做通，就必须精研《论》《孟》。他的助手也认为，《论语》一部书，可从胡适身上得到印证。胡适公开声称，他平生最崇拜的历史人物就是孔子，甚至对孔丘的"食不厌精，脍不厌细"，也奉为至论。(《谈话录》，页 49)在他的口中，"圣人"就是孔丘的代名词。他批评某些国家侵略别的国家，说它们都是狂妄的民族，(把整个民族一笔骂倒，这不是科学的态度)他因此感叹，"现在我们看看二千五百年前的孔子，他的思想那么的平实，真像师生谈话那样和易可爱"。(《谈话录》，页 175)这段话使人联想到严复。严氏于十九世纪末叶，翻译《天演论》并作按语，传播"生存竞争"、"适者生存"的世界观，此外还介绍培根、洛克、穆勒等的经验论和思想方法，对当时的部分知识分子，产生发聋振聩的作用；后来，严复看到第一次世界大战的惨剧。他虽然认识到这些交战国是"利己杀人，寡廉鲜耻"，但救世之方却乞灵于孔孟。他说，"回观孔孟之道，真是量同天地，泽被寰区。"(《书札59》)严复为"共产党出世以前，向西方寻找真理的一派人物"。其历史功绩，非胡适所能企及。惜严氏晚节不终，堕落到拥袁称帝，丧失廉耻。尊孔的言论，亦其思想蜕化的一证。胡适晚年，服膺"孔圣"，与严复如出一辙。这个问题很值得研讨。

综合起来考察，胡适生平的思想意识自相矛盾，言行不一之处，难于枚举。其尤要者如：

既声称要保障民权，却反对释放政治犯；又对废帝溥仪被赶出宫，大抱不平。他因此大受舆论的谴责。

既认为东方的"老文明中很少精神价值或完全没有精神价值"，却极度推崇儒家经典如《孝经》《论语》《孟子》等书。

既声称被孔丘、朱熹牵着鼻子走，不算高明(《胡适文选》，页188)，晚年却极端崇拜"孔夫子"，对"朱夫子"的道德修养、治学精神和方法，亦拳拳服膺。(散见于《谈话录》)

既提倡新文化，却强调整理国故。

既提倡新文学，痛斥骈文、律诗，晚年却以背诵律诗为乐。

既高度重视清儒的考据方法，他自己却往往疏于考证。如说，"徽州的婺源县是朱子的出生地"。(《谈话录》，页166)但据《朱子年谱》，朱熹以建炎四年生于南剑尤溪之寓舍。胡适晚年披阅《朱子年谱》，(亦见《谈话录》)对此竟茫然不觉。他又崇信朱熹临难不苟，有"壁立万仞"的气节，事实是，朱熹在政敌高压之下，四处逃匿，如"丧家之狗"。

既痛恨中国千年来妇女缠足的恶习，却甘愿以洋博士身份娶一小脚女人为妻。

古稀之年既要充当"圣人"(他的助手称他体现一部《论语》的精神，有一个外国人也称他为现代的圣人)，却仍然风流自赏。(如对于陈某妹子的评头品足，表示艳羡之意；又对其助手窃窃私语。引述章某把杜甫《秋兴》中《昆明池水汉时宫〔功〕》一首，解释为艳体诗等等，这些均散见于《谈话录》)。

上述这些矛盾集于胡适的一身。我们看来，他生长于半封建半殖民地的中国。在这个国度里，官僚地主和买办资产阶级勾结帝国主义往往有共同的利害关系。他们结合在一起，维护剥削阶级的利益，仇视人民革命的力量，这是他们一贯的政治立场。胡适的父亲是清朝的官吏，曾阅兵台湾，又是地方上的豪绅。胡适幼年从其父亲识字，丧父之后，寡母谆谆训诲，要他以乃父为模范。他自认乃父对他有垂久的影响，作文署名为胡铁儿（其父号铁花）。童年时期入蒙馆经馆，诵读《孝经》《小学》（朱熹编纂）、《论语》、《孟子》及五经中的四经，浏览《资治通鉴》。九年之心，深深灌注了封建主义的意识。因家人在沪经商，乃从十三岁起，赴十里洋场的上海读书，如是者若干年，然后辍学任教，与买办文人王云五等交往，出入戏院和青楼，打牌吟诗，留连酒色。甚至考取出洋，留学美国，还留意申江之花榜。留美七年，自称，"我的思想受两个人的影响最大：一个是赫胥黎，一个是杜威先生。赫胥黎教我怎样怀疑，教我不信任一切没有充分证据的东西。杜威先生教我怎样思想，教我处处顾到当前的问题，教我把一切学说理想都看作待证的假设，教我处处顾到思想的结果。这两个人使我明瞭科学方法的性质与功用…"（《胡适文选》，页 3）简言之，他得到两个法宝，一是赫胥黎的实证主义，一是杜威的实验主义（实用主义）。胡适凭这两把板斧，回国后的数十年间，在学术思想界，大肆挥舞，风云际会，成为一时的骄子。可是，他站在官僚地主资产阶级的立场，对国内封建势力的肆虐，对帝国主义的祸害，证据确凿，斑斑在人耳目者，胡氏总是视而不见，听而不闻，硬是不肯承认。实证主义在胡适手中，成了变戏法的东西。实用主义否定客观真理，而认为凡有应付环境的功效的假设就是真理。"孔家店"要打倒么？胡氏晚年认为，这是吴虞干的，不是胡某人干的。（见《谈话录》）横竖环境变了，反孔、尊孔对胡某都有用处。遵母命，娶小足女人为妻，既尽了孝心，又博得许多亲友之称誉，个人所得多矣。（亦见于《谈话录》）这些都是实用主义的妙用。总之，抱着实用主义这个法宝，对胡氏来说是无往而不利。晚年在台湾，既大事尊孔，恪遵纲常名教，又依然鼓吹西方文明。"中学为体西学为用"的原则在胡适身上得到体现；虽然这条原则过去曾受到严复的批判。

二

陶行知（1891—1946）出生于务农、贩菜兼营小本生意的家庭，过的是清贫的生活。幼时随父识字，年稍长，随父挑菜进城，其母则在一个教堂内任炊事员兼勤杂。陶童年时期很聪颖，受过蒙馆和经馆的教育。十三岁进入耶酥教会的学校读书，翌年即书壁："我是一个中国人，要为中国作出一些贡献来"。曾邀集同学，反对当时乡中为非作歹的和尚，并毁坏寺内泥菩萨。少年期的陶文濬(行知的原名)得到他的校长的帮助，考入金陵大学。辛亥武昌起义，陶氏拥护革命，信仰孙中山关于民主共和的主张。可见家境清贫，植根于乡土的陶氏，虽受教会学校的教育，但依然热爱自己的祖国。1914 年陶氏大学毕业，向亲友借贷筹资，赴美留学，利用课余和节假日，勤工俭学，并与胡适同出杜威教授之门，同在 1917 年归国。

首先，让我们对于陶、胡二氏的政治立场作一比较。陶氏在归国时表示，"我要使全中国人都受到教育"，这是中国知识分子很高的政治觉悟。陶氏甘愿舍弃待遇优厚的教授职位，和一批人从事平民教育的推广。他感到"经过一番觉悟，我就像黄河决了堤，向中国平民的路上奔流回来了。"他不仅如此说，而且脱下长衫马褂，穿上布衫草鞋，艰苦创办人所周知的晓庄师范，为广大农民服务。"和马牛羊鸡犬豕做朋友，对稻粱菽麦黍稷下功夫。"这就是他的风范。这个时期的胡适，却怀念故宫中的废帝溥仪，不特去晋见了这个少年"皇上"，而且事后作诗纪念："我昨晚忽然想做诗纪一件事，……成短诗一首：咬不开、捣不碎的核儿，关不住核儿里的一点生意；百尺宫墙、千年的礼教，锁不住一个少年的心。"(《胡适日记》下，页 371—372)。

陶胡二人，一个向着平民，一个惦念着他的"皇上"！

1930 年晓庄师范被国民党反动政府所封闭，进步师生遭残杀，陶行知受到通缉。1932 年，陶氏在上海办工学团，政治觉悟进一步提高。他坚决表示："团就是团结，就是团体。团以保生，这个意思就是教人民大众团结起来，结成坚固的团体来保卫自己的生存权利，如果有什么混账王八蛋来欺负压迫老百姓，咱们老百姓就起来和他干——啊！"(戴伯韬：《陶行知的生平及其学说》，页 80)这个时期的胡适，为了欺世盗名，加入宋庆龄、蔡元培、鲁迅等所组织的"中国民权保障同盟"。但涉及释放政治犯的盟章，胡适就公然反对。宋、蔡等对他严加责备："释放政治犯，会章万难变更。会员在报章攻击同盟，尤背组织常规，请公开更正，否则惟有自由出会，以全会章。"(《胡适来往书信选》中，页 193)结果，胡适被开除了。

陶氏与胡氏对比，一为反暴政压迫的斗士，一为"助桀为虐"的帮凶。

1930 年，胡适发表《我们走那条路》一文，提出五鬼闹中华的主张，说什么"悬想一个意义不曾弄明白的封建阶级作革命对象，或把一切我们不能脱卸的罪过，却归到洋鬼子身上，这些都是盲动。"（《胡适与中西文化》，页 94）陶行知说他抓住五个小鬼，放走一个大妖精。这是一个很辛辣的批评。也可以看出彼此的政治观点，有很大的差距。

1935 年胡适写了一首《飞行小赞》，大意是，古人辛苦学神仙，现在他不修不炼，也能凌云上天，看水看山。陶行知读了以后，作诗讽之：流尽工人汗，流尽工人血，天上不须半日，地上千万滴。辛苦造飞机，不能上天嬉，让你看山看水，这事大希奇。胡适对他的助手说："你看了陶行知的诗，可见他这个人一点幽默感也没有"。（《谈话录》，页 301－302）这显然不是有没有幽默感的问题，而是立场问题。

三十年代中期，陶氏与沈钧儒等在上海组织救国会，反对国民党政府对日寇不抵抗，而从事内战。陶氏作为国民外交使节，出访 28 国和地区，揭露日寇的野心和暴行；动员广大华侨及国际友人支持中国人民的正义斗争。国民党反动政府悍然逮捕救国会的"七君子"，陶氏受到第二次通缉。这个时期，胡适加入汪精卫、周佛海、高宗武等人的"低调俱乐部"，力主对日妥协，与后来成为大汉奸的高宗武深相结纳。胡氏还发表"等五十年后再抵抗"、"日本要征服中国，必须先征服中国人民的心"等等谬论，大受舆论的抨击。陶行知在国外致书给胡适，告诫他毋作妥协之论调。陶在一次演讲中，提到"一·二八"淞沪抗战时，一位名叫胡阿毛的卡车司机，被日军强迫运输一车军火；他毅然将卡车开入黄浦江，使满车军火和押送的日兵，全都葬身江底，他自己亦壮烈牺牲。陶行知对此写了一首诗，其中有两句，"致敬胡家出好汉，不是胡适是阿毛"，既歌颂了民族英雄，又鞭挞了胡适。

陶与胡对比起来，一个是抗日救亡、百折不挠的斗士；一个是畏敌如虎的懦夫。

1936 年，陶氏到了伦敦，谒马克思墓，赋诗致敬；有"光明照万世、宏论醒天下"之句，表达了心悦诚服的心情。同一年度，胡适在北京，复信给一个文坛小丑，申述其一贯反马列主义的主张："我在 1930 年写《介绍我自己的思想》，其中有二三百字是骂唯物史观的辩证法的。……我们对左派也可以说，你们不能拿没有东西来打有东西的"。（《胡适来往书信选》中，页338）陶胡二人，一个是勇猛精进，一个是顽固到底。

抗战时期，陶氏居重庆，从事于有利抗战的工作，艰苦卓绝，培育人才；结合进步人士，发扬正义，争民主，反独裁，百折不挠。鉴于反动派不断捣乱，他曾气愤表示："要知道民主是要用血、用生命去争取的!"日本投降后，陶氏拥护中共关于避免内战、国共两党和平合作建设新中国的主张。别有居心的胡适，这时居然致电毛泽东，要求中共解除武装，否则将因内战而完全消灭。虚声恫吓，徒然暴露其狂妄与顽固。晚年居台湾，还往往借题攻击中国共产党，胡氏花岗岩之头脑，不可改也。

其次，让我们对陶胡二氏的教育观点作一比较。据胡适的看法，杜威最注重的是教育的革新，其种子在中国确已散布不少，将来各地的试验学校渐渐发生，有了试验的机会，十年二十年后，将变成无数杜威式的试验学校，将直接间接影响中国的教育。（《杜威先生与中国》）胡适这种估计，显然是落空了。陶行知开始也相信杜威的"学校即社会"、"教育即生活""从做上学"等主张，但陶氏不仅注意探讨教育理论，他又是一个教育实践家。通过实践，他发现杜威这一套在半封建半殖民地的中国是行不通的。他于是幡然改图，经过不断探索，提出了"生活即教育"、"社会即学校""教学做合一"等具有创造革新意义的教育学说。

"五四"运动以后，中国广大青年，在马列主义思想影响之下，纷纷走上反帝反封建的革命道路，这就使胡博士坐卧不安了。他一方面大声疾呼，要"多研问题、少谈主义"，同时又树起"整理国故"这面旗帜，号召青年回到故纸堆中去讨生活，并荒谬地提出，释明一个古字，其功不在发现一颗新星之下。后来，他受到抨击，只好装模作样地慨叹，"现在一般少年人跟着我们向故纸堆中去乱钻，这是最可悲叹的现状。我们应该换条路走走了。等你们在科学实验室有了好成绩，然后拿出你们的余力，回来整理我们的国故，……"（《胡适文选》，页372)，告诫青年搞了科学，回过头来还要整理国故，这就是胡氏的"迷魂汤"，陶行知本人在青少年时期饱读经史，但他从不号召青年去钻故纸堆。反之，他积极提倡"科学下嫁运动"，认为，"资本家专有了科学，他们设立了科学研究室，开办了大学专门学校，可是能够享受现代科学成果的，只有他们和他们的子女。我们现在要做相反的工作，我们要做工种田的人得以享受近代科学知识……这就需要一个科学下嫁运动。"于是他和一批同志在这方面做了许多有益的工作。在抗日时期创办的育才学校，也注意使学生在各种知识和科学方面，打好基础，以便于进一步对专门科学进行深造。

三十年代开始，国难日深，青年学生目击时艰，政治觉悟大大提高，不断从事"抗日救亡"以及"反内战、反迫害、反饥饿"的运动。胡适对此搬出他从外国个人主义者学来的法宝，喋喋不休地告诫青年，要先"救出自己"、"把你自己这块材料铸造成器"，所以不宜参加群众运动。1935 年北京爆发了波澜壮阔的"一二·九"爱国运动。胡适连忙发表致北平大学同学书："若长此荒废学业，今日生一枝节，明日造一惨案。不但于报国救国毫无裨益，简直是青年人自放弃其本身责任，自破坏国家将来之干城了！"（《胡适往来书信选》中，页 292-3）这样的论调显然是作为国民党政府策士的胡适妄施釜底抽薪之计。心劳日拙，当然不能得逞。在此期间，中国共产党发表了《为抗日救国告全体同胞书》，发生了巨大的影响。陶行知时在上海，完全拥护这个宣言关于停止内战，建立抗日民族统一战线的主张，也积极支持"一二·九"爱国运动。他向人表示，迎接南下的学生代表，以便建立一个南北统一的抗日大联合。他还纠合同志组织国难教育社，推行国难教育，其目的在于推进大众文化，争取中华民族之自由平等，保卫中华民国领土与主权之完整。在国难期间，陶氏教子："要把自己青春的火药，对准日本帝国主义轰炸，不要在盘子内浪费掉。"（《人民教育家陶行知》，页 65）这个期间，胡适又如何教子呢？他对儿子说："养成做工的习惯是第一要事。没有'丙'等分数的人可以做学问的，也没有'丙'等分数的人可以做事有大成功的。"（《胡适的日记》下，页 535）胡适所注意的是"救出自己"，"出人头地"，陶行知所注意的是为着民族的解放而英勇斗争。两种人生观，两种教育观点。

概括起来说，陶行知与胡适是在近现代半封建半殖民地的中国出现的各有特点的典型人物：

陶氏出身于清贫的家庭，保持劳动人民的本色，站在劳动人民的立场，为提高劳动人民的素质，为中华民族的解放而奋斗终生。胡适出身于官绅而兼商人的家庭，始终站在剥削阶级的立场，崇拜帝国主义的势力，为维护剥削阶级的利益而敌视人民革命的事业。

在认识论方面，陶氏经过探索之后，坚持唯物主义的观点，主张实践出真知。他的格言是"行动是老子,知识是儿子,创造是孙子",这就是他的观点。胡适宣传"大胆假设,小心求证"的"科学方法"。他应用这种方法研究旧中国问题,得出"五大仇敌"的结论,而封建势力、帝国主义都不在内。(《我们走那条路》)这种方法究竟有何价值,可不言而喻。他服膺实用主义,把真理看作是一时公认的应付环境的便宜假设。环境改变了,他从倾向于"打倒孔家店"转而尊孔,真理都在他手里,这就是实用主义的妙用。

在人生观方面,陶行知的格言是"捧着一颗心来,不带半根草去",他说到做到,经过艰苦而英勇的奋斗。不断追求真理,成为毫不利己、专门利人的党外布尔什维克。胡适的格言是"救出自己",是典型的利己主义者。他见机而作,善于表现,养尊处优,成为具有剥削阶级文化修养的代表人物。

俱往矣,陶氏的风范永存,胡氏呢?

吴树琴

　　吴树琴(1916—2003)，安徽休宁人。1938年毕业于上海中法大学药学专修科。新中国成立后，曾任江苏省劳动局副局长、南京制药厂副厂长、江苏省妇联常委、江苏省和南京市人大代表以及全国政协委员、南京市政协常委等职。兼任江苏省陶研会理事、顾问和中国陶行知基金会顾问等。

　　吴树琴是陶行知的亲密爱人，她一生支持陶行知的事业，帮助整理文稿等，多次挺身保护陶行知安危。陶行知逝世后，多方收集、珍藏其遗物，以写文章、做演讲等形式积极宣传与弘扬陶行知思想。她积极支持中国陶研会与各省市陶研会的工作，并将长期珍藏的大量文物和文献资料，无偿捐献给南京陶行知纪念馆、上海图书馆文化名人手迹馆等单位，为保护和研究陶行知作出了重要贡献。

　　本卷收录《忆陶行知的政治生活片断》一文，主要忆及陶行知生前不畏强权与不惧牺牲而坚持争取民主斗争的政治行动，从作者的叙述中得知，在进步人士屡遭暗杀的恐怖政治气氛下，陶行知通过书信向作者表达个人对当前形势的判断，在明知危险的情况下仍不顾个人安危继续工作，充分体现了陶行知作为民主战士英勇的精神品质。

忆陶行知的政治生活片断 *

　　一九四五年八月十五日，日本帝国主义刚宣告无条件投降，中共中央发表了《对当前时局的宣言》，号召全国人民"在和平民主团结的基础上实现全国统一"。为了实现和平统一的愿望，毛泽东和周恩来、王若飞等同志于八月二十八日飞抵重庆，与国民党举行和平谈判，在机场，受到各民主党派领导人的热烈欢迎。陶行知也是欢迎中共代表团的代表之一。经过四十三天的谈判，双方在十月十日，总算签订了"双十协定"。但是墨迹未干，国民党便暗中发动内战；在重庆"戡乱"传单满天飞。这样，便暴露了蒋介石假和平的真面目，激起了爱国人民的公愤。

　　不久，在重庆展开了和平与反和平的斗争。十一月，各民主党派成立了反内战联合会，呼吁各界人士联合起来制止内战。接着便有沧白堂事件、较场口事件、昆明的流血事件……陶行知在这段斗争的日子里，都表现出了他的鲜明立场。

　　十二月九日，重庆各界进步人士举行了"陪都公祭昆明'一二·一'死难烈士大会"。在这天育才学校的晨会上，陶行知校长向师生讲话，慷慨激昂，愤怒地谴责国民党反动派屠杀游行学生的罪行。最后，他号召师生都去参加公祭大会，并且告诉大家要作好流血牺牲的思想准备。晨会结束，他就率领师生参加公祭大会。在会上，他控诉声讨了国民党倒行逆施的罪行，并宣读了他事先写好的悼念诗。其实，他在参加这次公祭大会之前，也作好了思想准备，在前一天的夜晚，已将自己写的诗歌全集整理好，交冯亦代先生出版；并且留下给生活教育社同志和我的遗嘱各一份，放在自己房间的桌子上，预备为争取和平民主而献身！当时，他在重庆育才学校办事处，我在北碚北温泉新亚药厂工作。

---

　　* 选自中国陶行知研究会编：《陶行知教育思想研究文集》，北京，人民教育出版社，1985 年版。

除了留给我的那篇遗嘱外，十二月十一日，他又来信说："九日追悼昆明死难师生到千余人，甚为悲壮。我于八日连夜将诗集九册整理完毕，交与冯亦代出版，深恐次日遇险，故于开会前交去，一月内可以出齐。……我曾于九日写一遗嘱与你，另一遗嘱与生活教育社同志，放在桌上给你们，今已顺利过去，原稿我自带去。这次我预备死而不死，今后当尚有为民族人类服务之机会而能与你再见，真是幸福，我当加倍努力，以无负于此幸福也。"①

他留下的遗嘱中说，"这样去是不会有痛苦，望你不要悲伤"。从这话中可以看出，为了国家民族的利益，他以大无畏的精神，坚决去参加公祭大会，不惜牺牲生命。当他无恙回来时，他庆幸自己"预备死而不死，今后尚有为民族人类服务之机会"而感到幸福。足见他为国家的利益、人民的和平幸福，真是死而无怨。

在政治协商会议进行期间，重庆各界进步人士很关心这次会谈的成败。为了促进会议的成功，成立了"政治协商促进会"。每天晚上在沧白堂有专人报告政治协商会议的讨论情况。有天晚上，我陪同行知去沧白堂听报告。在报告进行中，国民党反动派派特务捣乱，石子一把把地砸入会场，使会议难以进行下去。在主席台上讲话的郭沫若和李公朴当场受伤，群众非常气愤。我们回到育才学校办事处，行知沉痛地写了一首诗，题目是"石头奈何"，诗云：

> 主人要谈话，
> 公仆摔石头；
> 纵被石打死，
> 死也争自由。

此诗当时登载在民盟所办的《民主》周刊上。在较场口事件中，即一九四六年一月十日，重庆各界为了庆祝政治协商会议闭幕，在较场口广场召开庆祝大会。我随着育才学校的师生同去参加。国民党反动派蓄谋破坏这次大会。他们派了大批便衣特务混入会场。大会进行不久，特务们就制造事端，引起骚动，趁部分与会群众惊恐之际，特务冲上主席台大打出手，夺喇叭，把台上的桌椅抛向台下与会者的头上，郭沫若、李公朴等同志身负重伤，与会的许多群众被打伤，被绑架。这就是国民党反动派制造的较

---

① 陶行知：《行知书信集》，合肥，安徽人民出版社，1981年版，第370页。

场口事件。当时在场的育才师生与特务搏斗，掩护郭沫若和李公朴先生离开会场，并把他们护送到医院。我回到育才办事处，不见行知回来，深怕他遭遇不幸。半小时后，他镇静地回到我们的身边，同学们欢呼起来。他沉痛地说："民主是需要血和生命去争取，才会到来的。"

无耻的反动派，在较场口制造暴行事件，却又卑鄙地控告陶行知，法院传他去，说什么陶行知指使育才学校学生打人，破坏会场秩序。他理直气壮地驳斥反动派这种颠倒黑白的伎俩，明明是他们制造的暴行，却又妄图嫁祸于人，真是卑鄙之至。从法院出来，他便赶去参加育才学校同学会的成立大会。他向到会的人说："我们每一个人好像是一块石头，如果彼此凝固得很紧便成为一座大堤，水由堤上流下去，冲动了水轮便可发电，产生热，产生力量；如果其中有一块石头凝固得不紧，别人就可以用它来击溃这整个的堤。"他的意思是叫大家团结起来才有力量。

四月十一日，我们离开了居留七年的重庆，飞往南京。十七日，我们到了上海，住在吕班路五十三号三楼的一间亭子间里。他一面参加并领导民主运动，一面筹划育才学校迁校上海。在短短的三个月里，他到处演讲，日夜奔走于反对内战、争取民主的斗争之中。

六月二十三日，上海北站十万群众欢送人民代表赴南京请愿的时候，他也出席了。会场中一位青年走到他跟前对他说："也许今天要重演较场口事件，先生要小心些。"他沉着地说："那不是我们的事，重演不重演是政府的事。你来参加欢送会，难道不是预备挨打的吗？"会上，他站在主席台上发表了沉痛的演说，他说："八天的和平太短了，我们需要永久的和平；假装的民主太丑了，我们需要真正的民主！我们要用人民的力量制止内战，争取永久的和平，我们要用人民的力量反对独裁，争取真正的民主。"

七月十五日，惊闻闻一多、李公朴在昆明被特务暗杀，并有消息说上海的特务已把陶行知列入即将暗杀的黑名单，这消息给他的刺激很大，我也为他焦急。但是拦不住他求和平争民主的激情。许多朋友也极关心他的安全，记得有一次陈家康同志到我们住处忠告他说："你的门前特务日夜监视着，最好暂时换个地方住，要提防无声手枪啊。"他说："国民党专横霸道已经二十多年了，他们拥有全国的军队和警察，然而他们还要像蛇蝎一样的向上爬，去杀害那些进步的手无寸铁的评论者的生命。"他说的时候声音里充满了愤怒和悲痛。他斩钉截铁地说："我等着第三枪。"

　　七月十六日，他写信给重庆育才学校的师生："……公朴去了，昨今两天有两方面向我报告不好的消息。如果消息确实，我会很快地结束我的生命。深信我的生命结束不是育才学校和生活教育社之结束。我提议为民主死一个就要加紧感召一万个人来顶补，这样死了一百个就是一百万人，死了一千个就是一千万人，死了一万个就有一万万人，肯为民主牺牲，而中华民族才活得下去。我们现在第一要事是感召一万位民主战士来补偿李公朴先生之不可补偿之损失，只有这样，才是真正的追悼。平时要以'仁者不忧，智者不惑，勇者不惧，达者不恋'的精神培养学生和我们自己。有事则以'富贵不能淫，贫贱不能移，威武不能屈，美人不能动'相勉励。"①

　　没有料到，这封信竟成为他最后的遗书！七月二十五日，他在爱棠新村朋友的家里因患脑溢血而离开了人间。噩耗传来，多少亲友和学生失声痛哭，到他遗体前，向他告别。印象特别深的，是我们敬爱的周恩来同志和邓颖超大姐得到消息后，立即前来，周恩来同志拉着他那还不十分硬僵的手，对他安慰着说："陶先生，放心去吧，你已对得起民族，对得起人民。你的未竟事业，会由朋友们，会由你的后继者们坚持下去，开展下去，放心去吧。我立即就要去南京了，我们必定要争取全面的永久的和平，实现民主来告慰你的。朋友们都得学习你的精神，尽瘁于民主事业直到最后一息的。陶先生，你放心去吧。"

　　随后，毛泽东同志由延安寄来题词："痛悼伟大的人民教育家陶行知先生千古。"他的遗体由五十三个人民团体于一九四六年十二月一日安葬在南京晓庄劳山之下。安葬时，董必武同志率领中共代表团，带着毛泽东、朱德、周恩来等同志署名的三个大花圈放在灵前。董老并亲自题五律一首《哭陶行知先生》贴在灵柩上。诗云：

　　　　敬爱陶夫子，当今一圣人。

　　　　方圆中规矩，教育愈陶钧。

　　　　栋折吾将压，山颓道未申。

　　　　此生安仰止，无后可归仁。

---

① 《陶行知文集》，第824页。

吴玉章

　　吴玉章(1878—1966)，原名吴永珊，四川荣县人。1903 年赴日本留学，1905 年加入同盟会。1907 年在东京创办《四川》杂志，鼓吹革命。1928—1937 年赴苏联、法国和西欧工作，任《救国时报》编辑发行人。1938 年回国后，曾领导《新华日报》工作。共和国建立后，历任中国人民大学校长、中国教育工会主任、中国文字改革委员会主任等职。著有《辛亥革命》等。

　　本卷收录《回忆陶行知先生》一文。作者截取了与陶行知生前交往的几个片段，刻画陶行知的思想、教育实践、民主路线以及为人民服务的形象。他肯定陶行知是唯物论者，原因是他们一起瞻拜了马克思的墓地，陶行知放弃唯心主义而接受唯物主义。他肯定陶行知为穷苦百姓的孩子和职业青年办教育，才有育才学校和社会大学的建立。他肯定陶行知的革命精神，才有解放双手与大脑的生活教育问世。他肯定陶行知的创造精神，才有永葆生机的创造教育。他肯定陶行知的为民主奋斗的精神，才有民主教育的系列实践。他肯定陶行知的为民族解放而奋斗的精神，才有不畏强权与暗杀坚持为民族独立和国家和平而不停战斗的实践。

回忆陶行知先生 [*]

　　回忆陶先生，我想起了一九三八年二月，我们同出席伦敦世界反侵略大会的时候，一同去瞻拜马克思的坟墓，我们在一片荒塚里，找寻了几遍，才发现恩格斯所题的墓志，而惊叹这一旷世伟人之墓，竟然这样平凡。这象征着要和大众打成一片，死也要和大众打成一片，才是真正的伟大。这和陶先生要智识分子站在人民大众之中，为人民大众服务，做人民大众的"人中人"，而不是站在人民大众头上，做人上人之思想，是相符合的。陶先生崇拜马克思的辩证唯物论。从他把自己"知行"的名字，颠倒过来，改为"行知"，就是一个证明。他把王阳明"知是行之始，行是知之成"的唯心论，改为"行是知之始，知是行之成"的唯物论。这就表现他得到了马克思的正确的思想方法。

　　回忆陶先生，我想起了一九三九年，我们同往北碚的时候，他为我说明办育才学校的意思，是在于培养人才之幼苗，使得有特殊才能的幼苗，不致枯萎，而能够发展。特别是为了老百姓的穷苦孩子，为了有才能而穷苦的或身有缺憾的孩子。为了引导学生们团结起来做追求真理的小学生，团结做自觉觉人的小先生，团结起来做手脑双用的小工人，团结起来做反抗侵略的小战士。经过陶先生的苦心孤诣，艰苦经营，六七年来，育才学校日益壮大了，这真是"有志者事竟成"。

　　回忆陶先生，我想起了今年三月，他对我说，要在上海及各大都市去发展社会大学。他说："我估计中国全国有四百万职业青年需要社会大学帮助他们进修。我们应该在全国展开社会大学运动。在各大都市建立夜大学和早晨大学来应济这广大的需要。"他又改孔子"大学之道：在明民德，在亲民，在止于人民之幸福"。他认为："社会大学之道：首先要明白人民

---

　　* 原载《新华日报》，1946 年 9 月 22 日。

的大德；其次要亲近老百姓；第三要为人民造幸福。"他说："社会大学有两种：一是有形的，二是无形的。社会大学运动要是把有形的普及出去，并要给无形的一个正式的承认，使每一个人都承认这无形的社会大学之存在，随时随地随事进行学习。无形社会大学是只有社会而没有'大学'之名。它是以青天为顶，大地为底，二十八宿为围墙，人类都是同学，依'会的教人，不会的跟人学'之原则说来，人类都是先生，而且都是学生，新世界创造是我们的主要的课程"。这种"民胞物与"，"各尽所能"之设计，不能不承认其伟大。

回忆陶先生，我想起了他的革命精神，凡一切过去的思想、学说、理论、制度等等，都要经过理性的裁判，如有不合理的，即使人人认为神圣不可侵犯的东西，他也大胆的要反对要革命，他要求人类，从思想到肉体，都要得到解放，得到自由。他对儿童教育，要解放孩子的头脑、双手、嘴、空间、时间，使他们充分得到自由的生活，从自由生活中得到真正的教育。他的生活教育的理论，就是教育革命的理论，也是革命教育的理论。他打倒一切陈腐的自私自利的学说，使教育无拘无束，活生生的实现于人类生活之中。把人的生活是有规律、有理性、有组织、有创造、有发展，和其他动物盲目的生活不同，明白的在教育意义上表现出来。这是他天才的发现。

回忆陶先生，我想起了他的创造精神。他以为人类自从腰骨竖起，前脚变成了一双可以自由活动的手，进一步便一日千里，超越一切动物，而且有脑子作为一切行动的总司令，就能创造一切。他的《创造宣言》说："创造主未完成之工作，让我们接过来，继续创造。"因此他就创造了：生活教育、儿童教育、民主教育、小先生制、育才学校、社会大学等等，他教人攻破二十七个难关，以达到教育的普及。他号召人们说："处处是创造之地，天天是创造之时，人人是创造之人，让我们至少走两步退一步，向着创造之路迈进吧。"

回忆陶先生，我想起了他为大众生活解放的教育宏愿。他说："少爷小姐有的是钱，大可以为读书而读书，这叫做小众教育，大众只可以在生活里找教育，为生活而教育。当大众没有解放之前，生活斗争是大众唯一的教育。并且孤立的去干生活教育是不可能的。大众要联合起来才有生活可过，即要联合起来才有教育可受。从真正的生活教育看来，大众都是先生，大众都是同学，大众都是学生。'教学做合一'即知即传是大众的生活法，即是大众的教育法。总说一句，生活教育是大众的教育，是大众自己办的教育，大众为生活解放而办的教育。"是的，大众实在太苦于无法生活了，大众要想从痛苦生活中解放出来，只有在自己生活中学习革命教育，学会革命教育，才能得到解放。

回忆陶先生，我想起了他为民主奋斗的精神。他既认定孤立的去干生活教育不可能，而中国又是个人独裁的国家，人民大众迫切需要民主。因此，他有民主教育的运动。他说："民主教育是教人做主人，做自己的主人，做国家的主人，做世界的主人。""民主教育一方面是教人民争取民主，一方面是教人发展民主。在反民主的时代或民主不够的时代，民主教育的任务是教人民争取民主，到了政治走上民主之路，民主教育是配合整个国家的创造计划，依着民主的原则，发挥个人及集体的创造力，以为全民造幸福。""无论是争取民主或是发展民主，都要依靠广大人民的群策群力才能成功。这广大人民在数量上是越广大越有力量，在认识上是认识得越深刻越有力量。因此民主教育需要普及。我们所要普及的是救命的民主教育，要全国老百姓，无论男女老少贫富，都能很快的得到这救命的民主教育。"真的，人民已经到了九死一生，救死不暇的时候，实在无法再照旧生活下去！陶先生大声疾呼要全国老百姓，无论男女老少贫富，都团结起来，为争取救命的民主而斗争。全国人民必须响应他这一沉痛的呼声。

回忆陶先生，我想起了他为民族解放而奋斗的精神。他痛心于帝国主义之侵略，号召大众联合起来为中华民族解放而斗争。他很沉痛的说："中国已经到了生死关头，争取大众的生活教育，自有它应负的历史的使命。为着要争取大众解放，它必须要争取中华民族的解放，为着要争取中华民族的解放，它必须教育大众联合起来解决困难。因此推进大众文化以保卫中华民国领土主权之完整，而争取中华民族之自由平等，是成为每一个生活教育同志，当前所不可推却的天职了。"这一号召产生了八年抗日战争的英勇斗争，自去年八月日寇投降，万幸我中华民族得到解放，谁知"前门拒虎，后门进狼"。一年以来，卖国政府又将国家主权丧失殆尽。全国人民之忧患更深了。

陶先生的思想是正确的，见识是高超的，志愿是宏大的，意志是坚强的，生活是刻苦的，做事是勇敢的，对人是诚恳的。他为大众服务，也为大众所爱戴。他对于人民大众——社会的发展有极大的信心。他认为：人类生活数十万年来，天天在变化，天天在发展前进，而其发展前进的推动力，则由于人类有手脑并用之劳动，劳动生活创造一切，才由野蛮而发展到现代的文明。他主张在劳力上劳心，而不主张在劳心上劳力，他反对把二者平列起来，把劳心与劳力分为二种人。他认为，将来的社会必无专以劳心为职业的人，因此他强调在劳力上劳心，就是说用手还要用脑，才能有所创造。他要人们依靠人民、大众，相信人民、大众，不要依赖统治者。要往下看而不要往上看。他要打倒一切压迫人民大众的恶魔。他的热诚感动了千百万的大众，他能领导大众为中国的独立、民主、和平与卖国、独裁、内战之执行者作坚决的斗争，因此遭到了独裁者的痛恨，必欲得而甘心，而特务暗杀的黑名单，把他列为第一名。虽然他还没有如李公朴、闻一多二先生之被人暗杀，而因李闻二公之死，悲痛愤激，为整理未竟事业，准备成仁，朝夕忧劳，而竟夺去了他的生命。我们相信，他已播下了千千万万的革命种子，必然要开花结果，他的肉体虽死而精神不死，他的功业将永垂不朽，万古长存。

徐鸿仪

　　徐鸿仪(生卒年不详)，早年就读于南京晓庄师范学校，毕业后曾担任嘉善县政府财政科科员。任《嘉善日报》主笔和《浙西日报前线版》主笔，他不断在报上发表诗词文章纵谈国事，宣传抗日主张。

　　本卷收录徐鸿仪《从二周纪念想到陶师知行》一文。作者在文中高度评价了陶行知的教育思想和教育实践，敬佩陶行知先生的伟大人格。文章虽短，却字字包含真情，句句发自肺腑。在文章中，作者称陶行知为中国教育的"哥伦布"。正如作者所言："将来十年、百年以后，乡教如能滋长成功，则饮水思源，陶师总是一个发现新大陆的哥伦布呀!"作者还说："陶先生是中国的杜威。但陶先生可惜只有一个。若有十个，中国就可救了。"这是一篇具有相当分量的最早研究陶行知的文章之一。

从二周纪念想到陶师知行 [*]

吾校自民国十六年三月十二日开学。在这烽火连天的时局，豺狼当道的地方，斩除荆棘，薙芟草莱，经过长时的垦拓，使教育荒岛上开出一朵含苞待放的鲜花。这都是我们同志用热泪来灌溉，用热血来培植的。现在二周年纪念的盛典，在这光芒万丈青天白日底下的晓庄，欢呼举行。我们回溯从前缔造艰难的历程，觉得苦尽甘来，这是何等鼓舞兴忭，耐人意味的事情！

我是一个后来人，虽不得患难与共、辛苦同尝，但是常听到老师的谈话，述及吾校创业，的确艰苦卓绝。前年春间，陶师知行只拿了一千块大洋，到荒凉满目的小庄来，创办本校，培养乡村导师。这种冒险事业，平常哪里肯轻于尝试？当时也有友朋辈的劝阻，洋八股派的讥讽，但是陶师毅然决然地下乡来奋斗。这是何等的精神呀！景行仰止，企念贤劳，躬逢盛典，不得不联想陶师的伟绩，供我们的策励。

中国的教育，三十年来，中了宗法社会和洋八股的毒气，所以复辟思想、官财念头，仍旧滋长在民众的心坎里。十几年来，社会常在不安宁的状态中，也是受不良教育的赐予。陶师具远大的目光，用断然的态度，大声疾呼：中国教育已经走错了路！并且看准了五千年古国出头希望在于锄头。于是作歌著书，兴办乡村幼稚园及小学、中学、师范。发明以生活为中心，以教学做合一的原则，用试验方法，去探求真理，矫正从前的错误，挽救以往的弊病。这真是我国教育界的福音，指示我们努力乡教的一条大道。

我更钦佩陶师的人格，使什么都受感化。不是正心诚意，一定做不到。去秋安徽公学教职员与全体学生，手持旗帜，步行下乡，欢迎陶师回

* 原载《乡教丛讯》（《二周纪念特刊》第 2 号），1929 年第 3 卷第 3 期。

校主持。起初娓娓直道，继而泗涕横陈，末了竟嚎啕大哭起来，我们旁观者也觉酸鼻。后来我师进城，校务就日有起色。且决搬下乡来，□□中心动人，他的人格，更多么伟大啊！

曾宣誓为乡教努力三十年的陶师，虽有更舒服、更赚钱的位置，不愿去就，都婉辞谢却，已屡见不一见了。只拿月薪百元来苦度时光，更使人钦佩投地。有一次，陶师为要辞职，我们顿觉如稚子将离开慈母一样，连夜召集紧急会议，陶师也出席，同学说了几句真诚的话，泪珠已滚滚而下，全场也都洒同情的热泪，陶师也止不住泣了。后来决定，如不肯打消辞意，群坐不散。陶师无奈，只得打消辞意了。这样赚人眼泪，感人深切的事情，在晚近学潮澎湃的时代，哪里去找呀！

我们在这二周纪念会，决不是赏鉴过去的小小成绩就觉得很是满意。我们追随陶师，要继续不断地进行，使乡教事业与年俱进，发辉而光大，前途方有无穷的希望。

末了，我再引朱端琰先生的言语作结："陶先生是中国的杜威。但陶先生可惜只有一个。若有十个，中国就可救了。"这句话，真很有见地。中国乡村教育，得陶师的热心提倡，切实去干，渐渐引起人们的注意了。将来十年、百年以后，乡教如能滋长成功，则饮水思源，陶师总是一个发现新大陆的哥伦布呀！

徐明清

　　徐明清(1911—2008)，女，原名徐一冰，浙江临海人。徐明清小学毕业后，考入台州女子师范学校。1928年，考入了陶行知在南京创办的晓庄师范学校。1930年，晓庄师范被查封，辗转于江苏、安徽和浙江，在各地开办小学和妇女识字班。1932年10月，受陶行知委派，参加了"晨更工学团"的创办，并成为负责人。曾任共青团南京晓庄师范学校学生支部书记、上海左翼教育工作者同盟常委、晨更工学团主任。1936年后，任中共西安市委妇委书记、陕甘宁边区妇联主任、中共中央妇委委员。新中国成立后，历任农业部人事司副司长、中共中央农村工作部干部处副处长、国务院农林办公室教育处副处长、农业部教育局顾问。1985年任中国陶行知基金会副会长，著有回忆录《明清岁月》。

　　本卷收录《回忆晨更工学团》一文，是作者以晨更工学团团长的身份对这一团体活动的回忆。作者交代了晨更工学团是陶行知指导几位有革命倾向的学生创办的，陶行知负责筹措办学经费，提供办学思想指导，指导编教科书，而不参与具体的招生与管理，全部交由几位负责人自由管理，这为工学团开展革命活动提供了便利。同时，在文章中，作者也回忆了晨更工学团办学的具体情况，包括学生人数及构成、课程、教材及教法等。

回忆晨更工学团 *

　　一九三二年夏，陶行知先生筹办山海工学团。十月一日，山海工学团在上海市宝山县之间的大场孟家木桥正式成立。一九三二年秋，又在上海市西郊北新泾镇陈更村创办晨更工学团。

　　陈更村在北新泾镇西北约二公里，紧靠罗别根路，是沪西区周家桥工业区的边沿。在周家桥，集中了许多由日商和中国资本家办的"丰田"、"日华"、"申新"等大棉纺厂及其他印刷厂，机件加工厂等。这些工厂的工人许多来自北新泾镇周围农村。北新泾镇又是郊区棉花及其他农产品的集散地，水陆交通都较便利。因此，镇上较热闹，有几家收购棉花的花行。陶先生选择这样一个有工人、农民、店员聚居的地方办工学团，是进行工农教育较理想的地点。

　　陶先生委派我担任团长，着手筹备建团事宜。不久，王洞若同志来上海，陶先生又要他来和我一道工作。陶先生对团内人事不多过问，放手叫我们自己邀请，意思是交共产党领导。他说："你们和'山海'要互相学习，看谁办得好。"在工作上非常关心我们，支持我们，经常来和我们交谈，给予很多指示。有时还冒着危险掩护我们，在经济上也经常给予支持。后来我又约林迪生、陈鹤亭等同志来共同研究开展工学团的各项工作。

　　晨更工学团的房屋，先是在陈更村租了农民张家的五间小平房，不久，陶先生约请商务印书馆黄警顽先生帮助，由他在罗别根路上找到一幢两层的西式旧楼房，楼下三间，楼上三间，上面还有一小间阁楼。楼前有一片较大的用竹篱笆围起的院子。这幢房子原是一个资本家的，因长期不用，年久失修，就无代价的借给工学团，这样，校舍较前宽敞了。

　　建团不久，就发生了一个问题，由于共青团中央机关被敌人破坏，有

＊　原载《行知研究》，1985 年第 6 期。

两个我认识的青年逃到晨更工学团避难，因他们被暗探跟踪。几天后，这两个青年在罗别根路上被捕了。于是国民党上海市教育局局长潘公展借口此事要勒令封闭"晨更"。陶先生知悉后，通知我们作好应变准备。他和潘公展进行了说理斗争。由于没有抓到工学团的把柄，潘公展无可奈何地收回"勒令"，晨更工学团得以继续办下去。

晨更工学团，实质上是党在白区的一个工作据点，沪西区共产党区委非常重视我们有这个公开合法的阵地。区委书记老郭(即金城)同志亲自领导我们，布置我们配合当时纱厂的大罢工运动深入工人群众争取罢工胜利，发展革命力量。一九三三年五月以后，我的党的关系转到"教联"(即左翼教育工作者联盟)，担任"教联"常委。"教联"是"文总"领导下的八大联之一，领导人帅昌书(即丁华)同志，经常来晨更工学团作形势报告，安排指导工作。接着周扬同志介绍"左联"的陈企霞同志来，田汉同志介绍"剧联"的田沉同志来，还曾介绍俞启威(即黄敬)同志来短期工作；黄警顽先生介绍东北抗日宣传队孙达生、宋任远同志以及柴玉霞(即柴川若)同志来；王洞若、林迪生等同志介绍进步中学生王东放、吴莆生(即吴新稼)、陈鸿儒等来；中共沪西区委介绍两位烈士子弟来；为我们做饭的王师傅是操震球同志介绍来的；还有一些刚从敌人监狱释放出来暂时无家可归的同志也来"晨更"帮助工作，还有"社联"的小李，"剧联"的徐韬、老樊也常来辅导工农剧运工作。晓庄的后期同学严高(即袁超俊)、何时锺等同志也来工作过。晨更工学团的工作队伍迅速扩大了。

由于工作人员的增加，我们将年龄较大的作为工作人员，十六岁以下的如王东放、吴莆生等作为小先生，工作较全面地开展起来了。我们办了一个较完整的小学，从一年级到六年级，约有一百多学生。通过他们开展小先生活动，又招收女工、农妇的幼儿，办起了幼儿园。又办起了店员学习班。还在清晨和晚上，为日、夜班的工人办读书班。对于工学团周围村庄里的农妇，农友，我们带着小先生，送学到村，送学上门。同时组织歌咏队，排演话剧(演出过田汉同志的独幕剧《洪水》、《江村小景》以及哑剧《团结起来》等)，还排演过活报剧、皮影戏、上海小调等，在农村及街道场地演出，宣传抗日救国，受到群众的热烈欢迎。群众把我们当作他们的知心朋友，常主动和我们促膝谈心，交流感情。遇上国民党特务捣乱，群众自发的和特务作斗争，保护工学团。我们还种了几亩菜地，大家经常去劳动生产。

工作人员的生活和学习，是这样安排的：每天早晨六时起床，六点半到七点半召开一次"晨会"，全体人员参加（有紧急工作的人不参加）。晨会的内容主要是时事新闻，学习中的问题，工作中的问题，以及临时发生的事情，活泼多样，大家都很高兴。年轻的小先生如王东放等常提出学习中不了解的问题，请年长的同志解答。会后吃早饭，八点开始给小学生上课，或进行其他工作。下午除工作外，空余时间就进行有组织的学习，如讨论形势报告、学习《新教育大纲》、哲学、《政治经济学》及列宁的《帝国主义论》、《国家与革命》、《两个策略》等。还组织外语学习班，由王洞若同志教英语，田沅同志教日语，各人自选一种。陈企霞同志主持写作会，大多数同志都参加了，两周举行一次会议，各人都要写一篇作品，无论是小说、散文、诗歌都可以，会上宣读，大家讨论。通过这些学习，使大家在政治上和专业知识上都得到很大的进步。在1933年秋季，建立了共青团支部。记得王洞若、孙达生等同志，也先后在这个时期参加了共产党。陈企霞、柴川若、王东放、陈鸿儒等同志，也是在这个时期先后参加共青团的。为了工作需要，先后调出吴莆生同志去上海市当"教联"的专职交通，调陈鸿儒到上海市某区任团干部，调宋任远同志到江苏省委出版局工作，调孙达生同志专职搞"教联"组织工作，后又调到江苏省委当巡视员，安排张桂生到新安旅行团工作等。

由于工作的开展，人员的增加，我们从陈更村搬到罗别根路，又在罗别根路建立了一个晨光图书馆，安排了一个从监狱里出来的共产党员王大哥（名字忘记了）主持这个工作。他在这里宣传革命思想，发展革命力量，做了许多工作。我们又想办一个小农场，陶先生为此给我们找一个编辑《工人读本》的任务，帮助我们筹集资金，我们得到二百元的稿费收入，又在其他方面搞到一些钱，在大场北杨湖租了十五亩地，盖了三间草房，在孙达生、宋任远同志主持下，开展生产活动和革命的群众工作。在农场附近村子，也办起了农民、农妇识字班。我们还安排了胡文光等几个刚从监狱里释放出来的同志来小农场，一边劳动，一边休养身体，恢复健康，以便更好为党工作。

我们小学用的课本，是用当时国民小学教科书。我们结合家庭访问，与工农交朋友的机会，收集调查材料。对孩子进行不同程度的爱国主义教育，抗日救亡教育和阶级教育。对成年中的工人、农民、农妇、店员读书班，我们是根据不同对象，自编教材，结合他们的切身利益启发他们的民族觉悟，阶级觉悟，引导他们参加抗日救亡，奋起革命，谋求民族独立、民主、解放。从识字、歌唱革命歌曲、举行各种文艺活动，他们的进步是很快的。虽然，学习班的设备条件简陋，但他们的学习兴趣愈来愈浓，经常风雨无阻地来上课。这些学生中，不少人参加了革命运动，成为我们的干部。如当时店员班的学员倪康华，解放后，曾担任我们一个党报的副总编辑和一个出版部门的负责人。

我们的活动经费是陶先生通过黄警顽先生向各界进步人士募捐解决的。每月多少经费，没有固定数字，往往在揭不开锅时，陶先生把他卖字、卖稿所得的钱接济我们。记得有一次陶先生在给我钱的信中风趣地写道："钞票绿油油，瑛（作者曾用名徐瑛）去买米，田（王洞若同志又名王义田）去打油。……"我们大家同吃一锅饭，黄豆芽、南瓜汤是我们的家常菜。除了三顿饭，大家不拿一分工资，生活可算十分清苦，但大家情绪很好，干劲十足。

共青团建立后，工作开展得很活跃。由于受当时"左"倾盲动残余思想的影响，不注意工作方法，活动不够隐蔽，所以敌人对我们的监视，捣乱，比以前频繁了。又由于我们内部在工作方式、方法上也有不妥之处，使敌人有机可乘。当时我作为工学团的负责人，曾多次受到查问，有时甚至叫我到北新泾公安派出所去受讯问。我看到继续工作有困难，经党组织的同意，于一九三三年冬，推荐王东放担任工学团团长，王洞若同志主持工作。陶先生同意我们的人事安排，并介绍我去上海女青年会浦东女工补习学校，从事女工教育工作。

一九三四年二月初，国民党反动派突然搜查了晨更工学团，逮捕陈企霞、袁超俊、柴川若、王东放、赵璋五位同志，并封闭了晨更工学团及晨光图书馆。

晨更工学团被封闭不久，在陶先生的支持帮助下，我们又在兆丰路办起了兆丰流通图书馆，继续在兆丰路一带的工农群众中推着流动的图书车子，走街串巷，送文化、送知识到群众中去，继续开展革命工作。

1982 年 8 月 1 日于庐山

1983 年 5 月 8 日修改于北京

徐特立

徐特立(1877—1968)，原名徐懋恂，字师陶，湖南长沙人。毕业于长沙宁乡速成师范班，毕业后任教于周南女校。1911年参加辛亥革命，后任湖南省教育司科长、湖南省立第一女子师范校长。1928年赴莫斯科中山大学学习，回国后任中华苏维埃共和国临时中央政府教育部部长，创办列宁小学、列宁师范学校、延安自然科学研究院。新中国成立后，任中央人民政府委员、中国历史学会和地理学会名誉主席。著作辑为《徐特立教育文集》。

徐特立与陶行知曾被誉为"中国新民主主义教育的两面大旗"。徐特立对陶行知的教育思想曾给予充分肯定，自己曾署名"师陶"。陶行知教育思想在中央革命根据地的地位，与徐特立的推崇与宣传有着重要关联。陶行知逝世后，延安举行陶行知追悼大会，徐特立是主祭人之一。

本卷收录徐特立《中国教育家陶行知先生的学说》一文。文章针对当时有些人把陶行知贬为"小资产阶级的空想家"等负面评价，而对陶行知教育思想做了较为系统的客观分析。文章首先分析了陶行知的教育哲学思想，从其对知行关系的认识上产生出"生活即教育""社会即学校"的观点。其次，文章重点分析了教学做合一与哲学一元论的关系，认为"教学做合一"在一系列关系上打破了二元论，把生活与教育、社会与学校、教学与学生的关系在哲学一元论基础上统一起来。最后，文章肯定陶行知针对中国现实社会和解决教育问题，是"中国革命的教育家"，他的学术服从革命而成为革命的学术。文章对分析陶行知教育哲学的实质及其根源，以及肯定生活教育运动在中国教育改革中的积极意义有着重要作用。

中国教育家陶行知先生的学说 *

一、他的教育哲学及其根源

陶行知是安徽歙县人。他的母亲在教会做工作生活，行知因此就在教会学校念书，成绩很好，由教会送到美国学教育。回国后，在大学工作并讲课。这时他只是一个教育家，还不是一个革命战士。民国十四年（1925年），中国大革命开始了。所谓大革命，就是大众的革命。大革命以前参加革命的，只是少数知识分子，新的军队和青红帮，加上海外华侨。这种革命，广大的农民没参加，手工艺人也没有参加，只能算是小众革命，大众还站在革命之外。因此这一革命对于教育所起的作用，也是从日本搬进来的资本主义教育，不久又以美国式的代替日本式的，陶先生的思想也没有根本的变化。因此陶先生的大名，还不是"行知"而是"知行"。大革命一来，把小众革命变成大众革命，而陶先生也变为大众的陶先生，其名字也革了命，乃倒转起来，改为"行知"。行就是做，知就是知道或认识。一切的事，不做就不会知道，所以做是第一，知是第二。过去做事的只是工农，知识分子不做事，只是念书。陶先生本是知识分子，所以他过去的名字，第一字是知，第二字是行。但到了工农大众革命开始，就把工作放在第一，念书放在第二，而名字就倒了。后来他又改成三个字的名字，名"行知行"，就是从做得到知识，又由知帮助做。那末第二个做就是有知识的做，不是蛮干和瞎干。由于不要蛮干、瞎干，就必须向人家请教和自己学习，因此陶先生就有教学做合一的主张。又教和学都是为着把事情做好，所以做是第一，即是行是第一。从行得来的知识，用来帮助做，所以最后又达到行，所以陶先生的名字始终两个字，都是"行"，只中间一个字才是"知"，只是一切行的中间的介绍人，即介绍古人的行，今人的行，外

* 原载《边区教育通讯》，1946 年 9 月 1 日及 12 月 1 日。

国的行和中国的行。写成书本介绍人们来学，或给人们来教。我们毛主席说的古今中外法，就是综合古今中外的行，并不是自己个人的行，和自己的行结合为一。陶先生说自己的行，如接本的砧木。砧木是有根的那部分，别人的行如纸条，是无根的一部分。两个结合，融化成一个整树，而不是两个树，这就是毛主席所说的理论和实际结合。实际是根，理论是从根上长出来的结果，仍是行。陶先生的名字为"行知行"，不是单纯的行，是综合古今中外的行之结论再合上自己的行。这里的行，比之盲目行，即蛮干瞎干的行高多了。行变为知是第一阶段，知变为行是第二阶段，知行互变，两个东西，根本上是一个东西，故名为知行合一，又名为知行一元化。只有高深的理论，才能看出相反的东西根本上是一致的。陶先生看出当学生的小孩子，可以当先生；又看出有学问的先生，还要向没有学问的学生学，把先生和学生的共同根本找出来了，于是把先生和学生并把教学一元化了。陶先生说一切人都是我的先生，又是我的学生，也是我的同学。先生和学生是相对的两方面，即有知与无知对立，年长的和年小的对立，尊和卑的对立，陶先生把这些对立统一起来。凡从对立的东西中，找出他们根本相同的东西出来的研究，是一种高深的理论或名哲理。这种哲理用在一切自然上名为宇宙观，用在人类社会上名为人生观。凡从对立找出统一的宇宙观和人生观，在哲学上名为一元论。一元论并不是说，对立的东西即相反的东西或矛盾的东西，直接就是一元。例如说粪和饭的对立，统一并不是说饭就是粪，只是说饭可以转化为粪，用粪来种庄稼，粪又转变成了饭。由于饭与粪中的根本物质，有相同的地方，即对立的东西，有统一的东西存在。但不经过大的革命，对立的东西，不会转变。这种一元论就是革命的。边区转变二流子为劳动英雄，是由于边区进行了革命，有可能给二流子以土地及其他生产条件，又能给大众以同志态度的帮助。所有这些就是由于对立到统一的革命条件，即二流子转变为劳动英雄的条件。

实际工作，其对象是事和物，必须从对事物的行动，才能得到知识，那末事物是第一位，知是第二位。这种认识宇宙和人生的方法，名唯物论。唯物论是先行后知的认识论。另一种相反的认识论，认为人类是理性动物，故知识是生来具有的，行动由知识决定。知识是第一位，行动是第二位。这种认识论，名唯心论。唯心论和唯物论对立，就发生知行对立。

又唯物论，把饮食男女的生活，放在第一位，唯心论就不照顾大众的生活，而责备大众愚蠢野蛮。在教育上不是帮助大众解决人兴财旺的问题，只是教他们离开现实生活一种麻醉性的教育。反对盗贼没有道德，而不给他们生活条件；反对买卖婚姻和反对娼妓，认为这是不道德，而不给妇女以财产权。唯心派认为不道德，是由于没有良心；唯物派认为没有道德，是由于没有生活的物质。道德知识和物质统一是一元论，在一元论上，唯心派和唯物派是一致的，但唯物派认为道德是由物质决定，即生活决定的，而唯心派与之相反，认为生活是道德决定的。因此，对于盗贼的坏，认为不是由于他们的穷，而是由于他们的良心坏。

陶先生把生活放在第一位，就产生"生活即教育"的学说。又认为社会的好坏，不是由于人的良心有好坏，而是社会有好坏，改造社会就是改造了个人和改造了学校。他说中国是四万万五千万人的一个大学校，改造中国就成了陶先生的教育的目标。而教育的方法，就是四万万五千万人，每一个人自己是先生，是学生，是同学，于是他就产生"社会即学校"的理论。

二、论教学做合一与哲学一元论的关系

上一期我写的行知教育哲学，曾经提到他是一元论的哲学。一元论认为两个相反的东西即对立的东西，可以转变为统一的东西。

陶行知把知和行看成是由这一个转变为另一个，就是行知合一论。教和学是要把准备做的事弄个明白，那么教学就是知，做就是行。教学做合一也就是知行合一，于是有教学做合一论。他把学生、先生和学友看作是一元的东西，于是就有一切人都是我的先生，都是我的学生，又都是我的学友的说法，竟把小先生教大人。这样的办法就增加了许多的先生，也就增加了许多的学生。过去先生和学生是看作二元的，学校和社会是看作二元的，教育和生活也是看做二元的。陶行知把这些二元的对立打破了，于是就有打破先生关即小先生制，打破学校关就是社会即学校，打破读书关就是生活即教育。此外还有打破纸笔关，于是把地做纸，把树枝做笔，可以解决纸笔的困难。打破课本关，于是一切有字的纸笔都可以做课本。例如常用的票子也可以当课本，文盲不认识票子常常吃亏，票子应该是课本中的第一课。又如教卫生的知识，人体就是一个活的课本。先生和学生共同讨论，研究卫生过程中，把口讲的变成手写的，就是自编的课本。于是把言语和文字一元化，读书和作文及写字一元化，且打破了文字关，把文字和文字中所载的事实一元化。教文字和教事实可分之为二，又可合之为一。没有课本可以实物来教，教后可以师生共同编课本。陶行知主张在课本关打破后，就有许多的课本。举一个例子如下：

察哈尔省的怀安县城有一千六百余儿童，但只有四个小学校，只能收八百余名学生，全城有一半失学的儿童没有办法。他们采取了打破先生关的办法，于是从四个小学校八百个小学生中，选出一些小教员，小事务员和小校长，于是小学生就变成了小校长，小教务员，小事务员等。他们就在这里上了一个选举课，且做了选举的工作，接着他们判定了一个校长、教员和事务员共同遵守的条约。公约是属于法律的条文，这种订立公约就是一个立法工作。讨论怎样订立公约，也就是上了一次法律课。到负责人选了举，法律制度制定了，以后就要开始招生，进行办学校的行动。旧历正月初六，怀安县到处开始出现招生广告。广告的形式，采取民主自由的原则，不拘一定形式，于是广告有用纸写的，有在墙上写的，有在黑板上写的。做了广告工作后，动员工作又来了。于是四个小学校分区、分街、分巷、分人去动员失学儿童来学。动员的方式也是民主自由式的，且加上比赛式的，有利用亲戚朋友关系去找失学儿童，有的利用自己的小同学及玩耍的小伙伴的关系帮助进行动员。在短短的十天当中，动员了二百九十八名学生，在动员中由于分区、分街、又由于竞赛的原因，于是发生越界动员，你抢我夺，还有动员不了的哭起来。小先生内部冲突起来了，就发生了诉讼的问题，要开会解决。在这些问题上，这些小先生又上了两次课：第一次出广告和动员，这是做的问题，做即教育行政，因此又上了一次行政课；第二次组织动员发生冲突，要向同学诉讼，要请同学审查清楚，这种诉讼和审判在民主国家制度上，属于司法问题，这种学习就是司法课。并前面的选举和制定公约，一共上了三次大政治课，学会了立法、行政和司法三种课。国家的基本组织只是立法、行政和司法三种组织。这四个小学校就变成了四个小国家了。四校联合起来办事，就成立四校的一个联合政府或联邦了。十天学了整个一套政治课。在书本上找这样的整个的一套活的政治课，古来没有，今日也没有，外国没有，中国也没有。

在一元论哲学下，首先打破了行知的两关，又打破了教学做三关；同时又打破了学校和社会两关，认为社会即学校；再打破生活与教育关，认为生活即教育。总而言之，就是打破了一切两个相反的不能转变的难关。一切难关都打破了，于是学校加多了，先生和学生加多了，课本加多了。由于中国教育的难关太多，就使中国产生了许多文盲。陶行知是一个热心大众教育者，他制定了一个普及现代教育方案。因为过去的教育难关太多，想要大众受教育，就需要打破。他一次就打破了二十七个教育难关，我不能把二十七个教育难关都写出。

现在再讲一个要打破的，就是城乡关。例如在延安城工作的干部，总是要求离开延安城，认为延安没有群众，群众在乡下。而在各县，尤其是乡下的小学教员，反不安心乡下，认为乡下落后，得不到知识。这里产生工作上的难关，城里的干部就说求知要下乡，乡下的干部就说求知要上城。其实只要肯干和肯研究，到处都有可学的地方。由于不打破许多难关，城乡就无法学习了。

目前普及教育最大的难关，正是教育与生产对立的问题。很多农民不是不愿意儿子念书，因为儿子要拦羊拾柴，儿子读书，就"误不起活"。拦羊读书，一心无二用，就成了穷人念书的一个难关。边区淳化县的冬学教员，就把一村子拦羊娃娃组织起来，在拦羊时分组教学。绥德县许多青年妇女都在家纺纱，用竞赛的方法来纺纱，看谁纺得又多又好。结果比在家一人纺纱更多更好，又识了字。延安南区沟门小学读书并纺纱，解决了学校的伙食。这不独打破了教育与生活的难关，并且使知识与行动，用脑与用手统一起来。这样的学生不独有知识，会想；而且有办法，会做。不独学生如此，就是教育者自己，也必须这样把教学做来一个统一，以求自己进步。我们教师有不少是工农家庭出身的青年，或是工农化了的知识分子。绝大多数都能自己动手，解决一部分生活问题。由于我们教师不是旧式的知识分子，也不是只能教书的教书匠，都是改造社会的革命战士。他除教学生读书识字外，在课余还领导学生一起，做自己乡村里的社会活动。在生产运动中，当棉花要打卡时，教师和学生就翻看图书，自己学打卡的道理和方法。自己弄清楚了，再拿来教学生打卡的道理和方法，再自己和学生一道动手教农民打卡。当掏谷虫时，积极向学生和农民解释必需掏谷虫的道理，并且亲自参加掏谷虫的变工队。在选举运动中，教员学生积极参加这一运动，并向居民宣传，同时在这运动中学到了选举的许多知识和方法。在防旱备荒中，教师学生都参加工作并讨论办法。学生把家中意见告诉学校，又把学校讨论的意见告诉家里。在许多不同的争论中，教员学生和家里父母讨论出许多防旱备荒的新道理和行动的新方法（《杨家湾小学防旱备荒》，《教育通讯》第一期）……。总之，教员学生从参加解决地方的、家庭的和学校的实际问题、生产问题的行动当中，得到许多知识和自然知识，把社会和自然做活的课本。如果再把工作经验写成日记，那末教员学生就代替了教育厅编课本。这种帮助人家的办法也帮助了自己，就是陶行知"以教人者教己"的学说，也是陶行知所提倡知行合一及"在劳力上劳心"的学说。中国从来的学生和教员，只是念书作文，心里想和口里念，而手不做。所以读书人就成了书呆子，或字纸篓，成了一个半残废的人。这些半残废的人，就要依靠劳动的农民和工人来养活他们。另一方面，穷苦的农工整天整月整年都是做活，没有时间念书。结果就成了一个不能读书，不能看报和不能用新式的机器生产的土包子，也就是一个有手无脑的半残废。陶行知在劳力上劳心的学说，就是要教工农劳动者念书，教念书的教员和学生劳力。把两种半残废改造成一个完全的人。这种劳心和劳力合一，又名知行合一。我们边区和其他解放区还在提倡工农普遍认字，知识分子普遍参加生产，使我们的人民大众都成知识分子，使所有知识分子，都成为能生产者。这就是我们改造教育的总方针。

陶行知解决许多矛盾，打破许多关，都是针对中国现实社会和解决教育问题。外边的社会不可能实现陶行知的理想，但我们的教育早就和陶行知不谋而合。江西苏区时代，即有儿子教父亲，老公教老婆，秘书教主席，伙夫教伙夫，工余学习，行军休息时学习。树枝就是笔，沙土就是纸，白土就是粉笔，门板就是黑板。近来各解放区的教育，不独实现陶行知的理想，并且有很多的发展。我们所以能和陶行知主张不谋而合，并加以发扬，就因为思想方法有些相同的地方。针对现实，解决矛盾，打破难关，这就是转化一元论，换句话说，就是辩证唯物论。

许士骐

　　许士骐(1900—1993),安徽歙县人。毕业于上海美术专科学校,任南京晓庄师范学校指导员,义务为学生授课。20世纪30年代留学法国巴黎美术学院,又去德国德累斯顿卫生博物馆研究艺用人体解剖。回国后历任南京中央大学艺术系、建筑系教授,南京师范学院美术系、教育系教授。1943年为育才学校董事。陶行知逝世时,为陶做了一副面膜手膜,给后世留下了珍贵遗物。陶行知逝世后,在家乡创办歙县行知小学并任校长。1985年任中国陶行知基金会顾问。著有《人体解剖与造型美术之研究》等。

　　许士骐是陶行知的同乡、同事与好友,早年参与了南京晓庄师范学校的教学与学生管理工作,其后又担任重庆育才学校的董事,与陶行知的教育合作持续了近20年,亲历了陶行知开创的一系列教育事业。陶行知逝世后,许士骐撰文《陶行知先生的事业及其生平》以悼念。文章首先对20世纪初中国社会及教育背景予以阐述,指出当前中国教育需要通过陶行知推行的普及生活教育运动来加以改变。其后结合对陶行知的生平及事业的介绍,向世人介绍陶行知是"创造新中国教育的导师,大时代最前进的英豪。是维护世界正义的巨人,千千万万中国新青年的领导"。本文最大的价值在于是较早地叙述陶行知生平及其思想的文章,对于后人进行陶行知研究提供了诸多有价值的线索。

陶行知先生的事业及其生平 *

你是创造新中国教育的导师，大时代最前进的英豪。

你是维护世界正义的巨人，千千万万中国新青年的领导。

中国倡办新教育以来，经过了半个世纪，自从土八股被打倒以来，而代之以洋八股。多少年来的教育制度，始终未能确立。从日本留学回国的人来办教育，主张采取日本制度，从欧美回国的人来办教育，又推翻以前的方法，而代以英美德法的制度。或者今日拥甲派以倒乙，明日拥乙派以倒甲，循环辗转，拿教育专业来做试验品，学生来做牺牲品，以求达到个人功利主义的目标，长此以往，拿这种方法来办教育，试问百分之八十以上文盲，不知何年何月何日，方能扫除。

不用讳言，我们中国，是一个民穷财尽，百孔千疮，半身不遂的国家，要拿起死回生的力量，最经济最有效的方法来办教育，使它能够普遍大众化深入乡村，而不是为少数中的最少数，大都市的公子哥儿、千金小姐们，来点缀门面的贵族教育，目前的教育制度，无疑的是大大失败。小孩子踏进幼稚园或小学，都要经过一番考试，请问他考的意义是什么，试的意义又是什么？国民最基本的教育，也要受限制，那么普及教育，和强迫教育，又怎样讲呢？身为教师，或身为一辈子的教师，穷得连子女都无法上学，这是铁一般的事实，其他更可想而知了。

陶行知先生，在他的《普及现代生活教育之路及其方案》里，应用了穷则变、变则通的理论，他要拜人民为师，以人民的思想为思想，他说："我们要跟老百姓学习，学习人民的语言，人民的感情，人民的美德，努力发现老百姓的问题、困苦，和他们心中所希望达到的目的，并认识他们

 * 原载《新文化》，1946年第5期。

就是中华民国真正的主人，要他们告诉我们，怎样为他们服务才算满意。"
这是他教育思想革命，一条崭新的路线。他要"攻破先生关"，"攻破娘子
关"，"攻破买卖关"，"攻破衰老关"，"攻破饭碗关"，"攻破孤鸦关"，"攻
破瓜分关"，"攻破课本关"，"攻破纸笔关"，"攻破灯油关"，"攻破调查
关"，"攻破短命关"，"攻破学校关"，"攻破文字关"，"攻破残废关"，"攻
破拉夫关"，"攻破大菜关"，"攻破实验关"，"攻破城乡关"，"攻破划一
关"，"攻破会考关"，"攻破偏枯关"，"攻破多生关"，"攻破守旧关"，"攻
破自由关"，"攻破不平关"，"攻破天命关"，他要运用最经济的手腕，最
经济的办法，打破一切的难关，而达到他普及生活教育的理想。

陶先生在普及教育上，最重要的贡献，就是他创"小先生制"，能不为
时间空间，和经济设备所限制，而能自由发挥，普遍施行。"小先生制"，
产生于二十三年一月，不满一年的时间，推行到二十三省市，虽无精确的
统计，但学生人数，当在数十万。小先生不但能教小孩子读书识字，担负
了普及教育的责任，他对年长失学的大人，一样发生很大的效力，现在拿
他当年所写的一首诗证明这事实。

> "吾母五十七，发愤读书籍，十年到如今，工学无虚日。小桃方
> 六岁，略识之和的，不会进师范，已会为人师。祖母做学生，孙儿做
> 先生；天翻地覆了，不复辨师生。三桃凑热闹，两眼呆望着，望得很
> 高兴，祖孙竟同学。上课十六天，儿子来一信，老人看得懂，欢乐宁
> 有尽。匆匆六个月，毕业无文凭，日新又日新，苦口作新民。病发前
> 一夜，母对高妈说：你比我年青，求学要心决。子孙须牢记，即知即
> 传人。若作守知奴，不算陶家人。"

作者和陶先生，有了二十余年的友谊，虽不敢像一般人开口闭口都说
是同志，但是同乡同里却是事实。现在拿他的生平事略，叙述出来，陶先
生原名文浚，生于安徽歙县西乡王墩源村，时前清光绪十七年九月十六
日。天资聪颖，家境苦寒。年十五入徽州崇一学堂，从内地会英人唐进贤
先生学习英文算术等课，四年毕业，成绩为全校冠。后往杭州广济医校肄
业数月后，转入苏州浸会学堂攻读，嗣考入南京金陵大学，因相信王阳明
知行合一之说，易名知行，后发现"行是知之始，知是行之成"的理论，乃
再更名行知，以配合他所倡导的学说。在金陵大学肄业时，创办金陵光学
报，创立演讲会，热心社会事业，及爱国运动，于民国三年毕业，赴美留

学，入伊利诺大学，获政治学硕士学位。次年转入哥伦比亚大学，专攻教育，为美名教育家杜威博士高足。返国后，首应南京高等师范之聘，担任教务长及教育科主任。民国六年辞去职务，专心致力于普及教育运动，著《平民千字课》。民国九年，在北平担任中华教育改进社总干事，与蔡孑民、张一麐诸先生，商讨中国教育改进计划。嗣又组织中华平民教育促进会，加紧推行平民教育。十二年秋，与安徽旅京同乡姚文采先生创办南京安徽公学，提倡师生共同生活，研究教育教材，图书仪器标准，卓著成绩。

自从民国十六年开始，他和赵叔愚先生合力创办晓庄师范于南京和平门外，提出"生活即教育"，"社会即学校"，"教学做合一"理论，为中国普及新教育开一新途径。是年冬，应西北军冯玉祥先生之召，计划普及军队教育与作者合著《军人千字课》，图文并重，同赴郑州开封实地考察。十八年冬，接受上海圣约翰大学名誉博士学位。后因主张抗日运动，奔走呼号，为不抵抗主义者所深恶，下令通缉。"一·二八"之后，在沪创办上海工学团，主张"工以养生，学以明生，团以保生"，同时发明"小先生制"，在普及教育史上为划时代之创制。后组织生活教育社，发行《生活教育》半月刊，以发表新教学主张，后又倡办中国普及教育助成会，时值国难深重，乃起草国难教育方案，推行国难教育。"一二·九"后，与全国各界发起救国会宣传演讲，不遗余力，以唤醒国人奋起图存之决心。二十五年冬，受国人付托，担任国民外交使节，遍历欧美二十八国，宣传中国人民挽救国难之主张，发动侨胞出钱出力，共赴国难。于二十七年秋始由海外归国，路过香港，发表他的主张，要做三件大事：一、创办晓庄研究所，以培养高级人才；二、在港创办中华业余补习学校，以教育方式，发动侨胞救国；三、创办难童学校，专收战区流难失所之儿童，受特殊训练，作人才幼苗之培养，因得赈济委员会许静仁先生之赞助，创立育才学校，于重庆北碚，分组教育，规模略具。二十八年七月开学，以物价逐渐飞涨，筹措经费，万分困难，幸得育才之友，及美国援华会协助，渡过难关，维持至七年之久。去年春，创办社会大学，为职业青年，解决高等教育之补习，同时致力民主运动，与郭沫若、沈钧儒诸先生共同努力，发行《民主》期刊，倡导民主理论，极为人民所爱戴。先生著作等身，其最重要者，有《中国教育改造》、《古庙敲钟录》、《斋夫自由谈》、《知行书信》、《行知诗歌集》等行世。本年四月十一日，由渝飞沪，准备育才学校复员事，经营规则，心力俱瘁。同时应各大中小学校及各团体之请，演讲普及生活教育主张，及推行民主运动，三个月中间，演讲百次以上。作者与先生朝夕共处，劝其节劳，他总以体魄坚强，精力过人自许。不幸竟于七月二十五日十二时三十分，以脑溢血症逝世，享年五十五岁。长公子陶宏，专治生物化学，任职中大医学院，及中央研究院；次公子晓光，研究无线电，现任职中国航空公司；三公子刚在育才学校任职；四公子城肄业交大航空系，各有树立，继配吴树琴夫人为制药专家，刻任职东亚药厂。先生遗体，已由上海五十余公团决议公葬于南京晓庄故址。我最后拿痛悼他的心情写了一首小诗作本文的结束。

> 峨山巍巍，蜀水迢迢，
> 抗战教育，夙夜辛劳，
> 手脑并用，培植幼苗，
> 你是创造新中国教育的导师，
> 大时代最前进的英豪。

> 古城风雨，浦江怒涛，
> 争取民主，烈火亦蹈，
> 口诛笔伐，不怕险恶，
> 你是维护世界正义的巨人，
> 千千万万中国新青年的领导！

> 晚餐同进，谈笑如恒，
> 噩耗传来，恍同梦境，
> 你的精神充沛，
> 体力过人，
> 祖国正需要你，
> 怎能长眠不醒？

> 你讲求卫生，不怕疠疫横行。
> 想不到患了罗斯福病，

脑溢血症，
鞠躬尽瘁，自我牺牲；
一代完人，武训再生。
请安息罢！
你培植千万的幼苗，
将要做你灵魂的化身。

严 钝

严钝(1901—1981)，又名严竞成，贵州印江县人。1917年进入印江县高等学堂。1918年考取贵州省立师范学校。1924年任教于印江县立高等学堂。1929年5月进晓庄学校，在陶行知校长办公室工作。1932年被指派到宣城中心学校任教。1936年回印江，先后担任缠溪小学校长、城关标小教员、县教育局视察员。1938年后任商城和英山县教育科长。1945年10月，调任苏北边区华中建设大学任助教。1946年夏调任华东干部子弟学校教导主任、副校长。1952年先后任南京中华女中校长、南京东方中学校长。

本卷收录《生活教育实例五则》一文，是严钝作为参与者所记忆与理解的生活教育实践。文章揭示陶行知自述"摸黑路"的奥秘，即"在做中学，做中教，过什么生活，就进行什么样的教育。同时，大家都是学生，大家都是先生。"作者以"一堂生动的生活教育课"描述陶行知送学生入医院学习"种牛痘"的技术，并为附近的幼儿园、小学、农村的儿童种牛痘，以此来反映陶行知将"生活即教育""社会即学校"贯彻到教育实践中。作者解释了晓庄师范曾风行的捉蛇事件：为消除学校周边的蛇患，陶行知将捉蛇技术开发为一门实际的课程，请来捉蛇高手作为学校的老师，教学生与当地农民捉蛇，消除了蛇患。作者还讲解了晓庄师范图书馆被命名为"书呆子莫来馆"的秘密，原来是陶行知教学生读进步书籍的暗语，政府禁止晓庄师生读"反动"书籍，晓庄师范图书馆只能多摆"正面"书籍，陶行知告诫学生要正面反面都要读，不会读"反面"的实则是书呆子。"哑巴剧不哑巴"讲的是晓庄师范通过戏剧艺术来反映生活，在言论并不自由的时代，通过无声的艺术表演达到有声的革命教育。

生活教育实例五则 [*]

生活教育，是陶行知教育思想的核心，其内容十分丰富。我是一九二九年夏到晓庄师范的。这里，我仅就在晓庄师范学习所得的印象，写下生活教育在具体实践中的五则实例，供研究陶行知教育思想的同志参考。

一、"摸黑路"的奥秘

一九二九年夏天，我刚走进晓庄学校，接待我的同学，就把我介绍给陶行知先生。陶先生很亲切地和我交谈，他说："我们还在摸黑路，没有成套的经验。"摸黑路，是陶先生谦虚的话，但我却感到其中有个奥秘，这就是要我们自己去摸索生活教育的新教育道路。

晓庄师范有个中心小学，这就是"摸黑路"的一个试点。那时我虽然在师范部学习，但对这个摸黑路很感兴趣，于是经常去参观，有时也帮着做些工作，所以了解一些情况。

晓庄师范中心小学经常到校的学生有四、五十人，年龄小的六、七岁，大的十六、七岁，大都是才开始学文化，水平高的也不过小学二、三年级程度。四、五十个年龄相差十岁的学生挤在一个教室里（当时不叫教室叫生活室），教师如何教好这些程度不齐、年龄不等的学生呢？这就是个问题，所以叫做"摸黑路"。

根据陶先生的意见：在做中学，做中教，过什么生活，就进行什么样的教育。同时，大家都是学生，大家都是先生。也就是要大家开动脑筋，争取主动，共同去解决问题。据我个人理解，这便是问题的实质。谁不理解这一点，谁就不理解摸黑路的奥秘。

必须指出，晓庄师范中心小学虽然是个学校，却没有一套完整的教材。书局出版的不合用，自编又没有编出来。这样，就给进行文化课教学

* 选自安徽省陶行知教育思想研究会编：《陶行知一生》，长沙，湖南教育出版社，1984年版。

带来很大的难题。

解决这个问题，得从晓庄中心小学的生活室谈起。所谓生活室，即普通小学的教室，但它与一般教室又不完全相同。它像电影院似的建筑，一边叫卫生室，一边是小图书室。图书室里备有各书局出版的小学教科书，以及各种儿童读物，供学生学习文化之用。

也许有人要问：图书室这么多书，教师怎样教，学生怎样学呢？问题很简单，按照陶先生的说法就是：做什么，就教什么，学什么，即"教学做合一"的教学方法。这种教学方法，是建立在民主的基础之上，后来陶先生把它归纳为"先生教学生，学生教先生，学生教学生"的教学方法。陶先生还指出：要教人学做主人，不要教人学做奴隶。这是教学的目的。

晓庄师范教育的核心是生活教育，那时师生各有各的读书计划，而中心小学的学生，则从识字学起。他们每天认多少字，写多少字，各有规定；有阅读能力的，读多少书，也有规定，有写作能力的，每天都要写一篇日记。而且，采取互教互学、即知即传、共同进步的教学方法。这样就解决了程度不齐、年龄不等的教学上的问题。

采取这样的教学方法，教学效果是很好的。例如袁咨桐刚入学时，仅仅是小学二年级的程度，不到两年时间，便升入了劳山中学。姚爱兰初入学时一字不识，不到两年便达到高小水平。后来，他们都成了共产主义战士，一九三〇年牺牲在南京雨花台。

二、一堂生动的生活教育课

一九二九年秋，陈志潜先生给我们晓庄同学上了一堂生动的生活教育课。话还要从头说起。

在国民党反动统治时期，农村是没有医院的，晓庄附近的农村也不例外。为了解决农民的看病难的问题，在陶先生的提议下，学校办起了医院。没有医生怎么办？恰好有位在美国留学归来的陈志潜医生，他不愿做国民党的卫生署长，却愿来晓庄赞助陶先生办好学校的医院。陈先生的夫人也是学医的，就办起一座夫妻医院。医院就办在学校附近余儿岗的一座小庙里。没有医药，陶先生就到外面去募捐，农民一律免费就医。陈医生除任医院医生外，还任学校的卫生教员。一九二九年秋，他派一位他亲自培养出来的护士，深入晓庄附近的农村进行卫生调查，发现婴儿死亡率很高，高达十分之六、七，大都是天花传染。

陶先生知道了，就和陈先生研究，上一次灭天花的"生活教育"课。说干就干，陈先生作了教学准备，给全体师生讲了一堂灭天花的卫生课。下课后，同学们又到佘儿岗医院学习种牛痘的技术，陶先生也亲临指导。边教、边学、边做，大家基本上掌握了种牛痘的技术，然后分成小组，先到学校所属的几个幼儿园、几座小学去给小朋友种痘，再到农村逐户给小朋友种痘，很快地就止住了天花的扩散。这是一次农村卫生教育的实践。同学们固然受到一次很好的社会活动教育和医药常识教育，而农民更是受到一次科学卫生教育，而且密切了学校和附近农民的关系。这便是陶先生的"生活即教育，社会即学校"的具体的体现。

上完这堂以社会为大课堂的教育课，陶先生向同学们指出："我们乡村教师，要面向我国百分之九十以上的农民，要关心他们的疾苦，解决他们的困难。只是教育他们的孩子，是远远不够的。"

三、捉蛇的故事

一九二九年夏天，是晓庄师范捉蛇活动的高潮。我因为刚到学校，没有赶上陶先生亲自主持这堂生动的捉蛇教育课。一天，我走到学校生物室门口，看见一只大笼内装着很多毒蛇，估计有三十多条。这是怎么回事呢？经多方了解，才完全弄清楚了。

原来，晓庄师范附近的农村蛇特别多，经常咬伤人。不仅农民怕蛇，同学也怕蛇，因为蛇威胁着人们的生命安全。

陶先生面临着这个实际问题，认为必须给同学们和附近农民上一堂生动的灭蛇教育课。他派人到南京夫子庙请来了蛇花子，给同学传授捉蛇的技能。同学们，特别是生物室的师生，拜蛇花子为师，边捉蛇，边教，边学。不到两个星期，不少人就掌握了捉蛇的技能，可以独自捉蛇了。生物室的同学捉到无毒的蛇，把蛇围在脖子上，或者箍在腰上，像打了一次胜仗归来。别的同学或农民看到了，就觉得蛇并不可怕，消除了他们畏蛇的顾虑。

晓庄小学负责人之一石俊同学（共产党员），是一位捉蛇的积极分子。为了给小朋友上好捉蛇的课，他先在校园里放了一个装蛇的铁丝笼子，笼里放着各式各样的蛇。上课时，师范同学都去观摩。小朋友们看着石俊同学手里握着蛇盘弄自如的样子，那些原来怕蛇躲在后面看的小朋友也不怕了。石俊同学边做捉蛇的动作，边讲捉蛇的道理，胆大的小朋友学着捉蛇。小朋友提出很多问题:"蛇没有脚为什么跑得那么快?蛇没有耳朵为什么听见声音?蛇那么小为什么会咬伤咬死人?……"石俊同学都一一作了回答。这堂课上得理论联系实际,更重要的是解除了学生的思想顾虑。

四、书呆子莫来馆之谜

晓庄师范图书馆藏有两万多册图书,但不叫图书馆,却叫书呆子莫来馆。我们初来的同学走到图书馆门口,怕人说自己是书呆子,就不敢进去了,因为书呆子莫来馆这个名字成了我们不理解的谜。

图书馆的图书,是陶先生通过各种渠道,从北京上海募捐来的。其中有封建的、资本主义的,科学的、文艺的,都有一定的参考价值。另有一部分是学校买来的进步的书籍。

有这么多书供师生阅读,陶先生又亲自指导学生读书,所以晓庄师范师生读书风气很浓。一天,陶先生以"生活教育"为题,做了一次读书报告。他从吃饭穿衣讲到两性关系,又从原始社会的血缘婚姻,讲到封建社会的包办婚姻,资本主义的自由恋爱。最后,他讲到晓庄的"男学生,女学生,结了婚,做先生……"的《村魂歌》来了。如何才是正确对待男女关系呢?陶先生暗示我们到图书馆去找书看,正面的,反面的,都要看,才能全面理解。说到这里,同学们纷纷地议论开了,说什么这样不变成书呆子了吗?其实,陶先生的讲话是有针对性的。

书,有正面的,有反面的。这里就要谈谈"书呆子莫来馆"这个谜了。原来,晓庄师范是办在国民党眼皮底下的一座进步学校,仅图书馆的一部分进步书籍,就被视为洪水猛兽。鲁迅、郭沫若、郁达夫、蒋光慈的著作,都是国民党严禁阅读的书。这类书,不敢摆在书架上,即正面的书反而不敢露面,而晓庄师范的学生,又大多要求进步,追求光明。陶先生看在眼里,记在心里,启发大家要打破框框的束缚,去追求自由。他曾在另一次讲话中很愤慨地说:"我们要自由,我们不自由,自由不自由,打破敌人的头。打破敌人的头,人们终归要自由。"我的体会就是,来图书馆看书的人,要从这些正面的反面的书籍中辨明大是大非,那些只看书架上摆的反面书籍不知看进步书籍的书呆子,最好不要来。这样才揭开"书呆子莫来馆"的谜。

五、哑巴剧不哑巴

一九二九年秋天,晓庄师范剧社要演剧。消息传出,附近的农民,兴高采烈，等着看戏。同学们的反映，却没有农民那样热心。有的人认为，看戏与教育无关，有的人认为，不过是学习之余的消遣，生活的调剂而已。

针对同学们错误或片面的认识，陶先生给我们上一堂过艺术生活、受革命教育的课。陶先生说，艺术是生活的再现，我们欣赏艺术，就是过艺术的生活，如果我们观赏的是进步的艺术，我们就会受到一次生动的革命教育……陶先生还强调：演戏的人是在过艺术的生活，受革命的教育，看戏的人同样是在过艺术的生活，受革命的教育。不过一个在台上，一个在台下罢了。陶先生讲话深入浅出，既严肃又幽默。同学们深受启发，甚至热血沸腾。大家都把这次演出作为过好一次艺术生活，接受一次革命教育的重大实践。

演的那出哑剧，是反映那个时代中国半封建半殖民地的阶级矛盾的。剧中人物，有帝国主义分子、军阀、资本家、土豪劣绅、贪官污吏，也有工、农、商、学、兵，以及革命青年。因为是哑剧，没有台词，观众是通过剧情辨别是非的。因为观众中农民和小朋友多，没有台词的哑剧反而比有台词的话剧效果好。

这次演出，由于陶先生自己登台化装一位老汉，激发了全校师生和附近农民演戏和看戏的热情，便把这一样式教育的活动推广开了。

这个剧的结束，是工、农、商、学、兵以及革命青年一致团结起来高喊：打倒帝国主义！打倒军阀！打倒……！台上喊，台下也喊，一片打倒的呼喊声。所以说，哑巴剧不哑巴。

杨明远

　　杨明远(1921—1988)，又名杨市钊，安徽定远人。早年参加抗日救亡运动。1943 年到重庆，先后任职于李家沱工业区小学、重庆育才学校小学部，并担任过陶行知的秘书、生活教育社干事兼《民主教育》编委。1946 年6 月到安徽凤阳临淮关中心国民学校教书，7 月 20 日到上海，任大场山海工学团教导主任和副校长等职。1949 年任大场山海工学团校长。不久调任大场区政府文教科长。后又历任虹口中学、唐山中学、飞虹中学、静安区向群中学校长等职。1979 年任静安区教育学院副院长。曾任上海市陶行知研究会副理事长兼秘书长、中国陶行知研究会理事等职。

　　本卷收录《陶行知二十六国行》，翔实地叙述陶行知参加世界新教育会议时对二十六国的考察活动。作者结合当时中外报刊、陶行知著作和当事人的口述访谈，还原了陶行知此行历时一年半期间的主要活动。作者分四个部分对陶行知在欧洲、美洲、非洲、亚洲 26 国访问情况进行了叙述。文章开始介绍陶行知出行前国内媒体的有关报道，以及陶行知在出行前为号召国内一致团结御敌、联合抗日所作的努力。然后对陶行知在欧洲出席一系列国际性会议作了简述，除参加世界新教育会议第七届年会外，还有两年的时间陶行知都是为呼吁联合抗日、寻求国际友人援助而奔走。尤其是在美洲期间，陶行知"大部分时间是在美国进行宣传、组织工作，促使华侨团结起来，支援祖国抗日救亡，同时争取国际友人的同情援助"。结束美国长达一年半的考察之后，陶行知回到欧洲，三次瞻仰马克思墓，并前往非洲埃及、亚洲印度、新加坡、越南等国进行考察，宣扬教育学说以及抗日救亡主张。全文认为陶行知不仅是一位为人民办生活教育的教育家，更是一位关心祖国命运和民族解放的民主战士，对于 20 世纪 80 年代初重新研究陶行知思想有重要的历史参考价值。

陶行知二十六国行^①*

一、国民外交使节

1936 年 7 月 11 日，邹韬奋在香港主编的《生活日报》第一版上刊登了一条通栏消息，大标题是："大众教育家陶行知今日出国"，小标题是："参加世界新教育会议，考察英、法、德、意、土、苏联、美国新文化状况，宣传中国文化及救亡运动的实况，征求世界人士对太平洋集体安全的意见。"陶先生对该报记者说明此行的目的任务："我特别注意的是向会议报告中国的现状、中国大众文化运动和救亡运动的实况，以及中国大众当前英勇奋斗的事实。我要借此次国际会议粉碎日本帝国主义者在国际上的武断宣传，让世界公正人士明了中国的一切。自然我也要报告中国的新教育者如何在艰难困苦中，用教育的工具改变中国的实践。"陶先生又谈到在伦敦参加世界新教育会议后，准备作世界旅行，以进一步达到上述的目的任务，尤其是要"唤起侨胞参加救国运动"。当时陶先生是上海文化教育界救国会的执行委员，受全国各界救国联合会（简称全救会）的委托，乘出国之际到世界各国宣传抗日反帝，动员海外侨胞支援祖国抗战，并争取国际友人的同情和赞助，所以当时进步人士都说陶先生是"国民外交使节"。

出国前夕，陶行知在香港和他的亲密战友邹韬奋，对胡愈之起草的《团结御侮的几个基本条件与最低要求》作了修改，两人先行签字，然后由韬奋持至上海与沈钧儒、章乃器作最后修正，7 月 15 日四人联合发表。

---

① 根据陶行知海外工作日志 1938 年 8 月 17 日记载："统计二年来之行踪：五次进英国，七次进美，六次进法，四次进加，三次进比，三次进德，三次锡兰，二次埃及，二次印度，二次新加坡，一次墨西哥，一次爱尔兰，一次捷克，一次荷兰，一次瑞士、奥、匈、保、南、希、巴勒斯坦、黎巴嫩、吉布地、爱登、安南、柔佛、意大利、香港。"解放后陶宏整理陶氏日记，编写成：《陶行知出访廿八国日志》，实际上香港和当时的巴勒斯坦为地区，故作"二十六国记"。——作者附记

* 选自安徽省陶行知教育思想研究会编：《陶行知一生》，长沙，湖南教育出版社，1984 年版。

8月10日得到中共中央的复信，声明："我们同意你们的宣言纲领和要求，诚恳的愿意与你们合作，与一切愿意参加这一斗争的党派组织或个人合作……来共同进行抗日救国的斗争。"这两个文件的发表，代表了亿万爱国人民的共同愿望，起了振聋发聩、鼓舞人心的作用。陶行知后来在巴黎全欧华侨救国联合总会成立大会上，又作了关于团结御侮的"再度说明"，引起广大华侨的热烈反响。

热心为中国工农大众服务的教育家陶行知，当时作为抗日救国运动的群众领袖，作为全国救国会的代表，满怀救国热情，肩负起"国民外交使节"的重任，走向世界，行迹遍及欧美、亚非26国，目的是把抗日救国联合战线的种子散布到世界各个角落去。

二、在欧洲参加一系列国际性会议

世界新教育会议与一般教育会议不同，是对教育事业持有一种新信念的人交换意见和进行研究的国际性机构，他们认定教育是创造新世界的一种工具，希望通过教育改变现实，创造新世界向前发展的条件。因此这一会议讨论的范围，并不局限于教育。

陶行知先生于1936年7月31日到8月14日在伦敦参加世界新教育会议第七届年会。这次会议共有50余国代表参加，中国被邀请的教育家共三人，陶行知是其中之一。[1] 在会上，陶先生报告了中国大众教育运动与救亡运动的实况，着重介绍了工学团与小先生制在运动中的作用，引起许多代表的注意和赞赏。

9月初，陶行知和钱俊瑞、陆璀在日内瓦参加世界青年和平大会以后，立即赶到比利时布鲁塞尔，参加世界和平大会。各国代表到会的有4900余人，中国代表团公推陶行知为代表团主席，并决定由陈铭枢、陶行知、王礼锡、胡秋原四人参加大会主席团。陶行知还参加教育组会议，钱俊瑞参加青年组讨论，其他代表都参加分组讨论。陶先生向世界拥护和平的人士报告日本破坏和平与我国民众为拥护和平而反抗侵略的救国运动，博得了各国代表的赞扬与同情。

大会结束时，陶行知被推选为中国执行委员，他又为中国代表团起草了一封致世界和平大会主席书："为使国际和平会议在远东更有效的发展，

---

[1] 另有南开大学的张彭春和中山大学崔载阳，崔因事未赴会。

以及使这个运动在远东与西方有密切的联系，我们参与比京会议的中国代表诚恳地请求大会的常务会议尽速派遣代表到中国去，以资常务委员会与中国分会有以联系。我们深信大会此举对世界和平与正义的运动大有裨益，而为中国人民所欢迎。"

大会结束后，陶先生又和钱俊瑞、陆璀等于 9 月 12 日到达巴黎，受到中国学生会和华侨抗日救国会的热烈欢迎。陶先生在欢迎会上发表演讲，题目是《怎样才可以救中国》。他说，我们首先要问谁是危害中国的敌人？他痛斥日本帝国主义 5 年来侵占中国大片国土，几千万同胞受剥削被奴役，强调指出"要救中国，没有其他办法，只有抵抗。""抗日的办法有三种，第一是经济抵抗，第二是文化抵抗，第三是武力抵抗。三者要并行。"他还提出，要建立联合战线，要有三种联合。第一是国内联合，最主要的是国共要合作。第二，我们的敌人是日本帝国主义，日本的老百姓也是受日本军阀压迫的，我们应当和尊重民族平等的日本人联合起来。第三是全世界爱好和平的人也要联合起来。他的这些讲话，引起听众的热烈鼓掌。

"九·一八"五周年时，前来参加欧洲华侨抗日救国联合大会的欧洲各国华侨的代表团聚集在巴黎，举行各种各样的纪念会。在巴黎中国学生会举行的纪念会上，陶行知和陈铭枢、吴康、钱俊瑞等都发了言。陶先生讲话时特别指出，全国各界救国联合会已踏上国际政治舞台，在布鲁塞尔世界和平大会和日内瓦世界青年大会上，中国代表团曾经提议建立太平洋地区集体安全制度，以保障东亚和平。他的讲话使海外侨胞得到很大的鼓舞。据巴黎《救国时报》1936 年 9 月 30 日报道："自从国内抗日救国团体派赴世界和平大会及世界青年大会代表陶行知、钱俊瑞、陆璀到欧后，即竭力鼓吹建立全欧华侨抗日救国之总机关，一时各国侨胞纷纷响应，乃由陶行知、王海镜、胡秋原诸先生于 8 月 24 日发表告海外同胞书，号召全欧侨胞不分党派，不问信仰，在抗日救国共同目标之下，团结一致，举行全欧华侨抗日救国大会。"后来又报道："陶先生及英、法、德各国侨胞在巴黎举行筹备会，负责邀请各国侨胞选派代表来法出席并起草各项章程及文件，筹备一切事宜。"同年 9 月 20 日，全欧华侨抗日救国大会在巴黎正式开会，到会的有欧洲各国侨胞代表及各地来宾 400 余人，还有不少侨胞函电大会，表示热烈祝贺与拥护。这次大会表明旅欧华侨在抗日救国旗帜下的伟大团结，盛况空前。陶行知在大会上作了重要讲话《团结御侮的几个基本条件与最低要求之再度说明》，大声疾呼要停止内战，要建立抗日救国联合战线，并结合十二点说明朗诵了十二首小诗，非常生动而有说服力。大会着重主张南京政府应立刻停止"剿共"军事行动，由人民救国团体隔断双方阵线，互派全权代表，负责谈判停战和抗日协定，同时邀请其他党派参加救国联席会议，协商救亡政策及具体办法。

三、在美洲为抗日救国奔走呼号

1936 年 11 月初，陶行知从英国出发赴纽约，在美洲访问一年半，大部分时间是唤起华侨团结起来，支援祖国抗日救亡，同时争取国际友人的同情援助。其中不乏可歌可泣的动人事迹。

陶行知抵美后，访问了许多华侨组织和学校，介绍中国的青年运动和人民抗日救亡运动，宣传中国必胜的道理。当时美洲华侨组织复杂，各立门户，常有纠纷，甚至发生自相残杀的"堂斗"，有一年"堂斗"死了六七十人。通过陶先生和其他进步人士的说服帮助，终于使他们捐弃前嫌，团结起来，共赴国难。许多城市的华侨成立起抗日救国会，开展义卖捐献活动，推行救国公债。

在此期间，陶先生到处奔波，参加讲演会、座谈会、读书会，有时还教救亡歌曲，组织华侨歌咏队。在陶先生促进下，1937 年继"旅美华侨统一捐献救国总会"成立之后，又组织纽约华侨举行万人游行。最令人感动的是有些华侨领袖人物，从前因政见各异，互不团结，此时在救国活动中变成了亲密兄弟，坐在一起开会办公，共同战斗。陶先生在回国后一次报告中曾说："美国新华侨是从旧的背景里活跃出来的，好比是新生的孩子，我也可算是接生婆之一。"又说："新华侨的努力救国，不但是美国如此，我所到的各国，同胞们都表现相仿佛的精神，这是可为祖国庆贺的。"

陶行知一方面充分运用自己在美国的社会关系，做争取国际友人的工作，一面动员华侨多交外国朋友，扩大国际影响。他告诉华侨，交朋友要把个人的朋友变为中华民族的朋友，这就首先自己要有抗战必胜的信心，才能起到国民外交的作用。在陶先生倡导和鼓舞下，许多爱国华侨参加了国民外交活动的行列。最突出的是从事洗衣工作的华侨，在陶先生的启发和指导下，用很多小纸片，印上"请不要买日本货"等内容，放在洗好的衣服口袋里，收到了很好的宣传效果。陶先生后来还写了一首《衣联歌》勉励洗衣工人："洗去中国的国耻，洗去世界的罪恶。……兄弟们联合起来，拿出我们的真本领!"当时华侨抵制日货非常认真,连小孩子都懂得宁可穿得破旧,也不买东洋布。陶先生特为写了一首小诗:"好少爷,真不错,宁可裤子破,不买东洋货。如买东洋货,没人嫁你做老婆。"陶先生还和爱国华侨一道去做码头工人的工作,说服他们不要搬运军用物资到日本去,于是一方面大批日本货在美国卖不掉,另一方面码头上成堆的军用物资运不出去。后来日本派了一个工头到美国去,找了两个工会都碰壁,又去找旧金山码头工会领袖卜立哲斯,也受到一顿严厉的教训,垂头丧气而去。当时的中日宣传战,由于陶行知和进步人士以及广大华侨的共同努力,是打了胜仗的。

陶先生在美国从事国民外交,逐渐改变了有些美国人认为"中国人是懦夫"的思想,转而尊重中国人。他无论到何处演讲中国抗战情形,入场和出场的时候,听众都全体肃立,表示对英勇抗战的中国人致最崇高的敬意,在演讲的时候,一提到中国反抗侵略,听众即一致欢呼,一致鼓掌。当时美国各派都有人同情并援助中国抗日,但各不相谋,后来看到中国人团结抗战和华侨的联合,也经常召开联席会议,商讨援华问题。

陶先生为了更好地说服美国人禁运军用物资给日本,曾在 1937 年 11 月和爱国华侨胡敦元、林霖、林雨苓等创办了一个"中华经济研究社",对日本军用材料来源及购买力进行研究,结果得知 1937 年美国运日本军用材料占日本进口军用材料总额的 54.4%,从美国输入日本的废铁占输入总额的 90.4%。陶先生就用这些事实在各种集会上宣传,促进对日禁运。1938 年 5 月 4 日在洛杉矶 5000 人的集会上,陶先生又揭露"日本在中国杀死一百万人的时候,有五十四万四千人是美国军火帮助杀死的。"在座的国会议员司各脱先生立起对听众说:"请大家记着,日本在中国杀死一百万人的时候,有五十四万四千人是美国帮凶而杀死的,凡不愿做帮凶的人请站起来!"全场一致站起,表示禁运决心。后来这个研究材料载入国会公报上,成为对日禁运的重要根据。

1938 年 3 月,陶先生第四次到加拿大访问,从东到西,沿铁路线到处演讲、广播,或座谈,或教救亡歌曲。4 月 14 日,在华侨集中的温哥华市,由加拿大医疗界援华会主持召开大会,陶先生发表了激动人心的演说。他首先感谢加拿大人民对中国人民的支持,感谢他们募捐和征集医疗物资,派人支援中国人民作战,然后介绍中国人民在敌后进行游击战争的情况，宣传中国人民抗日的决心。当时温哥华市华侨抗日救国总会曾举行抗日救国大游行，汽车上的炸弹模型上面写着："不要帮助日本侵略中国!"加拿大的妇女团体也上街宣传禁运军用材料到日本。这次访问加拿大，历时一个多月，对加拿大人民和华侨做了大量深入细致的宣传工作。他本人演讲的门票收入和华侨捐款都寄到香港保卫中国同盟，托宋庆龄买医药用品转交白求恩医疗队。解放后，加拿大进步人士来华访问时，还提起陶行知是中加人民友好的第一个使者。

四、联合旅外华侨及国际友人营救"七君子"

1936年11月，全国各界救国联合会的领导人沈钧儒、章乃器、邹韬奋、李公朴、史良、沙千里、王造时等七人在沪被捕，海内外爱国同胞和国际友人大为震惊激愤。世界和平理事会曾于12月21日致电南京国民党政府，对于中国分会委员沈钧儒等被捕提出抗议。1937年初，陶行知在美国和冀朝鼎、陈其瑗、胡秋原、柳无垢、陆璀、李信慧等33人发起援救爱国七领袖及马相伯先生运动，发表《旅美华侨告海外同胞书》，揭露南京政府镇压抗日救国运动，并提出三点要求：一、立即释放爱国七领袖，并立即允许马相伯先生返沪；二、确认日本为全国之公敌，救国为国民之权利与义务；三、立刻对日抗战，切实保障人民救国运动。并征得华侨300多人签名赞同。

陶行知等还在美国联络知名学者、教授发起援救运动，于1937年2月初致电南京当局，对于上海全国各界救国联合会七位学者被捕，表示严重关切。署名者有约翰·杜威、阿尔伯特·爱因斯坦、保罗姆·大卫斯、路易·克伦、保罗·孟禄、保尔德·罗格等16人。

南京政府坚持反动立场，不顾广大爱国人民之反对和国际友人之声援，悍然于4月3日由江苏高等法院检察官以所谓"危害民国罪"罗织了十大罪状，提起公诉。所列被告，除上述七人外，又加上陶行知、罗青、顾留馨、任颂高、张仲勉、陈道弘、陈卓七人，对陶行知明令通缉。反动派的倒行逆施激起了全国各地救国运动进一步高涨，陶行知远在美洲，虽遭再次通缉，但意志愈益坚定，尽心竭力投入抗日救国的宣传组织活动。5月24日曾借用郑板桥的两句诗，手书一条幅寄回国内："千磨万击还坚劲，任尔东西南北风"，以明心志并勉励亲友。

五、结合社会活动，宣传和实践教育主张

陶行知既是杰出的爱国主义社会活动家，又是世界闻名的大众教育家。他把社会活动和教育活动结合在一起，反对脱离社会死读书。

他到美国后，半个月内就在哥伦比亚大学演讲了三次。11 月 21 日对该校师范学院讲演《中国之新教育》，列举事实，阐明什么样的教育可以救国，学校怎样办民众教育，介绍他所从事的新教育——救国教育。他到处参观华侨学校，向华侨宣传，动员团结御侮，支援祖国，进行最实际最有效的爱国主义教育。

1937 年八九月间，他到墨西哥访问，曾向墨西哥学校讲《创造的教育》，介绍了小先生制，受到热烈欢迎。在刚入境时，"曾受官方的留难"，经过他对各方面的引导，后来受到热忱接待，墨西哥总统还专门约期接见。9 月 24 日，他在午宴上发表告别词，提出三点希望：(一)希望墨西哥与中国结成兄弟；(二)希望停止以武器军火供给日本；(三)希望停止以港口供给法西斯国家使用。可见他的演讲既是社会活动，又是教育活动，对听众进行了保卫世界和平、反对法西斯侵略的教育。

陶行知是一位杰出的演说家，他的演讲内容丰富，语言生动，饶有风趣，很能吸引听众，收到很好的教育效果。他在海外到处访问、讲演、座谈、参观，实际上也就是在实践并发展他的"生活即教育"、"社会即学校"的教育理论。通过他的活动，广大华侨在社会大学校里，在开会、座谈、唱歌、捐款、游行、交朋友等等活动中受到爱国主义教育、救国教育和创造性的大众教育。

六、三次瞻仰马克思墓

1938 年 6 月 15 日，陶先生离美回国，当时国共第二次合作，国内政治形势比较好，各党派和无党派民主人士都有代表参加国民参政会，救国会领袖沈钧儒、邹韬奋和陶行知等也被推举为参政员。陶先生经过伦敦时，向爱国侨胞介绍了美国侨胞抗日救国活动情况。6 月 25 日，他特地约李信慧(原在美留学，和陶氏一同回国)一同去拜谒马克思墓。这是两年来他第三次瞻仰马克思墓了。第一次是 1936 年 10 月 30 日，拜谒回寓后还特地写了一首小诗《马克思墓》，内容是："光明照万世，宏论醒天下。二四七四八①，小坟葬伟大。"短短四句诗包含着无限的真情实意，表现了对马克思和马克思主义的敬仰和赞扬。

---

① 马克思墓穴编号是 24748。

第二次瞻仰马克思墓是和吴玉章同志一道去的。吴老所写《回忆陶行知先生》文章中有一段,说:"一九三八年二月,我们一同出席伦敦世界反侵略大会的时候,一同去瞻仰马克思的坟墓。我们在一片荒冢里,找寻了几遍,才发现恩格斯所题的墓志,而惊叹这一旷世伟人的墓竟这样平凡。这象征着生要和大众打成一片,死也要和大众打成一片,才是真正的伟大。这和陶先生要知识分子站在人民大众之中,为人民大众服务,做人民大众的人中人,而不是站在人民大众头上,做人上人之思想,是相符合的。陶先生崇拜马克思的辩证唯物论。"吴老和陶先生在欧洲、在四川重庆有多年交往,他对陶行知崇拜马克思和辩证唯物论的评论,绝非过誉。

陶先生离英经过柏林时,受到爱国华侨热烈欢迎。"七·七"抗日一周年,他向华侨作了长篇报告,讲了"七·七"的意义,介绍了美国华侨由分裂而联合,一致从事救国运动的情况,同时揭露日本宣称"中国赤化",妄图孤立中国的阴谋,特别强调:"抵抗到底,必定胜利!"7月14日途径巴黎,适值法国国庆,陶先生和爱国华侨、国际友人一起参加反对日本侵略中国的大游行。当时在巴黎的中国音乐家任光和参加西班牙反法西斯纵队的中国革命志士张纪以及李信慧等,都参加了游行。

7月24日夜晚,陶行知到达开罗,受到爱资哈尔回教大学中国留学生的热烈欢迎。在30名留学生中有一位是他的学生。他带领同学高唱《义勇军进行曲》。陶先生说:"谁也不曾想到在古老的沙漠国度里听到我们民族的吼声,这太使我感动了。"爱资哈尔大学是世界古老的学府之一,有上千年的历史。这些中国留学生对于祖国人民争取民族自由解放,都怀有最热烈的期望。陶先生了解到他们也在尽力为抗日救国出力,从仅能维持生活的费用中抽出钱来进行爱国宣传,利用开罗无线电台向全世界揭发日本帝国主义的欺骗宣传,深表宽慰,并加鼓励。他还了解到在埃及的华侨,组织过战区灾民救济会,发动捐款和购买救国公愤,又多次印发传单,劝告伊斯兰教徒起来抵制日货,在物质上援助中国抗日。对此,他十分感动地说:"这些教徒所表示出来的爱国精神,是多么好啊!回汉两族的隔阂是清除了,中国各民族的共同敌人是日本帝国主义!"他还在船上组织了一个歌咏团,请任光教唱救亡歌曲,每日4时半教歌一小时。船上40多个中国人,团结一心,带着满腔救国热情投向祖国的怀抱。

七、访问印度、新加坡和越南

陶行知回国途中访问印度,是应印度民族独立运动领袖甘地的邀请。

他于 8 月 8 日到印，12 日抵加尔各答，访泰戈尔，谈一小时饮茶而别。当日受到全印大会领导人、学生、工人、农民代表的欢迎。14 日下午从迎宾馆出发，到谢岗甘地住处，两人席地而坐，谈了两个多小时。甘地在谈话中曾向陶先生了解中国普及大众教育的情况，并约陶氏撰写文章。22 日陶先生在轮船上草拟《中国大众教育运动》一文提纲，9 月 9 日陶先生在香港用英文写成文章寄甘地。甘地将它发表在《贱民》周刊上，并亲自写了按语："陶行知博士不久前来印度访问我时，我曾邀请他送一份中国人民教育运动情况的小册子给我。如今他已经送给我，不得不认为这份具有指导意义的小册子对我们印度是非常有用的。"由此可见，甘地对陶行知关于大众教育的主张和经验是多么重视。

当时印度正在组织援华医疗队。陶行知在印度访问了两星期，亲身体会到被压迫的印度人民对于中国的抗日民族解放战争的同情和支援多么真诚。回国后在武汉至重庆的轮船上，正好遇到印度救护队，陶行知和他们亲密交谈，还教他们十课新文字，对中印人民友谊的增进是起过一定的积极作用。

新加坡的华侨在 1936 年 7 月曾听过陶先生出国后所作的一次讲演，这次回国经过新加坡，有许多青年朋友热情地列队唱着救亡歌曲欢迎他。朋友们告诉他华侨竭尽全力抵制日货，如果有人贩卖日货，就要受到处罚，大商店就罚款，充作救国金，小商贩教育不改，就要割下一只耳朵。陶先生说："耳朵割了不能再长，这个做法要改正，应该用火热的救国热情去说服他们，教育他们，帮助他们研究贩卖别的东西来代替日货，那就更好。"他的开导帮助了华侨在抗日救国旗帜下加强团结。

陶先生离开新加坡于 1938 年 8 月 2 日到达越南西贡，当即访问华侨团体。次日在中国戏院演讲，向侨胞们报告欧美华侨团结一致开展救国活动的情况，受到热烈欢迎。8 月 29 日他在日记中有一段记载："旅越侨胞季玉堂与张长有十一年失欢，昨夜听我演讲旅美华侨曾因意见不合而暗杀械斗，今则和好，令二人感动颇深，因此接吻联欢，和好如初。"又记载有华侨节省菜金捐助抗日，推销救国公债 200 万元，以及不卖大米给日本等。

八、在香港会晤邓颖超，发表"回国三愿"

陶行知于 8 月 30 日回到香港，第二天中午香港文化界人士举行聚餐会，欢迎陶行知与因公来港的中共代表、国民参政员邓颖超。9 月 1 日陶先生在青年会作公开演讲:《国际形势与中国抗战》。他首先热情赞扬四万万五千万人站起来抵抗日本帝国主义,又分析了国际形势与大国态度,列举事实说明中国人由被人轻视而变为被人敬佩,指出:"不能等待国际形势的根本转变","决定最后胜利的因素,是我们团结到底,奋斗到底,抗战到底!"

陶先生到港时,正逢各界同胞献金救国热潮,其中以菜果、鲜鱼小贩义卖捐献最令人感动。陶先生曾为此写诗赞扬:"南海有义卖,高风可崇拜。富翁学穷人,中国不会败!"后来他还和蔡楚生、金山、李信慧等访问渔村和渔民小学,勉励小学生为抗日救国努力学习,并摄影留念。

陶行知在港停留一个月,出席各种集会,发表热情洋溢的演说、讲话,宣传抗日救国。还曾对新闻记者发表了他的"回国三愿":一是创办晓庄学院,培养人才;二是办难童学校,收容在战争中流离失所的苦难儿童;三是创办港九业余补习学校,动员华侨抗日。不久,中华业余学校在港成立董事会,陶先生任董事长,副董事长是黄泽南,校长是陶氏好友吴涵真,校务主任是方与严。这所学校后来在港九培养了不少进步分子,有些学生到抗日根据地工作,为抗战与革命输送了一批骨干力量。

10月1日,他回到当时抗日救亡运动的中心武汉,受到他的亲密战友沈钧儒、邹韬奋、胡愈之等热烈欢迎,并分别和蒋介石、周恩来、李宗仁等会见。他坚决谢绝了国民党当局许诺的高官厚禄,满怀救国热忱,下定决心,要为抗日救国大办抗战教育、救国教育,为抗战救国培养人才,继续为民族民主革命和人民教育事业艰苦奋斗,直至献出宝贵的生命。

杨效春

杨效春(1895—1938)，原名兴春，浙江义乌人。1915年夏于浙江省立第一中学毕业后，在义乌廿三里小学任教。1917年，进南京高等师范学校学习。毕业后，先后在安徽休宁女子师范学校、安徽省立第二中学任教。1927年任南京晓庄师范学校教育指导员，与金海观被称为陶行知的左右手，后长期任浙江省立湘湖乡村师范学校校长。晓庄师范停办后，短暂任教于成都大学，后返乡参与整顿义乌中学。1931年赴山东邹平乡村建设研究院工作，协助梁漱溟试办"乡农学校"。1934年，应张治中邀请，任安徽黄麓乡村师范学校校长，整顿校风，提倡教学做合一。著有《晓庄一岁》《乡农教育论文集》《乡村教育纲要》《乡村社会学》等。

杨效春早年就读于南京高等师范学校，即与陶行知结下了师生之缘，受到陶行知教育思想影响。在有过数年的师范学校和中学教师经历后，被陶行知聘入筹办的晓庄师范学校襄助办学，成为陶行知在晓庄师范办学的得力助手。本卷收录《晓庄一岁》即为杨效春对晓庄办学一年来情况的回顾，是陶行知主编的《晓庄丛书》中的一本。作者在"引言"部分总述了晓庄学校是一所面向从事乡村教育的有志之士，它不自认为是一所"理想"与"模范"的学校，而是"探求理想"与"继续创造"的新学校。全书采用自问自答的形式，引用陶行知的著述以及晓庄学校其他同事的日记等资料，全面讲述晓庄是一所怎样的学校，对于读者全面了解晓庄具有重要参考价值。

《晓庄一岁》(节选)[*]

引言——谨献给全国从事乡村教育的同志

晓庄学校以万物为导师，宇宙为教室，生活为课程。她的主张、设施及日常的活动，均与普通的学校有很显著的差别。她破除了生活与课程的界限！她消灭了教师与学生的隔阂！她铲平了学校与社会的围墙！她认定课程就是生活，生活就是课程。教育应当以生活为中心。她认定教师不是全知全能，就不必全是教人而不向人学；学生有一技之长，一得之知的，亦可以教同学并教当日教他的教师。她认定学校是社会的，学校的经费与设备就是社会的财产；学校的教师与学生就是社会的男女。学校是社会所有，为社会而办，应该贡献全社会。她看见目前的学校有：（一）着重书本的知识之传授；（二）要使被教育者不劳而获；（三）要使被教育者做人上人。诸多恶劣的现象，深致不满！她看见目前的乡村学校教人离开乡村向城里跑；教人吃饭不种稻，穿衣不种棉，住房不造林；教人羡慕奢华，看不起务农；教人分利不生利，教农人的子弟变成书呆子；教富的变穷，穷的格外穷；教强的变弱，弱的格外弱；尤其痛心！她认清楚这样的教育，不能普及；便普及了，亦非国家之幸，民众之福。目前的教育实在是中毒很深很重的。他们中了古代皇帝的毒！他们中了孔孟遗说的毒！他们中了宋明腐儒的毒！他们中了升官发财、光祖荣宗的卑陋思想的毒！他们是非根本推翻，根本改变不可的。晓庄学校就在这种时机，应着这样的需要产生的。她的口号是"打破死的教育，创造活的教育"；"打破假的教育，创造真的教育。"她的方法是"教学做合一"。她的志趣是要为中国三万万四千万的农人服务，提倡一百万所学校，改造一百万个乡村，为我们中华民族

---

* 选自李定开编：《为中国教育寻觅曙光》（上），成都，四川教育出版社，1989年版。

创造一个伟大的新生命。她的妊育至少已经是四年五年以前的事了。但她诞生之期是民国十六年三月十五日。她产生到现在，还不过是一岁零两个多月。她是在成长，是在革新，也可以说是在进步的。她在过去一年多的时光之中，遇见不少的波折，经过不少的失败，并受着许多的苦痛与艰难。但她并不灰心，消极。她是"即行即知"！她是"屡败屡战"！她的性质是试验的，过去她是试验，将来她还是继续永远要试验的。不过她对于目前的教育已经树起革命的旗帜，并下了挑战的决心。如果她的试验能成了功，中国的乡村教育应该换了一条新的途径吧！中国的普通教育也应该转了一个新的方向吧！

来晓庄参观的人，看不见教室，看不见上课，就以为这不是学校。"谁说非学校，就算非学校"，原是她自己素有的态度。也有人以为这是理想的学校，或是模范的学校，其实她自己也不愿受这样的称誉。她只是个探求理想的学校。她觉得过去的教育已经是山穷水尽，我们务须及早回头，另找生路，但生路在哪里，她是不知道的。她觉得过去的教育充满了乌烟瘴气，我们务须转个方向，去觅光明；但她觅着光明没有，也是很难讲的，她现今还是在"摸黑路"。说她是模范学校她更不敢当，也不愿当。她觉得世界上没有"模范"这东西；所谓模范人物，模范学校，模范工厂，模范家庭，都是人类社会进步的障碍。世界是进化的，后人胜于前人，昔日之所谓模范的，已成今日进步的障碍。今日之所谓模范的，亦必成他日进步的障碍。她不愿以古人为模范，亦不愿后人以她为模范。她愿进步，并愿后来的人更是进步。她要创造，并要后来的人，更能创造。总之，她的现在是这样的；她是在试验，是在生长，是在革新，是在天天变化。她的将来会怎样呢？我们不能预先知道，也许是会继续试验，继续生长，继续革新，继续有变化。因为她有所信，她有所望，她并有所爱！

她很幼稚。她已经引起许多人士的注意。尤其是关心中国乡村教育的同志，都非常关心她。新近来到晓庄参观的极多。有团体的，有个人的，有匆匆走看一匝就去，亦有来校住宿三五星期作长期参观的，大家来到晓庄，总有些问题问我们。那团体来的，往往要我们作系统的报告。曾经有好几次，一天之中来了三个或四个团体来参观，他们来又不同在一时，我就接连向他们作差不多同样的报告竟至三次之多。因为我谈话的对象都是行将毕业的师范生，即行将置身教育事业的青年教师，我并不觉得疲倦；但以应对来宾时间过久的缘故，不免把其余事情耽误了。而且临时的谈话与报告，总不免缺而不全，散漫而无甚系统。这便是对不起教育界同志远道来校参观的雅意！《晓庄一岁》就是应着这种急切的需要而编的。如果有了这本小册子以后，大家对于晓庄学校得到更深一层的了解而惠以严整的批判与指导，那更是我们所盼望的。

作者编著这本小册，在思想上受陶知行、赵叔愚两位先生指导不少，深为庆幸。可惜这本小册编成以后，匆促付印，未能得两位先生的详细指正，很是歉然。书中取材或来自陶知行先生的教育论文(散见《乡教丛讯》或《中国教育改造》)，或录自在校同学操震球、李楚材、葛尚德诸君的日记，谨在此致谢。书成以后得何伯宏先生、邵定安先生、一尘先生、曹佶君等细心校阅，指正错误不少，更是感激。书中谬误，遗漏之处，当然该由作者自己负责，而盼望读者与以教正的。

杨效春　十七年五月廿日

1. 晓庄学校是什么？

晓庄学校是新近创设的一个学校，因为她办在南京和平门外晓庄地方，所以名为晓庄学校。

2. 晓庄学校和试验乡村师范有什么关系？

晓庄学校原来名为试验乡村师范学校，后来因为这里面除了试验乡村师范的两院——小学师范院与幼稚师范院——外，尚有晓庄中心小学、晓庄中心幼稚园、晓庄民众夜校、晓庄医院、晓庄联村救火会等，将来也许添办晓庄中学、晓庄大学，所以觉着试验乡村师范的名称，并不足以概括全体，就将她改为晓庄学校了。

3. 现在试验乡村师范的教育目标是什么？

她的教育目标是培养乡村儿童和人民所敬爱的导师，这里请注意几点：(一)本校现在所欲培养者是乡村学校、乡村社会的导师，并不是专门农业人才。(二)本校盼望此间同志出校以后，不仅能够教导儿童，创立良好的乡村学校，而且能够领导民众，建设幸福的、公道的、并进步的乡村社会。他们是乡村儿童和人民所敬的，亦是乡村儿童和人民所爱的。敬故生信仰，爱故易于互相接近。

4. 小学校师范院与幼稚师范院，有什么不同？

小学师范院目的在培养乡村小学教育的人才；幼稚师范院目的在培养

乡村幼稚教育的人才。这两院的总目标，虽同为"培养乡村儿童和人民所敬爱的导师"，但他俩的分目标是有些不同的，分目标在小学师范为培养：(1)农人的身手；(2)科学的头脑；(3)艺术的兴趣；(4)改造社会的精神。在幼稚师范院为培养：(1)看护的身手；(2)科学的头脑；(3)艺术的兴趣；(4)儿童的伴侣；(5)乡村妇女运动的领袖。

5. 中心小学是什么？

我们盼望我们的小学，一面能做改造附近乡村社会的中心，一面又做试验乡村师范实施各项教学做的中心，所以名为中心小学，而不名为附属小学。

6. 中心小学和师范的关系怎样？

中心小学是师范的主脑，并不是师范的附属品。寻常办理师范教育的人往往以师范为主脑，而视小学为附庸，他们所以设立小学只不过为师范生的实习便利而已。我们觉得这种观念是不对的，应当根本改变。我们是为着培养小学的师资才办师范，并不是为着师范生实习便利的缘故，才办小学。所以我们在办学的程序上是先有中心小学而后有师范，并不是先有师范而后有中心小学。而且寻常师范可以离开小学而独立，没有小学而师范可以依然存在的。晓庄师范不能离开中心小学而独立；没有中心小学便没有晓庄师范。

7. 晓庄学校现有中心小学几所？

共有八所。两所是特约的，就是尧化门小学和燕子矶小学。其他六所都是我们自己创办的。一是晓庄中心小学，去年二月间成立(她的成立就在晓庄师范开学之先，晓庄师范是去年三月十五日开学)。二是吉祥庵中心小学，三是万寿庵中心小学，四是三元庵中心小学，五是和平门中心小学，六是黑墨营中心小学。他们都是今年三月间创办的。这八所小学，所处的环境是不同的，有在市集的乡镇，如燕子矶小学；有在集合的农村如尧化门小学；有在散漫的村落，如晓庄小学、吉祥庵小学等，他们内部的编制也是不同的。有复式的如尧化门小学、万寿庵小学；有单级的如晓庄、三元庵、和平门、黑墨营、吉祥庵诸小学。亦有渐趋单式的如燕子矶小学。

8. 现有幼稚园几所？

四所。内有三所是自行创办的，就是燕子矶幼稚园，晓庄幼稚园及万寿庵幼稚班，其他一所是特约的，即鼓楼幼稚园。

9. 特约中心小学和中心幼稚园是怎样的？

这请参看本校特约中心学校办法，就可知道。兹录本校特约中心学校办法如下：

试验乡村师范学校特约中心学校办法

(一)本校为实行教学做合一起见，除自设中心学校外，得选择旨趣相同之优良学校，为本校特约中心学校。

(二)特约中心学校以地名名校，例如试验乡村师范学校特约某某中心小学，或中心幼稚园。

(三)凡学校具有下列资格，经本校考察核准后，皆得为本校特约中心学校。

(甲)实行教学做合一。

(乙)教师有农人的身手，科学的头脑，改造社会的精神。

(丙)校址设在乡村或小镇。

(丁)经费节省，效力充实。

(四)本校对于中心学校履行下列之义务：

(甲)中心学校校长研究费每月补助四元至拾元。

(乙)中心学校教师研究费每月每人四元，以有指导能力者为限。

(丙)中心学校所需图书仪器及其他工具，得视各校需要由本校依据财力酌量购置借与各该校使用。

(丁)中心学校需要学术或其他方面之补助时，本校视能力酌量补助。

(五)特约中心学校对于本校履行下列之义务：

(甲)指导本校师范生或艺友在各该校实行教学做，每次人数视各该校容量而定。

(乙)联合研究乡村学校问题每月开会一次。

(丙)每学期之终向本校书面报告一次。

(六)本校与每一中心学校应立合同，双方各执一纸，共同遵守。

(七)订约每期一学年，续约与否于满期一月前商决。

10. 中心学校为试验乡村师范实施各项教学的中心，此中办法是怎样的？

简单地说，就是中心学校的教学做怎样进行，试验乡村师范的教学做就怎样进行。比方，樱花开时，中心学校的教学做要以樱花做个中心。樱花的故事，樱花的歌曲，樱花的自然研究，樱桃的栽培方法，樱花仙子的表演游戏等等材料，小学教师可以向商务、中华、世界或其他书局所出版的种种儿童读物里去找；但有找不出来的，也有找得而不甚适用的，我们就得自己去编制。这编制的责任就得由留在师范部的指导员和学生负担了。我们比在小学实习的同志，为前线的战士；在师范部研究的同志为后方的防军。战士是冲锋陷阵，直接与敌人应战。后防的人则供给子弹运输粮食，接济前线的种种需要。前后联络，内外呼应，则前方应敌的战士，实力充足；后方做研究接济工作的人，也不致茫然无标的。小学的课程有语言文字、公民训练、算术、自然研究、农艺，及音乐、图画、游戏等目，师范部师友也就各就自己的兴趣与能力，接着小学所有的各种项目选取一种或两种，分任研究工作了。此外，我们要师范部的每个指导员指导一个同学，单身匹马，去办理一所单级小学。吉祥庵、万寿庵、三元巷、和平门、黑墨营这五所小学都是这样创办出来的。我们还要每星期开一次小学活动设计会。会期在星期日的下午，这时候，各小学放学了(我们的各中心小学都只星期日的下午放假半天)。开会的时候，师范部的全体师友与各中心小学的全体教师(特约中心学校除外)都是参加的。除讨论各中心小学所提出的具体的实际的问题外，还请有专家讲演；所讲演的材料常常与所讨论的问题互相联贯。这个会的意义很重大，前方实习的人，有困难问题得所解决；而后方研究的人，也从此可以明了各中心小学的实际情形。我们还想把这个会的范围扩大，请附近所有的乡村小学教师都来参加哩！

11. 你们的教育方法怎样？

我们的教育方法，不是教授法，亦不是教学法。只是生活法。教育是生活。怎样生活，就怎样教育。

12. 什么是生活法？

生活法就是"教学做合一"。

13. "教学做合一"的理论与实施怎样？

教学做是一件事，不是三件事。寻常学校总以为教师是教的，学生是学的，而校工及事务员是做的。学生入校就是入学，就是来学的。学生总是不教亦总是不做，他们是要待将来才去教去做的，教师教的是书本，学生学的也是书本，他们以为书本之中自有真知识在。姑无论书中所记述所推论的，是否为真知识；即便是真知识，而学者无实际的经验仍不足以了解文字所代表的事实的意义。以书本为知识，以读书为教育，因此学校成为传递伪知识，制造书呆子的场所，而教育成为摧残儿童，贻害社会的事业。我们以为这样的教育，不能普及；便普及了，亦非国家之幸，民众之福。这就是教学做分离的教育所必至的恶劣的结果。我们深信教法学法做法应当合一。事情怎样做就怎样学，怎样学就怎样教。教的法子要根据学的法子，学的法子要根据做的法子。比方，种田是在田里做的便须在田里学，在田里教；游泳是在水里游的，便须在水里教；烹饪是在厨房做的，便须在厨房教。总之，我们要在做上教，在做上学。在做上教的是先生，在做上学的是学生。从先生对学生的关系说，做便是教，从学生对先生的关系说，做便是学。先生拿做来教，才是真教；学生拿做来学，方是真学。不在做上用功夫，教固不成为教，学亦不成为学，所以做是学的中心，也就是教的中心。

教学做在文字上是有三个名称，实际上只是一个活动。同为一个活动，对事说是做；对己说是学；对人说是教。比方，我在扫地是做；我因扫地而得知如何扫法，才可使灰尘不致飞扬，才可使地板更为清洁；并得知扫地是一件劳苦的事，我每天扫一刻钟的地已觉劳苦，平常的校工要每天扫三点钟，四点钟的地必是更为劳苦。从此，我对于校工，不肯骄慢。因扫地而增进我整理清洁的能力，改变我处世待人的态度，这便是学。因为我扫地，我的同事同学也格外乐于扫地；我扫得干净，我的同事同学要和我比赛更求干净，这就是教了。扫地是做，因扫地而增长自己的能力，改变自己的态度是学；因扫地而使人发生影响，改变其行为，就是教：其实为做，为学，为教，只是一个活动而已。

而且我们认为教师与学生并没有严格的区别。教师可以教学生，学生亦可以教教师。教师不必全知全能，即不必全是教人而不向人学。学生有一得之知一技之长的，在那所知所长的事物上，他就可以教人。我们知道，六十岁的老翁，可以向三岁的儿童学好些事情；大学的教授也可以向乡间的农人学许多关于农事的知识与技能。会的教人，不会的向人学，是我们不知不觉中天天有的现象。为什么学校之中，教师只教学生，学生不可教教师呢？我们的学校，没有教员，亦没有职员，只有指导员。指导员可以指导学生，亦可以指导其他指导员。同时，学生也可指导指导员并指导其他同学。农艺指导员就指导我们全校师友的农事，拳术指导员就指导全校师友的拳术。其他若国语、医药、音乐、图画、生物等事，也无不如此。同学之中，有长于织袜的，就指导我们织袜；有长于养蜂的，就指导我们养蜂；有长于烹饪的，就指导我们烹饪。而且我们的同学，国文好的，就可以批阅其他同学的日记。

至于教学做实施的具体规划，请参看敝校所订教学做大纲草案。恕不在此细述……

杨应彬

杨应彬(1921—)，广东大埔人。笔名杨石。1933 年就读于百侯中学。1934 年随校长潘一尘赴沪考察生活教育，初识陶行知。1935 年参加左翼教联、山海工学团。后毕业于黄埔军校，服役于第八集团军总司令部战地服务队转战于沪杭前线。新中国成立后，先后任广州军管会副秘书长、广东省政府办公厅主任、中共广东省委秘书长、省委常委、广东省政协副主席与党组书记。曾任中国陶行知研究会副会长。著有《岭南春》《碎砖集》《杨应彬文集》《东湖诗草》等。

杨应彬自称毕生有很多老师，尤以陶行知、程今吾、王洞若三位更有"导航、示范、楷模的作用"，可见晓庄师生对其影响之深。陶行知的学生群体大体可分为两类：一类是像陶行知一样，以教育为事业，走教育改造社会的道路；另一类是信仰马克思主义，加入中国共产党，走上革命的道路。杨应彬是其中较为特别的一位，在少年时期，他展现出超常的写作天赋受陶行知欣赏，在陶行知的鼓励与支持下 13 岁便出版著作《小先生的游记》，先后重印 13 次，14 岁参加山海工学团，本可成为陶行知手下一员干将。然而，他此后再无从事过教育事业。

本卷收录的《陶行知教育思想浅识》一文，主要探讨的是陶行知教育思想的特点，将其概括为人民性、革命性、实践性、创造性、民主性和民族性这六大特性。作者认为陶行知主张生活教育不止于一种教育理论，而是为着解放人类的目标而去。陶行知的教育实践也不只是教育活动，他是站在教育岗位上反帝反封建。陶行知的"教学做合一"是对杜威的"做中学"的创造性发展，这与陶行知坚持实践论哲学有关。陶行知勇于对传统教育进行批判，体现革命民主主义的特征，他毕生为探索适合中国需要的教育则表现出民族性特征。

陶行知教育思想浅识[*]

今年是陶行知先生诞生 95 周年，逝世 40 周年，国难教育社成立 50 周年，社会大学成立 40 周年。全国陶行知研究会第一次年会将于今年 10 月在上海召开。认真研究陶行知教育思想，在当前历史条件下加以应用，为教育改革、培养人材和两个文明建设服务，是开展陶行知研究和教育改革的重大课题。

1946 年 7 月，陶行知先生在极端艰苦的条件下猝然逝世于上海。当时国统区和解放区都大为震惊，开展了各种形式的纪念活动。毛泽东同志称他为"伟大的人民教育家"，周恩来同志称他为"无保留地追随党的党外布尔塞维克"，宋庆龄同志称他为"万世师表"，从政治上教育思想上对陶行知作出了全面的高度评价。本文想就他的教育思想谈些粗浅的认识。

陶行知教育学说自成体系，有着丰富的内涵。究竟应当怎样阐述？还有待于今后进一步研究。但是，他的教育思想的鲜明特点，却是了解他的为人和读过他的文章的人，都能强烈感受到的。我的体会，就是他的革命性、人民性、实践性、创造性、民族性。

"站在教育岗位反帝反封建"

有人对陶行知办教育是否进行革命工作曾表示过怀疑，甚至认为他搞的是"改良主义"的"教育救国"。陶行知光辉的一生已全面否定了这个错误观点。最近出版的《陶行知全集》提供的大量文章更证明他献身教育特别是创办晓庄师范以来，就从事教育革命，进行革命工作。早在二十年代后期，他在晓庄创作的诗歌中便说："镰刀到处无荆棘，锄头底下有自由。"后来又说："光棍的锄头不中用，联合机器来革命。"1930 年春写的《晓庄三

---

* 原载《华南师范大学学报》（社会科学版），1986 年第 3 期。

岁敬告同志书》中他更鲜明地说："遇着阻力便不得不奋斗，与土豪劣绅奋斗，与帝国主义压迫奋斗，与传统教育奋斗，与农人封建思想奋斗，与自己带来的伪知识奋斗。"这里，他已把自己办教育的目标，教育的性质和功能说得很清楚。在回顾晓庄三年所走过的历程时，他指出"社会的中心问题便成为学校的中心问题，这就是政治、经济问题。""这种主张和'教育不管政治'一类的传统思想冲突。凡是凭着特殊势力，以压迫人民，致民之欲不得遂，民之情不得达的，都是我们的公敌。"当陶行知得悉晓庄被蒋介石查封时，他在《护校宣言》中更是旗帜鲜明地宣称："晓庄所干的是顺着时代革命的革命教育。站在时代革命更前线的是我们的导师。"晓庄被封，他被通缉，和一批师生逃亡到上海，谈到晓庄三年时，大家一致认为晓庄是"站在教育岗位反帝反封建"，陶行知并指出"我们是实际的革命者，我们已经打了一仗"。确实，在当年的白色恐怖之中，在蒋介石的卧榻之旁，同反动派周旋达三年之久，使晓庄成为中外瞩目的奇葩，陶行知是为革命作出了卓越贡献的。但是，他也看到单靠教育不行。他承认晓庄"还没有回敬人家一拳，就溃败下来了。"但他并不悲观，反而进一步提出"教育是达到农民解放的一个工具。这个工具是重要的，但最重要的是武器"，"列宁革命之所以成功，就靠他有一支劲旅可以打败敌人。"

陶行知站在教育岗位上进行革命，不仅表现为他的教育事业直接为革命服务，他办的教育事业单位都有党组织存在，都是党开展革命斗争的阵地，而且表现为他的教育学说和实践，勇猛地向封建教育和买办教育冲锋陷阵，开展了一场激烈的教育革命。他坚决反对"老八股"和"洋八股"，对束缚人们思想的旧传统和精神枷锁，大张挞伐，所向披靡。他的一系列的革命教育主张，令人耳目一新，为教育界开拓了新境界，树立了新风气。他的许多文章、诗歌，至今读来还令人心潮澎湃，不能自已。如果说鲁迅是当年革命文化大军的光辉旗帜，陶行知则是革命教育这一方面军的光辉旗帜。陶行知的言行塑造了他自己革命政治家和革命教育家之统一的光辉形象。

"生活教育要解放人类"

陶行知教育思想的人民性给人的印象异常强烈。他办平民教育、乡村教育、工学团、小先生、育才、战时教育、社会大学、民主教育，从字面上都能看出，他在为人民办教育，办人民所需要的教育。早年，他在一首诗中写道："人生三大事：做工、求知、管政治"，明确提出"生活教育是要解放人类的"。他说："晓庄是从爱里产生的，没有爱便没有晓庄。"这里，不要以为他在阶级社会里提倡所谓"爱全人类"的"爱的教育"。紧接着他便大声疾呼："因为它（晓庄）爱人类，所以它爱人类中最多而最不幸之中华民族；因为它爱中华民族，所以它爱中华民族中最多数而不幸的农人。"甚至晓庄幼稚园也把"平民化"放在第一位。他说："我们这里的幼稚园，不是为贵族阶级办的，不是为什么部长总长的小孩子办的。我们是为工农阶级的孩子办的。"由此可见，他所说的"爱满天下"就是"解放人类"，他所说的"平民化"就是以工农大众为主体的人民性。大学教授、大学校长他不当，教育厅长他也不当，却"捧着一颗心来，不带半根草去"，脱西装，去革履，芒鞋草帽，一头钻到农村去，"和马牛羊鸡犬豕做朋友，对稻粱菽麦黍稷下功夫。"他那种为人民事业献身，为教育事业献身的精神，是真正的全心全意为人民服务的精神。这种精神至今仍闪闪发光，是应当师法继承，发扬光大的。

陶行知教育思想的人民性还表现在他把人民作为教育的主人，教育必须为主人提供最好的服务上面。他一面愤慨于创造世界的人被剥夺受教育的权利，坚决主张把教育送还给人民，首先是最穷最苦的农民；另一面又不是以"救世主"的姿态去办教育，而是首先向人民学习。他自己就说"一闻牛粪诗百篇"，批评"书呆子下乡，认不得稗子认不得秧"，他把"青菜豆腐汤"写入《平民千字课》的第一课，还说："文章好不好，要问老妈子。"这里他绝不止是谈通俗化问题，而有更深刻的思想，就是教育工作者要把自己的教育对象看作教育的主人，自己是为他们服务的。要用人民最关心的东西去教他们，用人民最易懂的方法去帮助他们掌握知识。关于这一点，后面谈到陶行知教育思想的民主性时还要加以说明。

"教学做合一"创造性地运用了实践论的基本观点

陶行知教育思想的实践性就是它的科学性。这是他最具特色的创造。生活即教育、社会即学校、教学做合一，其基本精神就是教育要同社会实践密切结合起来。这里包含两方面的意思：一是从认识社会、改造社会的角度正确处理教育与社会实践的关系；一是从认识论的角度正确处理教与学的关系，教学与做的关系。

陶行知一向反对把教育只作为单纯传授知识的工具这种狭窄的观点，

认为教育有其极宽广的内涵。他在晓庄时期撰写的许多对联,生动地反映了他的教育哲学、教育理论上的这一观点。比如:"行是知之始;知是行之成。""以教人者教己;在劳力上劳心。""四体不勤,五谷不分,孰为夫子;大事必闻,小疑必问,方算学生。""搜集问题,分析问题,解决问题,是好教育;发明工具,创造工具,运用工具,乃真文明。"等等。

到了1936年,他在《生活教育之特质》一文中,更归纳为六个特点,即:生活的,行动的,大众的,前进的,世界的,有历史联系的。对于教育如何继承人类文明,如何解决当前的社会实践问题,他明确地回答说:"第一,人类几千年生活斗争的历史教训,我们必须用选择的态度来接受,不能跌入经验主义泥坑。历史教训必须通过现实生活中滤下来,才能指导生活,倍上加倍的丰富起来。第二,中国已到了生死关头,争取大众解放的生活教育自有它应负的历史使命,为要争取大众解放,它必须争取中华民族的解放;为争取中华民族之解放,它必须教育大众联合起来解决困难。"就像马克思主义的哲学不但在于认识世界,而且在于改造世界一样,陶行知的教育学说不但在于教学生以认识世界的本领,而且教学生以改造世界的本领。正因如此,生活教育要求紧密结合我国各个时期的社会实践不断向前发展,培养出能认识社会并积极参加改造社会的人材,为革命和建设服务。

陶行知的"教学做合一"的学说是完全符合马克思主义哲学实践论的基本观点的,而且是创造性的运用。

人的认识经历着从感性到理性,实践、认识、再实践、再认识,循环往复,以致无穷的进行过程。但是,感性和理性、实践和认识之间却不是切豆腐块那样可以截然分开,而是互相渗透,并按量变质变的过程向前发展。原来,感性认识中包含有理性认识的因素,经过量变达到质变,上升为理性认识,用来指导实践。在新的实践中不断检验已获得的理性认识的真理性,并增加新的感性认识,继续循着量变质变的规律向前发展,达到更高的理性认识,创立新的观点和理论。在这个过程中,人的认识是否符合客观实际,认识过程能否在尽可能短的时间内完成,教育的功能具有很大的作用。陶行知主张"教学做合一",在做上教,在做上学。这样就可以在实践中不断检验教的是否正确,学的是否正确;可以加速从感性认识上升为理性认识的过程;可以加速行——知——行的发展过程。为什么许多问题在课堂里抽象地讲不容易讲清楚,一到实验室或实践中就一目了然?

为什么许多工作一经从理论上加以说明和论证就豁然开朗，大大增强了人们的自觉性？这都反映了社会实践和教育的关系、做和教学的关系。可以说，教学做合一事半而功倍；教学做分离事倍而功半。这已为大量教学经验和学习经验所证明。

陶行知教育思想的创造性。

陶行知曾形象地说："行动是老子，知识是儿子，创造是孙子。"意思是，从行动中获得知识，再用于指导行动，这个新的行动要努力成为创造性的行动，不要停留在原来的水平上。否则，就没有发展，没有进步。陶行知的一生是创造的一生，他在《创造宣言》中召唤"创造之神"回来，他自己就是创造之神。

他远涉重洋向杜威学教育。杜威教他"学校即社会，教育即生活"。他"陪着这个思潮回国"，八年的经验证明"此路不通"。他认为，这是把花草搬进鸟笼里，为小鸟创造一个小天地。不对！应当拆掉笼子，让小鸟飞到大自然去。应当倒转过来，"生活即教育，社会即学校"。他吸收了杜威强调教育与实验相结合的合理部分，把它颠倒过来，立足于广大社会实践。就是说，要根据社会需要办教育，培养人材；教育要密切结合社会实践来进行；要在社会各个领域的实践中开展教育。这就把教育和社会实践的关系摆正了。这是教育学的巨大创造。他本人是个"洋博士"，但他坚决反对当"洋车夫"拉洋车，照搬照抄，坚决反对"买办教育"。这又是巨大创造。他从几岁的儿子小桃（陶晓光）教祖母识字中受到启发，发明了著名的"小先生制"；他敢于在最穷最苦的农村，在没有资金没有教员的情况下，从十三个学生开始办成革命学校晓庄；"九·一八"之后，他把做工、求知、救国结合起来，创办了"工学团"，要求做到"工以养生，学以明生，团以保生"；在国难深重的年头，他提出"国难教育"；为了把战地难童中的幼苗培养成专材，他创办了育才学校；……这一切都是创造。

他这种创造精神的集中体现是他写的《创造宣言》。1943年的重庆整个国民党统治区，正处在几次反共高潮后的白色恐怖之中。如何在极度困难的条件下坚持革命信念，坚守战斗岗位，以革命乐观主义精神从事脚踏实地的斗争？陶行知写下了这篇诗一样的政论、政论式的散文诗。这里且摘编若干章句，看看这位"创造之神"的崇高精神境界。他说：

> 创造主未完成之工作，让我们接过来，继续创造。宗教家创造出

神来供自己崇拜。恋爱无上主义者造出爱人来崇拜。美术家如罗丹，是一面造石像，一面崇拜自己的创造。教育者不是造神，不是造石像，不是造爱人。他们所要创造的是真善美的活人。教师的成功是创造出值得自己崇拜的人。先生之最大快乐，是创造出值得自己崇拜的学生。

有人说：环境太平凡了，不能创造。平凡无过于一张白纸，八大山人挥毫画他几笔，便成为一幅名贵的杰作。平凡也无过于一块石头，到了米开朗基罗的手里可以成为不朽的塑像。有人说：生活太单调了，不能创造。单调无过于坐监牢，但是就在监牢中，产生了《易经》之卦辞，产生了《正气歌》，产生了苏联的国歌(指《国际歌》)。单调又无过于沙漠了，而雷塞布竟能在沙漠中造成苏伊士运河，把地中海与红海贯通起来。可见平凡单调，只是懒惰者的遁辞。有人说：年纪太小不能创造。但是当你把莫扎特、爱迪生的幼年研究生活翻给他看，他又只好哑口无言了。有人说：我是太无能了，不能创造。但是鲁钝的曾参传了孔子的道统。不识字的慧能，传了黄梅的教义。慧能说："下下人有上上智"。我们岂可以自暴自弃呀！可见无能也是借口。蚕吃桑叶，尚能吐丝，难道我们天天吃白米饭，除造粪之外，便一无贡献吗？有人说：山穷水尽，走投无路，陷入绝境，等死而已，不能创造。但是遭遇八十一难之玄奘，毕竟取得佛经；粮水断绝，众叛亲离之哥伦布，毕竟发现了美洲。绝望是懦夫的幻想。古语说：穷则变，变则通，要有智慧才知道怎样变得通，要有大无畏之精神及金刚之信念与意志才变得过来。

所以：处处是创造之地，天天是创造之时，人人是创造之人。让我们至少走两步退一步，向着创造之路迈步吧。

……

我之所以长篇摘引陶行知这一名著，是因为他写得太好了。一切平凡的工作都可以变成创造性的劳动，处处、时时、人人都可以进行创造性的劳动。这难道不是当前我们要大力发扬的创造精神么？如果我们的教育工作都能变成创造性的劳动，对我们的人材培养、民族素质的提高，两个文明建设，该起到多么巨大的作用！

陶行知的教育思想闪耀着革命民主主义的光辉

前面说到陶行知教育思想的人民性，说到他把人民置于教育的主人的地位。这就必然要产生教育过程中的民主精神。他所倡导的民主精神，主要有三点，就是：要把学生从各种精神枷锁束缚下解放出来；师生地位平等，互教共学，教学相长；因材施教，发挥学生的创造性。早在1919年，他就撰文批判"教学分离""重教太过"的流弊，强调"先生的责任不在教，而在教学，而在教学生学"。他倡议把"教授法"改为"教学法"，反对把学生看作知识的奴隶，搞填鸭式的教育，提倡学生是学习的主人，启发学生独立思考，独立分析问题，解决问题。在他心目中小孩简直是天使，嘲笑那些看不起小孩的人说："人人都说小孩小，谁知人小心不小。谁若小看小孩小，便比小孩还要小。"这些新观念闪耀着他的教育思想的民主精神的光辉。

传统的观念把师道捧到至高无上的地位，与"天地君亲"并列。他却坚持师生在教学过程中的地位平等，提倡互教共学，教学相长，能者为师。陶行知本人一再公开写文章赞扬小学生的创造性，生动地叙述他自己如何向小学生学习。他坚持学生在学习中地位是平等的，绝不允许轻视、歧视任何人，却又主张因材施教，不一刀切。"在立足点谋平等，于出头处求自由"就是他这一观点的体现。

由于教育的民主性，便打掉了校内校外无形的院墙、师生之间的隔阂、学生身上的精神枷锁，使师生的聪明才智像泉水那样涌出来。联系实际，独立思考，自尊自重，自治自强的学风和校风便像春风一样吹拂着校园，影响着社会，熏陶着学生。余儿岗小学、新安旅行团、山海儿童社会、孩子剧团、育才学校等，都是陶行知教育思想浇灌出来的花朵。这种革命民主主义精神，正是处于非常艰苦的环境中，许多幼苗也能茁壮地成长的阳光雨露。

毕生为探索一条中国式的教育道路英勇战斗

陶行知在"五四"运动前就提出要用创新精神办教育，批判当时严重妨碍教育进步的"依赖天工""沿袭陈法""率任无意""仪型他国""偶尔尝试"等错误思想。他反对"政客的教育家""书生的教育家""经验的教育家"，提倡做"第一流的教育家"，这种教育家一要敢探未发明的新理，二要敢入未开化的边疆。

为了探索中国教育的发展道路,他首先就学制改革问题开展了各种调查研究,得出的结论是:我国兴学以来,最初仿效泰西,继而学日本,取法德国,后来又特生美国热,都非健全的趋向。学来学去,总是三不像。他认为应当用科学的方法、态度,考察社会需要,个人能力,基础准备,修订出一个适用的学制。至于外国的经验,适用的,就保存它;不适用的,就除掉它。去与取,只问适不适。这样,"才能制成独创的学制——适合国情,适合个性,适合事业学问需求的学制"。通过调查研究,他还对幼儿教育、儿童教育、妇女教育、男女同校、高等教育、职业教育等等,提出了一系列的改革意见,这对当时的教育事业是起到了促进作用的。

但是,对陶行知来说,更重要的是他通过调查研究,进一步认识了中国的现状,看到大量"平民"被摒弃在校门之外这一严酷现实。于是在1923年发起筹建中华平民教育促进会,数年之间,奔走于江淮河汉、塞北岭南,连过年都在火车上,真是到了废寝忘餐的地步。后来陶行知更深刻地看到农民问题的严重性,于是创办晓庄、工学团。当然,他的探索有的成功,有的未能如愿,有的设想过于天真,而斗争环境的严酷也不允许他按照自己的设想进行试验。但是他为探索一条适合中国国情的教育道路而百折不挠的惊人意志则是始终不渝的。

"路漫漫其修远兮,吾将上下而求索"。陶行知是中国教育界先进分子献身人民事业的一个光辉典型。正因为如此,他的教育思想具有这些鲜明的特色,他的事业的发展能与人民革命事业的发展同步,他的事业单位成了地下党组织活动的重要阵地。在长期的共同战斗中,地下党组织支持他寻求中国发展新教育道路的探索。他是党的最亲密的战友,是无保留地追随党的党外布尔塞维克。他的献身精神永远值得我们怀念和学习。他的教育思想和在中国大地上播种、开花、结果的有益试验,是留给中国人民的一份十分宝贵的财富。我们应当吸取其精华,在新的历史条件下加以运用,为发展我国的社会主义教育事业而努力!

(注:本文所引陶行知的话见《陶行知全集》、戴伯韬《陶行知的生平及其学说》和朱泽《陶行知年谱》。)

易铁夫

易铁夫(1908—?)，四川中江人。南京晓庄师范学校毕业生。在晓庄师范读书期间，曾主编《晓庄战报》，主办太平门小学。1932年夏，受陶行知委派，到晓庄恢复小学部和幼稚园办学。同时积极筹备在晓庄学校原址开办儿童科学暑期学校。复校失败后，回山海工学团工作。后任四川成都高琦中学教导主任。1949年后任教于雅安一中。曾任四川生活教育社监事等。曾发表《在陶先生熏陶下》《我所知道的晓庄学校》《陶行知与中华教育改进社》等文章。

易铁夫曾有3年的时间在陶行知身边学习与工作，自述青年时期的教育受陶行知影响深远。《在陶先生的熏陶下》一文便讲述的是作者如何在陶行知教导下学习与工作的。作者忆及自己在读高中师范科的时候，第一次接触到陶行知的教育学说，便被他的改造中国教育的思想所征服，毅然不远千里从四川奔赴南京晓庄，而从他第一刻抵达晓庄所见到的一切更彻底打消原有的顾虑，全心在晓庄师范学习与生活。作者抱着试一试的态度向陶行知自荐主编《晓庄战报》，陶行知欣然答应并派方与严协助指导开展工作。作者还述及自己在主办太平门小学工作时，陶行知所给予的指导与帮助。他还参与了晓庄学校的复校工作，复校失败后，经陶行知安排，参与山海工学团的创办工作，这些工作坚定了他终生从事教师工作的信念。

在陶先生的熏陶下 *

陶行知先生对我青年时期的教育，影响深远。先生对我们的关怀和帮助，使我终生难忘。他坚定了我做教师工作的信念，他使我懂得了教育是为最大多数不幸的人之觉醒服务的，是为中华民族和全人类服务的。陶先生那种"学而不厌，诲人不倦"的精神，是作人师的楷模。他活到老，学到老，进步到老，追求真理到老，他教人进步，教人创造，教人做社会的主人。同陶先生在一起，如坐春风。他总是以开朗，乐观、智慧之光照人。

我1929年暑天进晓庄，到他的身边；1932年暑天在上海，离开他的身边回四川。三年里，我的生活，学习、工作都是在晓庄师友中间渡过的。今就记忆所及，追述出来，谨表怀念。

我第一次知道陶行知先生，是在1929年春天读了他的教育文集《中国教育改造》和晓庄同人编的《晓庄学校与中国乡村教育》之后。陶先生的教导一开始就在我的思想上生了根。那时，我在读高中师范科，这两本书对我读师范科的糊涂思想震动很大。陶先生指出当时中国教育的弊病是：抄袭外国，不合国情；关门办学，不切实际；培养人上人，只有少数有钱人的子女才能进学校，占全国人口80％的农民没有受教育的机会。陶先生认为中国是"以农立国"，"教育必须下乡，知识必须给予农民"，要"唤起锄头来革命"。他主张"教学做合一"，"教育要从实际生活出发"。他主张"学校要做改造社会的中心，教师要做改造社会的灵魂"。陶先生提出"征集一百万个同志，创办一百万所学校，改造一百万个乡村"。这些思想和主张，在他办的晓庄学校都有所体现。我感到很新鲜，打开了我的眼界。我不禁自问：我读了师范仍然像陶先生指出的那样去做个"洋车夫"，为有钱人"拉洋八股"么？去做个"四体不勤、五谷不分"的"书呆子"、"小名士"么？

---

* 选自安徽省陶行知教育思想研究会编：《陶行知一生》，长沙，湖南教育出版社，1984年版。

我开始认识到自己原来读师范科的目的不对头了——以"得天下英才而教育之"为"乐"的思想，在"打倒列强除军阀"的时代，不过是自我陶醉而已。我景仰陶先生！我向往晓庄学校！经过酝酿，在师友的鼓励和资助下，毅然决然从当时还很闭塞的四川奔向了遥远的南京晓庄。

进晓庄不久，我第一次见到久仰的陶先生时，他正被学生团团围拢谈论什么问题。我怀着崇敬和兴奋的心情也围拢去旁听。只见陶先生身着普通学生服，和蔼可亲，平易近人，谈话很有风趣。一个问题经他生动而精辟的阐述，确实发人深思，兴味盎然。像这样自由的聚谈，是常有的事。从此，消除了我原来对陶先生的"留洋学者"、"道貌岸然"的错误的想象，产生了亲而敬之的爱戴心情。

陶先生在一次全体师生校务会议上征求主编《晓庄战报》(壁报)的人。会毕，我不揣冒昧，向陶先生自荐。陶先生带着喜悦和信任的目光看了看我这个新学生，竟然允许了，并叫我写个出刊计划。我的计划首先从"战报"的意义上着眼，说明"晓庄是为中国乡村教育而战，是为中国教育之改造而战，《晓庄战报》报道晓庄前后方(校本部为后方，各中心小学为前方)的战况战绩，供彼此观摩、学习"。陶先生对学生们的积极性和自觉性一贯是支持的。他怕我不熟悉情况，特别派了方与严先生同我"合作"——做我的指导。陶先生同农民开会，商讨问题，有时叫我去旁听，把我当做《晓庄战报》的"记者"。在陶先生的关怀下，我得到更多的学习机会。

陶先生不仅在学习上关心我，对我生活上的困难同样关心，并给予有力的援助。1929年尾，我的钱花光了，后援无继。咋办？我从闭塞的四川奔向晓庄，单靠家庭经济条件是不可能的。在师友的资助下，我带了不到120元动身，到晓庄时已花去一半，到年尾就光了。膳食部催缴膳费，我恐慌了。想到出川时，人们说的不少四川青年流落下江困苦不堪的可怕后果，更加不安。我把情况告诉了方与严先生，本没存什么奢望。不意几天后，方与严先生转告我陶先生的意思：一是去主持特约太平门小学，一是继续编《晓庄战报》，每月学校给生活费八元，让我考虑。这个消息，把我从困境中解放了出来，几乎使我不敢相信。事后想起来，我幸而投奔在晓庄学校——亲爱的晓庄，我没有成为"流落下江的四川青年"之一，这是陶先生的关心所致。

陶先生给我的两个选择，经一位安徽籍同学黄公弼的鼓励——愿同我合作，终于决定再约一位同学一道去太平门小学。我们三个人的结合，都是我们自己决定的，陶先生完全没有过问。这是陶先生对我的工作上的支持和信任。我们三个去太平门小学后，没有多久，吃饭成了问题。因为太平门小学改为晓庄的特约小学，同南京市教育局的经费关系还不清楚，办学经费没有着落。我们写信向陶先生求援。第二天陶先生就派人送来25元。我们接钱在手，温暖、激动、感奋的心情交织在一起，久久不能平静。我们知道陶先生的钱是多方筹措的，来之不易。我们决心按照《我们的信条》(晓庄教育十八条)的精神，办好太平门小学！一个多月后的一天，陶先生特地来看望我们。我们汇报了情况：校舍教室的修整是自己动手的，场地平整是带领大儿童一起干的，用帷幕隔教室，用彩纸挂图美化教室，孩子们玩的铁环都是自己动手做的，给贫苦儿童的书籍纸笔都是在我们的工资中开销的。儿童由起先的三四十人增加了一倍，还有成人识字班，连派出所的全体官兵都成了我们的学生。陶先生听了微微一笑，认为学校有了生气，很高兴，作了详尽的指示。并叫我们取下教室里墙壁上应时的"国府"要人挂像，说"只挂孙中山先生的像就可以了"。

后来，晓庄被封闭，我们也被搜查，被驱逐。我们怀着愤怒的心情，恋恋不舍地离开了辛勤经营的园地。

这时我失业了，困居在玄武湖畔一个学生家里。我想起陶先生在《晓庄护校宣言》里的一句话："革命的教育摧残于所谓革命政府之手，是何等令人不解，而又何等令人失望啊！"我想起蒋介石窜到晓庄，陶先生没有去接待的事，想起陶先生叫我们不要挂蒋帮要人的像，可见陶先生对蒋帮的反动性是早有认识的。这时，我们亲爱的晓庄被封闭，敬爱的陶先生被通缉，亲爱的晓庄同学被杀害……一系列铁的事实，使我增添了对反动派的痛恨。从此，我始终不肯参加反动派的党团组织。

附带一提，这时我遇到两件事：一是临离开太平门小学前夕，一个夜里，一个戴墨镜、穿蓝色长褂的青年，突然出现在我的寝室里。定睛一看，心一震，"是一叶！"他是逃避逮捕的地下党员。我们彼此沉默，心照不宣，悄悄地宿下。次晨黎明前，他即悄悄离去了。二是有个四川朋友华某，是伪宪警学校的学员，见我失业了，劝我去投考伪中央政治学校，说毕业后以县长级任用，并为我准备好四川嘉陵高中的文凭。我因在陶先生的熏陶下对国民党反动派有了一些认识，所以没有去。

　　不久，我终于离开玄武湖畔，投奔晓庄同学主持的学校去了。

　　1932年初春，国民党迫于形势，同意晓庄复校。陶先生派马肖生、戴自俺、郑先文、严钝、朱泽甫和我六位同志回去办理复校工作。陶先生指示恢复晓庄小学和晓庄幼稚园，经费全是陶先生筹措的。晓庄同农民的关系又密切起来了。暑期将近，我们正计划作进一步的复校工作，没料到反动派故态复萌，又把我们赶走了。这是晓庄第二次被封闭。我们一行六个人决定去上海投奔陶先生。经事先联系，陶先生已为我们租好卡德路六号二楼当街的一间大房子，并派方与严同志接待我们。陶先生知道我们都是两袖清风，言明房租、水电、膳费，全由陶先生负担。伙食是包定的，每天三餐送到我们寝室里。我们像回到家里一样，感到无限温暖。

　　陶先生这时在上海的工作，仍然很忙。他这时正在办"自然学园"，开展"科学下嫁"运动，编辑出版科学普及读物——《儿童科学丛书》、《天文学活页指导》；并在《申报》副刊《自由谈》以"不除庭草斋夫"署名，天天写文章。我们住定后，有一天陶先生来看望我们，同我们一一握手，相见之下，倍感亲切！我们六个铺位沿着四壁安放，中间两张方桌联成一个长书台，可以围坐读书、写字，讨论。陶先生叫我们好好读点书，整理晓庄生活史。尔后，陶先生经常来看望我们，像父母兄长一样照料我们。整个暑期生活过得愉快而有意义。

　　又一次，陶先生来了，见我们在洗脸。他说：洗脸也要讲科学，先用面巾湿脸，香皂抹在面巾上，然后擦脸。脸洗干净，面巾也搓干净了。既省香皂，又省时间。从此，我每当洗脸时，就想起了陶先生的话。

　　陶先生这时在搞科普运动，三句话不离本行，把我们当成科普对象，增加了我们的求知欲。

　　陶先生提倡说话做事要准确，不要笼统从事，他给我们讲了个"笼统哥"的故事。他说笼统哥是浑沌国，含混省，糊涂县，囫囵村人氏。一天笼统哥到了科学园。

　　人问他："多大年纪？"

　　他说："几十岁了。"

　　人问："有几个儿子？"

　　他说："好几个。"

　　人问："母亲的高寿？"

他说:"老了。"

人问:"一个月赚多少钱?"

他说:"不多。"

人问:"一顿吃几碗饭?"

他说:"不少。"

问他:"贵国离这里有多少路程?"

他说:"很远很远。"

笼统哥说话、做事,就是这样含糊不清,模棱两可。大家笑了。最后陶先生补上一句:我们可不要做笼统哥啊!

陶先生很会讲故事。但不像平常人一样,从头到尾,一个人讲别人听。他是在谈论中引喻故事,对说明论点起到了引而不发和趣味横生之妙。陶先生善于概括故事的实质,提出形象的标题,如螳螂吃丈夫、法拉第吃书、发明之王爱迪生、胡适捉鬼之类。他讲的很简练,必要时才加以阐述补充,给人以完整的印象和深刻的教育。

一次,陶先生给我们约定一个晚上去大马路上看星星。我对满天星斗毫无所知,听了后又好奇又高兴。那天晚上,陶先生按时来了。他手执电筒,领我们到大路上,面向北方站定。他用手电筒指着天空说:满天星斗像嵌在青天上的明珠,都是可以认识的。先找北斗七星(大熊星座)做"指路碑"。根据它的东西南北方向去认识附近的星星,由近及远,就能认识满天星斗。陶先生指示我们认识北极星(小熊星座里的一颗)和 W 形的仙后星座。他说:这三个星座,四季都能看到,形状明显,用来做看星星的"指路碑"最方便。星星认识多了,每颗星都可以做"指路碑"去认识它附近的星星,并指示我们应认识房宿、心宿、尾宿和大角星。陶先生还告诉我们每颗星星每天都提早四分钟起落,这要站在固定的地点,选择不移动的房脊、树梢或山岭做基准才能测定。陶先生又告诉我们十二宫、二十八宿的意义和观测方法,说这需要天天晚上观察或通宵观察,才能全都认识。事后,陶先生捎来一张星图,由郑先文同志保管。从此,引起了我对观测星星的兴趣。后来,我继续读了几本谈星星的书,如《秋之星》、《星空巡礼》和《星座的故事》等,不久竟然能认识满天星斗的主要星座了。

这个暑期里,陶先生已考虑好,决定再办一所新型学校——工学团。把我们分为三个组,分头去沪宁线、沪杭线、淞沪线寻找校址。最后选定在淞沪线的宝山和上海之间的大场地方办工学团，并以宝山和上海的后面一个字合起来命名"山海工学团"。生活教育由晓庄的"唤起锄头来革命"发展而为"联合机器来革命"的新阶段。我也在陶先生熏陶下不断成长起来了。

余之介

　　余之介(1907—1979)，又名余绍靖，浙江温州人。1928年毕业于浙江省第十师范学校。1929年后在瑞安、嘉兴、上海等地任教师、编辑等职。1935年后参加文化界救国会和生活教育社的救亡活动。1945年后参加上海市中等教育研究会和生活教育社，担任生活教育社上海分社副理事长、主编《文化报》的《教育阵地》副刊。新中国成立后，先后任教育部中等教育司编审组长、综合大学司教学组长、业余教育处副处长。1955年起始连任五届北京市政协委员，1958年兼任中国民主促进会北京市委副主任委员。

　　余之介是陈鹤琴的学生兼助手，曾与陶行知在生活教育社共事过，他主编的《教育阵地》便是陶行知亲笔题名。陶行知去世后，余之介发表过《认识陶行知的思想与奋斗》《伟大的人民教育家陶行知》《愿大家继承陶行知先生伟大的精神遗产》等多篇回忆文章。本卷收录的《认识陶行知的思想与奋斗》一文，写于1946年8月，当时全国各界人士均在报刊发表文章悼念陶行知，此文也是在此背景下写成。文章认为对陶行知的研究不能仅仅定位为"人民的斗士""伟大的人师"或"教育事业家"，应从陶行知的思想过程、奋斗经历和全部遗产去全方位研究。作者即是从这样的视角去回顾并分析了陶行知的思想过程与奋斗经历，认为"陶行知的教育思想，是新民本主义的教育思想；陶行知先生的路向，就是新中国教育的路向"，并号召教师应以陶行知为楷模，去创造性地从事教育活动。

认识陶行知的思想与奋斗 *

今天，全国每一个教师，每一个青年，每一个教育团体，都应该有认识陶行知先生教育的倾向的必要性。

陶行知先生，我们不能仅仅以"民主的斗士"或"伟大的人师"去理解他；更不能以他创办了许多教育事业，就以为他是少有的"教育事业家"。如果照这样去理解陶行知先生，就是不认识陶行知先生，更不知陶行知先生与中国新教育发展的血肉相连。

我们要从陶行知先生三十年的思想过程、奋斗经历去理解他，要从他全部遗著和文化遗产去研究他。更要从近三十年来中国社会的演变，有机地配合起来，探索陶行知先生路向的来龙去脉。

陶行知先生，确实是新中国教育的创造者，他是革命的教育运动家，也是教育革命的战士。三十年来，他批判地接受了杜威主义的教育思想，同时也批判地接受了中国儒墨荀体系以及孙中山先生的教育思想，在此基础上创造了新的民本主义的教育思想，也就是陶行知的革命教育思想。

这一种革命的教育思想，绝不是凭空臆造的，他付出了三十年艰苦奋斗的代价，才有这样的成果。一位革命运动家，他无理由可以离开实践。陶行知先生一生事业着重实践，而且是在颠沛流离中，不折不扣、毫无间断地实践下去。就因为他是革命的实践，才发展他的教育思想到革命的路向，成为中国新民本主义教育思想的体系。

陶行知先生创立"生活即教育"的理论是在民国八年五四运动时候。五四运动是近代中国历史的转折点，中国文化教育由此转入新时代。这时，欧美新文化思想输入中国，多多少少还保留着旧资产阶级的意识形态，而杜威"教育即生活"的思潮，算是美国比较进步的，但一经陶行知先生的吸

* 选自江苏省陶行知教育思想研究会编：《纪念陶行知》，长沙，湖南教育出版社，1984 年版。

收，就把他发展到新民本主义文化这边来。陶先生的"生活即教育，社会即学校"的思想，就是中国新民本主义的教育思想的萌芽！

陶行知先生手创的晓庄师范学校是民国十六年三月十五日成立的。这时，正是中国大革命时期。他于大革命低潮之时，手创实验"生活教育"的晓庄师范于南京，时时受到迫害和诽谤，而终于被封，散的散，逃的逃。但是晓庄同学所到地方，陶先生革命教育的种子，也撒播到各个地方，像乡村教育运动，像小先生制和普及教育。这种革命教育种子虽受到压迫，却更加蓬勃在各处生根滋长。这时期，陶行知先生并未参加政治活动，为什么会受这样迫害呢？就因为陶先生创办晓庄，实验生活教育，是打破了学校围墙，和老百姓打成一片，实实在在向农民大众学习，为农民大众而服务，向农民大众进行文化教育。在这时期，陶先生发现中国农民的伟大与可爱，发现小先生力量的伟大与可爱，就唱出"拜小孩为老师"，"拜农民为老师"。他把许多学生们同事们和自身所带来的士大夫的臭架子都革除了，脱下长袍和袜子，深入粪土气的田间农家，跟他们接近，作为农民大众的亲人。因此，他触犯到地主资产阶级的统治，触犯到地主附庸的士大夫阶级，晓庄就被摧残了，尤其是在首都的南京，更不得不被摧残了！

于是陶行知先生流亡，靠卖字过活。也因此，生活教育的理论，渐渐成了一个完整的体系，变为晓庄同学、生活教育社社友、小先生群为开拓中国新教育、为服务贫穷老百姓，失学的成人和孩子的行动指标。在这时期，新安儿童旅行团旅行全国普及教育。在上海，生长了山海工学团，到处有小先生制和"即知即传"的发现。从乡村幼稚园到劳工幼儿园，由农民劳工的普及教育到职业妇女、报贩、乞丐、难童的普及教育。陶先生在暴风险浪中，撑着一叶破漏的孤舟，然而他却是被压迫下的大众教育的灯塔。他把教育和人民大众结合，作为人民大众应有的生存权利，这就是陶行知先生扭转中国教育走到革命的路向。

"九·一八"事变以后，陶行知先生为什么又流亡又被通缉，终于到"七七"芦沟桥民族解放的号角响了，他不得不停留在美国呢？就因为陶行知先生教育的路向又迈进了一步：成立国难教育社，号召全国生活教育社社员，倡导国难教育运动，教育全国各阶层觉醒起来，抵抗法西斯暴日的侵略。他认为教育正是我们抗日救国的有力武器，他坚决站在时代最前线，他看到中国与日本是"和"不下去也无办法可以"和"了的。因此他和另三位爱国志士发出团结御侮宣言，提出停止内战一致对外的主张。也就因此触犯到政府亲日派的猜忌，于是他才被通缉流亡到海外去的。

民族解放战争终于与陶先生做到相符合而到来了。他一面在美国展开国民外交运动，向美国人民及海外华侨呼吁"援助中国抗日，援助祖国御侮"！这是不分国界的人类互助的天职，也是中国人应尽的神圣义务。另一面，他就向在中国的生活教育社社员指示：号召全国人民起来展开全面性战时教育运动，每一个中国人要过庄严的战时生活，要受积极的战时教育。战时的生活与教育是民族的，是民主的，是科学的，是大众的，全国人民都应该有组织的有计划的接受集体主义的自我教育。这又是陶行知先生革命教育思想的再发展。陶行知先生的正确路向，并没有比时代走缓一步，也不见走得过前一步。

快要胜利之前，陶行知先生特别提出全中国人要过民主生活，在民主生活中接受民主教育；同样用民主的教育来争取民主政治的实现，来创造人民自由的幸福生活。陶行知先生早看见胜利必属我们，尤其是看见胜利之后，国家一定要是一个道地的民主国家。人民要有生存权，要有教育权。因为生存权教育权操在少数人的手里，人民便永远得不到教育，得不到生存。国家就变成"天下为私"了。

政治必须民主化，教育必须民主化，人民有权要求活下去，国家必须"天下为公"。这都是陶先生在战时早就想到的。并不是到了今天，他受什么政党活动的影响，我不否认陶先生已经参加了政党活动，但是他却与任何政治活动者的姿态有所不同。他充分地表现出他是一个平民化的教育工作者，到处流露他诲人不倦好学不厌的精神。他的生活和行动，依然还是一位安贫乐道的传道家模样。他好与贫苦小孩子接近，好与失学青年接近，好与穷教师接近，好与被剥削的工农大众接近。他丝毫没有政治名流的气派，也没有学院博士的气派。他毅然走着中国教育革命的路向。

他的教育理论，教育作风，和教育事业的成就，被中国各政派部分地吸收了去，被中国各教育学派也部分地吸收了去。不管他们怎样吸收或吸收去成分的多少，都证明了陶先生成就的伟大。今天，我们可以断定，陶行知先生的教育思想，就是新民本主义的教育思想；陶行知先生的路向，就是新中国教育的路向。今后全国的教师，教育人民的工作者，应时刻以陶行知先生来做他们的楷模。

张　健

　　张健(1919—2011)，安徽肥东人。1935年进入山海工学团学习。1936年任国难教育社工人工作委员会委员、党团干事。1938年任武昌区委工人特别支队干事。1940年起任绥德分区教育科督学、清涧县教育科科长。1941年后担任延安马列学院宣传研究室、中央教育院研究室、陕甘宁边区政府研究室主任、研究员等职。1946年1月任辽西民主学院教育主任，同年12月任合江省教育厅学校教育科科长。1949年1月任东北人民政府教育部国民教育处副处长。新中国成立后，先后任教育部初等教育司副处长、办公厅统计研究室主任、计划司副司长、办公厅研究室主任。1975年后任北京市劳动局革委会副主任。1977年10月调任中共清华大学党委副书记、副校长。1979年任教育部党组成员、中国教育学会副会长。1983年2月任中央教育科研所负责人、党组书记兼学术委员会主任。1985年3月任中国教育学会常务副会长、全国教育规划领导小组副组长。

　　改革开放之后，张健在恢复陶行知研究方面做了诸多工作，撰写了大量纪念、宣传陶行知及其教育思想与实践的文章，对推动与发展陶行知研究起到了重大作用。本卷收录张健的陶行知研究文章有两篇：《积极开拓陶行知研究工作的新局面》是其在陶行知纪念会议上的讲话稿，对改革开放后陶行知研究所取得的进展予以肯定与支持，主要论述的是陶行知的人民教育、生活教育学说。《试论毛泽东和陶行知的人民教育思想》则将毛泽东与陶行知的人民教育思想进行了比较，从唯物与唯心的关系、认识与实践的关系、人民群众与领袖的关系三方面论述了毛泽东与陶行知思想具有相近的哲学基础。毛泽东和陶行知都关心人民大众，走农村包围城市的道路。

积极开拓陶行知研究工作的新局面[*]

全国各地陶行知研究的形势发展很快，湖北省成立陶行知研究会，是件极令人欣慰的事情。自从 1927 年陶行知先生创办南京晓庄学校，开创他的人民大众教育事业以来，就有人开始研究陶行知。到 20 世纪 30、40 年代，随着陶行知教育理论和实践的不断发展，陶行知先生的声望愈来愈高，研究陶行知的人也愈来愈多。陶行知逝世后，中国共产党给予了他高度的评价。毛泽东同志赞誉他是"伟大的人民教育家"；周恩来同志称赞他是"一个无保留追随党的党外布尔什维克"。遗憾的是，在 1951 年发起的对电影《武训传》的批判中，早有定评的陶行知先生受到了不必要的株连，被扣上了"教育救国论"、"改良主义"、"实用主义"等帽子。陶行知研究也因此而成为禁区。直到党的十一届三中全会以后，经过拨乱反正，解放思想，陶行知先生才被恢复名誉，陶研工作也才随之得到恢复和发展。在陶研的前景还不甚明朗的几年前，华中师大的领导和老师们就冒着风险，组织编辑出版了六大卷计三百余万字的《陶行知全集》，为广泛地宣传陶行知，深入开展陶研工作，提供了内容丰富的原始资料，打下了一个很好的基础，这个巨大的贡献，必将载入史册。近年来，党中央对陶行知的研究工作极为重视。但由于长期受"左"倾思潮的影响，至今还有一些同志对于陶行知先生，还存在着一些糊涂认识。不解决这些问题，就会阻碍陶研工作的发展。为此，我想谈谈陶行知研究中的两个有关问题。

一、要全面地正确地评价中国伟大的人民教育家陶行知先生的功绩

全面地正确地评价中国伟大的人民教育家陶行知先生，是我们学习和研究陶行知首先应该解决的一个问题。

第一，陶行知是伟大的人民教育思想家。过去人们一般都认为陶行知

　＊　原载《华中师范大学学报》(哲学社会科学版)，1987 年第 4 期。

是伟大的教育家，这当然不错，但不够全面。陶行知不仅是一个伟大的教育家，而且是一个伟大的教育思想家。就像鲁迅先生不单纯是伟大的文学家、革命家，更是伟大的思想家一样。思想家们始终站在时代的最高峰，思考重大的时代课题，为后人指出前进的方向。他的思想深邃，博大精深，是后人取之不尽、用之不竭的思想源泉。陶行知先生的思想贡献，主要是他的生活教育学说。这种学说是在总结国内外教育家的经验基础上创立的。恩格斯在《家庭、私有制和国家的起源》一书第一版序言中指出："根据唯物主义观点，历史中的决定性因素，归根结蒂是直接生活的生产和再生产。但是，生产本身又有两种。一方面是生活资料即食物、衣服、住房以及为此所必需的工具的生产；另一方面是人类自身的生产，即种的蕃衍。"（《马恩选集》第 4 卷，第 2 页）陶行知的生活教育学说就是要为物质的生产和人的生产服务，他的思想基本上是符合历史唯物主义观点的。陶行知曾指出，生活教育必须是战斗的，必须是生活的，必须是科学的，必须是大众的，必须是计划的，必须是民主的，还必须是创造的，这与毛泽东同志提出的民族的、科学的、大众的新民主主义教育方针是一致的；他创办的南京晓庄学校提出的乡村教师要具有健康的体魄、农夫的身手、科学的头脑、艺术的兴趣、改造社会的精神，这和我们今天的德、智、体、美、劳全面发展的方针基本上是一致的；他提倡手脑并用，在劳力上劳心，办生利的教育和工以养生、学以明生、团以保生的工学团教育，就是实行教育和生产劳动相结合的教育思想。

陶行知又是国内终身教育思想的最早提出者。终身教育指人们在一生中所受到的各种培养的总和。它包括教育体系的各个阶段和各种方式，既有学校教育，也有社会教育，既有正规教育，又有非正规教育。早在 20、30 年代，陶行知就提出了终身教育的思想。他一贯倡导一个人一生中既要受学校教育，又要受社会教育；既要受正规教育，又要受非正规教育。一个人要活到老，学到老，终身都要受教育。

陶行知还是国内优生、优养、优教思想的最早提倡者。早在 1931 年 9 月，他就在《中华教育界》第 19 卷第 3 期上用何日平的笔名发表了《中华民族之出路与中国教育之出路》的长篇论文。他系统地论述了优生、优养、优教的思想。随后又在《教学做合一下之教科书》一文中，提出了"创造五生世界"（即少生、好生、宽生、厚生、共生之世界）和"创造五生世界"的用书系统。他还指出，只有优生才有优养和优教。反之，孩子养得多，又不能教育，以致互相抵消，六十万万人还不如二万万人的力量大！尤其可贵的是，陶行知还早在距今半个世纪前就提出了优生、优养、优教的具体办法，如成立有关组织机构（人口升降委员会）、制订政策方法（一夫一妻只能生一个或二个孩子，人口稀少地带则由人口升降委员会颁布特殊条例、实行避孕、节制生育、科学地选择配偶，等等）。这些思想至今仍是十分正确的。

陶行知对于高等教育也有不少精辟的论述。陶行知最先就是从事高等教育的。他从美国回国后的最初几年内，一直在南京高等师范学校和后来的东南大学任教授，并任教务主任（即今教务长）、教育科主任兼教育系主任。南京高等师范学校是当时东南地区的头号高等学府，与北方的北京大学齐名，时有"北大、南高"之称。陶行知在南高任职期间，进行了许多高教改革活动，如与北大一起首开女生进高等学府受教育的风气，实行选修制，改教授法为教学法，等等。所有这些对后来的高等教育的发展影响极大。

陶行知的生活教育学说的形成有一个历史的发展过程。在这里我着重谈谈陶行知先生与杜威的关系问题。杜威有两个中国高徒，一个是胡适，一个是陶行知。由于这种师生关系，陶行知也被认为是"改良主义者"、"实用主义者"。其实即是杜威，我们今天也需要重新认识和评价。过去许多事情，往往是由于误解所致。从政治上看，杜威对当时的第一个社会主义国家苏联态度很友好。他的学生和同事、美国著名教育家克伯屈对苏联的态度也很好。只是在后来因为托洛茨基问题才恶化的。当时苏联将托洛茨基驱逐到国外，美国国内一些人利用杜威的巨大声望表示对托洛茨基的支持（当然杜威本人因为年老思想糊涂也同情托洛茨基），这样就引起了苏联对杜威的不满并展开了一场对杜威的批判。杜威对中国的态度也是很友好的。抗战期间，他反对日本帝国主义侵略中国，反对蒋介石的专制独裁，曾发起并与爱因斯坦、孟禄等国际文化界名人联名致电当时的中国政府营救中国救国会领袖七君子。解放战争时期，反对美国政府支持国民党反动派打内战。由此看来，他只不过是一个富有正义感的资产阶级自由主义知识分子，并不是什么反动的政治家或政客。杜威在教育上也有值得肯定的地方。他大力宣扬"儿童中心论"，反对传统教育的"教师中心论"。他说过,在学校里,儿童变成了太阳,而教育的一切措施则围绕着他转动,儿童是中心,教育的措施便围绕他而组织起来。在反对传统教育的"教师中心论"上,他可以说是达到了一个顶峰。尽管他的"儿童中心论"在某种程度上,否认了教师的地位和作用,走向了错误的另一个极端。但他高度重视儿童的人格和学习的主动性,仍有其可取之处。陶行知是杜威的学生,对于老师尊重儿童人格和学习的主动性这一点,他继承过来了,对于老师"教育即生活"、"学校即社会"等观点,又是扬弃的,从而形成了自己独具特色的生活教育学说。集体和个人的关系,是一个很复杂的问题。陶行知先生注重尊重个人人格,发展个人才能,创办育才学校,培养了不少人才。当然,如何把集体与个人很好地结合起来,还需要今后作更深入的研究。

第二,陶行知是伟大的人民教育事业家。他由一个大学教授,深入中国社会具体实际,当过中小学校长,办过高等教育、中等教育、小学教育、幼儿园教育,一心扑在人民教育事业的发展上面。他是在国民党统治区高举反洋化教育和反传统教育的旗手。他向当时的洋化教育和传统教育发动了猛烈地抨击,从根本上动摇了洋化教育和传统教育的基础。他不仅有丰富深刻的教育理论,也有大量具体的办学实践。他一直都没有停止过办学和教育实验。他是一个理想远大的教育家,又是一个脚踏实地的教育家。1919 年 4 月,他在《时报·世界教育新思潮》上发表了一篇题为《第一流的教育家》的文章,指出三种常见的教育家:"一种是政客的教育家,他只会运动,把持,说官话;一种是书生的教育家,他只会读书,教书,做文章;一种是经验的教育家,他只会盲行,盲动,闷起头来,办……办……办。第一种不必说了,第二种或第三种也都不是最高尚的。"他提出第一流教育家的标准有两条:一是敢探未发明的新理,胆量很大,敢于实验,不怕辛苦,不怕疲倦,不怕障碍,不怕失败,一心要把那教育的奥妙新理,一个个的发现出来,这是何等的魄力!二是敢入未开化的边疆,对民族的教育有强烈的责任感。深知国家有一块未开化的土地,有一个未受教育的人民,都是由于自己没有尽到责任。他还认为,敢探未发明的新理,即是创造精神;敢入未开化的边疆,即是开辟精神。创造时,目光要深;开辟时,目光要远。总之,创造、开辟都要有胆量。在教育界有胆量创造的人,即是创造的教育家,有胆量开辟的人,即是开辟的教育家,都是第一流的人物。从这两条标准来衡量，我认为陶行知先生自己就是一个第一流的教育家。他敢于创造，敢于开辟，在一无权二无钱单靠募捐为条件办学的艰难情况下，创办了晓庄学校、山海工学团、育才学校、社会大学等学校，培养了成百上千的优秀人才。我们完全可以这样说，陶行知先生创办的每一所学校，都是国民党统治区的红色堡垒，都是在中国共产党领导和支持下设在白区的革命干部学校。

第三，陶行知在政治上是伟大的民主主义者和伟大的共产主义者。我完全同意胡乔木同志的讲话，"陶先生是由卓越的民主主义战士转变到伟大的共产主义战士，是中国进步知识分子的典型。这方面，也是全国人民和我们党历来所肯定的。陶先生的一生，特别是后半生，充分地说明了这一点。在无论怎样困难的条件下，陶先生对共产主义的信念，对中国共产党的拥护，从来没有过任何动摇。"这一点，值得我们今天的每一个知识分子很好地学习。

第四，陶行知先生又是伟大的大众诗人。过去人们对于陶行知的教育理论和实践了解得比较多，而对于他在中国新诗上的贡献则很少了解。这主要有两个原因：一方面，他在新诗发展史上的贡献，给他在反帝反封建的民主革命斗争上的努力和他在发展人民大众教育事业上的巨大成就所掩盖了；另一方面，与过去中国诗坛上存在着的狭隘偏见有关，没有引起足够的重视。这种局面应该改变。他不是一般意义上的诗人，而是善于用诗歌作为宣传他的教育理论的有力武器，进行反帝反封建斗争的诗人。在他半个世纪的战斗生涯里，一共创作了约近千首诗歌。他的诗歌很有特色，清晰流畅，明白易懂，富有音韵，琅琅上口，人称"陶行知体"，素为人民大众所喜闻乐见。郭沫若曾高度评价陶行知先生的诗歌，"他的诗体的解放是在解放区作家之前，他真正可以说是独开风气之先。""他不仅是开创时代的哲人，而且是一位伟大的人民诗人。"

二、如何进一步开展陶行知教育思想研究工作，我想简单谈几点想法

第一，补充、修订好《陶行知全集》。现有的《全集》已有六大卷三百余万字，这是一个很可观的数字。但要看到，我们对陶行知先生的资料还不能说已全部收集到手了，比如说，他关于高等教育的论述，他在国外政治活动和学术活动的情况，甚至他的日常言论，等等，在《全集》中反映得还不够。在中国的教育家中，陶行知在国外活动的时间最多，没有哪一个教

在创立人民教育事业上，毛泽东早在湖南第一师范学校学习期间就开始创办工人夜校，后来又下乡兴办农民学校。为了领导中国革命运动，毛泽东领导创办了农民运动讲习所、红军大学、抗日军政大学、陕北公学和各种干部学校。据统计老解放区革命根据地前后共培养了250余万干部，这是取得中国革命胜利的决定因素之一。陶行知早年留学美国，立志要使中国人民特别是广大工农劳苦人民"人人都能受到教育"。陶行知在国民党统治区尽管处在一无权、二无钱、办学靠募捐，学校还遭到国民党统治者加以封闭、迫害、百般刁难的情况下，他前后创办了名闻中外的晓庄师范、山海工学团、育才学校、社会大学等人民教育事业，为国家培养了成百上千的栋梁之材。

毛泽东和陶行知都坚持实事求是、解放思想、开拓创新，干革命办教育都要从中国的实际出发，走出一条适合国情和人民需要的道路。毛泽东运用武装斗争、统一战线、党的建设三大法宝，倡导理论联系实际、群众路线、批评与自我批评三大优良作风，走一条农村包围城市最后夺取全国政权的胜利道路。陶行知立足于中国是一个半殖民地半封建的穷国，又是一个人口众多的大国，要在穷国办理大教育，就要想出一些穷办法来普及大众教育，因而他就倡导"小先生制"和"会的教人，不会的跟人学"的传递先生制，艺友师范(边当学生边当先生的师范生)的办法，倡导"工以养生、学以明生、团以保生"的工学团(即半工半读)的办学模式，科学下嫁给工人农民，实行农业和科学教育携手。前后开展过平民教育、乡村教育、大众教育、国难教育、战时教育、民主教育运动，不断地探索中国普及教育之路。原中共中央宣传部部长陆定一曾经指出：中国新民主主义人民教育思想，是由毛泽东和陶行知共同创造的，中国共产党员不仅要学习毛泽东思想，而且要向陶行知学习。

中国百分之八九十的人口在农村，普及教育的重点和难点也是在农村。毛泽东再三指出，首先要使农民掌握政权和进行土地改革，同时也要普及教育，离开乡村教育和农民学习文化，普及教育是一句空话。陶行知早在1926年就提出要征集一百万元资金，培养一百万名教师，创办一百万所学校，改造一百万个乡村。他为了实现这个宏愿而创办晓庄学校，他认为只有培养出具有农夫的身手、科学的头脑、健康的体魄、艺术的兴趣、改造社会精神的教师，实行农科教结合的生利教育，才能使广大农民成为

"西天的活神仙"。陶行知和毛泽东同样认为：中国教育普及的关键在农村，普及的主要对象是广大农民及其子女。

在各类各级教育中实行理论与实际统一，知与行的一致，体力劳动与脑力劳动结合，手脑并用。这是毛泽东与陶行知再三倡导的人民教育的根本方针和教学原则。毛泽东认为学生要读两本书：一本是总结前人经验的有字之书，一本是要学生走向社会进行调查研究，向工农兵商各界人民学习的无字之书；陶先生主张生活即教育、社会即学校、教学做合一，尽管说法不一，二者精神却是一致的。

要在教学过程中批判地继承中国古代教学结合以学为主，自学成才的优良传统，毛泽东和陶行知再三倡导：教师的教要少而精，学生的学要活能用，毛泽东主张"要在战争中学习战争"，学习革命理论的目的全在于研究和解决中国革命和建设中的实际问题，有的放矢的学习是为了应用。为此就要坚决反对脱离实际的教条主义，同时又反对脱离理论指导的经验主义、盲动主义。由于在延安开展了整风运动，使理论与实际统一的方针原则贯彻始终，这就促使中国革命沿着毛泽东思想的正确道路前进，不断地取得胜利。陶行知终生都反对"死读书"而倡导"活用书"，他把晓庄学校的图书馆取名为"书呆子莫来馆"，可见他反对"死读书"之决心。从我自己在晓庄学校自动小学和山海工学团学习过程中，深深体会到陶行知不仅倡导而且身体力行的实行教学做合一，教学结合以学为主、自学成才的教育方针和教学原则。他从来不用考试分数来强迫学生学习，而是千方百计地启发学生自觉地活学活用各种书本知识、生活本领，养成良好的自学成才的习惯。后来我在延安中央党校马列学院学习，又深刻领会到毛泽东创办的干部学校同样实行教学结合以学为主自学成才的方针原则，并聆听毛泽东所作的《改造我们的学习》和整顿"三风"的报告，更高层次地提高了干部学习革命理论要解决中国问题的自觉性。

马克思主义的精华就是解放思想、实事求是。毛泽东1941年在延安马列研究院成立大会上讲话的标题就是"实事求是"。他再三说明：中国革命和建设问题就是我们每个人所面临的"实事"，按着"实事"的客观规律来办，就容易取得成功。"求"就是要对客观事物进行调查研究，"是"就是我们通过调查研究所发现的规律，也就是我们所追求的"是"。他再三强调：共产党人搞革命和建设，要依靠客观规律即"靠真理吃饭"，而不是靠职位权力吃饭。当时毛泽东提出的"靠真理吃饭",对我们的教育具有深远的意义。陶行知提出自己办教育的宗旨就是"千教万教教人求真,千学万学学做真人",这就是要把自己的学生培养成为掌握真理的人,郭沫若将陶的这两句话写到陶墓碑的两侧,作为陶行知的墓志铭。

毛泽东曾经指出:共产党人的唯一宗旨就是全心全意为人民服务,并说我们的军队叫人民解放军,工农为主体的人民民主专政的政府叫人民政府,我们的国家叫人民共和国,就是现在已经进入到人民当家做主的新时代。1950年5月,他为新中国教育刊物题词为:"恢复和发展人民教育是当前重要任务之一"。这就将老解放区和新中国教育都概称为"人民教育"。后来,毛泽东又提出:"我们的教育方针,应该使受教育者在德育、智育、体育几方面都得到发展,成为有社会主义觉悟、有文化的劳动者。"1945年陶行知就提出"人民第一,教育为公",他办的教育是人民的教育,是为人民自己的幸福所办的教育,即民主的、大众的、创造的、整个的、和谐的教育,人民教育培养学生成为"追求真理的小学生,自觉觉人的小先生,手脑双挥的小工人,反抗侵略的小战士",这种学生要具有"军事能力,生产能力,科学能力,识字能力,运用民权能力,节制生育能力"。尽管毛泽东和陶行知对人民教育具体表达有所不同,但二者的基本精神却是一致的,至于毛泽东全心全意为人民服务,为救国救民而牺牲一切的献身精神,陶行知"捧着一颗心来,不带半根草去"的高贵品质,这都充分体现着中华民族的优秀美德。

邓小平在新的历史时期继承和发展了毛泽东思想,创立了建设有中国特色的社会主义理论和"一个中心,两个基本点"的基本路线。邓小平的教育思想是继承毛泽东人民教育思想,又在新的时期有所发展。邓小平提出实现社会主义现代化过程中,"科技是关键,教育是基础",以及"科教兴国"的发展战略,教育应放在优先发展的战略地位,教育要面向现代化,面向世界,面向未来,教育要为现代化建设服务,现代化建设要依靠教育,办教育要实行普及和提高两条腿走路的方针,在搞好"普九扫盲"的基础上认真办好重点学校,实行教育与生产劳动相结合,教育发展计划要和经济计划相适应,各级各类教育都要培养有理想、有道德、有纪律、有文化的社会主义新人,要在全社会倡导尊重知识、尊重人才、尊师重教的良好风气,实行国家拨款为主,多种渠道集资办学体制,党政领导要当好科教部门的后勤部长，领导就是服务。

当前，要把主要精力和时间放在学习毛泽东、邓小平教育思想和中央文件上，这是完全必要的。同时，结合各地实际工作的需要，抽出一定时间参阅中国伟大的人民教育家陶行知先生有关论著，作为整体优化教育改革的借鉴和补充，这会得到一定的启发和帮助。例如山西吕梁地区前元庄在学陶师陶过程中，实行村校一体、农科教结合，基础、成人、职教统筹的大教育办学模式，取得了显著成绩。上海市行知中学、东安二村小学试行的"求真"教育，闸北区和田路小学的创造教育，同样地取得成功的经验，这对当前由应试教育向素质教育转轨是会有启发和帮助的。

张劲夫

张劲夫（1914—　），原名张世德，安徽肥东人。1930 年进入南京晓庄师范学习，参加护校运动。1931 年后参与编辑《生活教育》杂志。1932 年任职于山海工学团，后任团长。1935 年后历任上海国难教育社总党团委员、上海战区战地特支委员、中共安徽省工委常委、宣传部长、华中建设大学副校长、鲁中南区党委委员。1949 年后历任中共杭州市委副书记、副市长、浙江省委常委、中国科学院党组书记、财政部党组书记、部长、安徽省委第一书记、省长、国家经委党组书记、主任、中顾委常委等职。

张劲夫积极支持陶行知研究的恢复与发展工作，曾多次撰文纪念陶行知。本卷所收录的《追忆伟大的人民教育家陶行知先生》，写于 1981 年，主要从回忆晓庄师范、山海工学团时期的生活入手，阐发陶行知教育活动的特点。首先，他肯定了陶行知的教育对象是"劳苦大众"，是一位伟大的人民教育家。其次，他辨析了陶行知与杜威的关系、陶行知和王阳明的关系、陶行知与武训的关系。整篇文章是为了说明陶行知教育思想与实践的人民立场，强调"陶先生是由一个资产阶级改良主义者进步到新民主主义革命运动的积极参加者，最后成为一个党外布尔什维克。"《在和陶夫子相处的日子里》同样是一篇追忆陶行知的文章，但行文较之 10 年前作者所写的文章，已经完全放开而少了很多政治上的说辞。该文交代了作者去晓庄的缘由及其与陶行知以及晓庄学校、山海工学团的交往经过，坦诚在此期间思想上同时受到陶行知和中国共产党的影响。在叙述与陶行知交往的过程中，主要回顾了陶行知对于国民党压制民主运动的抵抗以及对共产党领导的革命事业的支持，在文章的最后也介绍了曾作为山海工学团团长所理解的工学团教育模式。

追忆伟大的人民教育家陶行知先生[*]

我对陶行知先生是有感情的，因为他是我的老师，印象比较好。他是一位伟大的人民教育家，当然，不能把他的思想看成都是马列主义的。

作为一个教育家，他的事迹、学说有一定的研究价值。抗日战争时期，在民主人士当中，他应该属于邹韬奋那样的左派人物。

一九三〇年我进了他办的晓庄学校，这个学校是陶先生靠募捐办起来的。因为他本人当时流亡在上海，我在晓庄学校期间并没有见到过陶先生。

那时候学校里有国民党、国家主义派，共产党员也很多，很活跃。后来学校被国民党封闭了，不少地下党员和进步学生被捕，有十四位同学被杀害在南京的雨花台。

一九三二年"一·二八"事件以后，陶先生在上海化名写文章，他与史量才有点关系，经常在上海《申报》发表文章。后来他把这些文章编成了两本书，一本是《斋夫自由谈》，一本是《古庙敲钟录》。

他还创办了"自然学园"、"儿童科学通讯学校"。他提倡从幼年就开始培养喜爱科学的兴趣，用他的话来说，就是玩"科学把戏"，引起儿童对科学的兴趣。后来，他又办了一些"工学团"，主要是在工人区、郊区农村招收农民和工人的子弟，还有一些城市贫民的子弟。学生是一边劳动一边学习，按照他的话说就是"工以养生，学以明生，团以保生。"团，就是团结、联合的意思。

工学团办在几个地方，其中比较大的一个是在上海市与宝山县之间的大场，名字也就叫做"山海工学团"。当时是马侣贤同志主办的，他是晓庄学校第一期的学生。在上海的北新泾也为工人农民子弟办了一个工学团，

　＊　原载《江淮论坛》，1981年第2期。

叫做"晨更工学团"。这个工学团是徐明清同志主办的。一九三一年"九·一八"事件后,我参加了学生救国运动,对南京国民党政府所作所为很不满意,就写了一封信给陶先生,要求到上海去工作,经他介绍,我便到了山海工学团当教师。我是一九三二年冬天去的,后来还担任了团长,即校长,直到一九三七年。

"一二·九"运动以后,上海成立了救国会,教育界也成立了国难教育社,陶先生担任理事长,他也是上海各界救国会联合总会的负责人,他积极参加救国运动。一九三六年下半年,他出国了。到英国参加新教育会议,以后又到法国、美国、加拿大以及欧美其他国家去宣传抗日。一九三八年回国后就到重庆去了。这时,我已参加新四军,到抗日前线去了。我们也就没有再见过面。

从一九三二年冬到一九三六年夏这近四年的时间里,我和陶先生有不少接触。他是搞教育的,后来积极参加抗日救国运动。他一生办的教育事业很多,也写了不少文章和诗歌,我所知道的有限,从我和他接触中所得的印象,对陶先生的看法是这样的:

他开始是搞的资产阶级改良主义,搞的是"教育救国"、"科学救国"。他并不很清楚中国落后受欺压的根本原因,没有认识到政治上要推翻三座大山,要靠人民群众、各界爱国人士的团结,要有共产党的领导,要执行新民主主义革命的路线,才能摆脱旧中国的贫困、落后、受欺压的状态,才能取得彻底的解放和真正的独立;他却认为人民受到了教育,有了科学知识,就能救国,因此,他就努力从事教育,以此救国。

但是,他搞教育是有特点的:

一是他从事教育的对象是"劳苦大众",朴素地认识到要为劳动人民,按他的语言就是搞"平民教育",搞锄头舞歌、镰刀舞歌描绘的"农民教育"。到了上海以后,他又看到了工人重要,把农民、工人、城市贫民统称之为"劳苦大众"。他办学校、办事业都是为了"劳苦大众"及其孩子们,他在实际上做到面向工农,包括城市贫民和他们的孩子们。现在教育工会的方明同志,就是当年陶先生组织的"卖报儿童工学团"的团长。

二是他提倡的教育方法与当时的教育方法不同。他认为当时教育方法是死读书、读死书、读书死,是没有多大用处的。他强调联系实际,"教学做合一",读活书;强调学生学习的主动性,提倡即知即传人,提倡用小先生办普及教育,反对知识私有的"守知奴",这是有一定道理的。但对文化知识的系统教育不重视，对教师的重要作用强调不够，这是他的不足之处。开始，他是赞成知行合一的，先头他的名字就叫知行。后来他认为应该实践在前，"行是知之始，知是行之成"，"知"是经过"行"才得出来的，所以他便改名为行知。他重视和强调行即实践，是很可贵的，当然这里头有机械唯物论的东西，不那么辩证。

第三个特点是他有高度的事业精神，他具有言行一致、说到做到、坚韧不拔的精神。

他是穷苦的家庭出身，本人也是依靠勤工俭学上学的，这和他具有为劳动人民及其子弟多受教育而努力的观点有关。在他的学生中，也是贫苦人民出身的多，赞成他的教育观点的学生也是贫苦的进步的知识分子多一些，当然，其中也有不好的学生，但大多数是进步青年。后来不少他的学生成了我们党的同志，还有的成了我们党的领导骨干。

他的生活一直是非常艰苦朴素的。在上海时期，他本人和他家庭的生活费用基本全靠稿费。他在上海报纸上登过"卖艺"广告，以写字、演讲、发文为生。办学校、办事业就靠到处募捐。在上海工人区办的工人夜校，陶经常去作演讲，和工人接触。陶每周都下乡到山海工学团，有时直接和农民谈心，和农民小孩接触时，更是有说有笑，充满着感情，他具有为劳动人民办教育事业的献身精神，他有一副对联："捧着一颗心来，不带半根草去"，符合实际情况，说的并不过分。

他还具有学术民主作风，不同的意见可以听得进去，不管是错误的还是正确的，都能听进去，这也是他以后能不断向进步方面发展的一个因素。

像这样一个原先有改良主义思想的教育家，教育对象是广大劳动人民及其子弟，教育方法又是这样的注重读活书，注重实践，这就使他能够接触广大的人民群众，接触当时的社会实际，因此也就使他容易接受进步的东西，容易接近进步的组织和接受进步思想，这就不同于一般的"洋学生"了。在当时出国留过学的人们中间，像他这样是少有的。

"一二·九"运动以后，党的"八·一"宣言传到了上海，陶先生很快就接受了，加上他的学生中有不少是地下党员，不断向他做工作，促使他直接参加了抗日救亡运动。

他在上海期间，每年三月十五日（晓庄学校开学日）都作为"生活教育"纪念日，举行集会纪念，进行座谈。记得地下党同志每次座谈都指出：改良主义行不通。还问他"生活教育"的生活内容是什么，说明生活和教育都离不开政治，要他正视反动政府倒行逆施的现实，不能视而不见，空谈什么离开政治的生活教育。对此他总是含笑而听，深沉地思考。"一二·九"后，他就明确表态，当前的"生活"是国难当头，积极赞成推行国难教育，组织国难教育社。

在他出国以前，我们谈过话，虽然他自己没有正式提出参加党的要求，但明确表示支持我们参加共产党的组织，说明他对党是拥护、支持的。在上海他所主持的单位里，地下党是占了领导地位的，成了我们党的重要活动据点。

由于他不断进步，逐渐认识到中国要独立富强，主要问题在于要打倒帝国主义、打倒反动派。他与胡适是同乡，早年也是要好的朋友，后来陶先生走向进步，他反对胡适的反动观点，曾作诗嘲弄胡适捉了五个小鬼，放走了一个大妖精(帝国主义)。

由于政治上的进步，也就影响到他的教育观点的变化。他刚从美国回来时是赞成杜威的"教育即生活，学校即社会"的观点的，后来改为"生活即教育，社会即学校"。以后，虽然一直还用"生活教育"这个口号，但内容已经加了不少新民主主义、爱国主义的东西了。

他过去仅仅是同情劳动者，反对不劳而获。他有不少诗歌反映了他的观点和感情，如："只为阔佬烧大菜，那问穷人吃糟糠。""不做事，光吃饭，什么人？是混蛋。不做事，吃好饭，什么人？王八蛋。"……等等。他早年丧妻，到四十多岁要续娶，在《爱的播音》这首诗中说："大众在左厢，小孩坐中央，你若不篡位，万事好商量。"这足可说明他对劳动人民及其孩子们的感情是很深的。但他对劳动人民的认识，还不能说是已经达到像毛主席所说的那样"人民，只有人民，才是创造世界历史的动力"的高度。他仅仅是把自己摆在劳动人民的同情者、帮助者的地位上，还没有完全达到依靠人民，和人民打成一片、结成一体的深度。但像他这样同情劳动人民，接近劳动人民，并且身体力行，是很容易进一步发展到与劳动人民密切结合的。我认为把陶先生称为"伟大的人民教育家"，他是当之无愧的。

总的来讲，陶先生是由一个资产阶级改良主义者进步到新民主主义革命运动的积极参加者，最后成为一个党外布尔什维克。他的进步倾向是日益和共产主义接近、向共产主义者发展的。回想许多知识分子参加革命的道路，从爱国、救国出发，发展到为共产主义奋斗，有的并参加党的组织，其中有的走得快些，有的走得慢些。发展的过程也就是提高的过程、改造的过程。

实践是检验真理的标准，从陶先生一生的活动来看，他原先是一位资产阶级改良主义者，后来积极参加抗日救国、民主运动，做了许多工作。在国民党的反动统治下，他的行动、言论具有他自己的特点，如他办教育，不靠国民党反动政府，采取民间办学的形式，虽然他与一些官方人员和民族资本家仍有一些关系，但从不靠国民党政府的力量，只是利用民间力量，靠募捐。陶先生本人对国民党、蒋介石是很不满的。在上海的各救国、民主进步团体中，他也起过不少好的作用，因此成为国民党迫害、通缉的对象。他当时在国民党统治区，是有很大影响的进步民主人士。因此对他的思想、言论、活动等，要作全面的评价，要作历史唯物主义的分析。

我觉得有三个问题是需要实事求是进行分析的：

一是他和杜威的关系。他在美国上学时，杜威是他的老师，杜威本人是资产阶级民本主义者，是实用主义者，提倡"教育即生活，学校即社会"，陶先生开始是受到一定影响的。回国后一度也提倡过这个教育观点，所以有些人认为他是杜威的门徒。我认为他早期确实受过杜威的影响，但他回到中国之后，尤其是到了人民群众之中以后，就逐渐改变了观点。杜威在政治上是维护资本帝国主义制度，把劳动人民作为一种剥削工具，而陶先生不是这样，提倡"锄头、锄头（农民）要奋斗"，"联合机器（工人）来革命"，这就有了根本区别。按照毛主席关于知识分子"五四"以后所走道路的分析，他是向左走的。我认为到了后期，他与杜威已经在政治观点上完全是两回事了，在教育思想上已形成陶先生自己的独特观点，虽然还有些杜威思想的残余影响，但不能说他一直是杜威的门徒。

二是和中国的王阳明的关系。开始他是赞成王阳明的"知行合一"的，后来改为行知，这虽然有些机械唯物论的东西，但毕竟与王阳明的"知行合一"不同了。他把亲知、闻知、说知，分为直接和间接，把亲知直接得到的作为主要的知识来源，他的主要论点："接知如接枝"，这是有一定道理的。但他又过分强调亲知，就有些片面了。总之，他后来是与王阳明根本不同了。

三是与武训的关系。陶先生称赞过武训精神，这是不够妥当的。对这件事究竟怎么评价，还有待于商榷。但他在国民党统治下，不依靠国民党政府来办学，他想采取武训式的向民间募捐的方法来办学，是办学的方法问题，是在反动政府统治下，如何为劳动人民办学的方式问题。从政治上看，他的主张和武训不触及反动统治，反而为反动统治阶级服务的思想是不同的。他的政治主张是从爱国、救国到积极参加民主运动，听党的话，跟共产党走。因此把武训与陶行知简单地联系在一起是不对的，要具体进行分析。

从正面来讲，他与我们党的关系，是由开始的同情发展到拥护和热爱的。

从我知道的情况看，凡是与他接触过的人都或多或少受到他的感染，与他有感情。因为他不虚伪，正直，为劳动人民办教育事业有坚持不懈的精神，有创造性的见解，有日新又日新的追求进步的政治倾向，在旧中国是不可多得的人物。旧中国一个人在青少年时期有这样一位老师也是不容易的。他的言传身教，使我得益不浅，终身难忘。在上海时，他虽然没有什么钱，可和我们地下党同志一起吃饭的时候，总是他掏钱，从不让我们拿，他总说比我们容易找到钱。他在一些日常小事上也是很感动人的。至于后来他对周总理、邓大姐、董老们尊敬爱戴，表现他对党的路线衷心赞同，对党的拥护热爱，这是许多知道情况的同志可以作证的。

中华民族是伟大的民族，有许多优良的传统，他继承和发扬了不少。比如他在一首诗中说："……好好坏坏由人说，心中如玉一块，恩怨有偶然，毁誉多意外，翻手成云覆手雨，朋友我不卖……"他的一生是做到了这一点的。在旧社会像他这样留过学、有能力有学问的人，追求个人升官发财是很有条件的。但他却视此如尘土，以为劳动人民多做事为乐，这是一种难得的为人民服务精神。这一高尚精神是值得尊敬和学习的。

旧中国许多革命知识分子走上革命的道路，往往思想状况是复杂的，道路是曲折的，但主流是在日益前进，日益向着革命的方向发展。因此，对陶先生，我们也要全面地考察其一生的言行，抓住其主流。我认为他的主流是日益走向进步，走向革命，日益由向着劳动人民走向与劳动人民相结合。毛泽东同志说：看一个知识分子是不是革命的，拿什么做标准呢？看他是否愿意并且实行与工农相结合。依此来看，陶先生的主流是十分清楚的。

（这是全国政协文史资料组访问我的口述笔记，经我看过。时在一九七九年十二月。　——劲夫注）

在和陶夫子相处的日子里[*]

　　陆定一同志 1982 年在一篇文章里有这样的一段话："早在 1927—1937 年这一段白色恐怖时期里，白区的党由于国民党的'宁可错杀一千，不要放过一个'的法西斯政策，和党内的王明路线，白区党被破坏殆尽。……这时，异军突起，出现了以宋庆龄、何香凝、鲁迅、沈钧儒、邹韬奋、陶行知为代表的非党员的共产主义者，宣传共产党的主张，还宣传共产主义的世界观。他们对革命是立了大功的。"（见《陆定一文集》781 页）这段话是符合历史实际的，我是这段历史的见证人之一。因为就是在这段时期的 1930 年，我有幸在陶行知主办的晓庄学校里当了一名末期学生，陶行知在上海主办的教育单位里，1932 年冬我去当了一名教师（称指导员），后来当了校长（称团长），和他过从较密，知道不少他被通缉逃亡到上海后的活动情况，并亲自受到他难忘的教益。对于当时地下党的情况和陶先生怎样由党的朋友成为党外布尔什维克，是比较了解的。围绕这一问题，回忆当时的历史往事，一位时代巨人的伟大形象，岸然立在我们面前，令我钦敬不已。

　　我为什么要去晓庄学校？因为我是一个穷学生。我的家庭是下中农，父母带着五个孩子，由合肥老家迁居江浦，租种地主的地，经常借债，过着艰难的日子。我是长子，父母费尽心力要我读书，以求改变门庭。在十四五岁时，进了县城一家私立国文补习学校（也有数学、英文课程），每月除了交 2 元学费外，还需交五六元的膳费，这对于我的家庭来说是难以承受的。父亲将大牛卖了再买小牛，省下一些钱供我学费。母亲从离城数里的乡间，每天日出前挑送烧柴给学校，来抵付我的膳费。有一次在冬日大雪天，我刚一起床，见到母亲穿着草鞋在雪地里挑柴送到学校，脚都冻有

　　* 原载《光明日报》，1993 年 8 月 29 日第 3 版。

裂口了,我心里实在难受,再也不愿这样读下去了。求教于这个学校的校长兼老师邓西亭先生,他原是南京高等师范学堂的毕业生,向我推荐去晓庄学校,他说这个学校不收学费,住在农民家里搭伙,膳食费也便宜,适合你这样的学生。这样,我就在1930年5月间去到了晓庄。

我到了晓庄后,学校已被国民党反动当局勒令封闭,陶校长已被通缉流亡去上海。但留下的师生仍在进行护校运动,不愿离散,并照旧进行教学活动。晓庄学校的办学特点,不是按部就班上课,而是以好几所农村中心小学、农村幼儿园和一所劳山中学为基地,让来校的学生分散到各中心小学、幼儿园,参加"教学合一"活动,学生在做上学,老师(称指导员)在做上教,经过这样的活学活用,学会当老师。我被分到万寿庵中心小学,负责人是马侣贤,是我的合肥老乡。我这时不满16岁,一个乡下穷孩子,来到这样的学校,虽感生疏,但又感到亲切、新鲜。学校虽没有正式课,但常请专家学者来演讲。这时是养春蚕季节,我听了几次有关养蚕的演讲。读了陶校长和晓庄学生写的书,尤其读了陶校长写的《护校宣言》,把我的思想引入到一个新的天地。到了暑假,南京宪兵司令部派了许多宪兵来捕人和驱逐学生。我属于被驱逐者,就去到太平门蚕桑试验场地去半工半读学习蚕桑了。"九•一八"事件后,学生们满腔悲愤,参加了南京的学生救国运动,捐款支援马占山。接着又发生了"一•二八"事件,更增强了对国民党反动当局的不满。我从晓庄的农友陈金禄那里,知道了陶行知在上海的通讯地址,就写信给他,希望去上海。他回信约我去谈话,见面谈话后,当即介绍我去山海工学团工作,我就于1932年冬,到了山海工学团。

我简述这段经历,主要想说明一个问题:像我这样的农村青年,当时去晓庄学校,主要是想经过学习后能当上教员,找到一份工作做,以求改变家庭的贫困状况,这就是我当时的朴素思想。面对当时的严重激烈斗争形势,不懂是一回什么事,只是感到好人受害,茫然不知其所以然。经过"九•一八"、"一•二八"事件,给予我的朴素的思想带来极大的冲击,"覆巢之下,焉有完卵?国之将亡,何以为家"?就产生了救国思想,每当提到"是可忍孰不可忍"时,禁不住要痛哭流涕的。如何去救国?接着就面临这样一个苦闷的问题,曾写信给《生活周刊》向邹韬奋请教,他很热情地回了我一封很长的信,要点是只有救国热情是不够的,还要投入到救国的实际工作中去。我去找陶行知,就是要请他帮助我能参加挽救国家危亡的实际工作，这就是我要去找他的目的。

自 1932 年冬至 1936 年夏陶行知出国，在将近 4 年的时间里，我与陶行知每周都要见一二次面，我和他的晓庄学生们，已养成习惯，称他为"老夫子"。在近 4 年的时间里，我受到了两方面的影响：一是地下党的影响，一是"陶夫子"的影响。韩愈在《师说》一文中讲："师者，所以传道授业解惑也。"陶夫子首先教我怎样做人，如何做人？夫子之道何谓也，一言以蔽之："人民第一，人民至上，一切为人民。"他是这样说的，也是这样做的，他以自己的实际行动做到为人师表，身教重于言教。陶夫子在人民至上这一革命最根本的问题上给我的教益是促使我提着头去找共产党的重要推动力。而恰在这时，共产党的地下组织就在我面前，帮助我学习社会科学，使我在思想上很自然地接受党的影响。在晓庄时，就有中共"地下党"，而且很活跃。国民党反动派勒令封闭晓庄学校的表面理由，是："散发反动传单，勾结反动军阀（指：冯玉祥），企图破坏京沪交通"，实际上更重要的，是针对中共地下党的活动，使南京国民党反动派坐卧不安。当时地下党在"左"倾路线影响下，在南京夫子庙放鞭炮搞飞行集会，尤其是组织小学生由和平门登上火车不买票，强行要求免费去栖霞山旅行；出动100 多人到下关带头组织群众性游行示威，同情和记洋行工人罢工，反对日本军舰派兵登陆，引起反动政府的恐慌，于是派出大量宪兵包围晓庄，勒令封闭。陶在当时，不愿参加"左"的空喊口号、搞飞行集会这类活动，但对于农民小学生要求免费去旅行，晓庄学生去下关举行同情和记洋行工人罢工的游行示威活动等，则是大力支持的，对于被捕的中共党员、进步青年，则是尽力营救的，并亲自写信给有关当局，出面交涉。待到他本身受到通缉，逃亡到了上海租界，仍在奔走营救被捕的中共党员学生，并设法在费用物资上给予援助。如他在短短 4 小时内，筹措 500 块银元，请律师为地下党支部书记刘季平辩护，争取了轻判。这些都充分说明，陶夫子对中共地下党员的工作，是尽力掩护并给予大力帮助的。他曾说过，要他到街上去做贴标语、喊口号这类的事他要考虑，他以为要做的斗争很多，说明他当时对"左"的一些做法有不同的见解。他在晓庄时期，以实际行动成为党的一位可以信赖的朋友。到了上海以后，在他主办的教育单位里，更是地下党的有力据点。在他的掩护下，地下党的工作能够隐蔽、有力地巩固、发展，我因此能经常受到地下党的教育，逐步认识到：只有共产党才能救中国，于 1933 年提出入党要求。由于当时白色恐怖严重，对于吸收新党员是很慎重的,经过考验,于1934年接受我参加党的外围秘密组织"教联"(新兴教育工作者联盟,又称左翼教育工作者联盟),于1935年接受我入党。因此,我之走上革命道路,应该实事求是地承认:既有地下党我的好同学王洞若(他是晓庄早期学生)是我的带路人(我参加"教联"和入党,两次他都是我的介绍人),又有我的好老师陶夫子引导我要与人民大众站在一起,这都是我永远不能忘记的。下面我要分别叙述我所在单位的地下党情况,联系到当时上海地下党的情况,以及陶夫子怎样由党的朋友成为党外布尔什维克的情况。

1930年前后,苏区土地革命有了重大的发展,党中央决定将中共重点转到苏区。而自1931年顾顺章叛变后,中央在上海租界的处境是很危险的,党中央的主要成员撤退到江西中央苏区,留在上海的一部分中央成员,成立了临时中央。1933年初,临时中央难以在上海立足,不得不迁入中央苏区。这以后,党成立上海中央局,领导国民党统治区的工作,而自1934年3月到1935年2月,接连遭到六次大破坏,到1935年7月停止活动。但党的部分力量还存在,如"文委"(中共中央文化工作委员会)及其领导下的"文总"(中国左翼文化总同盟)和"八大联"("左联"、"社联"、"剧联"、"教联"等)党团、共青团临时江苏省委、"工联"、"武卫会"(中华民族武装自卫委员会)以及情报系统的党组织都存在着。上述这些党组织和党员,与党中央都没有联系,彼此之间也没有横的关系,但在白色恐怖的环境下,他们互相支援、配合,发扬革命精神,不怕牺牲,不屈不挠,运用多种形式,如组织多种类型的学会、社团、读书会等,广泛深入联系群众,宣传马列主义,以抗日救国为号召,发展和壮大革命力量。

1935年8月以后,保存下来的地下党同志从多种渠道看到共产国际"七大"的文件,同时从巴黎《救国时报》上,看到了中共中央《八一宣言》,深感上海白区工作路线、工作方式转变的必要。为适应新形势,迎接抗日高潮,"文委"讨论工作转变的问题,提出解散"各联"和"文总"。后来,"八大联"陆续解散,并决定各"联盟"的中共党员和积极分子,都隐蔽到群众团体(主要是救国会)之中,利用合法或半合法的形式,贯彻党的统一战线策略,与其他系统的广大党员、群众一起开展抗日救亡工作。与此同时,"武卫会"系统、共青团江苏省委、"工联"系统等,也都分别动员下属党、团员、积极分子与各系统的广大群众,共同筹建救国会,积极开展抗日救亡运动。当时,在陶夫子主办的教育单位里,地下党有两个组织系统，一是"教联"，一是"中青"（中国青年反帝大同盟）。在上述精神下，这两个组织合并组成"国难教育社"（即教育界救国会）的党团及其下属的各支部。以上，就是我所了解的30年代上海地下党的若干情况。

1930年4月陶夫子被国民党反动当局发布通缉令，莫须有的罪名是"勾结叛逆，阴谋不轨……"这时正是蒋、冯、阎中原大战最激烈的时候，勾结叛逆，当然是指的冯玉祥。有帮闲文人还在报刊上污蔑陶行知接收冯玉祥的巨款，说是被冯玉祥收买。陶夫子看到以后非常愤怒，冒着被特务逮捕的危险，致书《时事新报》，予以反驳。陶夫子流亡到上海后，白天隐居在租界里，晚间常到秘密的约定地点，与晓庄师生碰头，并鼓励流亡到上海的地下党员及进步学生，"我们还要干"。同年秋，10余名先期被捕的晓庄地下党员学生，被国民党残酷杀害，使陶十分沉痛，在亲友再三劝告和催促下，逃亡到日本。1931年3月，陶夫子从日本潜回上海，匿居在法租界里，作为一个"罪犯"，既不能公开活动，也不能公开发表文章。在朋友的帮助下，与商务印书馆签订了翻译世界文学名著的出版合同，以译稿度日，可惜译稿和东方图书馆一起，被日本的炮火焚毁，一本都没有出版。到了这年9月，处境稍有好转，如果用笔名，文章也可发表。《申报》馆的史量才是著名的爱国报业资本家，对陶的处境深表同情，秘密聘请陶夫子为《申报》总管理处顾问。陶夫子担任顾问后，向史量才提出革新《申报》的三项建议：第一，《申报》言论，态度必须鲜明；第二，增辟《读者通讯》，使《申报》真正成为人民的喉舌；第三，《申报》副刊应和《申报》整体相一致。这些建议都被史量才接纳。《申报》发表的重要时事评论，大都由陶行知出点子、命题、列大纲，然后派人写出后再经他修改定稿。1931年"九·一八"事变后，《申报》发表了一系列有影响的政治评论。旗帜鲜明地反对蒋介石的不抵抗政策，要求动员全国力量，一致抗日。1932年上海"一·二八"抗战时，史量才在陶行知等人的影响下，积极捐巨款支援十九路军的抗日战斗，并且担任抗敌自保性质的组织"上海地方维持会"会长职。当时负责史量才与陶行知秘密联系人马荫良在回忆文章中认为：《申报》的政治态度与陶先生的政治态度是一致的。从某种程度上讲，《申报》支持进步势力和救亡运动，是由陶先生掌舵的。

1930年后，蒋介石对苏区发动了好几次"围剿"，史量才向陶行知、宋庆龄、黄炎培、杨杏佛等征询《申报》对此事应持的态度。被征询者都一致认为，《申报》在此紧急关头，应当表示鲜明的反内战主张。最后，史约陶到寓所彻夜长谈，当场拟定《申报》时评的纲要，指定人按此要求写成文章，再由陶修改定稿。这就是 1931 年 6 月 30 日、7 月 2 日和 7 月 4 日发表的三篇时评《剿匪与造匪》、《再论剿匪与造匪》、《三论剿匪与造匪》，坚决反对蒋介石的"剿共"政策，要求实行民主，共同抗日。对此，蒋介石又惊又气，亲手批了"《申报》禁止邮递"的手令，《申报》因此被禁邮 35 天，造成巨大的经济损失。史量才不仅坚决顶住国民党的压力，并接受陶的建议，支持宋庆龄为首的"中国民权保障同盟"的成立，主张政治民主，反对蒋介石的独裁统治。陶行知还建议史量才聘请一些著名的爱国学者名流，参加《申报》的工作，以增加《申报》的知名度。如聘请黄炎培主持《申报》设计部，请李公朴主持《申报》的流通图书馆和业余补习学校，请进步作家黎烈文主编《申报》的《自由谈》副刊，约请鲁迅、茅盾等为特约撰稿人。陶本人则以"不除庭草斋夫"的笔名，在《申报》上开辟了"斋夫自由谈"专栏，发表了 104 篇杂文，并连载发表了著名的长篇小说《古庙敲钟录》。《申报》也因此销量增加 4 万多份。陶夫子用"不除庭草斋夫"的笔名是有含义的。他曾解释说：蒋介石杀人如割草，我在这里主张"不除庭草留生意"，岂不是有意和他们唱对台戏嘛？……我要一本初衷为革命保留生机！陶用"斋夫"笔名发表的文章，大多不足千字，短小精悍，文笔犀利，观点鲜明，熔战斗性、讽刺性、幽默性于一炉，深受读者欢迎。如 1932 年 1 月 8 日发表的《颠倒的逻辑》：中国的国事是弄颠倒了。这国事的颠倒是由于逻辑之颠倒。蒋君介石说："攘外必先安内。"孙君哲生说："救国必先救党。"我的见解恰恰与蒋孙二君相反："安内必先御外，救党必先救国。"陶夫子公开与蒋介石、孙科唱反调，观点是何等的鲜明。

在 1932 年 2 月，国民党特务在上海炮制了一个所谓《伍豪等脱离共产党事》，于 2 月 15 日上午，送到《申报》广告处。广告处的律师发现了这个启事称 243 人脱党，而具名只有"伍豪"一人，有明显的漏洞。本着公正的立场，即决定 16 日暂不刊登。但 2 月 16、17、18 日，其他报纸刊出了。19 日，国民党上海新闻检查处派人到《申报》馆质问，《申报》不得已于 20、21 日刊登。伍豪是谁？就是中共中央政治局委员、中央军委书记周恩来做秘密工作的化名，而周已在此之前离开上海到中央苏区去了。为了拆穿反动派炮制的假声明，上海的地下党组织请《申报》用广告处的名义，巧妙地以《伍豪启事》因铺保手续不合不能刊登的复函作为广告刊出，由地下党付广告费。申报馆经理马荫良请示史量才，史和陶夫子商量后，立即同意刊登，并不收广告费。这个巧妙的启事是这样写的："伍豪先生鉴：承于本月十八送来启事一则，因福昌床公司否认担保，致未刊出。"这种由报馆广告处刊登的广告，从无先例，读者由此可以明显看出，脱党启事中的伍豪，并非伍豪本人。同时 3 月 3 日，地下党组织又请《申报》常年法律顾问法国巴和律师代表周少山（是周恩来在党内的别名）刊登重要启事。《申报》于 4 日以醒目的大字标题刊出："兹据周少山君来所声称：渠撰投文稿曾用别名伍豪二字，近来报载伍豪等二百四十三人脱离共产党启事一则，辱劳国内外亲戚好友函电存问。唯渠伍豪之名，除撰述文字外，绝未用作对外活动，是该伍豪君定系另有其人，所谓二百四十三人同时脱离共产党之事，实与渠无关。"至此，国民党反动派阴谋遭到全部破产。陶夫子不是共产党人，在自己尚未被解除"通缉"之前，能以一腔正气，面对邪恶势力，针锋相对与之斗争，他这一高贵品质，有如凌霜雪而傲然怒开的寒梅，令人肃然起敬！

我是 1932 年冬才和陶夫子相处的，在此之前有关陶夫子的上述情况，他从来未有向我们谈过，似乎觉得这是他应该做的，不值一提。我是从地下党同志及了解他当时情况的同志，尤其是从当时《申报》馆经理马荫良在《陶行知和申报》的回忆录中知道的。陶夫子做到了一个共产党人应该做而难以做到的事，这是很难得的。

在我到山海工学团后，陶夫子的通缉令已在此之前被取消，可以自由活动了。他在《申报》上写的如投枪、匕首的散文《斋夫自由谈》已印成单行本公开发行了，书名是由爱国老人马相伯题签的。国民党对陶夫子通缉令之所以被取消，既有国内政局的变化，蒋、冯、阎大战以冯、阎的失败告终，蒋乐得做个人情让冯到泰山休养。对冯既如此，对通缉陶的罪名自不能成立。加上国内著名人士马相伯等与国际著名学者爱因斯坦等的呼吁，国民党反动派不得不取消对陶的通缉令。从陶夫子在逃亡期间的活动，可以看出陶夫子的思想进步是有一个发展过程的，是一步一个脚印走向革命道路的，并在这一过程中，具有他自己独特的风格和工作方式、斗争策略。他是一位教育家，又讲求要为人民做实事，总想寻找办法在教育上对国家、对人民做些有所助益的实事。同时，他又是一位人民诗人，以其热爱人民的感情，抒情言志，流于笔端，付于行动。而面对的政治现实，又是不能回避的，他原先不擅于进行政治活动，但需要他投身斗争行列时，他是热烈勇敢的，而对于政治上的先进政党(中共)和其党员，他是尽力在其能做到的范围内，极力予以爱护、帮助的，这就是陶夫子由党的朋友发展成为无保留地追随党的党外布尔维什克的内在原因。在我和他相处的日子里，我是陶夫子这一发展过程的见证人之一。

1932年12月，中国民权保障同盟成立，在酝酿成立同盟的时期，宋庆龄经常同陶行知在史量才公馆会面，讨论时局、政治问题。有一次，马荫良在场，一直谈到深夜12点钟。在同盟成立时，当时新闻界对此多采取回避、不支持态度。而《申报》不但采取积极支持态度，还派出两名记者参加同盟，担任总会和分会的执行委员。1933年6月，中国民权保障同盟副会长兼总干事杨杏佛被国民党特务暗杀。杨杏佛从哈佛大学学习归国，曾在南京高等师范学堂执教，是陶行知早年的同事，杨杏佛的死，令陶十分痛心。岂料杨死后的第二年，史量才又被蒋介石派特务暗杀于沪杭公路上。晓庄学生的血，挚友与爱国志士仁人的血，都促使陶夫子更坚决地走上革命的道路。

1933年，英国前陆军大臣马莱爵士率领"世界人民反战大同盟代表团"到上海，受到国民党反动当局百般干扰破坏，在地下党及宋庆龄为首的一些进步人士的奋斗下，远东反战会议终于在上海开成了。陶行知支持了这一会议，并带着马莱爵士等到山海工学团参观，随便找了一个孩子张健问了几十个问题，他对答如流，马莱爵士被这个孩子辩得哈哈大笑。陶夫子一直不插嘴，只作他们的翻译。这场"舌战马莱"，给马莱和在场的外国朋友都留下了深刻的印象。

1933年5月，陶夫子勇敢地参与了由蔡元培领衔的100余人发起的马克思逝世50周年纪念会。5月14日，上海市青年会举办科学的社会主义讲座，尽管上海警察局到处布满暗探，他毫无所惧地赴会。这一时期，他认真阅读英文版的马、恩著作，如《资本论》、《共产党宣言》等，有时坐在公共汽车上也在阅读。

也就在这年的3月15日，晓庄学校在沪学生集会纪念创校日，他为自己所创作的《锄头舞歌》添了一段歌词："光棍的锄头不中用呀！联合机器来革命呀！"这首歌在国内外广为传唱。陶夫子说：《锄头舞歌》之所以赶得上时代的精神，最重要的还是后头这一段。这说明，他在教育实践中和参与革命活动实际斗争中，认识到工人的重要。因为，他这时已在沪东、沪西工人地区，办了好几处工人夜校、劳工幼儿团，经常接近工人，交了一些工人朋友，朱冰如就是其中突出的一位。这一时期陶夫子还与左翼"剧联"的田汉、"社联"的杨东莼等过从甚密，经常邀请左翼文化界人士到工学团来演讲、演剧，教唱进步歌曲。至于和"教联"的地下党员王洞若、徐明清、帅昌书（即丁华）等，都是他的学生，接触更多。每年 3 月 15 日的纪念创校日座谈会，当时受到"左"的影响的陶夫子的学生，批评他不是正面与反动统治斗争，有改良主义幻想。陶夫子总是含笑而听，深沉地思考。他曾诚心诚意地对自己的学生，一些青年共产党人说："我是你们的篱笆，当心别把我冲倒了。"这是何等感人的肺腑之言。当徐明清被捕后，他巧作安排，三次派朱冰如去苏州监狱给这个"政治犯"送寒衣。对关在漕河泾已判刑的陆维特，及其后的张敬仁每年都要王洞若和我设法送衣、送物、送钱给他们。陶夫子对地下党员的深情厚爱，从一件件的具体行动上，不仅表现出师生谊，而是更深的阶级情啊！

1934 年，陶夫子热心于推广小先生制，探索普及大众教育的新路。又为新安旅行团来到上海，热心为之宣传，并给予大力帮助，以证明小孩子也有创造力，也能为"即知即传人"当好小先生，为挽救中华民族，做出力所能及的贡献。而对陶夫子家庭来说，却遭遇母丧、妻病、儿伤之痛。在通缉令被取消后，陶夫子把太师母、师母从晓庄五柳村的草屋里接到上海，算是团聚了。但陶师母因受惊骇而神经失常，太师母也因受到刺激而身体衰弱。太师母勤劳治家，陶夫子自幼受到熏陶，产生对母亲的深情厚爱。从以下两首诗可以看出。《我的袜》诗中说："这袜母所补，这袜儿所穿，儿穿母补袜，快活似神仙。"在《吾母所遗剃刀》诗中说："这把刀，曾剃三代头，细数省下钱，换得两担油。"从这些诗中看到，陶夫子流露的不是一般孝子之情，而是充满劳动人民母子之情啊。太师母到沪后，想念他的长孙陶宏，陶夫子设法将当时在南开中学读书的长子接回到祖母身边，以愉太师母。孰料陶宏一次骑脚踏车受了重伤，虽请名医治好了，而太师母却因此又受到刺激，不久就离别了人世。太师母入殓的时候，陶夫子哭得十分伤心的说："母亲、文渼（师姑已去世）、纯宜（师母），你们实在是三位最伟大的女性，实在是被我拖垮累垮的啊！"陶夫子在葬母后，同意将病妻送到神经医院。非常理智地吩咐陶宏说："快去保险公司把人寿保险款子提了出来吧！山海工学团和新安旅行团都需要经费。"之前，陶夫子为了预防自己万一发生不幸，母亲的生活有点保障，便买了20年的人寿保险，每年交100元，已交了10年，如今死了，孩子也大了，用不着再保险，他把保险费提了出来，把对母亲的爱和孝完全献给人民大众。他用这笔款子，买了一架电影放映机和一个供放映机用的发电机，买了影片拷贝。尔后，新安旅行团曾带着它走遍华北、华南；把他对母亲伟大的爱和孝，播送几万里。像这样感人的事，在20年代，也有过一次。陶夫子在20年代推行平民教育，亲自和朱经农合作，编撰了一套《平民千字课》，发行量很大，稿费数字也很大。陶师姑文渼在世时，曾想从稿费中取出5000元用于养家，陶夫子未有同意，全部拿去用于推行平民教育事业。陶夫子这种损己利人的高尚精神，实在是令人衷心钦佩的。陶夫子为求祖国独立解放，为求人民自由幸福事业，献出了一家，他的一家又都是伟大的殉道者。

1935年，日本侵略者的铁蹄早已越过长城，侵入华北，中华民族有亡国灭种的危险！"一二·九"北平爱国学生运动爆发后，上海文化界首先响应。在"一二·九"运动发生前不久，陶夫子正参与由马相伯、沈钧儒领衔的秘密征集签名，准备发表一个《上海文化界救国运动宣言》。"一二·九"运动爆发，他们在宣言上加上了"华北青年热烈的救国运动，尤其引起我们十二万分的同情"。这个宣言秘密征集了280人签名，于12月12日发表。上海各界民众运动以《宣言》的发表为序幕，在北平学生爱国运动的推动下，犹如燎原之势迅猛发展。12月27日，正式成立了"上海文化救国会"，在成立会上，陶夫子当选为该会执行委员兼教育委员会主任，具体主持教育界的救亡运动。陶夫子领导的《生活教育》杂志社、山海工学团也以团体的名义加入该组织。会后，发表了《文化界救国会第二次宣言》。随后，上海教授救国会、妇女救国会、大中学生救国会相继成立并纷纷发表抗日救国宣言。1936年1月6日，上海文化界救国会通过了陶夫子亲自起草的《国难教育方案》。同月23日，正式成立了国难教育社，一致推举陶夫子为理事长。国难教育社的成立，标志着陶夫子发起和领导的国难教育运动正式开始，陶夫子也由过去用教育改革来配合政治革命的教育家，成为以从事救亡运动为主要任务的社会活动家了。1936年1月28日，由上海文化界救国会、上海妇女救国会、大中学生救国会，在市商会大礼堂共同发起召开了"一·二八"事件四周年纪念大会。到会代表 800 余人，公推马相伯、何香凝、沈钧儒、陶行知等 10 余人组成主席团。先由沈钧儒报告开会宗旨，次由青年歌咏团领唱《义勇军进行曲》、《一·二八纪念歌》，再由陶行知、李公朴、史良等发表演说，当陶夫子用热烈、悲愤的语调讲到"我们今天损失的国土，有现任行政院长蒋介石先生老家浙江省二十八个大"的时候，群情激愤，当场高呼"打倒卖国贼"、"国人团结起来，抗日救国"等口号。会议并通过四项议程：（一）成立上海各界救国联合会，创办《会刊》和《救亡时报》，并当场选举宋庆龄、马相伯、沈钧儒、陶行知等 30 人为理事；（二）筹备成立"全国各界救国联合会总会"；（三）援助被捕爱国分子；（四）抗议公共租界在曹家渡捕人，干涉救国运动。会后，全体与会者，在主席团成员带领下，一路游行到庙行，公祭"一·二八"上海保卫战中英勇牺牲的十九路军将士，沿途有上万爱国学生、群众加入队伍，从而促进抗日救国运动的进一步发展。

5 月 31 日至 6 月 1 日，在上海召开了全国各界救国联合会成立大会，陶夫子因已去香港作出席世界新教育会议的最后准备工作，没有参加会议，但仍被选为执行委员和常务委员，成为全国各界救国联合会的主要领导成员之一。

陶夫子在香港的月余时间里，最重要最有影响的一件事，就是参加了由胡愈之起草的《团结御侮的几个基本条件与最低要求》一文的讨论，陶夫子和邹韬奋在香港先行签字，然后由邹带到上海，与章乃器、沈钧儒作进一步的修改。7 月 15 日，由沈钧儒、章乃器、陶行知、邹韬奋四人签名的这一重要文献，在各大报刊上公开发表，引起了全国各方面的重大反应。8 月 10 日，毛泽东发表了《团结御侮——复沈钧儒、章乃器、陶行知、邹韬奋四先生的公开信》，对《团结御侮文件》予以高度的评价。毛泽东的公开信发表后，更引起了国内外人士对《团结御侮文件》的重视。

此后陶夫子受救国会的委托，担任国民外交使节。曾去欧、美、亚、非 28 个国家和地区，进行抗日救国宣传工作、游说各友邦不向日本出售军用物资和团结华侨工作，收到了很好的效果。1938 年秋回国后，于年底到重庆出席国民参政会，推行战时教育，创办育才学校、社会大学。他热爱党，认真做到是一位"无保留地跟随党走的党外布尔什维克"。抗战胜利后，参加国统区反内战的民主运动，成为国统区有威望的民主运动的领导人之一。我与陶夫子在 1936 年下半年分手后，就未有再见面，1946 年 7 月 20 日，当我在山东解放区从广播中听到陶夫子逝世的噩耗后，十分悲痛，他的伟大形象，一幕一幕印在我的心中。

下面，我还要叙述陶夫子在办山海工学团的教育实践中留给我的教益。山海工学团是陶先生在上海创办的一个很重要又很有影响的事业单位，也是上海地下党在白色恐怖下一直隐蔽发展的有力据点。我从 1932 年冬到此后，1935 年担任团长（即校长），直至陶夫子出国，一直受到陶夫子的教育熏陶。

山海工学团设在孟家木桥。周围的大小村庄共 27 个，住户 628 家，人口 3000 多，南面的村庄因离上海近，以种菜卖菜为业，北面和西面村庄，以种棉花为主。陶夫子决定，先在孟家木桥设儿童工学团一所，作为基地，以后逐渐向周围村庄发展，各村都要有一个以上的工学团。10 月 1 日，孟家木桥儿童工学团正式成立，聘请指导员 4 人，艺友 2 人，儿童工学团团员 48 人。工学团设有小农场、木工场、袜工场、藤工场。团员们一方面随工艺师傅学习技术，一方面在指导员指导下，学习文化科学知识，团员陆续发展到数百人。

什么叫工学团呢？陶夫子几次著文说：工是工作，学是科学，团是团体。说得清楚些是，工以养生，学以明生，团以保生。说得更清楚些是，以大众的工作，养活大众的生命；以大众的科学，明了大众的生命；以大众团结的力量，保护大众的生命。……它将工场、学校、社会打成一片，产生一个富有生命力的活细胞。工学团的教育对象既然是全体社会成员，以后就陆续设立了联合卫生室（小诊疗所）、幼稚园、青年及妇女日校、夜校、流通图书馆、茶园、养鸡场、棉花工学团等。为了向所有成员普及教育，陶夫子热情倡导运用小先生办法，即知即传人。在推行平民教育时，他发现并运用连环教学法；在办工学团时，用小先生办法，他称之为细胞分裂法，一教二、二教四，向所有成员去普及教育。为着帮助小先生提高，陶先生倡导了"艺友制"，办起了艺友班。艺友班分甲、乙两班，年纪稍大的编入甲班，年纪稍小的编入乙班。艺友班的课程有国文、数学、生物、哲学、英语、政治经济学、音乐、舞蹈、时事等。除有固定的教师（称指导员）上课外，还经常聘请文教界著名人士及著名的社会进步人士来作专题演教、上课、教唱歌等。其中有艾思奇、沈钧儒、田汉、邹韬奋、冼星海等。此外像沙千里、章乃器、沈志远、贺绿汀、吕骥、钱亦石、钱俊瑞、舒绣文、麦新、孟波、杨东莼等著名人士，都曾在山海工学团讲过学，可谓盛极一时。而且每年都利用寒暑假期间，欢迎各地的进步教师来参加"生活教育"、"国难教育"的讲习班，分别请上述这些著名人士讲学。对于在全国各地推广用小先生办法普及教育、开展国难教育，收到了很好的效果。

陶夫子在山海工学团的这些做法，实际上是在进行反封建、反帝国主义的新民主主义革命，不过用教育形式出现罢了。在未提出国难教育前，只用生活教育来号召，地下党有不少同志一有机会，就向他提出意见，陶夫子总是深沉思考。待到正式提出推行国难教育后，再也无人提这类意见了。在这期间，陶夫子有以下几个显著变化。

1. 在一切为人民这一根本问题上，过去侧重于为农民服务，这时期强调要为工人服务，认识到工人力量的重要和伟大。他不仅在《锄头舞歌》中增加了"联合机器"的内容，而且在行动上重视在沪东、沪西工人区办夜校和劳工幼儿团。亲自去接近工人，曾到女工朱冰如家去访问过。他曾说过，只要坐公共汽车在工人上下班时去到沪东、沪西看看，就可看到工人力量是了不起的。

2. 在哲学思想上有一个新的飞跃，正式将名字由知行改为行知。明确提出"行是知之始，知是行之成"，"行动是老子，知识是儿子，创造是孙子"。不仅与王明阳的唯心主义彻底决裂，对杜威的教育学说，过去将杜威的"教育即生活、学校即社会"翻了半个跟头，改为"生活即教育、社会即学校"，这时在哲学上进一步与杜威彻底决裂，如对杜威的"疑问生假设——"命题，指出行动是思想的母亲，没有行动，哪里来的疑问呢？由此明确树立了辩证唯物主义的哲学观点。

3. 在教育与政治的关系上，由过去的以教育革命来配合政治革命，正式转变为要有明确的政治目标，这样生活教育的内容，才能真正体现了时代精神，才能真正为挽救国家危亡、为人民（他称之为劳苦大众）求自由解放作出贡献。

从前述陶夫子在当时社会活动方面，尤其是和群众一起投身到救亡图存的斗争方面（包括参加游行示威），在推行国难教育方面，都可看出陶夫子确是一位名副其实的党外布尔什维克，宣传党的主张，宣传辩证唯物主义世界观，和其他著名的党外布尔什维克一起，为革命立过大功。曾记得国民党当时以为共产党已被破坏殆尽，怎么会有这么大的力量来领导抗日运动呢？感到不可理解。其实是国民党不懂得共产党剩下的力量虽不多，但这时共产党提出的抗日统一战线号召，代表了绝大多数中国人民的心愿，得到了绝大多数中国人民的支持。加上有这么一批党外布尔什维克宣传党的主张，并带头站在斗争前列，这样就使当时全国轰轰烈烈的抗日救亡运动，日益高涨起来。

至于其后的事迹、言行，我虽未能再和陶夫子在一起，不知其详，但从各方面反映看，陶夫子和党的关系更密切了。"去时腹中空，回来力无穷"，这是每次去和党的领导同志谈话后夫子自道的真心话。周恩来称他是"无保留地跟随党走的党外布尔什维克"，确实是中肯的评价，毛泽东称他是"伟大的人民教育家"，他是当之无愧的。

我还必须再补说一下陶夫子在知识分子与工农群众相结合的问题上对我的教益。毛泽东在《青年运动的方向》一文中说过这样一段话："早几天，我作了一篇短文(指《五四运动》)，我在那里说过这样一句话：'革命的或不革命的或反革命的知识分子的最后的分界，看其是否愿意并且实行和工农民众相结合。'我在这里提出了一个标准，我认为是唯一的标准。看一个青年是不是革命的，拿什么做标准呢？拿什么去辨别他呢？只有一个标准，这就是看他愿意不愿意，并且实行不实行和广大的工农群众结合在一块。愿意并且实行和工农结合的，是革命的，否则就是不革命的，或者是反革命的。他今天把自己结合于工农群众，他今天是革命的；但是如果他明天不去结合了，或者反过来压迫老百姓，那就是不革命的，或者是反革命的了。"又说："所以我们看人的时候，看他是一个假三民主义者还是一个真三民主义者，是一个假马克思主义者还是一个真马克思主义者，只要看他和广大的工农群众的关系如何，就完全清楚了。只有这一个辨别的标准，没有第二个标准。"我认为这段话是很深刻的，是在知识分子问题上对马克思主义的发展。用这段话来看陶夫子，我认为陶夫子不仅愿意而且真正做到与广大工农群众相结合，并且贯彻始终，老而弥坚。那么，进一步来考察，什么叫"结合"呢？我的体会不是指在口头上做到，重要的是在行动上做到，这个行动应包括政治实践、工作实践、生活实践以及在思想感情上，真正做到与工农群众同命运、共呼吸、心连心。陶夫子提出"人民至上、人民第一、一切为人民"，他首先在教育事业上、在大众诗歌上是这样说这样做的，其后在政治主张上，在参加政治活动中，也是这样说这样做的，而在思想感情和生活实践上更是处处想着人民，处处表现毫不利己专门利人的精神。他的道德形象是极其高尚的，不仅是一位伟大的人民教育家，而且是一位伟大的新民主革命战士、伟大的共产主义战士。他给我最深刻的影响，主要就是在这一革命最根本的问题上，以其身教为我树立了一个活生生的榜样，这是使我终生受益的。

毛泽东对知识分子的识别标准，我认为同样适用于全国解放后脱产干部的识别标准。有人说，脱产干部与知识分子是不一样的，不能照套这一识别标准。我认为可以，因二者都不是体力劳动者，而是智力劳动者。我们提倡过知识分子工农化，也提倡过工农分子知识化后。对脱产干部中的知识分子不用说是适用的。即使是对工农分子，在知识化后，同样是适用的。因为工农分子知识化后，一定要做到来自工农、回到工农，才能说明他没有忘本，没有变质。也有人说，毛泽东的话，是在新民主主义革命战争时期讲的，不适用于全国解放后的社会主义革命和建设时期。我认为不仅适用，而且比之过去战争时期更适用，更重要了。理由如下：在战争时期，对脱产干部的考察识别有三个条件：一是组织了解，二是群众反映，三是敌人"帮忙"，在残酷的白色地区斗争和根据地的武装斗争中，面对强大的敌人在残杀我们的同时，也就从客观上帮助我们看清我们自己干部的真、假、好、坏。全国解放后，情况不同了，前两点是相同的，而后一点没有了。再加上未有改革前由行政人员掌握财经大权，政企不分，在这样情况下，遇到有关物质利益问题时，是否做到公私分明？在干群关系中，是否做到遇事能把人民利益放在第一位，遇事能做到与人民站在一起，处于人民之中，而不是站在人民之外，更不是站在人民之上，这是关系一个干部品质的要害问题，这是识别干部是真革命还是假革命，是真马克思主义还是假马克思主义的唯一标准。因此，毛泽东讲的与工农的关系问题，这是最过硬的。口头说的是不可靠的，只有运用适当方式将人民群众监督与组织考察结合起来，审定其在行动上与人民群众的关系，是否实行结合？我认为是解决党风、廉政的要害问题。我的想法是否对？是可以讨论的。

最后，我还需要说一点我与陶夫子的私交情况。陶夫子有句名言：

"爱满天下。"他是这样说也是这样做的。对于像我这样的学生,他处处充满着爱。他的爱,是爱之以德,还爱之以情,不空说,讲实际。师生间的交谈是很随便的,有如家人父子。有时谈话到肚子饿了,他就请我有时还有王洞若去"洁而精"川菜馆或"致美楼"徽菜馆小吃,而每次都是他付账,从未要我掏过钱,一次也没有。他常下乡来,来后总要谈谈。我去市区,有时到他住处见面,那是一座大花园洋房,座于静安寺路与赫德路口,这座房子是陶夫子一位同乡好友程霖生的住宅,陶夫子住在主楼里面,而陶夫子的秘书曹建培(晓庄劳山中学学生),也就住在主楼旁的附楼,大门口有印度巡捕看门,较安全,我有时也住在曹建培处。更多的是在威海卫路"中社"见面,"中国普及教育助成会"在这里租了一间办公室。1934年陶夫子主编的《生活教育》半月刊出版了,逼着我撰稿,其中陶夫子还要我撰写"大众生活素描",用这办法促使我去了解大众生活疾苦,为大众呼喊,我曾写过三篇。第一篇,他并亲自帮助修改了一句半文半白的话,因陶夫子是积极提倡大众语的。他知道我家境困难,鼓励我抽空写书、编书,得点稿费济家。一次是要我将武松打虎这类故事改写成大众语,并亲自写信给儿童书局经理张一渠,张一渠一见陶信,没有二话,预付我稿费100元。一次要我编写农民识字课本,我编好后,他又亲笔写信给世界书局经理朱少卿,朱见陶信后,第一次说看看后再定,第二次约我去,立即付我稿费200元。我用这两笔稿费,帮助家里还了债,并安好了家,以后可以毫无牵挂地奔赴战场了。印象最深的一次是,他约王洞若和我在其住处促膝密谈,明确表示赞成我俩参加党组织,支持并希望我们要做好党的工作。同时表示他目前暂在党外,可能对我们的工作帮助更大。这就是陶夫子在出国前夕向我俩的交心表态,由此可见陶夫子是多么好的一位党外布尔什维克啊!

我现已年届80,回顾60多年的革命生涯,在和陶夫子相处的近四年时间中,对于他损己利人、无私奉献的精神,对于他始终如一、全心全意为人民服务的精神,一直到今天,我仍觉得他的伟大形象要比我高尚得多,永远值得我要向这位好老师学习。

张友渔

张友渔(1899—1992)，山西灵台县人。1927年后历任北京《世界日报》主笔、燕京大学、中法大学教授。1945年后任新华日报社代总编辑、中共四川省委副书记、宣传部长、新华日报社社长。新中国成立后，历任北京市副市长、中国科学院副院长、全国人大常委会法制委员会副主任、中国政治会会长、中国法学会会长等职。其主要著述有《五五宪章批判》《中国宪政论》《张友渔法学论文集》《政治学论文选》《历史与现实》《张友渔诗文选》等。

张友渔是陶行知的好友，在重庆时期二者交往颇多。张友渔作为新华日报社主要负责人，陶行知的大量呼吁民主主张的文章常见诸报端，离不开张友渔的支持。同时，张友渔作为政治学、法学知名学者，是陶行知创办的社会大学的兼职教授。

本卷收录《略述陶行知先生的政治思想》一文，以政治学的视角研究陶行知的思想，文章在开篇即强调人们对于陶行知的认识与评价不能仅仅局限在教育层面，而更应从陶行知的政治思想来看教育思想。正是陶行知始终坚持民主的政治思想路线，他的民主思想与新民主主义思想的路线是相一致的，故而他的教育思想始终体现为人民办教育的典型特征。作者所揭示的陶行知不仅是一名伟大的教育家，更是一名伟大的政治家。

略述陶行知先生的政治思想[*]

陶行知先生是一个伟大的教育家，同时，也是一个伟大的政治家。只知道他是一个伟大的教育家，而不知道他是一个伟大的政治家，那不是对于行知先生的全面的了解。

本来，政治和教育是有着相互关联的。在好的政治之下，好的教育才能得到发展；在坏的政治之下，好的教育必将遭到摧残。也正是因为这样，好教育对于好政治，必是一个赞助者，而对于坏政治，则必是一个反对者。简单一句话，政治和教育的关系，不是结合，就是对抗。因此，一个伟大的教育家，尽管他主要的努力方向是教育，而对于政治，也绝对不能漠不关心。有人说，教育家应该站在政治斗争之外，那不是谎话，就是幻想。行知先生毕生致力于教育事业，同样，毕生致力于政治斗争。他在教育事业上，表现出是一个伟大的教育家；同时在政治上，斗争上，表现出是一个伟大的政治家。

这个伟大的政治家抱着怎么样的政治思想呢？说来，很平常，很简单，不外是"民主"二字。他曾说："民主是中国之起命仙丹，民主能叫四万万五千万老百姓团结成一个巨人。民主能给我们和平，永远消除内战之危机；民主好比是政治的盘尼西林，肃清一切中国病；民主又好比是精神的维他命，给我们新的力量来创造一个自由独立进步的新中国和一个富足平等幸福的新世界。民主第一！人民万岁！"

因为中国是一个踏践在帝国主义者铁蹄下的半殖民地国家，所以中国要实现民主政治，同时，也就要实现民族独立；民主运动和民族运动是一件事的两方面，一个民主主义者同时也必然是一个民族主义者。行知先生在"九·一八"事变后，奔走救国运动，提倡救国教育，高呼："民族之生

* 原载《新华日报》，1946年9月。

命，即教育之生命，不救民族之生命，哪能救教育之生命？"正表现他是一个被侵略的半殖民地的民主主义者，被侵略的半殖民地的伟大的政治家。

行知先生是一个民主主义者，行知先生的政治思想是民主思想，这应该是没有任何人怀疑的了。但是，必须指出：行知先生是一个新民主主义者，不是一个旧民主主义者；行知先生的政治思想——新民主主义和旧民主主义主要不同点之一，就在前者是由人民大众做主，为人民大众服务；后者为少数资产阶级做主，为少数资产阶级服务。行知先生的政治思想是前者，而不是后者。他曾给民主下过这样的定义："民主没有深奥的意思。通俗点说，就是大家有份。在倒霉的时候，是有祸同挡；在幸运的时候，是有福大家享；在平常的时候，是大家的事，大家做，大家谈，大家想。"他又曾指出民主作风应该包括这样的内容："自己要说话，也让别人说话，最好是大家商量；自己要做事，也让别人做事，最好是大家合作；自己要吃饭，也让别人吃饭，最好是大家有饭吃；自己要安全，也让别人安全，最好是大家平安；自己要长进，也让别人长进，最好是大家共同长进。"这里所谓大家固然可以解释为泛指众人，但在行知先生的心目中却是专指人民大众。由人民大众做主，为人民大众服务，这是行知先生的哲学思想，是行知先生的教育思想，也是行知先生的政治思想。行知先生是没有一时一刻，不把人民大众放在他的心里的。他常说："民为贵；人民第一；一切为人民。"又常说："我们要跟老百姓学习，学习人民的语言，人民的情感，人民的美德，努力发现老百姓的问题，困苦，和他们所希望达到的目的，并且认识他们就是中华民国真正的主人，要他们告诉我们怎样为他们服务才算满意。"很明显，行知先生是要使人民大众做主人，要替人民大众去服务，也就是要做人民大众的老妈子，不是要做人民小众的保姆；是要做人民大众的勤务员，不做人民大众的农奴主。在教育上如此，在政治上也如此。他不仅批评那些"不肯为大家做事的人"，说他们"滴大众的汗，吃大众的饭，大众的事不肯干，架子摆成老爹样，不算是好汉"！而且批评那些"代替大众做事但想要一手包办，不许大家自己动手来干"的人，说他们"大众滴了汗，大众得吃饭，大众的事大众干，若想一个人包办，不算是好汉"！这充分表现了行知先生的新民主主义思想。

行知先生的这种新民主主义的思想本身，就是革命的理论，行动指针，而不是烦琐的哲学，空泛的清谈。它要求实践，要求斗争。正因为这样，抱着他思想的行知先生也就不仅仅坐着大谈其民主理论，而是在不断的实践中，为争取民主的实现、发展和完成而斗争。他曾经说："在民主的生活中学习民主，在争取民主的生活中，学习争取民主，在创造民主的新中国的生活中，学习创造民主的新中国。"又说："我们必须在民主生活中，学习民主，并帮助老百姓在民主的组织中，学习民主，学习管理众人的事，学习怎样做中华民国的主人。"又说："民主教育一方面是教人争取民主，一方面是教人发展民主。在反民主的时代或民主不够的时代，民主教育是配合整个国家的创造计划，依着民主的原则，发挥个人及集体的创造力，以为全民造幸福。"这些虽主要是就民主教育而言，但也可以看出行知先生是怎样注重在民主政治上的实践了。同时，行知先生认为在民主政治上的实践，不是少数好汉所能包办的事，必须和人民大众一道去做。他曾说："无论争取民主或是发展民主，都要靠广大人民的群策群力才会成功。这广大人民在数量上，是越广大，越有力量；在认识上，是认识得越深刻，越有力量。"又说："要教民众自己成为民主的干部。小学教师应该是民主的酵母，使凡与他接触的人都发起酵来，发起民主的酵来。大家起来创造一个名副其实的中华民国。"行知先生不仅是要为着大众服务，而且是这样地重视人民大众自己的力量，真可以说是抱着群众观点，走着群众路线了。无怪他走到什么地方，都获得人民大众的敬爱、拥护和合作。而由于他的倡导，在人民大众中间，巩固地打下了民主基础，广泛地开展了民主运动。我相信，行知先生如果不死，对于促成新民主政治的实现，一定是会收到不可限量的成效的。然而行知先生竟逝世了！这是中国民主运动的一大损失！

张宗麟

张宗麟（1899—1976），浙江绍兴人。先后在绍兴浙江第五师范、宁波浙江第四师范就读。1922年，考入南京高等师范教育系。1925年毕业于东南大学教育系。毕业后留校任教。协助陈鹤琴创办鼓楼幼稚园，成为中国第一个男性幼稚教师。1927年任陈鹤琴助手，兼市教育局学校教育课幼儿教育指导员，兼任陶行知创办的晓庄第二院（幼稚师范）指导员、晓庄学校教导主任。后因遭国民党通缉，避祸于厦门、桂林、重庆、湖北等地，任集美乡村师范校长、桂林师专教师、重庆教育学院教务长、湖北教育学院教育系主任。1936年3月，回上海参加抗日救亡工作，协助陶行知办生活教育社、国难教育社，出任光华大学教授、鲁迅全集出版社秘书长、上海周报社社长、上海文化界救亡协会训练委员会主任，编辑出版《西行漫记》《鲁迅全集》《列宁全集》等。1943任延安大学教育系副主任。新中国成立后，历任教育部高等教育司副司长，高等教育部计划财务司副司长、司长。辑有《张宗麟幼儿教育论集》《张宗麟乡村教育论集》。

本书收录《关于陶行知先生》一文写于陶行知遭遇全面批判的特殊时期，作者开篇指明陶行知是"伟大的人民教育家"，并分析了陶行知的思想具有马克思主义的特质，指明陶行知不是杜威在中国的翻版，也不是武训，要区别对待。文章还讲述了"教学做合一"的教育主张，介绍了小先生制和工学团的经验，最后建议人民教育出版社编印《陶行知全集》。

关于陶行知先生[*]

《人民教育》要发表纪念陶行知逝世十一周年的纪念文字，我认为这是整理中国近代教育家思想的开端，经过争鸣，在若干年内，可能得出一个比较真实而正确的"论定"。我与陶先生相处多年，相知较深，现在凭我个人所知，提出几点有关他的教育思想和教育事业的意见，供大家讨论的参考。

（1）"伟大的人民教育家"，这是毛主席在陶先生逝世时的悼词。我认为这是我党对陶行知极正确的评价。此外，我还同意"陶先生是爱国主义者""资产阶级民主革命的斗士""无产阶级革命的亲密朋友"等意见。但是，他毕生不是一个无产阶级革命的战士，他的思想也不完全是（当然，也不是完全不是）工人阶级的，特别是他的早年（1927 年以前）的思想，带有比较浓厚的改良主义色彩。这是时代限制了他。正如毛主席《纪念孙中山先生》文中所说，"像很多站在正面指导时代潮流的伟大历史人物，有他们的缺点一样，孙先生也有他的缺点，也要从历史条件加以说明，使人理解，不可以苛求于前人的。"我认为我们教育工作者应该本着毛主席指示的精神，整理和说明陶行知的教育思想和教育事业，这样，才能得出公允而正确的结论。

（2）陶行知的思想是逐渐转变，逐渐转向马克思主义的。有二件大家都知道的事。一件是：他的原名陶知行，后来改为陶行知。这个改名，不是标新立异，而是表示他的哲学思想的转变，从唯心主义转向唯物主义的方向，所以是进步，不是退步。至于知与行的关系，虽然属于哲学研究的范围，现在正在争鸣，不过有一点可以肯定的，一个唯物主义者决不会轻视实践的重要性，正如一个唯心主义者必然不重视实践一样。所以从"知

* 原载《人民教育》，1957 年第 7 期。

行"改为"行知"应该说是他的思想一样进步的表现。第二件，他在 1933 年左右补充了《锄头舞歌》和《镰刀舞歌》的歌词。这两首歌发表于 1927 年，是陶先生革命思想的心声，也打动了当时千千万万青年的心。在那些年头，唱起"手把锄头锄野草呀，锄去了野草好长苗呀！""春风吹又生……留下种子多……"等歌词，谁不燃烧起心头的革命火焰。但是，1927 年所发表的这首歌的思想是很不彻底的。它充满了革命靠农民的思想，如"革命成功靠锄头呀"，也充满了资产阶级民主革命的思想，如"天生孙公(指孙中山先生——宗麟注)做救星呀，唤起锄头来革命呀"。他在 1927 年左右(大约是 1924—1930 年)一贯宣传"训练一百万个乡村教师，改造一百万个乡村"的宏愿。后来，他在实践中逐渐清醒了，觉悟到此路难通，所以在 1933 年左右补充了那两首歌的歌词，其中最能表达他的思想的转变的一句是："光棍的锄头不中用呀，联合机器来革命呀！"这无疑地是一大进步。但是，这样转变是否彻底呢？当然不是彻底的。否则，陶行知不仅是共产党的好朋友，而且是一个优秀的共产党员了。从 1933 年到 1946 年他死的一年，他的思想，又有很多转变，特别表现在他一步一步地更靠拢共产党，更相信群众的力量。可惜！他死得太早了，死得太突然了，甚至不能像邹韬奋同志那样临终留下遗嘱。

(3)陶行知不是美国杜威在中国的翻版。杜威的一生完全为帝国主义服务，是美国华尔街的御用学者的头子之一。陶行知恰恰相反，他是反对帝国主义的勇士，一生为求中国的独立、自由、民主而奋斗，几次遭到通缉，几次流亡，终于受法西斯反动者的迫害，猝然死去，能够说，这样的陶行知是美国杜威在中国的翻版吗？不能这样评论前人！其次，杜威是主张"教育即生活，学校即社会"的，陶行知是主张"生活即教育，社会即学校"的。这两种主张的含义完全不同。有人把它等同起来，不但犯了逻辑上的错误，而且不了解"翻这个筋斗"的本义。至于"生活即教育，社会即学校"的教育理论，是否合理，可以进一步商讨，那是另一个问题。但绝不可以把它和"教育即生活，学校即社会"划个等号。所以无论从陶行知的行动上和教育理论上来检查，都不应该说"陶行知是美国杜威在中国的翻版"。

(4)陶行知不是武训，这二人不能相提并论。周扬同志在《电影〈武训传〉批判》中说，"他(指陶行知——宗麟注)无疑地是中国人民杰出的教育家之一。武训不能和他相提并论的。"(周扬：《反人民、反历史的思想和反现实主义的艺术》)我认为这样说法是正确的。陶行知确实提倡过武训行乞兴学，但应该查清楚：他在怎样时代、什么条件下提倡行乞兴学，他所兴的学(例如重庆育才学校)内容如何，是为谁服务的，他教青年和孩子走向何处去，他的工作对当时的革命运动是有利，还是有害？……倘若只看到陶行知曾经提倡武训行乞兴学，就把他和武训划一个等号，那是极幼稚的极粗暴的棍子。这一棍子不但打灭不了陶行知的功绩，也必然会引起很多人的不平。

(5)"教学做合一"是陶行知教育主张之一，但"做学教"不是陶行知的教育主张，倘若从教与学之间的关系来看，那末，"做"的含义，可以理解为："教与学之间的矛盾，要经过'做'来求得统一"。所以无原则地强调"做"是不恰当的，这样的"做"，恰恰是实验主义的。陶行知曾经对"教学做合一和做学教的区别"作过一些解释。当然，我们应该进一步来研究教学做合一的理论是否完备，以及它的内容(包括教育方针、教材等)如何等等。但是无论如何不可以把"教学做合一"和"做学教"等同起来。否则，难免张冠李戴。

(6)小先生制和工学团的办法，即使在今天，还可以部分地采用，但在具体实施上，应该有所改变。例如，扫盲教育中援用小先生制，仍然有它的积极作用。又如，在农村合作社里，采用工学团的某些办法，也并不是绝对不可以的。今天的中国，虽然比起十年二十年以前来不可同日而语了，但仍旧是一个贫穷的在经济和文化上落后的国家，在若干方面必须采取穷打算穷办法，不应该一切强调正规化和讲究排场。小先生制和工学团在若干办法上，确实能够节省不少。在勤俭建设社会主义的方针下，我认为不应该全部否定这些有效的而又节省的教育办法。

(7)"读死书，死读书，读书死"这是陶行知先生所反对的，我认为今天还应该反对。记得二十几年前，有一位教授驳"读死书，死读书，读书死，通吗"？陶先生回答得很坚决。他不是反对读书，而是反对读死书，死读书，他本人是一生勤学不息的学者，或经常谆谆教导青年人要勤学。所以他所反对的是："教条主义者(他叫他们为书呆子)把前人总结经验的东西，当做教条死读，不但自己死于啃教条，而且贻害别人。"我们今天还要反对这样教条主义者——书呆子。至于陶先生提出的"用书如用刀"的说法，当然值得进一步研究。读书与用书之间是有差别的。

（8）五生论虽然不是宣传马尔萨斯的人口论，但在那些年头的中国提出节育的问题来，难免引起若干人的误解。我想关于陶先生的五生论（载《中华教育界》）和尚仲衣先生的驳斥文章，在大图书馆里都可以找得到。今天我认为陶先生所提出的五生论，倘若可以比喻的话，倒与我们现在提出的节育意义很相似，并不是有意宣传马尔萨斯人口论。不过，在中国那些年头（1934 年左右）提出这个问题来，不但对革命的积极意义不大，而且极容易引起某些人的误解。（我当时也是其中之一，但没说话。）尚仲衣先生们就对五生论很不满，因而发表极尖锐的批评。但是陶先生的本意不是那样，所以他就用笑话来回答："……乡下先生睡了一觉，被顽皮孩子画了一个花脸……"这个问题也就不了了之，其实到今天是可以弄清楚了。

（9）陶先生一生不仅办了很多教育事业，教育了不少青年（受他的影响的青年更多），他不但用教育的武器来提倡救中国、反对帝国主义法西斯，而且他还用短篇文字和诗歌来宣传救国，教育大家。例如，他的《斋夫自由谈》（在《申报》上发表）、《行知行谈》（在《生活教育》上发表）、《行知诗歌集》（是陶先生临死前夕自己编的遗稿，后来由方与严同志编印的），都是用通俗简练的文字，犀利诙谐的笔锋，痛骂反动派，宣传救国，宣传革命，教育人民。不但在当时起过很大的作用，即在今日也不愧为出色的文献。至于他的教育论文，从 1918 年起，到 1946 年止，将近三十年，更加丰富。因此，我建议人民教育出版社考虑编印《陶行知全集》。希望这个建议在最近期内能够实现。

周恩来

周恩来(1898—1976)，字翔宇，浙江绍兴人。伟大的马克思主义者，中国无产阶级革命家、政治家、军事家、外交家，中国共产党和中华人民共和国的主要领导人，中国人民解放军主要创建人和领导人。他是以毛泽东同志为核心的党的第一代中央领导集体的重要成员，历任中华人民共和国国务院总理、外交部长(兼任)、中共中央军委副主席等职。主要著作编为《周恩来选集》。

抗战期间，周恩来与陶行知交往甚密，两人结下了深厚的友谊。1938年10月，周恩来在武汉会见了陶行知，并向他介绍陕甘宁边区推行平民教育、乡村教育和"小先生制"的情况。1939年，在陶行知筹办育才学校时期，周恩来给予了直接的关怀与支持，并多次参观了育才学校及支持各项活动的开展。1946年初，周恩来建议与支持陶行知联合其他民主人士创办了重庆社会大学，并出席了开学典礼。1946年7月，民主人士李公朴、闻一多先后被国民党便衣暗杀后，周恩来安排秘书陈家康前往陶行知住所转达注意人身安全的关怀。7月25日凌晨，陶行知突发脑溢血被送往医院救治后，周恩来推迟与美国总统特使马歇尔和司徒雷登的会谈，前往医院探视已不省人事的陶行知。后致电中共中央，"陶行知确是死于劳累过度，健康过亏，刺激过深。这是中国人民又一次不可补偿的损失。"周恩来评价陶行知："十年来，陶先生一直跟着毛泽东同志为代表的正确路线走，是一个无保留追随党的党外布尔什维克。"

本卷收录周恩来1949年5月7日在中华全国青年第一次代表大会上所作报告第三部分的节录。文章号召青年要向毛泽东学习，指出毛泽东是从人民群众中成长起来的领袖，是可以学习的。毛泽东在成为领袖之前也曾经有过迷信的行为、有过读古书的行为、有过不能全面地分析问题的行为，但并不妨碍他成长为领袖。文章举例说明毛泽东在刚听说陶行知以乡村教育推动乡村建设的时候，并没有表示认可，认为中国的事情应先从城市做起，但是后来的实践证明，中国革命要走"农村包围城市"的道路，这与中国教育要走的道路是完全一致的。陶行知的教育思想与实践，经历了从城市办教育到农村办教育的转变，充分说明他是最能结合中国国情办教育的教育家。

《学习毛泽东》（节选）*

　　中国人民的大革命已经走向全国胜利，我们青年要加紧参加建设新中国的事业。我们必须有一个大家共同承认的领袖，这样的领袖能够带着我们前进。三十年革命运动的实践使中国人民有了自己的领袖，就是毛泽东。我们这次全国青年代表大会的口号也是"在毛泽东的旗帜下前进"。我们决心举着这面旗帜前进。在今天这个会上，我想把毛泽东同志如何值得我们尊敬和我们如何向他学习的主要的几点给大家说一说。

　　学习毛泽东不是一个简单的口号，而是有极其丰富的内容的。我们青年代表回去，要向全国广大青年——农村、工厂、城市、解放区、国民党统治区的青年，宣传我们代表大会的主张，动员和争取千千万万的青年群众跟着我们一道前进。在这一点上，毛泽东的旗帜就是我们最好的号召。我们号召全国青年跟着这个旗帜走，就必须认识这个旗帜是怎样发展到今天的。毛泽东是在中国的土壤中生长出来的巨大人物。

　　在座的朋友们向全国青年宣传的时候，或者是自己学习的时候，决不要把毛泽东看成一个偶然的、天生的、神秘的、无法学习的领袖。

　　如果这样，我们承认我们的领袖就成了空谈。既然是谁也不能学习，那么毛泽东不就被大家孤立起来了吗？我们不就把毛泽东当成一个孤立的神了吗？那是封建社会、资产阶级社会所宣传的领袖。我们的领袖是从人民当中生长出来的，是跟中国人民血肉相联的，是跟中国的大地、中国的社会密切相关的，是从中国近百年来和"五四"以来的革命运动、多少年革命历史的经验教训中产生的人民领袖。因此，学习毛泽东必须全面地学习，从他的历史发展来学习，不要只看今天的成就伟大而不看历史的发展。

　　毛主席常说，他是从农村中生长出来的孩子，开始也是迷信的，甚至

＊　转自《新湘评论》，2013 年第 23 期。

某些思想是落后的。他最不同意晋察冀一个课本描写他在十岁的时候就反对迷信，说他从小就不信神。他说恰恰相反，他在小时候也是相信神的，而且信得很厉害。当他妈妈生病的时候，他去求神拜佛。你看这样还不够迷信吗？那个课本写毛主席的故事，把事情反过来，说他从小就不迷信，打破迷信，生而知之。毛主席说，这是不合事实的。而且一般地说，在那样的封建社会里，不管农民家庭出身的也好，工人家庭出身的也好，一下打破迷信是不可能的。毛主席生长在十九世纪末的农村里，不可能没有一点迷信。为什么要说明这个问题呢？就是我们在广大青年队伍中，不要因为有的人还迷信就认为他不可教育，就排斥他。昨天迷信的孩子可以变成今天的毛主席(当然我不是说所有的孩子都可以成毛主席)。迷信是可以打破的。早两年你还不是迷信！你年轻时还不是有丑鼻涕！不要进步了对小孩时的丑事就不愿正视了。

毛主席常说，他也是读古书的人。读古书看你会读不会读。毛主席开始很喜欢读古书，现在做文章、讲话常常运用历史经验教训，运用得最熟练。读古书使他的知识更广更博，更增加了他的伟大。"五四"那天我看到范文澜同志写的一篇文章，说五四运动前后他就专门研究汉学，学习旧的东西。但是当他一旦脑子通了，对编写中国历史就有帮助，就可以运用自如。所以在我们青年中，也不要因为有一部分人喜欢读旧书、研究旧东西就认为他们不可以进步，不要因为他有旧观念就不去团结他教育他，不要因为他落后一点就不理他。只要他愿意进步，就有改造的可能。毛主席说，他自己就是这样改造过来的。

毛主席还常说，他开始研究东西也是先搞一个方面，没有通就钻进去，先把这方面搞清楚。"五四"以后，毛主席参加了革命运动，就先在城市专心致志地搞工人运动。那时陶行知先生提倡乡村运动。恽代英同志给毛主席写信说，我们也可以学习陶行知到乡村里搞一搞。毛主席说，现在城市工作还忙不过来，怎么能再去搞乡村呢？这就说明毛主席当时没有顾到另一方面。但后来毛主席很快就转到乡村，又把农民运动搞通了，使城市和乡村的革命运动结合起来。以后又搞军事，都搞通了，并且全面了。这也就告诉我们，有些青年人研究问题还没有进到全面，喜欢专心致志地搞一面，我们不要去打消他的兴趣；即使他不愿参加政治活动，我们也不要排斥他，可以慢慢地教育。

……

周　毅

　　周毅(1932—　　)，广州人。早年就读于育才学校文学专业。1953年起任《南方日报》《羊城晚报》编辑、记者、采访部副主任。60年代末调广东省宣传部任职，80年代任《开拓者》《文明导报》副主编。1994年离休后任《炎黄世界》杂志副总编辑。长期担任广东省陶行知研究会常务副会长、中国陶行知研究会常务理事。出版有传记文学《陶行知环行世界录》《爱满天下——陶行知文学传记》，散文特写集《追赶匆匆人生》《跃动的音符》，以及与金成林合作编著出版《创造奇葩——陶行知的弟子们》等。

　　本卷收录的《从历史背景看陶行知》基于半个世纪前、陶行知生活的时代、国际反法西斯斗争的历史背景来看陶行知的一生，作者所要说明的是陶行知为何被称誉为"伟大的人民教育家""善于批判与创新的教育家""属于全世界的教育家"。

从历史背景看陶行知 *

　　十多年来我积累并研究了有关陶行知先生的资料，撰写关于他的传记文学《陶行知环行世界录》，并与另一作者合撰了《爱满天下——陶行知文学传记》。我认为，不能孤立地写陶行知的思想与行为，必须把他的活动与历史背景联系起来，这样才显出高度与厚度。下面谈谈这样进行研究所获得的几点认识。

　　第一，把陶行知摆在半个世纪前的历史中去认识他，即可见：是风云激荡的历史孕育了伟大的人民教育家陶行知。而他又始终站在领导时代新潮流的行列去推动着时代的前进。

　　他出生于清末，经历并且亲身参加了辛亥革命的武装起义活动，参加了五四运动、救亡运动、抗战救国活动及反蒋介石政权独裁统治、争取建立新中国的斗争。各个历史时期的先进人物，先进思想影响了他，人民群众推动社会前进的实践教育了他：他是中国历史产生的众多的优秀人物之一。因此，学习陶行知，也是学习中国近代史、进行爱国主义教育的一项具体内容，也只有这样去认识陶行知，才不会把他描述成为天生的革命者。另一方面，只有把他摆在半个世纪的历史舞台去认识他，才可以看到，他的一生是追求真理做真人的一生，是革命的一生。革命这个词在不同的历史阶段有它不同的内涵。比如，中国资产阶级民主革命时期，他热烈拥护孙中山的主张，他站在教育岗位上，要通过教育的手段，培养国民的共和意识，指出教育是共和国的长城。从当时历史发展需要看，不能不承认他是革命的吧？拿他与中国当代一些也曾对教育事业作出很大贡献的教育家相比，他难能可贵之处，就在于始终不停步地随着时代的前进而前

　　* 选自广东省陶行知研究会编：《一代宗师——陶行知诞生一百周年纪念文集》，广州，广东教育出版社，1993年版。

进。比如，孙中山国民政府的第一任教育总长蔡元培，对于在中国的反对封建的传统教育，建立新学制，引进西方的科学民主思想，在建立大学教育等方面，有过卓越的贡献，但毕竟，他没有从资产阶级的民主革命范畴再向前跨进一步。平民教育，在中国的最早提倡者是蔡元培，最早在浙江搞试验的是晏阳初；但却是由陶行知推广到全国 21 个省的。因为他早在 1926 年就觉悟到平民的大多数是农民，而到乡村办学。在蒋介石叛变孙中山的新三民主义，实行清除共产党，镇压工农大众之后的 1927 年，陶行知在乡村教育时期所作的锄头舞歌就号召："锄头锄头要奋斗。"1933 年，在上海这个工业大城市进行大众教育时又加上一段歌词说："光杆锄头（农民）不中用，联合机器（工人）来革命。"他进行工农大众教育的目的，是教育人们：觉悟、联合、解放。从救亡运动到抗日战争，他在新民主主义革命时期接受了中国共产党的主张，在教育岗位上，在政治活动中，一直站在时代的前列。他一生都为促进旧的死亡，为新的催生而奋斗，也正因为他始终站在时代的前列，才能综观中国革命每个历史时期的需要，在教育领域里提出适合中国国情的新的教育理论体系，即生活教育学说，并创办了国内外有广泛影响的许多教育改革试验：如乡村教育改革的晓庄师范；普及工农大众教育的工学团运动；人才教育的试验育才学校等等。他是一个宏观的教育改革家，不要把他的每一个时期的主张，每一项教育活动，每一篇文章孤立起来看。如果这样看就容易产生肯定 1935 年以后 10 年的陶行知，而否定 1917 年到 1935 年的二十多年的陶行知。这也是以往一些教育史书把陶行知划为资产阶级教育家的错误。从历史发展的观点去看就可理解，为什么毛泽东同志称誉他为"伟大的人民教育家"。

第二，把陶行知放在当时的历史背景下考察，就可以发现，他是一个善于批判继承、发展创新的教育家。

有些人对于他是最善于批判地继承前人的学说这方面注意不够。其实，青少年时代，他就是一个好学多思的人。从在家乡求学到金陵大学阶段，他读了中国的许多经书，包括王阳明"知行合一"学说，读了孙中山、林肯的许多著作；他这位文学系学生的毕业论文是一篇政论性文章《共和精义》，在袁世凯复辟帝制的喧嚣声中，这篇战斗性甚强的文章起到了捍卫了民主共和的作用。1914 年，他赴美国留学，他接受代表西方资产阶级新教育的杜威的教育思想，并在发达的资本主义国家的环境中，看到了中国未来教育发展的需要。他的一生，更是孜孜不倦地学习，涉猎的门类，包括社会科学、自然科学、文学艺术；从他的著作中亦可以看到他吸取了古今中外优秀的思想家的学说精华，包括孔子、孟子、孙中山、杜威等等，当然，更有马克思、列宁、毛泽东的学说。对于他继承前人学说方面，研究不足，肯定不够，不足以说明陶行知学说的博大精深。另一方面，更需要看到，他对前人的学说，不是囫囵吞枣的全盘继承，而是从中国的国情出发，站在人民大众的立场上，加以批判地吸收，刻意创新、发展。如果他是全盘接受美国的杜威学说，他只不过是杜威在中国的门徒，不成其为胡乔木代表中央政治局讲话中肯定的伟大的教育思想家陶行知。如果在哲学思想上，他全盘继承王阳明学说，中国只有陶知行（过去的名字）而没有陶行知。其实，他在长期的社会实践与教育实践中，他逐渐发现了人的认识是从实践开始的，他成为一个辩证唯物主义者。他的教育学说，在教育为谁服务、教育培养目标、教育方法上与资产阶级教育学说有本质的区别。他主张教育为工农大众，要培养追求真理的真人，教育方法是集体主义的自我教育。如果看不到他既善于批判继承又善于发展创新，就可能在认识上产生这样的错误：即承认他人格的伟大，而不承认他的学说是属无产阶级教育学的范畴的，从而否定了胡乔木同志评价他是"伟大的教育思想家"。

第三，从国际反法西斯斗争的历史背景去看陶行知，就可以发现陶行知是属于全世界的。

陶行知的人格与学说的光辉，超越国界。印度甘地、母校美国哥伦比亚大学、墨西哥大学都曾邀请他讲学。从学术范畴来说，他是属于世界的。但是，在史料的研室中，我更瞩目于他对世界反法西斯斗争的贡献。从 1936—1938 年，陶行知受救国会之托，大部分费用自筹，访问了 26 个国家（地区），环球十万八千英里（自称是当代孙悟空翻了两个筋斗），历时两年多。这一段历史，主要活动是出席世界反侵略大会，他是中国代表团团长，出席世界新教育会议，同时向世界各国各阶层人民特别是美、加、法及华侨作演讲，讲日本、意大利、德国的侵略政策，动员各国各阶层人士从经济上制裁日本，不要纵容侵略。这一段历史，实质上是他以世界作讲坛，对各国人民进行"世界一家"的教育，号召人们觉醒、联合、斗争，反法西斯侵略。这两年多的环球宣传，是政治活动，从大教育观看，也是教育活动。特别要指出的是：

在国际反法西斯斗争中，他抓住了一个主要矛盾，就是日本是一个资源缺乏的国家，所以他努力推进对日本军国主义实行全面经济封锁、切断给野兽的输血管。他组织华侨进行社会调查，掌握了美、英等国向日本输出战略物资的科学数据，美供日战略物资占日入口总数54％，日本侵略者每杀100个中国人，有54人是用美国提供的废钢铁做成的炸弹炸死的。他向美、英上下朝野人士呼吁，致使美国会议员在数十万人集会上援引这些数据，提出"不参予侵略"的口号；他说服了英联邦中的爱尔兰的公众领袖，使他们放弃狭隘的民族主义立场，与英格兰人民一起站在对日禁运斗争的行列，他还在世界和平大会组织的支持中国抗战，实施对日经济制裁的大会上提出一系列斗争的策略。这光辉的一页，实应载入史册。从中国外交史看，无论官方派遣的使节或民间人士的交往，谁能如他活动范围之广？历时之长？他交往、宣传的对象，上达总统、公众领袖、社会名流，下达普通的工人、农人、妇女、青年、儿童，谁又能如此之深入？中国外交史上，实在应该有陶行知的一页。

陶行知在26国行中，组织了欧洲首次华人盛会，是华侨抗日救国统一阵线的推进者与组织者之一，中国华侨史上也应有他光辉的一页！

陶行知具有学者的渊博、政治家的眼光与气魄、社会活动家的能量、诗人的幽默。这是他独特的风格。放眼历史，在伟大的政治家中，兼有这四种素质的，如毛泽东、周恩来等，当不乏人，但在中外教育家中，这四种素质兼而得之者，又能有几人？他的独特风格，也是构成陶行知伟大的形象的因素。中国出现了像陶行知这样伟大的教育家，我们教育界应感到自豪，我们没有理由不认识他，不学习他。陶行知留下了560万字的著作，有40多种研究介绍他的著作出版。这些观点供大家阅读他的著作及研究文章时参考。

朱泽甫

朱泽甫(1909—1986)，安徽桐城人。1930年晓庄师范学校大学部毕业。1932年在上海朱家角创办光华工学团并任负责人。1933年由陶行知推荐与刘大作、盛震叔去广东大埔大麻中学任教，后到百侯中学接替唐文粹主持师范班和小学的工作，任艺友制师资培训班主任。1935年又被陶行知介绍到安徽担任省立第一师范一学区辅导员。后在上海担任吴淞铁路机车厂工人学校校长。1985年任中国陶行知研究会理事。整理出版《陶行知诗歌集》，著有《陶行知年谱》。

本卷收录《陶行知与安徽教育二三事》，是陶行知研究中仅有的撰写陶行知与家乡安徽教育事业的文章。作为人民教育家的陶行知，尽管一生的事业多在江苏、浙江、重庆等地进行，但他仍热心桑梓教育发展。在这篇文章中，作者指出陶行知推动了家乡歙县以及安庆等地的平民教育工作；参与筹办了安徽公学，并任校长，确立了"勤俭办学，用钱必当；共事共学，民主建校；后生可畏，师道可敬"的办学方针；影响了安徽省师范教育的发展，以安徽公学为基地创办南京晓庄师范学校，为晓庄师范学校提供了很多安徽籍的学生，这些学生多数毕业后回到安徽从事师范教育工作；在安庆讲演小先生普及教育问题，推动安徽普及教育运动的发展；支持与组织旅淮同乡会，创办新安旅行团，开创新的教育模式，宣传与支持了抗日救国活动。

陶行知与安徽教育二三事 *

陶行知先生是安徽人，没有在省内任过职，但热心桑梓教育，对安徽教育事业影响很大。这里略举数事：

一、平民教育

一九二三年八月，中华平民教育促进会总会在北京成立，陶先生被推为安徽董事之一。会后亲赴南京，推动旅宁同乡会"决定把南京歙县试馆每月收入拨作提倡歙县平民教育之用，又去上海约集旅沪同乡会商榷平民教育进行方法"。"公决赠送旅沪不识字同乡平民千字课本，使一年内无人不识字，并划一部分收入为推广徽宁两属平民教育之用"。"现在从县而府而省，均已稍有头绪，以后可以为全国效力了"。

十月中，陶行知先生亲自到安庆，协助成立省会平民教育促进会。十月二十八日，在公共体育场召开动员大会，到官、商、军、警、民、学、教会各界一万七千人。当时，"教育厅长江昮报告后，请陶行知讲演，会后参加游行，分区宣传。沿途旗帜飘扬，鼓号杂作，全城无不感动，深为注意"。

一九二四年一月二十日，陶先生给歙县知事汪镜人信，为数十万歙民请命。劝勉这位县知事"做一天官就得干一天事"，推行平民教育。二月八日给新上任的教育厅长卢绍刘信，为全省三千万人民请命，希望他"做一位平民教育厅长"，并提供十条具体建议。

陶先生不限于动员上层人士开展平民教育工作，他最注意深入基层，调查研究，自己动手做试验，如对江裕轮船茶房、菱湖公园园丁、省署及教育厅夫役、监狱犯人以及工人、学徒，亲自教他们，并运用识字的人教不识字的人，吸取、推广经验，改进方法。他总结经验说："随时随地都

---

* 选自安徽省陶行知教育思想研究会编：《陶行知一生》，长沙，湖南教育出版社，1984年版。

可以办平民教育，有一分力量做一分事，就有一分效果；社会对于平民教育只要他们了解，没有不万众一心的；门不敲不开，最后胜利，都是奋斗得来的。"

他常和徽州四女师的校长、教师、学生通信，鼓励他们在学校附近推行平民教育，改造社会，为人民服务。

推行平民教育工作，会碰到各种困难。当吴立邦小朋友教老太太们识字遇到困难时，陶先生立即写了充满热情的信，鼓励这位小朋友要用钢头碰铁钉，并现身说法："我在这几个月中，也碰了四五个钉子"。解决的办法："硬起钢做的头皮来碰铁钉，把我们的热心架起火来烧化钉子"。当陶先生赴安庆时，个别"小人"放出谣言，说陶某此来有政治目的，说他是"过激党"，暗示要停止平民教育活动。小人，即当时兵权在手的督军马联甲（少甫）。陶先生当仁不让，硬着头皮去干，做文章，指名道姓，批评这位督军不懂什么是平民教育，终于把省会平民教育运动发动起来了。

二、安徽公学

在南京开展平民教育运动的同时，并和旅宁安徽同乡会、同学会筹办安徽公学，成立校董会，公推陶行知为校长，姚文采为副校长，修缮会馆为校舍，以会馆在宁房地产收入充经费。选聘南京高等师范、东南大学、金陵大学毕业的皖籍高材生为教师，招收安徽失学青年入学，试行"三三制"新学制。一九二三年秋季开学，陶校长在开学典礼上除报告筹备经过外，着重讲明办学方针，指出三点：（一）勤俭办学，用钱必当。用最少的钱，办最好的教育，反对敷衍塞责；当用的钱必用，图书、仪器、标本、模型、操场等设备，必须具备的尽力添置。（二）共事共学，民主建校。师生同生活，共甘苦，养成纯朴校风。注重以人教人，要学生做的事，教职员躬亲共做，要学生学的知识，教职员躬亲共学；要学生遵守的规则，教职员躬亲共守。这种共学、共事、共修养的方法是真正做到了"教育者必先受教育"。（三）后生可畏，师道可敬。好的学生在学习和修养上，欢喜和教师赛跑，后生可畏在此。我们愿意学生能跑在我们前头，学术的进化在此。但我们不能懈怠，不可放松，要鞭策自己，努力跑在学生前头引导学生，这是我们应有的责任，师道可敬在此。最后勉励师生用科学的精神，在"事"上研究学问；用美术的精神，在"事"上改造社会；用大丈夫的精神，在"事"上处世应变。

这所公学办了二十多年，多次遇到经费极端困难，陶先生都设法开源，支持渡过难关，为安徽培养了大批人材。名为安徽公学，办在南京，但是对安徽、对全中国中等教育都有影响。

三、师范教育

一九二六年，陶先生提倡乡村教育，筹办晓庄师范，即以安徽公学为基地，从事筹备。姚文采先生协助陶先生做了许多事务工作，如为建筑校舍等出力。晓庄建校后，姚先生又担任生物学课程。晓庄第一届学生十三人中，安徽籍学生就有三名：操震球是最早报名投考晓庄师范的，他放弃清华学堂二年级学籍，自愿"回到人间"，下乡与农民为伍，并教育农民的子弟。程本海是陶先生的朋友，自愿放弃中华书局编辑工作优厚的待遇，要做陶先生的学生。桐城李光炯保送李相维报考。以后历届安徽籍同学，如方与严以父、子、女三人同学，一时传为美谈。方曾在安徽的小学、中学、教育行政部门工作过近二十年，是陶先生的朋友，又来做学生。随后马侣贤、汪达之、曹建培、张劲夫等进晓庄，安徽籍学生就更多了。

安徽教育厅捐助一笔款，盖了一座安徽馆(又名黄山村)，还设了五名助学金额，由学校考核，奖给学习成绩优秀的安徽籍学生。

后来，操震球、程今吾在池州师范工作多年，李光炯主持桐城孟侠乡师及黄麓乡师，广德县师等校也都有晓庄的安徽籍同学工作，他们还引荐外省的同学一起工作。陶先生办学的影响，最令人感到兴奋的是涡阳县教育局长(国民党县党部主任常委)武际昌于一九三○年七月赴安庆参加全省教育局长会议，专程到晓庄请安徽人去筹办县师。他找到晓庄一位安徽籍同学，彼此素不相识，他也不认识陶先生，当说明来意后，这位同学说："晓庄已被封，陶先生被通缉，外面风吹草动……"不等说完，这位局长就接着说："这，我知道，晓庄被封，要多办晓庄式的学校，陶先生被通缉，他的思想和办学精神是封不了的。"局长就请了这位同学一同回去筹备成立县师。开学后又派这位同学去上海采办图书、风琴，再请几位教员充实小学。到了寒假又请去数人筹办县中，总计有十人之多，其中有徐明清、李友梅(二人是地下党员)和戴自俺、孙铭勋、马侣贤、台和中、郑先文、朱泽甫等。其时有一位师范同事是太和县人，回太和工作，邀晓庄来的戴、朱两位同学去太和。好不容易说服了这位局长兼校长才同意二人前去，但学生，特别是小学生比局长还难说服。

四、普及教育

一九三四年底，陶先生应教育局长杨廉的约请，去安庆讲演小先生普及教育问题，题为《攻破普及教育之难关》。演讲厅借吴越街大戏院。因听讲的人太多，像放映电影一样，一场接一场。天下雨，排在外面的人不肯散去。演讲的人眉飞色舞，越讲越有劲，听讲的人喜笑颜开，跃跃欲试。小先生普及教育运动动员起来了。一九三五年初，教育厅又请陶先生介绍人员任担辅导。当时以师范学区为单位，每一学区设一辅导员并配备留声机(唱片多为进步、救亡歌曲)、图书(多为进步图书刊物)、挂图(《帝国主义侵略中国史图》)等各一套，流动供师生阅览。另有一架电影放映机及发电机，先在省会及桐城、怀宁两县放映后，轮流至各学区放映，影片有《一·二八战地写真》、《民族痛史》、《抵抗》等。辅导员及技师约八、九人。从上海出发前，陶先生特为他们办了辅导学习班，进行专门训练。

五、新安小学与新安旅行团

一九二九年春，旅淮同乡会××以同乡会代表名义到晓庄请陶先生派人去办学校。陶先生看出他动机不纯(该人妄图凭藉陶先生的影响暗中把持会产收入)，便因势利导，阐明办学是好事。征求三位同学李友梅、吴辅仁、蓝九盛组成一支远征队，开赴苏北淮安。后来弄假成真，××把持不到会产，便又从旁破坏，还向伪法院"告状"。陶先生指示办学方针：要依靠群众，依靠同学，依靠同乡会大多数，并去信县政府、法院，说明事实真相，揭露××的破坏行为。当时，会产收入不够学校开支，经费万分困难，常有断炊之苦。一次，两个办学的人拿了两件大衣跑了三十里路典当不到两块钱，他们宁可饿肚子，也将这两块钱带回来办学。从晓庄来的李、吴、蓝三人，也都节衣缩食支持"新小"经费。在晓庄被封时，陶先生被通缉，汪达之同志临危受命，接受陶先生委派，勇于去"新小"打开艰难局面。经过几年艰苦奋斗，学校办得蒸蒸日上，生气勃勃。

在陶先生支持下，组织新安旅行团，汪达之同志担任顾问。长征五万里，跑遍了半个中国，远至内蒙古百灵庙，宣传抗日救国，宣传回汉、蒙汉民族大团结。协助各地儿童广泛组织救国活动，做小先生教人。他们靠演戏、舞蹈、唱歌、卖进步书刊、放映电影(电影机、放映机、影片等是陶先生用陶母保寿险的一笔钱，在陶母逝世后购置捐给新安旅行团)开展宣传，维持生活。他们在汉口、长沙、广西做了许久难民与伤兵教育工作，以及为农民、儿童服务工作。

皖南事变后，"新旅"分批撤退到了苏北，在苏北党政领导下，恢复新安小学（当时淮安为日伪占领，在涟水县乡下复校）。老的"新旅"团员成长起来了，只留纪宇、李楠等几人在"新小"工作，多数团员都由党分配参加解放区党政军民学工作，从事解放区的建设。

新安小学办在江苏淮安，而新安旅行团却跑了五万里路，实践"生活即教育"、"社会即学校"主张，中外闻名，是中国教育史上一朵奇花。

图书在版编目(CIP)数据

全球视野下的陶行知研究(第一卷)/周洪宇丛书主编;刘来兵本卷主编. —北京：北京师范大学出版社，2015.8
ISBN 978－7－303－19021－8

Ⅰ.①全… Ⅱ.①周… ②刘… Ⅲ.①陶行知(1891～1946)－教育思想－研究 Ⅳ.①G40-092.6

中国版本图书馆 CIP 数据核字(2015)第 097436 号

营 销 中 心 电 话　010-58805072　58807651
北师大出版社学术著作与大众读物分社　http://xueda.bnup.com

QUANQIU SHIYEXIA DE TAOXINGZHI YANJIU

出版发行：北京师范大学出版社 www.bnup.com
　　　　　北京市海淀区新街口外大街 19 号
　　　　　邮政编码：100875
印　　刷：北京京师印务有限公司
经　　销：全国新华书店
开　　本：787 mm×1092 mm　1/16
印　　张：29.25
字　　数：520 千字
版　　次：2015 年 8 月第 1 版
印　　次：2015 年 8 月第 1 次印刷
定　　价：98.00 元

策划编辑：郭兴举　陈红艳　　责任编辑：李　克
美术编辑：王齐云　　　　　　　装帧设计：王齐云
责任校对：陈　民　　　　　　　责任印制：马　洁